吉林文脉
传承工程

王惠岩文集

第一卷

王惠岩——

著

吉林大学出版社

·长春·

图书在版编目（CIP）数据

王惠岩文集. 第一卷 / 王惠岩著. —— 长春 : 吉林
大学出版社, 2023.10
ISBN 978-7-5768-2152-9

Ⅰ. ①王… Ⅱ. ①王… Ⅲ. ①法学 – 文集②政治学 –
文集 Ⅳ. ①D90-53②D0-53

中国国家版本馆CIP数据核字(2023)第179178号

书　　名：王惠岩文集 第一卷
　　　　　WANG HUIYAN WENJI DI-YI JUAN

作　　者：王惠岩
策划编辑：周　婷
责任编辑：周　婷
责任校对：安　斌
装帧设计：刘　瑜
出版发行：吉林大学出版社
社　　址：长春市人民大街4059号
邮政编码：130021
发行电话：0431-89580028/29/21
网　　址：http://www.jlup.com.cn
电子邮箱：jldxcbs@sina.com
印　　刷：吉广控股有限公司
开　　本：787mm×1092mm　1/16
印　　张：28.75
字　　数：400千字
版　　次：2023年10月　第1版
印　　次：2023年10月　第1次
书　　号：ISBN 978-7-5768-2152-9
定　　价：206.00元

纪念

—— 王惠岩先生诞辰 ——

九十五周年

　　王惠岩（1928—2007）回族，1928年3月4日出生于辽宁省法库县，1951年参加革命工作，1956年加入中国共产党。历任东北人民大学(吉林大学前身)马列主义教研室教员，法律系法学理论教研组组长，吉林大学政治学研究室主任，创立吉林大学政治学系并任主任，教授、博士生导师，兼任国家社会科学基金政治学学科评审组副组长，国务院学位委员会全国哲学社会科学基金政治学学科评审组副组长，法学学科评议组成员，中国政治学会副会长、顾问，教育部人文社会科学研究专家咨询委员会委员，教育部社会科学委员会委员，中国行政管理学会常务理事、学术顾问等职务，担任教育部人文社会科学重点研究基地吉林大学理论法学研究基地名誉主任，北京大学政治学理论研究中心、中山大学行政管理研究中心的学术委员会主任。多次被评为吉林省省管优秀专家、吉林省省直先进工作者、吉林省优秀教师，被评为长春知名教授，荣获吉林省从事哲学社会科学研究工作四十年突出成就奖，其论文《论民主与法制》获得中宣部"五个一工程奖"，受聘为吉林大学首批哲学社会科学资深教授。

查阅资料（青年时期）

查阅资料

与妻子脱弱女士青年时期合照

与妻子脱弱女士晚年时期合照

与徐大同教授（左一）

国家作为了体各志

1. 导论

2. 阶级、阶层 二 社会结构

(2) 3. 国家政权理论 —— 人民专政 —— 类型

(3) 4. 国家形式

    1 政治形式；2社体形式

阶级阶层 →

(6) 5. 政党与政党制度

(0) 民主与民主政治

    民主政治与政治文明建设 —— 民主理论

(5) 6. 政治改革，政治争号。

民主与天权
民主与集中
民主与法制
民主与专制

7. 政治发展 —— 政治文明建设

(8) 现代化 —— 总统形态 —— 政治稳定

(9) 民族与宗教

                              政治行为

    国家领袖   决策。竞争。

(10) 国际政治

1. 阐述马主义义

2. 坚立邓小平理论，三个代表

3. 用马主义回答 改革重大问题

吉林大学行政学院
The College of Administration,Jilin university
地　址:中国·长春市前卫路10号
Add:No.10Qianwei Road,Changchun,P.R.China
邮　编:130012
Post code:130012

《政治学原理》编写问题

一、18—9日讨论什春选
　　1. 陈永桃提五十个问题
　　2. 我提五十个问题

二、邀请北大、吉大、复旦、南开各写一份
　　三月份在南京讨论大纲
　　多数先单位已提出三份大纲

三、《大纲》要求
　　章、节、目。

四、《大纲》注意问题
　　1. 要反映马列观点、特别是毛、邓十年和"三个代表"及科学发展观、巩固执政为本、加强党的执政能力进一步等新理念
　　2. 如何整合各问题、问题内在逻辑

吉林大学行政学院
The College of Administration,Jilin university
地　址:中国·长春市前卫路10号
Add:No.10Qianwei Road,Changchun,P.R.China
邮　编:130012
Post code:130012

3. 从整体上要划分与相关学科的"边界"，构建政治学原理的结构体系。

五、编写方法
　　集体讨论 —— 确定大纲内容
　　分工撰写（分章） 11.2(14)为几个问题

六、特殊任务
　　开课时一部马克思主义经典作家论政治学摘编（要），这是基本工作，但需要时间。（王印、齐言三
　　利用博士生

"《政治学原理》编写问题"手稿

出版说明

▼

　　本次出版的《王惠岩文集》全五卷（以下简称本文集），系"吉林文脉传承工程"入选项目。

　　本文集所收录的著作按照编年和重要专著单独设卷相结合的方式进行编排。第一卷收录《政治学原理》，第二卷收录《法学基础理论》，第三卷收录《当代政治学基本理论》，第四、第五卷收录王惠岩先生的学术论文、学术报告、演讲、书评及为他人著作所作的序等，第五卷卷末附"王惠岩主要论著目录"。

　　本文集仅修订了少量错字、漏字，对于所涉及的法律、法规及其具体条款，已经发生变化的国家名、地名、机构名等，均尊重原著作成书年代，遵循从旧原则，不作修改。

恢宏的气度　光辉的典范①

今年适逢我国著名法学家、政治学家、教育家、政治政策咨询专家王惠岩先生八十华诞，我们出版《王惠岩文集》，全面汇集王惠岩先生法学、政治学论著以及教育思想和实践的成就，以庆祝先生的八秩寿辰。

王惠岩先生1928年3月4日生，回族，辽宁省法库县人。1948年考取东北行政学院（东北人民大学前身）行政系，1951年毕业于东北人民大学（吉林大学前身）研究生班政治学组，留校任马列主义教研室教员。1952年调到法律系任法学理论教研组组长。1955年晋升为讲师。1957年被错划为"右派"，1978年彻底平反。1979年晋升为副教授。1981年任吉林大学政治学研究室主任，1983年创立吉林大学政治学系并任系主任，同年兼任国家社会科学基金政治学学科评审组副组长。1985年晋升为教授，1986年担任政治学博士生指导教师，1992年担任国务院学位委员会法学学科评议组成员，1996年任中国政治学会副会长，1997年任教育部人文社会科学研究专家咨询委员会委员，2004年任教育部社会科学委员会委员，2005年被聘为吉林大学首批哲学社会科学资深教授。

王惠岩先生是当代中国著名的法学家。作为吉林大学前身的东北行政学院在建立之初就设有法律系（曾称司法系），这是现代中国最早设立的法学学科之一。1951年

---

① 本文为2007年首次出版时所作的序。

王先生留校任马列主义教研室教员,讲授《马克思主义基本原理》和《联共(布)党史》。1952年院系调整后王先生被选派到法律系,担任法学理论教研组组长、法学理论教研室主任,讲授《国家与法的理论》《国家与法权基础》《宪法学》,成为当时国内高校中最年轻的法学理论教研室主任和主讲教师。在此期间,王先生把马克思主义基本原理引入国家与法的理论的教学和研究中,并结合中国革命和新民主主义法制、社会主义法制建设的实际,不断充实、调整法学理论体系及其内容,取得了突出的成绩,得到了高度评价。1955年王先生晋升为讲师,成为当时学校最年轻的讲师之一,并担任校务委员会委员,成为该委员会最年轻的委员。1956年王先生光荣地加入中国共产党。正当王先生满怀热情地深入研究马克思主义法学之时,突如其来的灾难降临了。1957年王先生被错划为"右派"、开除党籍、取消职称、下放劳动。"劳动改造"结束后王先生重新调回吉林大学,在图书馆做管理员。1960年王先生被摘掉"右派"帽子,次年调回法律系工作,讲授《中国政治与法律制度史》,1962年被重新确定为法律系重点教师。1965年后王先生再次受到冲击,被调离法律系。粉碎"四人帮"以后,王先生回到法律系重执教鞭,讲授《国家与法的理论》基础课,并给高年级学生开设《国家与法的理论专题》,1979年升为副教授并担任法学理论硕士生指导教师。由于"文化大革命"期间国家的法律秩序荡然无存,人权受到侵害,而传统法学又无法适应改革开放的新形势,恢复法学体系和健全社会主义法制成为当时的时代呼声。王先生站在时代前列,回应时代要求,以其深厚的马克思主义理论修养为基础,为法律系学生讲授《论社会主义法制》,并受邀参与《中国大百科全书·法学》的编撰工作,积极探索并形成了马克思主义法学基础理论体系。王先生创办吉林大学政治学专业后,基于对政治学与法学的天然联系的深刻认识,坚持为政治学专业的硕士生、博士生讲授《法学基础理论》《法理学》,并从政治学的视角探索法学理论的创新,先后发表了《论民主与法制》《试论邓小平的民主与法制理论》等论文,出版了专著《法学基础理论》，受到了法学界的高度评价，其中《论民主与法制》获得中宣部"五个一工程奖"。与此同时，王先生还积极参与和推动当代中国的法治建设。1993年王先生给中央纪委、监察部撰写了《起草〈中华人民共和国监察法〉的几点思考》的咨询报告；2000年3月和9月，王先生先后给中央统战部举办的各民主党派中央领导成员，全国各省、市、自治区人大常委会主任理论研讨班做了《民主与法制》的专题讲座；2003年10月，王先生为上海市局级干部"依法治市"理论研讨班做了《依法治国》的专题讲座。从1992年起，全国人大培训中心连续10年邀请王先生到该中心为全国各地人大干部讲授《邓小平的民主与法制理论》，听过他的课的学员有5000多人，每期培训班结束后，在学员对教师讲课效果的投票评价中，王先生都排在满意档次的第一名。

王惠岩先生是当代中国著名的政治学家。王先生不仅创办了吉林大学政治学专业，而且，对当代中国政治学的重建与发展作出了卓越贡献，是当代中国马克思主义政治学基本理论的奠基者之一。

1979年，根据邓小平恢复政治学的讲话精神，我国成立中国政治学会筹备委员会，王先生作为最年轻的学者参加了这次会议。从此，王先生在这片近乎荒芜的领域开始了艰难的拓荒之路，堪称当代中国马克思主义政治学的开路先锋。1983年王先生在吉林大学创立全国高校中第一个政治学系之时，一切几乎都是从零开始的：没有师资，王先生就三顾茅庐、广求贤能；没有图书、教学场所和设备，王先生就多方求助、争取支持。经过艰苦的努力，王先生带领全系教师积极探索出一条办学路子，确定了政治学系的办学目标，制定了政治学专业的教学计划，规范了政治学课程设置，为全国其他高等学校设置政治学专业起到了示范作用。如今吉林大学已经拥有政治学博士后科研流动站、政治学一级学科博士点，公共管理一级学科博士点，设有政治学理论、国际政治、法政治学、行政管理四个博士点，五个硕士点和公共管理专业硕士点。作为中国当代政治学的领军人物之一，王先生深知，政治学原理是政治学专业的理论基础，它的成熟与否直接制约着政治学学科的发展。王先生以学者的敏锐和学科带头人的战略眼光，在当代中国政治学恢复之初就将创建政治学原理体系当作重建政治学专业的首要工作，并为创建马克思主义政治学原理体系作出了开拓性的贡献。1985年，王先生出版的专著《政治学原理》，以马克思主义为指导，结合中国政治发展的历史经验和新的实践，借鉴当代西方政治学的研究成果，创建了有中国特色和风格的马克思主义政治学原理课程体系，赢得了国内政治学界的普遍认同和高度评价，被国内许多高等院校的政治学专业和开设政治学原理课程的其他专业所采用，产生了良好的社会效果和广泛的社会影响。此后，受原国家教委委托，王先生先后主编了《政治学原理教学指导纲要》、《政治学原理教学大纲》、全国普通高校面向21世纪教材《政治学原理》、全国高等教育自学考试统编教材《政治学概论》和全国广播电视大学统编教材《政治学原理》，王先生撰写的专著《当代政治学基本理论》被选为全国研究生推荐教材。

王惠岩先生不仅为吉林大学政治学学科的发展殚精竭虑，而且为其他高等院校和整个中国政治学的整体发展尽心尽力。王先生先后担任过国务院学位委员会政治学学科评审组成员，全国哲学社会科学基金政治学学科评审组副组长，教育部人文社会科学研究专家咨询委员会委员，中国政治学会副会长、顾问，中国行政管理学会常务理事、学术顾问等职务。他利用"职务之便"，创造一切可能的机会推动我国政治学学科的发展，帮助许多高等院校设立了政治学系、行政管理系、国际政治系，建立了硕士点和博士点。受教育部委托，王先生负责起草了政治学学科从"七五"至"十五"的科研规划咨询报告，以及政治学教学计划、政治学学科专业目标，为不断完善我国政治学学科体系、指导当代中国政治学的整体发展奠定了坚实基础。目前，王先生作为中央马克思主义理论研究和建设工程政治学课题组主要成员、教育部社会科学委员会委员，仍然活跃在当代中国马克思主义政治学学科建设的第一线。

王先生始终坚持创造性地运用马克思主义指导学术研究，取得了一系列具有原创性的学术成就，形成了马克思主义政治学理论体系。王先生先后出版了《政治学原理》《行政管理学》《中国政治制度史》《比较政治制度》《领导科学》《当代政治学基本理论》《邓小平社会主义民主论》等著作十余部，发表了《政治学原理课程体系的创建与发展》《关于政治体制改革的若干思考》《论政治统治体系》《论列宁主义国家学说的基本点》《邓小平的民主与法制理论》《论当代中国政治学的发展》《马克思主义认识论与科学决策》《政治体制改革的思考》《从实际出发，建设有中国特色的社会主义民主政治》《建设社会主义政治文明》等论文60余篇，有多篇论文被《新华文摘》全文转载。其中面向21世纪教材《政治学原理》获全国普通高等学校优秀教材一等奖，《当代政治学基本理论》获教育部人文社会科学研究优秀成果一等奖。此外，王先生还作为编辑委员会成员和政治学理论分支副主编参与编撰了《中国大百科全书·政治学》。王先生的论著始终自觉坚持以马克思主义为指导，密切结合中国实际，借鉴西方政治学的研究成果，提出了一系列原创性的理论观点，丰富和发展了马克思主义政治学理论，闪耀着马克思主义的光辉，推动了当代中国政治学的发展。比如，王先生根据马克思主义政权基本理论对国家作用和性质进行新的理解和阐释，是当前研究各种类型国家职能，特别是社会主义国家职能理论的突破；在列宁关于无产阶级专政体系理论的基础上，批判地借鉴西方政治系统分析理论的方法，提出政治总格局的理论。王先生的政治学贯彻了马克思主义的精神，形成了具有中国特色、风格和气派的马克思主义政治学理论，在国内外政治学界产生了重要影响，占有自己的一席之地。

王惠岩先生是当代中国杰出的教育家。王先生长期致力于教育事业，对教育的本质有着深刻理解。王先生在课堂上给学生留下的是恢宏的理论气魄和高超的讲课艺术，他那种逻辑严谨、深入浅出的分析所展示的教学魅力，使每一个听课的学生都为之折服。这种折服不仅来自于马克思主义自身的理论魅力，更来自于王先生对马克思主义法学和政治学的深刻理解和透彻分析。培养马克思主义者始终是王先生的基本教育理念。每年研究生新生入学时王先生都要亲自进行入学教育，其中最重要的一项就是要向学生们讲清楚，他的弟子必须是马克思主义者。在学生的心目中，他是法学家、政治学家，也是教育家，是年轻人的思想导师。王先生多次语重心长地对弟子们讲："如果我培养出来的学生最终成为非马克思主义者，那我就不仅是对不起党，而且是对党的犯罪！"在60年的教学生涯中，王先生始终坚持以马克思主义为指导，以"为人治学其道一也"的原则感召、教育学生，以理论和实际结合的方法培养学生。到目前为止已培养了200多位硕士、50多位博士，还有30余位博士生在读。毕业生中不仅有教育部跨世纪优秀人才、新世纪优秀人才、全国百篇优秀博士论文奖获得者、高校青年教师奖获得者等学术带头人和学术骨干，而且有一批高级党政领导干部、大法官、大检察官、名律师、社会活动家。作为吉林大学政治学学科带头人，王先生不仅倡导严谨求实的学风，并且特别注重对青年教师的培养，精心培育了一支结构合理的学术梯队，其中既有学术造诣精深、国内著名的老专家，又有富有创新精神、在国内政治学界颇有影响的中青年学者，还有崭露头角的学术新人。这一学术团队已经获得了"五个一工程奖"、教育部人文社会科学优秀成果奖、国家级精品课程等中国哲学社会科学领域的几乎所有奖励，成为吉林大学政治学学科不断发展的宝贵资源。

王惠岩先生是著名的政治政策咨询专家。多年来，王先生坚持理论与实践相结合，不仅站在学术前沿，而且站在实践前沿，关注现实、参与实践，致力于法治文明和政治文明建设，致力于中华民族的伟大复兴。王先生的法学、政治学教学与研究，一直服务于改革开放的伟大事业，理论研究蕴涵着对实践的高度关注。王先生在研究民主和法制时，思考的是如何维护国家的长治久安和健康发展；在研究国家政权及其发展规律时，思考的是社会主义中国的国家本质和国家职能；在研究国家与民族问题时，思考的是中国如何维护统一的多民族国家和如何处理中央与地方的关系；在研究国家政权结构和组织形式时，思考的是怎样完善人民代表大会制度和更好地发挥其作用；在研究政治统治体系时，思考的是中国的政治体制改革和中国共产党领导的多党合作和政治协商制度的完善；在研究政党和政治团体时，思考的是中国共产党与政权及政治团体的关系问题；等等。正是由于具有这种立足国情、服务社会、参与实践的高度自觉，王先生在法学、政治学的研究过程中紧紧把握当代中国政治发展的时代脉搏，以一个法学家、政治学家独到的眼光，对现实政治生活中存在的重大疑难问题做出理论上的回应，积极为当代中国改革开放的实践提供理论资源和智力支持，产生了良好的反响。王先生撰写的咨询报告《西方文官制度》被党的十三大作为建立国家公务员制度的重要参考。王先生基于他的政治总格局理论所提出的政治体制改革理论和建议，不仅在理论上深刻地阐明了政治体制改革的原则和依据，而且在实践中具有重要指导意义。王先生《关于政治体制改革的若干思考》被中共中央宣传部研究室《社科动态》转载，供中央领导同志参阅。2000年3月1日，王先生给全国人大常委会做了《马克思主义国家政权理论的几个基本问题》的法制讲座，受到中央领导同志的高度评价，江泽民总书记还专门索要了讲稿。

　　半个世纪的辛勤耕耘，使王先生在国内外法学界和政治学界享有崇高的声望。王先生曾先后应邀到美国明尼苏达大学和拉特格斯大学发表《中国经济体制改革中的法制建设》的演讲，在日本关西学院大学发表《中华人民共和国选举制度》的演讲，在韩国国防大学发表《中国的政治发展》的演讲，展现了中国法学家和政治学家的风范，受到有关国家政府和研究机构的高度评价，被誉为"大学者"。王先生还经常应邀到全国各地讲学，并被南京大学、武汉大学、中山大学、四川大学、东北大学、郑州大学、云南大学、深圳大学等20余所高等院校聘为兼职教授或名誉教授。王先生担任教育部人文社会科学重点研究基地吉林大学理论法学研究中心名誉主任，北京大学政治学理论研究中心、中山大学行政管理研究中心的学术委员会主任。王惠岩先生不仅在学术界享有盛誉，而且得到各级党政领导机关和社会各界的高度评价，获得很多荣誉，多次被评为吉林省省管优秀专家、吉林省省直先进工作者、吉林省优秀教师，2000年被评为长春知名教授，2003年荣获吉林省从事哲学社会科学工作40年突出成就奖，2004年被确为中央直接联系的高级专家，从1991年起享受国务院政府特殊津贴。

王惠岩先生之所以能够得到学界的尊重、学生的爱戴、社会的认可和赞誉，是与我们所体悟到的"王惠岩精神"分不开的。在某种意义上，可以说"王惠岩精神"是以爱国主义为核心的民族精神、以改革开放为核心的时代精神以及以求真务实、自由民主、开放兼容、明德隆法、与时俱进为主要内容的吉大精神的体现和演绎。这种精神有着丰富的内涵。概括而言，有以下几个方面：

一是信念坚定、矢志不渝。信念坚定突出地体现为对中华民族、对中国共产党的赤诚之心，对中国特色社会主义的坚定信仰。王先生自幼家境贫寒，亲身感受过日本占领时期和国民党统治时期中国人民的苦难。1948年他中学毕业时有几所大学可供选择，但他首先选择了东北行政学院这所中国共产党创办的大学。从1957年被错划为"右派"算起，直到1978年彻底平反，王先生人生中最宝贵的20年是在屈辱和困顿中度过的，经历了常人难以想象的种种磨难，但是王先生对马克思主义的信念没有一点动摇，对中国共产党的热爱没有任何改变，为中华振兴而奋斗的激情没有丝毫减少。我们常常听到王先生从学理的角度分析和总结历史上的经验教训，却从来没有听到王先生因自己20年的不公正待遇与磨难而对党和国家流露出一句埋怨之词。相反，每当遇到有人对党的领导和社会主义道路提出质疑时，王先生都会拍案而起，痛斥这些观点的荒谬，力陈只有在中国共产党的领导下走中国特色社会主义道路才能实现国家繁荣富强的道理。作为当代中国政治学界公认的最有影响的政治学家和马克思主义政治学理论体系建设的推动者之一，王先生是我国政治学界中青年学者最为敬重的导师之一。在他身边学习和工作过的学生和同事，以及真正领悟他的思想理论的学者和领导干部，都深切地感受到王惠岩先生对中华民族、中国人民、中国共产党的热爱，对马克思主义、邓小平理论和"三个代表"重要思想、科学发展观及和谐社会理念的坚信，对改革开放和社会主义现代化建设伟大事业的支持。

二是守正创新、与时俱进。王先生坚持马克思主义绝不是固守教条，而是用马克思主义的立场、观点和方法，结合中国实际和时代特点不断进行理论创新，提出了一系列原创性的观点。比如，王先生根据马克思主义政权基本理论对国家本质和职能进行新的理解和阐释，扭转了过去仅强调国家就是一个阶级对另一个阶级的专政的工具的狭隘观念，提出国家的本质是通过把冲突控制在"秩序"范围以内而保障经济基础、促进生产力发展的新观点。王先生在坚持马克思主义的同时不仅不反对研究和借鉴西方政治学理论，而且主张在坚持马克思主义的前提下对西方政治学理论应该有全面、深入的了解，因为只有这样才能站在世界学术的前沿。王先生的"政治统治体系"的新概念，既遵循了列宁关于无产阶级专政体系的基本原理，又借鉴了西方政治学理论的概念和方法，是政治学理论研究中的重要突破和创新。

三是师德高尚、为人师表。王先生对党的教育事业无比忠诚和热爱，具有高尚的职业精神。他执着追求学术真理，坚守自己的学术良知和社会责任，不会因为别人不理解而改变。王先生不管做什么事情，只要认准了，就要努力做到最好。为此，在学术界留下了重情重义、豪气干云、不畏艰难、不达目的誓不罢休的深刻印象。他爱岗敬业，尽职尽责，每一堂课都精心准备，不论内容讲过多少遍，每次上课前都要重新备课、重新组织材料。正是由于如此，他的课堂能够做到内容生动、主题新颖、信息量大，每一句话都是建立在深入的思考和充分的依据基础之上，给人以深刻的思想启迪。王先生践行着"传道、授业、解惑"的教师职业精神和职业伦理。他经常教导弟子，做学问与做人是并重的，从某种意义上来说，做人要比做学问更重要。人品好，老实忠厚的人做出的学问是踏实的，学风也是正派的；人品不好，投机取巧、抬高、自己、打击别人，这种人做出的学问也不会踏实，往往是搞出一些油腔滑调、哗众取宠的东西。人品和学问是成正比的，如果人品不好，即使做出了一些学问，取得了一些成果，也是站不住脚的。王先生在这方面对弟子潜移默化的影响极其深刻。王先生对学生在学业上的要求十分严格甚至严厉，有的弟子曾经因为在读书或毕业论文的写作期间不够勤奋受到过严厉批评，但同时王先生对学生又是真心爱护、十分关爱。这种关爱并不是表现为语言的问寒问暖，而是表现在默默地为弟子们的成长所做的每一件事当中。王先生不喜应酬，但有弟子的家属从外地来长春，王先生都会非常热情地款待，让弟子和家属格外感动。1998年，古稀之年的王惠岩先生捐献出自己积蓄多年的稿费并和弟子共同筹集资金在吉林大学行政学院设了"王惠岩奖助学金"，这种对促进政治学发展的无私奉献精神为同行所称道、为学子所感怀。王先生心胸开阔，豁达大度，他从不因为学术观点的不同而阻止其他高校的政治学发展和人才成长，而是千方百计给予帮助和推动。

四是热爱生活、乐观进取。王先生在生活上和事业上始终保持乐观情绪，即使在蒙受磨难和屈辱的时候也未能改变他的这种精神。无论是在农场"劳动改造"，还是在图书馆担任图书管理员，王先生始终没有放弃自己对理想和事业的追求。例如，在图书馆工作期间，王先生不仅阅读了大量的马列经典，写下了近百万字的笔记，增强了马克思主义理论素养，为后来的教学科研工作打下了坚实基础，而且努力钻研和掌握图书管理业务。有趣的是，作为著名法学家和政治学家的王先生在填写干部履历表时，在"有何特长和爱好"一栏中自信地写道：图书资料的采购、分类、编目、典藏、参考阅览等业务。先生有发怒的时候，但从来没有对人生悲观的时候。他在执教50周年论文集的后记中写道："一个人的人生道路不可能总是平坦的，当你遇到打击、困难时，是消沉下去？还是有毅力，坚定理想，努力学习，勤奋工作？这是对每一个人的考验。我的论文集的出版，就体现了坚定理想、勤奋工作的结果。"

《王惠岩文集》是改革开放以来王先生在法学，特别是政治学领域教学与研究成果的集中体现，也是当代中国法学和政治学时代精神的体现。文集饱含着王先生对祖国的热爱、对民族振兴和民生问题的深切关注，体现了优秀知识分子的人文关怀和爱国精神，必将对人们起到极好的教育和启示作用。王先生在吉林大学学习、工作了60个春秋，见证了吉林大学的发展历程。他把自己的一生都奉献给了吉林大学，对吉林大学的法学、政治学以及整个人文社会科学的繁荣和发展作出了巨大的贡献。出版王惠岩先生的文集，不仅借以表达吉林大学广大师生对王先生的崇敬之情，更是想通过对王先生的理论和思想的传播和学习，领悟他做人、做事、做学问的精神。

今年恰逢王先生和脱弱女士的钻石婚纪念，他们相濡以沫走过了一个甲子。王先生这棵学术界的常青树，历经风雨的洗礼而在教育战线上昂然屹立，忠贞的爱情、温馨的家庭给了他无穷的力量。文集的出版，算是敬献给这份伟大爱情的一份最弥足珍贵的礼物。在文集出版之际，也祝愿两位八旬老人：晚年幸福，长寿安康。

张文显[1]

2007年7月

---

[1] 张文显，时任吉林大学党委书记。吉林大学哲学社会科学资深教授，教育部社会科学委员会法学学部召集人。

政治学原理

前言①

    《政治学原理》是政治学专业的基础理论课程。由于这门学科的教学与研究工作在我国间断了20多年，目前尚处于恢复的过程中，国内政治学界对其内容、体系等问题都在探讨。

    本书的指导思想是，研究有阶级社会以来，以国家政权为中心的各种政治现象与政治关系及其发展的规律。在内容结构上，着重阐述了马克思主义的国家学说，以及与国家密切相关的阶级、革命、政党、民族等问题的基本理论。同时，对当代西方政治学所研究的政治体系、压力集团、政治家、领导与决策等问题，也试图以马克思列宁主义观点为指导，进行分析与评价，阐明我们的观点与态度，吸收其有益的成果。

    本书是在给政治学专业学生讲课的讲稿基础上形成的。在编写过程中，得到了中国政治学会副会长杜若君教授的指导，政治学专业的研究生帮助整理，并吸收了国内有关政治学著作的一些资料。在此一并表示谢意。

    由于我们的水平有限，缺点错误在所难免，诚恳地希望广大读者和政治学界的同行们批评指正。

1985年2月

---

① 《政治学原理》为王惠岩先生所著，首版于1985年由吉林大学出版社出版，1989年于吉林大学出版社重新修订出版，此前言为书中原前言。

目录

▼

绪 论

一、政治学的研究对象

政治学作为一门科学，同其他任何一门科学一样，有自己特定的研究对象。科学是关于自然、社会和人类思维的正确的、系统的知识。它不是人们主观臆造的，而是在人类实践活动的基础上，通过对客观事实的观察、分析、分类整理，找出其内部关联而形成的，是客观事物及其规律在人们头脑中的正确反映。因此，科学研究的对象，就是自然、社会和人类思维的各种现象及其规律。由于客观事物本身是多样化的，是由许多既相互联系又相互区别的领域构成的，因而决定了科学研究的对象也是多样化的，每一门科学都有自己特定的研究领域。正如毛泽东所指出的："科学研究的区分，就是根据科学对象所具有的特殊矛盾性。因此，对于某一现象的领域所特有的某一种矛盾的研究，就构成某一门科学的对象。"[①]

政治学是社会科学的一种，是研究特定的社会现象及其规律的科学，具体地说，是研究政治现象及其规律的科学。为了明确政治学的研究对象，必须了解什么是政治，只有正确理解政治的含义，才能正确确定政治学的研究对象。

"政治"一词是一个历史久远、含义广泛的词，几千年来，人们对它曾作过各种各样的解释，总的说来可以分为马克思主义的正确解释和剥削阶级思想家的各种解释两大部分。

（一）剥削阶级思想家对政治的解释

剥削阶级的思想家由于他们所代表的阶级利益和所处的历史条件的限制，由于他们对政治的观察角度侧重点不同，由于他们所处的历史时代的统治阶级需要的不同，对政治的解释真可谓五花八门，混乱不堪。但是无论怎样解释，都有一个中心点，即

---

① 《毛泽东选集》合订本，人民出版社1968年版，第284页。

国家，一切政治学家对政治的说明，都直接或间接地涉及国家这个主题。古往今来，剥削阶级思想家对政治的解释大致可以分为以下几个主要观点。

第一，用道德的观点解释政治。无论是中国或外国，在古代，政治学和伦理学都是混在一起的。他们用道德的观点解释政治，认为政治的最高目的，就是达到最高的道德。我国古代的儒家思想就是用道德来解释政治。孔子说："政者，正也。子帅以正，孰敢不正？"（《论语·颜渊》）他把政解释为正，所谓正就是正道，也就是符合礼义的道德，要求统治者按礼来进行统治，并强调统治者要以身作则，本身首先要正，才能很好地进行统治。西方古代的思想家柏拉图、亚里士多德也把政治与伦理混在一起，柏拉图所设计的"理想国"就是"公道或正义之国"，而"公道乃是灵魂的至德"。公道是个人的道德，也是国家的道德。柏拉图认为，公道是每个人去做他们自己的事，而不管闲事，换言之，公道就是各守本分。人类最高的生活（理想国）就是公道或正义的生活。亚里士多德认为，国家是表现为最高的善，是人们的一种道德生活的精神结合。德国的康德、黑格尔也把国家与伦理合为一体，他们认为，国家就是伦理精神的体现，国家是完全的理性，国家是一个民族意志的最具体而完全的表现，它是一个大家有统一精神的道德体。所有这些观点都把政治描绘为最高的道德，并主张只有用有道德、有学问的贤人哲学家来统治，才能达到理想国，才能治国平天下。

第二，把政治说成是"权术""统治术""阴谋诡计""权谋""策略"。政治一词，英文是politics，翻译出来就有"阴谋""策略""争持意见""权谋"等含义。这种解释在世界上一切庸俗的政治家和政治学家中广泛流行着。中国古代的法家主张法、术、势，他们认为，政治就是集势以胜众，任法以齐民，因术以御群的事务。韩非说："势者，胜众之资也。"（《韩非子·八经》）"王也者，势也"（《吕氏春秋》）。15世纪的意大利思想家马基雅维里（1469—1527）写了一本政治学著作《君主论》，也可译为《霸术》。他说，君主要像狮子一般凶猛、狐狸一样的狡猾。他主张政治就是用力量统治人，用权术欺骗人。他认为政治就在于保持与增加国家的权力。为达此目的，采取任何手段都是对的，残酷、欺骗、背信弃义、不合法等等，不管什么手段都行。德意志帝国的铁血首相俾斯麦（1815—1898）曾说过，"政治就是当政者运筹帷幄的活动"，这也是把政治说成是当政者的统治艺术。现在也有人主张，政治主要是政治运筹学，实际上是用现代的新名词重复古今中外把政治看成统治术的陈旧思想。

第三，把政治说成是一种法律现象。他们认为，政治是一种法律现象，是制法、守法、执法的一个过程。他们有的主张，政治的主要现象——国家是法律的产物，国家是为执行法律而设置的。有的认为，国家是一个法人，是权利与义务的主体，它有独立的人格，有表示意志及行动的能力。如纯粹法学派的代表人物凯尔逊（1881—1973）说过："我们只是把国家当成一个法律现象，一个法人……，国家是国内法律秩序所创立的社团。国家作为一个法人，是这个社团的人格化，或是构成这个社团的国家法律秩序的人格化。"①

第四，把政治解释成管理活动。我国伟大的民主主义革命家孙中山对政治的定义是："政治两字的意思，浅而言之，政就是众人的事，治就是管理，管理众人的事便是政治。"②这种解释对反对封建专制君主制度有一定的进步作用，但对政治的实质及其真实含义也未说清楚。

除此之外，在人们中间流行的一般说法，如"政治是权势斗争"，"是政党或个人之间的争权夺利的斗争"；政治是肮脏交易；政治是危险行为等等，就更没有科学根据了。

---

① ［美］凯尔逊：《法律与国家》，台湾中正书局1976年版，第225页。
② 《孙中山选集》（下），人民出版社1962年版，第661页。

由于剥削阶级思想家的阶级局限性，对政治一词不可能作出真实的解释。只有马克思主义才真正揭示了政治的本质，对政治作出科学的解释。

（二）马克思主义对政治的解释

关于什么是政治，马克思主义经典作家没有专门、系统地下过定义，而是从不同角度、在不同场合作过深刻的论述。

马克思、恩格斯在《共产党宣言》中指出："一切阶级斗争都是政治斗争。"[1]列宁说："政治就是各阶级之间的斗争。"[2]又说："什么是政治？（1）无产阶级先锋队对它的群众。（2）无产阶级对农民。（3）无产阶级（和农民）对资产阶级。"[3]毛泽东也曾指出："政治，不论革命的和反革命的，都是阶级对阶级的斗争，不是少数个人的行为。"[4]列宁又说："马克思主义认为，只有当阶级斗争不仅属于政治范围，而且抓住政治中最本质的东西即国家政权机构时，才是充分发展的、'全民族的'阶级斗争。"[5]"政治就是参与国家事务，给国家定方向，确定国家活动的方式、任务和内容。"[6]列宁着重指出："政治是经济的集中表现，……政治同经济相比不能不占首位。不肯定这一点，就是忘记了马克思主义的最起码的常识。"[7]从马克思主义经典作家对政治的论述中，政治的实质和含义可以归纳为以下几点。

第一，政治的实质是阶级关系。一切剥削阶级思想家都把政治说成是超阶级的现象，掩盖政治的实质。马克思主义明确指出政治是阶级关系，这就一针见血地揭示了

[1]　《马克思恩格斯选集》第1卷，人民出版社1972年版，第260页。

[2]　《列宁选集》第4卷，人民出版社1972版，第370页。

[3]　《列宁全集》第32卷，人民出版社1958年版，第314页。

[4]　《毛泽东选集》合订本，人民出版社1968年版，第823页。

[5]　《列宁全集》第19卷，人民出版社1959年版，第107页。

[6]　《列宁文稿》第2卷，人民出版社1978年版，第407页。

[7]　《列宁全集》第32卷，人民出版社1958年版，第71-72页。

政治的实质。政治，在有阶级的社会里是阶级关系。主要包括统治阶级与被统治阶级的关系，领导阶级与同盟者的关系，统治阶级内部的关系等。在人民掌握政权、消灭了剥削阶级之后，除了在一定时期、一定范围内还存在着阶级斗争，国内的政治关系主要是人民内部关系。毛泽东指出："在人民有了自己的政权以后，这个政权同人民的关系，就基本上是人民内部的关系了，……这是一种新的政治关系。……过渡时期完结、彻底消灭了阶级之后，单就国内情况来说，政治就完全是人民内部的关系。"① 在我国，它包括各种劳动者之间的关系，劳动者与其他拥护社会主义及拥护祖国统一的爱国者之间的关系。在多民族的国家里还包括各族人民之间的关系。

第二，政治的核心是政权。无论是有阶级社会，还是人民掌握政权的社会，各种政治关系的存在与解决都是通过政权实现的。因此，政治的中心问题是国家。它是"关系全部政治的主要的和根本的问题"②。它包括国家是什么；统治阶级如何利用国家进行统治；被统治阶级如何反对统治者直到最后夺取政权；在人民掌握政权的条件下，人民如何运用政权打击敌人，如何通过政权解决人民内部矛盾；等等。总之，有国家存在，人们直接或间接地通过政权所解决的各种关系就是政治关系；如果国家不存在了，政治关系也就没有了。

第三，政治的活动是科学，是艺术。政治现象极其复杂多变，那么这种现象是否有规律可循呢？马克思主义认为，政治与其他现象一样，不管它怎样复杂多变，它也是有规律可循的，是可以用辩证唯物主义方法进行研究的。但是，由于政治关系到统治阶级的根本利益，由于政治矛盾尖锐复杂，由于政治形势发展迅速，变化多端，就需要集中智慧和胆略去分析形势，掌握规律，果断地采取适当的战略策略，即采取有效的方法解决各种矛盾，以实现统治阶级的最大利益。从这个意义上讲，政治是一门

① 毛泽东：《工作方法六十条〈草案〉》，1958年1月31日。
② 《列宁选集》第4卷，人民出版社1972年版，第42页。

科学，是一种艺术。换言之，政治是统治阶级如何利用政权壮大自己，如何争取同盟者，如何打击敌人的一种艺术。如果政治家不懂得或偏离了这一点，就会变成蠢材。

第四，政治的根源是经济。政治关系不是脱离经济而孤立存在的，它归根结底是由经济关系决定的。有什么样的经济关系就产生什么样的政治关系。一切脱离经济关系而孤立地讲政治关系的观点都是骗人的，这是马克思主义政治学与资产阶级和其他剥削阶级政治学的根本区别。但政治关系对经济关系不是消极的反映，政治是经济的集中表现，它对经济关系有巨大作用。什么叫作集中表现？所谓集中表现就是指政治反映了经济关系中统治阶级的根本利益。在阶级社会里就集中表现为阶级斗争。在人民掌握政权、剥削阶级已经消灭的社会里，集中表现就是反映全局性问题，就是广大人民的根本利益的问题。因此，列宁说："政治同经济相比不能不占首位。"[1]如果政治没有这样大的力量，我们研究政治学就没有多大的意义了。尤其在社会主义社会，社会主义经济是通过国家政权来组织、领导、建设和发展的，政治对经济的意义就更大了。邓小平在党的十二大开幕词中指出，社会主义现代化建设的第一项保证，就是"进行机构改革和经济体制改革，实现干部队伍的革命化、年轻化、知识化、专业化"，如果没有国家机构的改革，如果没有干部的"四化"，就很难顺利进行社会主义现代化建设。

在明确了政治的基本含义之后，我们可以明确确定政治现象的范围，主要有两点：一是时间范围。所谓时间范围是指政治现象是历史范畴、还是永恒存在的？亚里士多德曾说："人是天生的政治动物。"这句话的含义之一就是说，有人类就有政治，政治与人类共始终。由此推论，从原始社会到未来的共产主义社会都有政治。马克思主义认为，政治是人类社会发展到一定历史阶段的产物，它在社会发展到一定阶

---

[1]　《列宁选集》第4卷，人民出版社1972年版，第441页。

段时产生，到一定历史阶段而消亡，它不是永恒存在的。马克思、恩格斯在《共产党宣言》中指出："当阶级差别已经消失而全部生产集中在联合起来的个人的手里的时候，公众的权力就失去政治性质。"①这就把政治学所研究的对象——政治关系，从时间上划出了一个范围。马克思主义对政治现象的这个历史唯物主义观点是衡量过去与现在一切关于政治学研究对象的出发点。二是明确政治现象与非政治现象的标准。政治现象的特点是复杂多变，有些政治关系比较明确，有些政治关系则不容易区别。这里就有一个识别政治现象的标准问题。在阶级社会里，凡是阶级关系、阶级斗争以及与此直接和间接相联系的关系，都属于政治关系。马克思主义经典作家在论述阶级社会的政治关系时明确指出："一切阶级斗争都是政治斗争。"②"政治就是各阶级之间的斗争。"③由此可见，在阶级社会中识别政治关系的标准比较明确。在人民掌握了政权、剥削阶级已经消灭、人们之间的关系主要是人民内部矛盾的条件下，区别政治现象和非政治现象的标准是什么？毛泽东在《关于正确处理人民内部矛盾的问题》一文中提出的辨别人们言论与行动是香花还是毒草的六条政治标准，毫无疑义也是区分政治现象与非政治现象的标准，这些标准同阶级社会以阶级斗争为标准一样明确。但是除此之外，还有一些政治现象难以识别。如人口问题，在一般条件下不是政治现象，但基于目前我国人口问题已成为一件大事，计划生育是我们的基本国策，这样在我国解决人口问题就上升为政治现象了。因为人口的增长不只是一般生活问题，而且已影响到整个国家的前途，影响全国人民的根本利益了。这样，人口问题就从一般问题上升为全局性的问题了，这就是我们用来衡量人口问题是否成为政治现象的标准。因此，在剥削阶级已被消灭、国家政权仍需存在的条件下，除了属于阶级斗争性质的政

① 《马克思恩格斯选集》第1卷，人民出版社1972年版，第273页。

② 《马克思恩格斯选集》第1卷，人民出版社1972年版，第260页。

③ 《列宁选集》第4卷，人民出版社1972年版，第370页。

治现象外，凡是通过政权所要解决的具有全局性的问题都属于政治现象。换言之，社会主义社会在消灭了剥削阶级之后，衡量人民内部关系中哪些问题属于政治现象，就是要看通过政权所要解决的问题是否属于全局性问题。一是政权，二是全局性，这两条符合列宁所说的"政治是经济的集中表现"。所谓集中表现的含义，在阶级社会就是表现为阶级斗争，在剥削阶级消灭了的社会就表现为全局性。毫无疑问，将来共产主义社会也有全局性问题，但那时的全局性问题已经不需要政权来解决。政权是政治的核心，是政治的根本问题，在有阶级的社会是这样，在剥削阶级消灭了的社会，只要有政权，也是这样。当政权不为历史所需要而消亡的时候，政治现象也就不存在了。

有一种观点认为，将来共产主义社会也存在政治，其理由有二：其一，政治是经济基础的上层建筑，将来共产主义社会也有经济基础，作为上层建筑的政治也必然会存在。其二，政治是管理众人之事，将来共产主义社会也有众人之事需要管理，有管理也就有政治。其实，这种观点是对列宁关于"政治是经济的集中表现"的误解。他们认为，列宁的这个定义概括了一切社会的政治现象，适用于一切社会形态，不仅适用于有阶级的社会，也适用于无阶级的社会。因此，在未来的共产主义社会也有适应那时的经济基础的政治关系，只是不带有阶级和阶级斗争的性质罢了。

"政治是经济的集中表现"是列宁在同托洛茨基、布哈林就有关工会问题的论战中提出来的。全面理解列宁的思想就会发现这段话包含三层含义：其一，政治是由经济决定的。其二，政治是代表统治阶级最大的、最根本的经济利益。在人民掌握政权的条件下，政治所代表的最根本的利益是全局性的利益，因此，政治与经济相比不能不占首位。其三，政治之所以能够代表统治阶级或人民的最根本利益，是因为它有保护、巩固和发展其最根本利益的作用。政治之所以具有这个作用在于政权的力量，因为政治的核心是政权，只有国家政权才具有这样的作用，其他组织不行。因此，"政治是经济的集中表现"，关键是因为有政权，如果没有政权这样的强制性组织，就不会是经济的集中表现。由此可见，列宁这句名言，不是适用于一切社会，而仅指有阶级社会和阶级差别尚未消灭的社会，即需要有国家政权的社会。前面那种看法是对列宁这一论点的片面理解。

至于说有管理众人之事就有政治的论点，是众人皆知的伟大的民主主义革命家孙中山的解释。孙中山的这个定义，在反对封建专制主义的斗争中起过积极作用，但不符合马克思主义。其缺陷是：没有指出谁来管理众人之事；没有指出用什么性质的组织管理众人之事。有人认为孙中山的定义在有阶级的社会不适用，但在未来的无阶级的共产主义社会是适用的。马克思主义认为，政治是有特定含义的，这个含义的根本点是用政权这种具有强力的组织来管理社会，如果不通过政权组织管理社会，如果没有政权的存在，政治也就不存在了。正如《共产党宣言》中指出的，共产主义社会"将是这样一个联合体，在那里，每个人的自由发展是一切人的自由发展的条件"[①]。这时人们之间的关系就不是什么政治关系了。

总之，政治是个历史范畴，它同国家、政权、民主、专政、自由、平等、人治、法治、权利、义务等范畴一样，都不是永恒存在的，它在社会发展到一定历史阶段时产生，至社会发展到一定阶段时消亡，有其自身产生、发展和消亡的规律。政治的根本特点是同政权的不可分离性，没有政权就没有政治，因此，国家政权是政治的核心。那种认为在原始社会和共产主义社会都有政治的主张是没有根据的。

据此，我们可以作如下定义：政治是阶级社会的产物，是有阶级社会的经济基础的上层建筑，是经济的集中表现，是以政权为核心的阶级关系和人民内部的全局性的关系。

---

① 　《马克思恩格斯选集》第1卷，人民出版社1972年版，第273页。

根据以上对政治、政治现象的分析，政治学的研究对象可以作如下表述：政治学是研究有阶级社会以来，以国家为中心的各种政治现象和政治关系及其发展规律的科学。它研究国家理论、国家制度、国家活动及影响国家活动的各种政治力量和政治斗争，研究历史上各个阶级夺取、建立、巩固、运用、参与和控制政权的经验，研究国家兴亡盛衰的规律，研究治理国家的理论、政策和方法。

二、政治学的发展历史

政治学主要是人们对国家的认识与说明，以及统治阶级如何运用国家政权进行统治与管理的学问。从这个意义上说，政治学从古代就有了，是一门古老的学科。但是，世界上有专门的政治学家，大学里设立专门的政治学科和课程，则是19世纪末20世纪初的事情。简要回顾一下政治学自产生以来的发展过程，将有助于了解政治学的性质、对象和内容。

（一）中国古代政治学

我国古代的国家，基本上实行君主专制的政体形式。自秦汉以来，中央集权的君主专制制度成为两千多年封建社会的基本国家制度。在政治思想方面，虽然也有君权神授的思想，论证君主权力的合理性，但主要理论是阐述如何治理国家，如何治国平天下的道理。春秋战国时期是我国奴隶制瓦解、封建制确立的历史转折时期，在这种社会关系大动荡的条件下所产生的"百家争鸣"的局面，实际上是政治思想上的学派斗争。这一时期产生了许多杰出的思想家，如孔子、孟子、荀子、墨子、老子、庄子、韩非子等等，他们都对如何治国平天下发表过许多精辟的见解，其中大部分观点在我国历史上一直是各派政治家、思想家争论的主题。从这个意义上说，政治学在中国古代虽然没有成为一门独立学科，但就其研究的内容来说，已有两千多年的历史了。

在诸子百家中，对我国政治生活影响最为深远的是以孔孟为代表的儒家政治思想；以老庄为代表的道家政治思想；以韩非为代表的法家政治思想。儒、法、道三家在我国政治思想发展史上具有重要的代表意义。

由孔丘所创立、孟轲进一步发展完善的儒家学派，是我国历史上影响最大的学派，长期占据着统治地位，其主要典籍是《论语》和《孟子》两书。儒家的政治学说，概括起来有两个主要方面。一方面，坚持"为国以礼"（《论语·先进》）的政治立场。孔子主张，"为政先礼，礼其政之本欤？"（《礼记·哀公问》）他把礼说成是治国的根本，认为"安上治民，莫善于礼"（《孝经》）。说到底，礼治的目的就是以周礼为目标来调整人与人之间的相互关系。另一方面，儒家学派提出"为政以德"（《论语·为政》）的治国之道。孔子注重道德教化，反对单靠政令、刑罚来维护统治；注重用"宽厚"的办法控制人民，提出"惠则足以使人"（《论语·阳货》）；注重"修己以安百姓"（《论语·宪问》），要求统治者加强自身修养。孔子所提出的这一整套统治方略经过孟子的发展，归结为"以德行仁"的"王道"，用来反对"以力假仁"的"霸道"。在两千多年的封建统治中，这一套统治术变换了各种形式，始终是封建地主阶级维护统治、奴役和欺骗人民的主要方法。

法家是与儒家相对立的主要流派。韩非是先秦法家思想的集大成者，著有《韩非子》一书。他反对"王道"，主张以"霸道"治国。他把慎到的"势"、商鞅的"法"、申不害的"术"融合为一体，形成了一整套法家的治国理论。他说，"一民之轨莫如法"，"以法治国，举措而已矣。"（《韩非子·有度》）"人主之大物，非法即求也。"（《韩非子·难三》）又说："民者固服于势，寡能怀于义。"（《韩非子·五蠹》）韩非对君主的统治权术作了较为详细的描述，其中许多思想早于马基雅维里的《君主论》1700多年。两千多年来，法家在思想界虽然一直屈于儒家之下，但是在封建社会和半殖民地半封建社会的实际政治生活中，却一直发挥着极其重要的作用。

儒家与法家的治国思想虽然是一个"德治"，一个"法治"；一个"王道"，一个"霸道"，但毕竟都主张以积极有为的手段来治理国家。老子和庄子的政治思想与此相反，他们主张采用消极无为的手段。所谓"无为"，就是要求国家尽可能不去干扰人们的正常生活。但并非意味着放弃国家治理。老子说过："为无为，则无不治矣。"（《老子》第三章）可见，其目标还是达到"治"，具体说来，就是达到其"小国寡民"的理想社会。老子"无为而治"的治国思想被历代统治者作为补充手段，用来缓和矛盾，维护统治，在实际政治生活中曾起到重要作用。它不仅影响着中国的政治生活，而且引起了当代一些外国学者的浓厚兴趣。

儒、法、道三家的治平之学，各有特点，既互相对立，又互相渗透。中国两千多年的封建统治就是这三派政治思想交错运用、互相补充的历史。虽然它们均属统治阶级的思想，但从总结、借鉴、古为今用的角度来说，也是很有价值的。

（二）政治学在西方国家的发展

政治学首先创立于西方。大家公认，古希腊的亚里士多德（公元前384—前322）是这一学科的创始人，因为他所写的《政治学》是第一部系统论述政治学的著作。

古希腊是由许多独立的城邦即城市国家所组成的。各城邦虽然都建立在奴隶占有制的基础上，其政权的性质都是奴隶主专政，但由于各自的具体条件不同，因而出现了各种不同的组织体制和管理形式。亚里士多德生活的时代，古希腊城邦制度正面临着分崩离析的严重危机，作为奴隶主阶级的思想家，亚里士多德为了维护古希腊的城邦制度，比较研究了158个希腊的城邦组织，其目的是要寻求一种解救古希腊城邦制危机的途径。在研究的基础上，亚里士多德写出了他的名著《政治学》。他所使用的政治学一词，就是从城邦一词衍生而来，意思是关于城邦的知识，是研究城邦问题的理论和技术。

亚里士多德在《政治学》中首先提出了"人是天生的政治动物，天生就要过城邦生活"，并由此出发详细研究了有关城邦（即国家）的一系列问题。主要内容是：①国家的一般理论问题，即国家的性质、国家的起源、国家的目的、任务等等；②国家的政治制度及政体问题，如君主制、贵族共和制、民主制，以及对各种制度的比较等等；③国家的活动方式，治理国家的原则；④关于国家的体制和革命问题，国家兴亡盛衰的道理，以及国家如何对公民进行教育的问题；⑤关于国家权力的划分，公民与国家的关系，以及国家领土等问题。亚里士多德对上述问题的研究，奠定了以后西方对政治学的基本认识，确定了西方政治学的研究对象，并一直影响近现代。我们现在政治学所使用的许多基本概念、范畴，在《政治学》一书中都有过论述。

亚里士多德是奴隶主阶级的思想家，他创立的政治学当然是奴隶主阶级的政治学。他不是单纯地为了研究国家，而是为了治国平天下，其目的是寻求奴隶主阶级的治国之道，挽救统治危机。

西欧中世纪是黑暗的时代，神学思想占统治地位，支配一切。政治思想领域的主要论题是教权与主权谁应居最高地位的问题。这一时期政治思想家的代表人物有奥古斯丁和阿奎那。奥古斯丁（354—430）是中世纪神学理论的奠基人，主要著作是《论神之都》。奥古斯丁认为，政府不是自然的制度，它是人类罪恶的结果。此人服从彼人，一半是惩罚罪恶，一半是救济罪恶。人类最高目的，就是与上帝结合，国家只是达到宗教目的的手段而已。

托马斯·阿奎那（1225—1274）出身意大利贵族家庭，主要著作有《论君主政治》和《神学大全》。阿奎那主张，政治社会起源于自然需要及理性动作，但最后权力来自上帝，"上帝以外无权力"。法律是统治者为共同幸福而发布的真正命令。国家的目的在于和平与统一。他认为统治者的权力应定于一，所以主张实行君主政治。阿奎那的政治思想比起奥古斯丁是个进步，但从人类社会发展的历史过程来看，仍然是个大倒退。

文艺复兴（15至16世纪）是西方政治学大发展的时期，代表人物有意大利的马基雅维里和法国的布丹等人。

马基雅维里（1469—1527），意大利佛罗伦萨人，出身于破落贵族家庭。其代表作是《君主论》（又译《霸术》）。在本书中，他完成了政治学与伦理学的分离。马基雅维里认为，政治是用力量统治人，用权势欺骗人。政治的目的就在于保持与增加国家的权力。为了达到这个目的，什么手段都可以使用，而不要考虑是否残酷、背信弃义和不合法。他主张君主为了实现集权的目的，可以采取一切赤裸裸的手段，不必讲什么道德。因此他认为，"人类是坏的"，"人性是自私自利的"。这同中国古代荀子的"性恶论"相似。马基雅维里还提出了政治关系的基础是财产关系的观点。马克思称他是"新时代的第一个政治家"。

让·布丹（1530—1596）出身于法国贵族家庭，著有《共和六论》。他认为主权是最高的，不可分的，国家是最高的组织。他主张在君主专制政体中，君主犹如家长，应具有最高权力。布丹的主权理论是反对封建割据，提倡中央集权，为资本主义发展开辟道路的。

17至18世纪是资本主义发展时期，政治学也随之进一步发展。这个时期，资产阶级为了争夺政治统治权，冲破了神学束缚，提出了新的政治观点。正如马克思所指出的，这时"代替教条和神权的是人权，代替教会的是国家。以前，经济关系和社会关系是由教会批准的，因此曾被认为是教会和教条所创造的，而现在这些关系则被认为是以权利为根据并由国家所创造的"[①]。这个转变在西欧各国政治思想中都明确地反映出来了。当时起主导作用的观点是自然法、国家契约说、天赋人权论、自由、平等、

---

① 《马克思恩格斯全集》第21卷，人民出版社1965年版，第546页。

博爱等等。最高目的是建立理性国家，即资产阶级的政治统治。因此，当时的政治学理论都把国家和法律看成决定一切的东西，认为只要从政治制度上进行改革，一切问题就都解决了。所以，当时的各种政治学说都是以人的自然权利和契约论为前提，以不同的方式论证为什么要设置政治权力——国家；论证人为什么要服从政治权力，以及为什么接受其对个人权利的限制，限制的程度和范围如何；论证什么样的政治权力最能保证人的基本权利——自由、平等。这些理论的主要代表人物是霍布斯、洛克、孟德斯鸠、卢梭等。他们为资产阶级夺取政权，建立自己的统治提供了理论根据。

19世纪以后，西方主要国家的资本主义基础已经奠定，资产阶级已经由争夺政权的阶级变成政治上的统治阶级，这时的政治，已经成为资产阶级对整个社会的统治，资本主义已开始逐步走向没落时期了。为了维护资本主义制度，确保阶级统治，资产阶级政治学的主要任务就是千方百计地维护与巩固无法克服矛盾的资本主义制度。他们开始抛弃资产阶级革命时期的一些观点，成为不革命的政治学。孔德是其中代表人物之一。

孔德（1798—1857）本来是空想社会主义者圣西门的助手，后来背弃圣西门而提出自己的实证政治学。他认为历史发展分为三个阶段：神学、形而上学、实证阶段，而今天就是实证阶段。从而否定了17至18世纪资产阶级的革命思想。孔德的实证科学，就是把自然科学的一些东西应用到社会科学上来。他企图建立一种包罗万象的社会学。他创立了社会学学科，并把政治学包括在里边。在研究方法上，他用实证的方法代替理性的方法，采用所谓经验的研究，用自然科学的方法研究社会。由于自然科学方法的一个重要特点就是对其研究对象不加褒贬，那么用这种不加褒贬的态度去研究社会，就必然导致一种排除价值观念的纯客观的研究。美国实用主义哲学家杜威曾说："政治哲学和政治科学的任务，决不在于判断国家一般是这样或那样的，它们应当帮助制定政治的研究方法，依靠这种方法，人们可以从自己的错误中吸取教训和得到利益。"实质上，实证主义方法是适应资本主义制度发展的需要，掩盖资本主义社会矛盾的方法。按照这种方法，只能研究事物的现象，事物的本质是不可认识的，甚至没有什么本质可以研究。因此，实证主义政治学的中心思想是宣布反对改造世界，拒绝认识世界。

19世纪后期，资本主义世界的范围更扩大了。资本主义内部矛盾加剧，政治、经济矛盾日益严重。随着工业的发展，工人阶级队伍的日益扩大，教育的普及以及普选权的扩大，人们对政治越来越关心了。资产阶级为了维护和巩固其逐渐陷入危机的统治，就不能不加强研究政治领域的问题。这时，政治学在资产阶级那里已经摆脱了各种学科的影响，逐渐成为拥有大批专门学者的独立学科。从这时开始到目前为止，在西方，按照政治学所研究的重点不同，可分为三个时期。

第一个时期是从19世纪末至第一次世界大战。这个时期的政治学主要以国家为研究主题，以法律主义为主要方法，研究的主要问题是：国家的起源、性质和分类，政府的结构与类型，宪法的条文及类别。因此，这个时期宪法是政治学的主要科目。

第二个时期是从第一次世界大战到第二次世界大战。第一次世界大战以后，由于十月社会主义革命的胜利，以及20世纪30年代的资本主义总危机，震动了整个资本主义世界。这对资产阶级政治学是个很大冲击。这时，资产不得不放弃资本主义的放任政策，国家开始干预经济，罗斯福的新政就是明显的表现。在大危机以后，一个突然的事件是希特勒上台。德国的《魏玛宪法》是第一次世界大战后资产阶级最典型的宪法，而恰恰在这个宪法下出现了希特勒。资产阶级国家干预经济和希特勒的上台，其结果就是加强政府的权力，逐渐抛弃资产阶级民主，扩大行政权力，最终导致法西斯专政。适应这个变化，资产阶级的政治学由以研究国家制度为主题，改变为以研究权力为主要方向。因此，有人主张政治学是研究权力现象的科学。美国的拉斯威尔曾说："政治研究即是对于势力及拥有势力者的研究。"所谓权力，按照他们的解释，是指"一个人或一个团体，可以依照其自身的愿望，去支配其他的人或团体。"这就是说，凡是个人与个人之间，团体与团体之间，个人与团体之间所存在的支配关系都是政治关系。这样，政治现象就不只限于国家的活动，它存在于人们之间的一切社会关系之中。但是，有一部分人认为，这个意义上的权力现象所涉及的范围太宽，政治学不宜研究如此广泛的现象，因而主张把政治现象的范围缩小，只承认与国家有关的政治现象才是政治关系，它包括国家本身的权力现象和足以影响国家的非官方权力现象。

第三个时期是指第二次世界大战以后而言。这时政治学的研究方向，又从权力概念逐渐转变为政策概念。他们认为，"政治即是政府制定与执行政策的过程"，"凡是围绕政府决策中心所发生的事件即是政治现象。"持这种主张的基本论点是指定人类社会有个次级系统——政治系统，这个系统的主要功能是根据社会系统（各阶级、阶层、集团等）的需要，通过政策的制定与执行对各种价值从事权威性分配。他们认为人类社会的价值是有限的，不能满足所有人的需要，在满足各种人或集团的需要时，又必然要有差异，就要进行权威性的分配。他们认为，这种权威性政策的制定与执行的过程及各种影响因素就是政治现象。西方政治学的这种转变是由于第二次世界大战后资本主义世界的各种社会矛盾的深化与加剧，垄断资产阶级为了维持它的统治，进一步加强政府权力，由所谓"立法国家"转向"行政国家"的反映，是地地道道为帝国主义垄断资产阶级服务的政治学。

西方政治学发展的上述第二和第三阶段有一个共同点，就是都以行为主义方法作为研究政治学的主要方法，因此，又称为行为主义政治学。行为科学是社会学家、心理学家最早使用的方法，后来被运用到政治学领域，形成与传统政治学相对立的一个潮流。它在两次大战之间形成，第二次世界大战后迅速发展，20世纪60年代发展到全盛时期，70年代开始衰落。

行为主义政治学认为，传统政治学所使用的制度研究法和法律研究法只能研究政治现象的外壳，而不能研究实际政治问题，研究政治行为才是政治现象的真实内容。行为主义政治学就是从研究政治行为开始的，他们研究影响行为的各种因素和行为的结果，如研究民意，研究集团的行为，研究政府的行为，即研究政府制定与执行政策的过程。行为主义政治学在这一时期成为最流行的政治学。

行为主义政治学认为，政治学是解释人的行为的，而这种解释应被经验所证明。他们所说的人的行为，不仅包括一般的个人，也包括团体、组织、集团、政府以及杰出人物等。行为，不仅指人的活动，而且还包括人的心理活动，以及影响人的心理状态的周围因素的刺激，如家庭、教育、职业等。他们所说的被经验所证明，就是用调查和计量的结果，验证他们对人的行为的解释。因此，他们把社会学、经济学、统计学以及自然科学中的某些知识运用到了政治学领域里。

行为主义政治学的最大缺陷是单纯地用现象的调查方法和计量方法来说明政治行为，这是不可能达到对政治现象的实质性认识的。因为用他们所谓的调查方法所得出的结论，其根据只停留在表面现象上，未必是科学的。如对一个国家外交政策的调查，不过就是事先拟好调查提纲，找该国几名退役将军或部长交谈，从这样的调查中所得出的结论，显然是不科学的。

行为主义所运用的计量方法是从自然科学方面引用的，它同孔德的实证主义一样，力图用自然科学方法研究社会。我们不反对用自然科学方法研究社会，但不能仅仅依赖它，因为自然变化是缓慢的，社会现象是千变万化的，自然科学对象的计量方面是可以控制的，而社会现象的计量大都是无法控制的。人们即使用自然科学的最先进技术，也不可能完全计算出社会现象的复杂性。因此，单纯用这种方法来研究一切社会现象是不科学的，对社会主义社会更不适用。

自然科学对它研究的对象是不加评价的，但社会研究却要进行价值判断，即判断社会现象的阶级性和是非。不同的人有不同的价值观念——阶级立场和是非标准，人们研究社会时不能离开价值观念，离开了就变成形而上学。因此，社会科学家对社会的研究是不能避开价值判断的。行为主义宣称他们的社会调查是纯客观的，没有价值判断的，这纯属骗人。所以说，行为主义政治学同孔德的实证主义政治学一样，都是反对认识世界和改造世界，只是他们增加了实用主义内容，而回避作出是非判断。这样，行为主义政治学就是既不许改造世界又不许认识世界，也不许评价世界。

马克思主义是革命的科学，它不但要不断地认识世界，而且要改造世界。马克思主义政治学同行为主义政治学是截然相反的一种政治学。虽然如此，我们也要吸取他们的一些方法，正像我们可以吸取资本主义经济的经营管理方法一样。例如，他们对微观政治学与宏观政治学的划分，宏观是研究战略问题，微观是研究一些具体问题。此外，他们对国际政治的研究也有许多可取之处。

政治学在第二次世界大战之后，是发展最快的学科之一，它的研究领域越来越扩大，随着社会政治关系的发展变化，随着社会发展的需要，它将得到更广泛、更迅速的发展。

（三）马克思主义政治学的出现是政治学发展史上一个重大的转折

19世纪上半叶，由于资本主义体系的建立，资本主义的矛盾逐渐暴露，资本主义危机逐渐成熟，无产阶级开始以资本主义掘墓人的身份登上了历史舞台。适应这种历史条件，马克思主义出现了。马克思主义的辩证唯物主义和历史唯物主义不但给政治学和其他社会科学奠定了理论基础，而且对政治学这门科学的发展具有划时代的意义。马克思主义政治学的出现，是政治学发展史上一个重大的转折。

马克思主义政治学建立的开山之作就是《共产党宣言》。《共产党宣言》是无产阶级第一个政治纲领，也是马克思主义政治学的第一个纲要。

《共产党宣言》对马克思主义政治学的基本原理作了系统的阐述。第一，提出了国家是阶级统治组织的论点，批判了资产阶级关于国家是社会组织，是超阶级的社会联合体的观点。第二，有文字以来，人类的历史是阶级斗争的历史，阶级斗争的根本问题是政权问题。第三，无产阶级专政是无产阶级革命的第一步，是向共产主义过渡的工具，目的是建设共产主义。国家是历史现象，它在共产主义时期将会消亡。第四，无产阶级革命在政治上不是用共和制代替君主制，不是要求国家形式的改变，而是用无产阶级专政代替资产阶级专政。无产阶级的政权形式只有一个——争得民主。第五，系统地阐述了无产阶级政党学说。

《共产党宣言》所阐述的这些基本原理，为马克思主义政治学奠定了理论基础。此后，恩格斯的《家庭、私有制和国家的起源》，列宁的《国家与革命》《论国家》《共产主义运动中的"左派"幼稚病》，斯大林的《论列宁主义基础》，毛泽东的《论人民民主专政》《关于正确处理人民内部矛盾的问题》和《邓小平文选》中关于改革国家机构的论述等，都对马克思主义政治学作了重要论述和发展，这是我们学习和研究政治学，建立马克思主义政治学体系的坚定不移的指导思想。任何偏离甚至否认这个指导思想的倾向，都有走上邪路的危险。

三、政治学的内容与范围

政治学的研究对象是国家和以国家为中心的各种政治关系和政治现象，因此它所包括的内容与范围是非常广泛的。为了便于对政治学的研究，需要对政治学的内容进行学科的内部分类。西方各国政治学界曾对这门学科进行过多次分类，但是至今尚无公认的、权威性的学科内部分类。根据材料整理，西方政治学分类有以下几种情况：

第二次世界大战以前，西方政治学界把政治学的内容分为四大类：第一类政治学原理。第二类本国的政治制度。第三类比较政治制度。第四类国际关系。

1948年，国际政治学协会在巴黎召开成立大会，提出把政治学的内容分为四类：

①政治理论。包括政治理论，政治思想史。②政治制度。包括宪法，中央政府，地方政府，公共行政，政府在经济与社会方面的功能，比较政治制度。③政党、社团与舆论。包括政党，社团与结社，公民参与政府和行政，舆论。④国际关系。包括国际政治，国际组织与国际法。

1957年，美国政治学协会在纽约举行年会，提出以下九方面作为美国政治学课程的分类：①美国中央政府；②比较政府；③宪法；④政党；⑤政治行为；⑥公共行政；⑦州政府与地方政府；⑧国际法与国际关系；⑨政治理论。

马克思主义政治学的学科内部分类问题，由于种种客观原因，至今尚未进行深入的研究，这是摆在我们政治学理论工作者面前的重要任务。政治学是具有强烈的阶级性的科学。为了适应教学与研究的需要，根据我国社会主义政治建设的特点，以马克思主义为指导，吸取各国政治学发展的经验，我们认为政治学内容可以分为六大类。

第一大类，国际共产主义运动的理论和实践。它包括：①社会主义从空想到科学的发展；②国际共产主义运动的历史和现状；③关于通往社会主义的道路和建设社会主义的模式问题。

第二大类，政治学原理。它是建立政治制度、指导国家活动的基本理论。原理与历史是密不可分的，尤其是在我国政治学刚刚起步，政治思想史和政治制度史暂时应放在这类里。因此，这类包括：①政治学原理；②中国政治思想史；③外国政治思想史；④中国政治制度史；⑤外国政治制度史；⑥马克思主义哲学与政治学研究；⑦现代资产阶级政治思潮；⑧现代西方政治学方法论。

第三大类，社会主义中国的政治制度。它是我国政治学研究的主要内容。马克思主义政治学的特点是理论与实际相结合，总结我国社会主义政治制度建设的经验，逐步改革与完善社会主义中国的政治制度，是政治学研究的主要实际。它包括：①社会主义中国的政治制度；②中国共产党的建设与党政关系；③中国宪法；④中国共产党的统一战线理论与政策；⑤中国的选举制度；⑥中国的地方制度与基层组织；⑦中国的司法制度；⑧中国的民族问题与民族区域自治制度；⑨华侨问题；⑩"一国两制"。

第四大类，社会主义的国家管理。国家管理是一门科学，管理国家需要科学的理论和方法，社会主义国家具有组织与领导社会主义建设的任务，要管理经济，管理科学文化事业，必须掌握管理现代国家的科学知识。这一类包括：①行政学与社会主义国家管理；②我国的人事制度与国家公务员制度；③比较文官制度；④行政法；⑤科学学，科学技术政策与科学事业管理；⑥市政学与社会主义的城市管理。

第五大类，比较政治。对各国政治制度和政治作比较研究，有助于我们了解外国，吸取和借鉴别国的经验。它包括：①比较政治学；②苏联政治与政治制度；③南斯拉夫政治与政治制度；④东欧其他各国政治与政治制度；⑤美国政治与政治制度；⑥英国政治与政治制度；⑦法国政治与政治制度；⑧德国政治与政治制度；⑨日本政治与政治制度；⑩印度政治与政治制度；⑪伊斯兰国家及阿拉伯国家政治；⑫非洲政治；⑬东南亚政治；⑭各国国家安全及情报机构。

第六大类，国际政治。现代国际关系复杂，斗争尖锐，国际交往繁多。目前我国已与世界上100多个国家建立了外交关系，需要熟悉国际形势，了解国际关系和各国对外政策。它包括：①国际政治；②国际法；③国际组织；④国际关系史；⑤中国外交史；⑥现代国际关系与我国对外政策；⑦外交学与外交及领事业务；⑧现代国际战争与和平的战略问题。

由于政治学的研究领域越来越广泛，它的分支学科也将越来越细化。随着社会的发展，政治学的内部学科分类也一定会不断变化。但目前看来，上述分类还比较符合我国政治学的发展状况。

四、学习政治学的意义

在我国，由于政治学的教学与研究工作刚刚恢复不久，许多人对学习政治学的重要意义尚不清楚，因此，说明学习政治学的意义就显得特别重要。这里所要讲的意义包括两个方面：一是学习政治学这一学科总的意义，二是学习政治学原理这门课程的意义。

（一）学习政治学的意义

党的十一届三中全会以后，中央号召积极开展政治学的研究，并在"六五""七五"社会科学研究规划中，把政治学放在重要地位。这无疑是说明政治学的研究和发展，对我国社会主义现代化建设具有重要意义。我们学习政治学从总的方面来说，它的意义就在于：

第一，学习政治学是为了改革与完善社会主义政治制度。马克思主义的一个根本特点，就是理论与实际相结合。我们学习任何理论，都是为了指导实践，如果所学的理论与实践相脱离，这种理论是没有用途的。马克思主义就是从工人运动的实践中总结出来的革命理论，它不只是为了认识世界，更重要的在于改造世界。因此，学习马克思主义政治学也必须遵循理论与实际相结合这个根本原则。现阶段，在我国学习政治学所要联系的最大实际问题，就是社会主义中国的政治制度。中共中央《关于建国以来党的若干历史问题的决议》中指出："逐步建设高度民主的社会主义政治制度，是社会主义革命的根本任务之一。建国以来没有重视这一任务，成了'文化大革命'得以发生的一个重要条件，这是一个沉痛教训。"[1]党的十一届三中全会，总结了这个经验教训，作出了把工作重点转移到社会主义现代化建设上来的伟大决策，同时又

---

① 《中国共产党中央委员会关于建国以来党的若干历史问题的决议》，人民出版社1981年版，第56页。

提出实现"四个现代化"必须有政治民主化来保障。因为没有政治民主化，就不可能有"四个现代化"。我们知道，民主化的问题主要是政治制度问题，在我国，社会主义民主问题主要是社会主义政治制度问题。我们已经建立了社会主义政治制度，但在许多方面还不完善，还有缺陷。目前的主要问题，是如何改革与完善社会主义政治制度。我们学习政治学，就是要联系这个最大的实际，根据我国政权建设的历史与现状，实事求是地总结新中国成立三十多年在政治制度建设和政权组织建设等方面的经验教训，进行系统的理论分析和创造性的研究。同时还要研究其他国家的政治和政治制度，进行比较，以资借鉴。这样"我们的制度将一天天完善起来，它将吸收我们可以从世界各国吸收的进步因素，成为世界上最好的制度"[①]。因此，学习政治学是进一步改革与完善社会主义政治制度的客观需要，这是我们学习政治学的首要意义。

第二，学习政治学的另一个意义，是培养社会主义政权建设的"四化"（革命化、年轻化、知识化、专业化）干部。政治学不仅要研究政治制度，还要研究如何运用制度的政治活动。活动是要由人来进行的，这就有运用制度的人的作用问题，在我国就是干部（人才）问题。因为同样的制度在不同的人手里，就会有不同的效用。制度无疑是主要的，没有制度不行，没有完善的政治制度也不行。但制度不是一切，也不是万能的。制度必须由人来运用。政治是由人的活动实现的，是在一定制度下，由人去干的。因此，干部问题或者说政治家的问题是不能低估的。邓小平在《精简机构是一场革命》一文中，对目前我国的国家机构（制度）和干部问题作了精辟的分析。他指出："精简机构是一场革命。……如果不搞这场革命，让党和国家的组织继续目前这样机构臃肿重叠、职责不清，许多人员不称职、不负责，工作缺乏精力、知识和效率的状况，这是不可能得到人民赞同的，包括我们自己和我们下面的干部。这确是

---

① 《邓小平文选（一九五一——九八二年）》，人民出版社1983年版，第297页。

难以为继的状态，确实到了不能容忍的地步，人民不能容忍，我们党也不能容忍。"①
他又说："这场革命不搞，让老人、病人挡住比较年轻、有干劲、有能力的人的路，
不只是四个现代化没有希望，甚至于要涉及到亡党亡国的问题，可能要亡党亡国。"②
从这里可以看出，邓小平把国家机关的干部问题看得至关重要，提到亡党亡国的高
度，因此，我们要坚持社会主义，要实现"四个现代化"，要改革与完善社会主义政
治制度，就必须实现干部的革命化、年轻化、知识化、专业化。这是革命和社会主义
建设的战略需要。学习政治学就是培养忠于党的事业、全心全意为人民服务、用马克
思主义政治学专业知识武装起来的、具有现代国家管理才能的政权建设人才，培养政
权建设的"四化"干部和政治活动家。从这个意义上说，学习政治学，对于实现"四
个现代化"，对于党和国家的前途，都具有战略意义。

　　第三，学习政治学有利于提高人民的政治觉悟和从事社会主义现代化建设的积极
性。我们祖国的伟大，不只是由于地域辽阔、资源丰富和有十数亿勤劳勇敢的人民，
更重要的是有优越的社会主义制度，我们是伟大的社会主义国家。它不但在我国历史
发展上具有重大意义，而且在整个人类历史上也具有划时代的意义。

　　政治学就是系统地说明社会主义政治制度的优越性，说明党的领导正确，特别是
党的十一届三中全会以来所制定的政治路线、思想路线、组织路线的正确，说明党的
十二大制定的把我国逐步建成具有现代工业、现代农业、现代国防和现代科学技术，
具有高度文明、高度民主的社会主义强国的奋斗目标的伟大正确。使人们从理论上认
识我国社会主义制度的优越性，认识我们所进行的社会主义现代化建设的伟大意义。
从而焕发热爱伟大祖国、热爱社会主义的高度政治热情，齐心协力，万众一心，为实
现我国社会主义现代化建设共同奋斗！

---

① 《邓小平文选（一九五一——一九八二年）》，人民出版社1983年版，第352页。
② 《邓小平文选（一九五一——一九八二年）》，人民出版社1983年版，第351页。

（二）学习政治学原理的意义

政治学研究的范围是很广泛的，不可能用一个学科对所有问题都具体地深入地进行研究，它要根据政治现象的某一方面的内容，或某一方面的某一部分的内容，划分许多分支学科，每个分支学科都有它的特定研究对象。如政治制度，是研究国体、政体和国家机关体系及国家活动的原则等；各国政治制度，是研究每个具体国家的性质、政权形式以及国家机关体系、国家活动的原则等；行政管理，是研究国家机构中行政机关的组织结构、职权范围、工作人员及其活动方式等；司法制度，是研究国家机构中司法机关体系，职权范围及活动方式等；国际政治，是研究国家与国家之间的关系，国际组织以及国家与国家之间的交往及其活动原则等。

政治学原理不是研究某一部门学科的具体问题，它研究的是整个政治学领域中的共同性和根本性的问题。如国家的起源、本质和消亡的一般理论，国家的类型及职能、国家的形式及结构、国家的统治方法、国家的政党、团体及政治活动家等问题。这些问题对其他分支学科都具有指导意义，为研究其他分支学科提供了理论基础。因此，政治学原理是政治学各部门学科的基础理论，是学习政治学专业的首要的奠定理论基础的一门重要学科。

第一章 国家与阶级

政治，在阶级社会表现为阶级关系和阶级斗争，离开了阶级就没有什么政治可言。但阶级关系和阶级斗争的根本问题是国家政权。国家自始至终都离不开阶级，把国家与阶级联系在一起研究，能够更明确更突出地了解社会政治现象。

研究国家这个最根本的政治现象，最重要的是说明国家的起源、本质和消亡问题。这些是关于国家的一般理论，也是关于国家的基本原理。因为它们是说明国家一切现象的出发点和立脚点，只有把这些基本问题弄清楚，才能正确地回答和解释各种政治问题。马克思主义政治学同一切剥削阶级政治学的根本分歧，也是从这些基本原理开始的。列宁曾经说过："国家问题是一个最复杂最困难的问题，可以说，也是一个被资产阶级的学者、作家和哲学家弄得最混乱的问题。"①怎样才能拨开迷雾，理清混乱现象，从而解决这个最复杂的问题呢？这就要依据马克思主义观点，首先研究国家的起源、本质和消亡问题。

第一节　国家是阶级矛盾不可调和的产物

国家的起源问题是马克思主义国家学说的基本问题之一，这个问题不仅具有理论的意义，而且具有实际的政治意义。因为当前在国内国外有一股怀疑马克思主义关于国家的定义和无产阶级专政理论的思潮。如果我们能够科学地论证这个问题，就能够证实马克思主义国家观的正确性，能够证实马克思主义关于国家是一个阶级压迫另一个阶级的工具这个国家定义的正确性，能够证实马克思主义关于无产阶级革命和无产阶级专政的理论和策略原理的正确性，能够证实我国建立的人民民主专政的理论与实践的正确性。

---

① 《列宁选集》第4卷，人民出版社1972年版，第41页。

马克思主义的创始人，在他们的早期著作《德意志意识形态》《哲学的贫困》《共产党宣言》中，就对国家的起源问题给予极大的注意。后来，在《反杜林论》《家庭、私有制和国家的起源》《路德维希·费尔巴哈和德国古典哲学的终结》等著作中，更进一步论证了这个问题。特别是恩格斯在《家庭、私有制和国家的起源》中，对这一问题作了最精辟、最详细、最科学的论证。列宁称赞这本书说："其中每一句话都是可以相信的，每一句话都不是凭空说出，而都是根据大量的历史和政治材料写成的。"①

对于国家起源的研究，概括地说，主要阐明两个观点：第一，国家不是从来就有的，它是社会发展到一定阶段的产物。这是说明国家产生的时间问题。第二，国家的出现，是社会内部发展的结果。它是生产的发展、私有制的出现、阶级的形成、阶级矛盾不可调和的产物。这是说明国家产生的原因问题。

一、原始公社制度和氏族社会组织

"国家不是从来就有的。有一个时候是没有国家的。"②那么，在国家产生之前，人类社会制度和社会组织是什么样呢？它是原始公社制度和氏族社会组织，这是人类社会发展的最早阶段。

恩格斯在《家庭、私有制和国家的起源》的序言中指出："根据唯物主义观点，历史中的决定性因素，归根结蒂是直接生活的生产和再生产。但是，生产本身又有两种。一方面是生活资料即食物、衣服、住房以及为此所必需的工具的生产；另一方面是人类自身的生产，即种的蕃衍。一定历史时代和一定地区内的人们生活于其下的社会制度，受到两种生产的制约：一方面受劳动的发展阶段的制约，另一方面受家庭的

---

① 《列宁选集》第4卷，人民出版社1972年版，第43页。

② 《列宁选集》第4卷，人民出版社1972年版，第44页。

发展阶段的制约。劳动愈不发展，……社会制度就愈在较大程度上受血族关系的支
配。"①这就为我们研究原始公社制度指明了方向。

制约社会制度的"劳动的发展阶段"，主要指生产力的发展水平及与当时生产力
性质相适应的生产关系。制约原始公社制度的是劳动发展的低级阶段。这个阶段的生
产工具非常简陋，生产力水平很低，孤立的个人很软弱，还不能以个人的力量为生存
而斗争。为了生存，人们不得不集体地进行劳动；集体地制作工具；集体地获取生活
资料；用集体的力量去同自然力和野兽作斗争，基于这种集体劳动的必要性，便形成
了生产资料和生产品的公有制。马克思曾经指出："这种原始类型的合作生产或集体
生产显然是单个人的力量太小的结果，而不是生产资料公有化的结果。"②

制约社会制度的"家庭的发展阶段"是指人们婚姻关系发展变化的形式，即人种
的繁衍的变化形式。

在原始公社制度下，人们的"亲属关系在一切蒙昧民族和野蛮民族的社会制度中
起着决定作用"③。因为表示亲属关系的父亲、母亲、兄弟、姐妹、舅父、外甥、姑
母、侄女等称谓，并不是简单的荣誉称号，而是一种负有完全确定的、异常郑重的相
互义务的称呼。这些义务的总和便构成这些氏族的社会制度的实质部分。因此，原始
人们之间的联系，是以这种血缘关系为纽带的。

人们之间的这种亲属关系的变化是迟缓的，用恩格斯的话说是"僵化的"。但是
家庭形式是随着社会的发展而不断变化的，即婚姻形式是发展变化的。人类最古老、
最原始的家庭形式是群婚，即整个一群男子和整个一群女子互为所有的婚姻形式。群
婚的第一个阶段的家庭形式是血缘家庭。这里，群婚集团是按辈分划分的。这是一种

---

① 《马克思恩格斯选集》第4卷，人民出版社1972年版，第2页。

② 《马克思恩格斯全集》第19卷，人民出版社1963年版，第434页。

③ 《马克思恩格斯选集》第4卷，人民出版社1972年版，第24页。

禁止父母与子女间通婚的婚姻形式。这是家庭形式的最初阶段，在这里，能依据辈分追溯世系的血缘关系。第二个阶段发展为普那路亚（同伴之意）家庭。这是兄弟姐妹禁止结婚的一种家庭形式。由于姐妹们的共同丈夫不是兄弟，而互称普那路亚；同样，兄弟们的共同妻子也不是姐妹，亦互称普那路亚。因此，把这种家庭形式称为普那路亚家庭。

氏族就是由普那路亚家庭直接引起的。兄弟和姐妹间的婚姻关系的禁例一经确立，上述群婚集团便转化为氏族了。

恩格斯说："氏族，直到野蛮人进入文明时代为止，甚至再往后一点（就现有资料而言），是一切野蛮人所共有的制度。……同时，出乎意料地给我们阐明了国家产生以前原始时代社会制度的基本特征。"[①]就是说，最古老、最原始的群婚和血缘家庭，尚不能构成社会组织，直到氏族产生，才形成了原始的社会组织。

氏族，是具有血缘亲属关系、同族内部禁止结婚的人们的集团。它是原始公社制度的社会经济单位，也是原始社会的社会组织。

按生产发展阶段来说，氏族是在蒙昧时代中期产生的（采用鱼类为食物并使用火），在高级阶段继续发展起来（弓箭的发明），到野蛮时代的低级阶段（制陶、驯养动物、种植植物）达到了全盛时代。

在氏族制度前期，由于普那路亚式的群婚和妇女在生产、生活中占主要地位，社会处于母权制氏族时期。后来，生产力不断发展，畜牧业出现，男子的经济作用和社会作用增长，父权制氏族代替了母权制氏族。

氏族作为社会组织，正如摩尔根所说的那样，它是"整个社会的根本细胞"。由于氏族内部禁止结婚，就必然地同其他氏族发生婚姻关系；由于人口的增加，一个原

---

① 《马克思恩格斯选集》第4卷，人民出版社1972年版，第80页。

有的氏族逐渐分裂为若干新氏族；由于定居和劳动生产率的增长，社会经济组织单位需要扩大。这样，关系较密切的几个氏族，便结成了氏族联盟，这种联盟就是部落。在原始公社解体和阶级出现的时期里，部落之间的矛盾也增加了，一些利害相关的部落又结成部落联盟。这样，在原始公社制度下，有氏族、部落、部落联盟几种形式。但这些形式都没有越出氏族组织的基本特征，它们是氏族制度的几种组织形式。

氏族，是国家产生以前人类社会普遍存在的社会组织形式。在有些氏族中，现在还可以发现氏族制度的遗迹。在19世纪中期，美国的人种学家和考古学家摩尔根（1818—1881）经过长期对美国印第安人生活的研究，于1877年出版了《古代社会》一书，对国家产生前的社会状态及社会发展，特别是通过对易洛魁人的氏族制度的研究，提出了许多有价值的科学论证，马克思和恩格斯对于摩尔根关于古代社会的研究予以很高的评价。恩格斯的《家庭、私有制和国家的起源》一书，就是批判地利用了摩尔根的研究成果而写成的。恩格斯在这一著作中，不仅揭示了原始公社制度发展的规律、发展阶段及其瓦解的原因，而且明确地论述了氏族制度的特征及其在历史上的地位和意义。

据恩格斯对氏族、部落、部落联盟的具体分析，氏族制度具有以下几个特点。

第一，氏族内部禁止通婚。这是氏族的根本规则，是维系氏族的纽带。以血缘关系联系成员，是氏族制度的本质。部落和部落联盟有疆域，这仅仅是氏族居住的地方，而非联结氏族成员的组织领域。这时联结社会成员的纽带仍然是血缘关系。管理社会成员的社会组织还是以血缘关系为基础，而非按地区管理居民。这是我们研究国家产生以前的社会组织时所必须注意到的最重要的特点。国家产生的过程就是逐渐地破坏血缘关系而按地域划分居民的过程。从部落有地域、疆界但尚未形成国家这点来看，地域只能是国家存在的前提，不能作为构成国家的要素。

第二，氏族制度的组织机构——议事会，是一切成年男女平等表示意见的民主集会。氏族的议事会是这样，部落和部落联盟的议事会也是这样，讨论问题时，也是在氏族成员面前开会，成年男女都有发表意见的权利。

由选举产生的酋长和军事首领，可以任意撤换。他们没有强制手段，他们的权力是父亲般的，纯粹道德性质的。这种调整氏族成员间关系的组织机构的根本特点是不存在具有强制性的公共权力，即没有运用暴力并强迫人们服从暴力的特殊机关。

第三，氏族成员有互相帮助、互相保护的义务。本氏族成员受侮辱和受迫害，全体成员都要为被害者复仇。典型的就是氏族社会的血族复仇的习惯。

由此可见，在原始制度下，人与人之间的关系是平等的，个人利益与集体利益是一致的。由于生产力水平低下，人们为了生存，需要共同劳动，共同分享劳动成果。适应这种生产力低下和人与人之间平等关系的条件，管理公共事务的氏族制度的组织，是没有暴力而且也不需要暴力的社会组织。因为人们之间并不存在根本的利害冲突，这样的组织就完全可以解决和处理社会内部一切可能发生的矛盾。

恩格斯在分析了易洛魁人的氏族制度后指出："这种十分单纯质朴的氏族制度是一种多么美妙的制度啊！没有军队、宪兵和警察，没有贵族、国王、总督、地方官和法官，没有监狱，没有诉讼，而一切都是有条有理的。一切争端和纠纷，都由当事人的全体即氏族或部落来解决，或者由各个氏族相互解决；血族复仇仅仅当做一种极端的、很少应用的手段；……虽然当时的公共事务比今日更多，……可是，丝毫没有今日这样臃肿复杂的管理机关。一切问题，都由当事人自己解决，在大多数情况下，历来的习俗就把一切调整好了。不会有贫穷困苦的人，因为共产制的家庭经济和氏族都知道它们对于老年人、病人和战争残废者所负的义务。大家都是平等、自由的，包括妇女在内。他们还不曾有奴隶；奴役异族部落的事情，照例也是没有的。"①

---

①　《马克思恩格斯选集》第4卷，人民出版社1972年版，第92—93页。

这种原始社会的氏族组织，就其淳朴性来说固然是美妙的，但社会发展的客观规律决定它必然要灭亡。因为这种在生产力水平极低的情况下形成的社会组织，并不能适应生产力进一步发展及其所带来的一切新条件，当它成为生产力发展的障碍的时候，就不能不解体了。

二、氏族制度的解体和国家的产生

氏族制度是适应生产力水平低下和原始共产制生产关系的社会组织。随着生产力的发展，生产关系的不断改变，氏族制度也就逐渐解体了。因此，氏族制度的解体是社会内部生产发展的必然结果。

（一）第一次社会大分工

随着人类社会向野蛮时代的中级阶段过渡，从冶炼金属开始，人类进入"青铜器时代"。这个时期在生产上一个重大变化就是畜牧部落从其他部落中分离出来，即第一次社会大分工。这次大分工产生了三个结果。

第一，由于畜牧部落的分离，分离出去的畜牧部落，不仅能够获得足够的食品，如肉、乳及乳制品等等，而且能够获得日益增多的大批原料，如兽皮、羊毛等等。这就使经常地交换成为可能。最初的交换是在氏族间、部落间进行的，后来又开始在个人之间进行。

第二，由于生产的增长，家畜的驯养与繁殖，生产品的增多，私有制出现了。人的劳动能生产出比维持其生活所必需的更多的生产品，劳动力成了人们向往的事情了，有了人剥削人的可能。过去把俘虏杀死，现在将其变为奴隶，于是，第一次社会大分工发展产生了第一次社会大分裂，人们分为主人与奴隶，剥削者和被剥削者。

第三，父权制代替了母权制和家长制家庭的出现。由于畜群这个新的财富的出现，男子把畜群集中在自己手中，成了畜群的所有者，在氏族中跃居主导地位。对偶婚的出现、家长制氏族的出现，使得母权制氏族被父权制氏族所代替。恩格斯说，这"是女性的具有世界历史意义的失败"[①]。家长制家庭，是以一个男子为首的大家庭公社，它包括有一家之长及其晚辈，也包括一些奴隶。家长制家庭的主要特点：一是把非自由人包括在家庭内；二是父权。恩格斯考察了"家庭"一词的来源，在古罗马，家庭最初是指家庭奴隶，不是指夫妻子女；另一个含义则指遗产。家长制家庭出现的必然后果是：第一，家庭的财产包括奴隶归家庭所私有；第二，父亲的财产由其子女继承，女性的财产不能由外氏族继承，只得允许她们在氏族内部结婚。这样，财产的个体家庭私有和氏族内部的通婚，从根本上冲击了氏族制度，使氏族制度出现了一个裂口。恩格斯说："由于母权制的倾覆、父权制的实行、对偶婚制向一夫一妻制的逐步过渡而被确定下来，并且永久化了。但这样一来，在古代的氏族制度中就出现了一个裂口：个体家庭已成为一种力量，并且以威胁的姿态与氏族对抗了。"[②]

（二）第二次社会大分工

人类社会发展到野蛮时代的高级阶段，生产力进一步发展，其重要标志就是使用铁。由于铁的应用，出现了铁剑、铁犁、铁斧。这个生产工具的改变，使农业能在广大的面积上耕种，使手工业日趋完善，于是发生了第二次社会大分工，手工业从农业中分离出来。这次大分工产生了如下三个主要结果。

第一，奴隶制的巩固与发展。由于生产工具的改进，劳动生产率的增长，劳动力的价值提高了。在前一阶段对奴隶的使用还是零散的现象，到这时，它已经发展成为社会制度的一个本质组成部分了。这表现在奴隶已不是简单的助手了，他们成了田野和手工工场的主要劳动力。

第二，个体家庭开始成为社会经济单位。由于各个家庭之间产生了财产上的差

---

① 《马克思恩格斯选集》第4卷，人民出版社1972年版，第52页。

② 《马克思恩格斯选集》第4卷，人民出版社1972年版，第158页。

别，于是又出现了富人与穷人的新的阶级划分。恩格斯说："各个家庭首长之间的财产差别，炸毁了各地仍然保存着的旧的共产制家庭公社；同时也炸毁了在这种公社范围内进行的共同耕作制。"①这就是说，土地已经完全过渡为私有财产了。

第三，部落联盟的出现。由于人口的增长和不断发生的部落间的战争，各亲属部落紧密地团结起来，形成了部落联盟。部落联盟设立由军事酋长（罗马称勒克斯、雅典称巴墨勒斯）、议事会和人民大会所组成的联盟机关。这种机关的性质是军事民主制。因为，这时的战争和进行战争的组织已成为人们生活的正常活动，于是军事酋长成了不可缺少的常设公职，并且逐渐成为世袭。议事会也逐渐为显贵所把持。这样，世袭王权和世袭贵族的基础便奠定下来了。其结果是："氏族制度的机关就逐渐脱离了自己在人民、氏族、胞族和部落中的根子，而整个氏族制度就转化为自己的对立物：它从一个自由处理自己事务的部落组织转变为掠夺和压迫邻人的组织，而它的各机关也相应地从人民意志的工具转变为旨在反对自己人民的一个独立的统治和压迫机关了。"②

（三）第三次社会大分工

社会分工促进生产的发展，手工业与农业分工，就产生了直接以交换为目的的商品生产。由于交换的发展，从社会中分离出一个不从事生产而只从事交换的阶级——商人阶级。这是一个寄生的阶级，它从生产上榨取油水并很快获得了大量财富和对生产的愈来愈大的统治权，这就是社会的第三次大分工。恩格斯称其为"有决定意义的重要分工"③。这次分工的结果有二。

第一，由于商品交换的发展，出现了金属货币。它是非生产者统治生产者和生产

---

① 《马克思恩格斯选集》第4卷，人民出版社1972年版，第160页。

② 《马克思恩格斯选集》第4卷，人民出版社1972年版，第161页。

③ 《马克思恩格斯选集》第4卷，人民出版社1972年版，第162页。

的新手段。于是产生了高利贷的剥削和土地的买卖与抵押，财富更加集中在少数人手里。结果穷人的数量日益增多，于是按财富又把自由民划分为进行剥削的富人和被剥削的穷人。奴隶的数目也大大增加起来，强制性的奴隶劳动已成为整个上层建筑赖以建立的基础。

第二，由于商业活动、土地的买卖与变化，人们为谋生而流动，使原来的氏族与部落的居民杂居起来。这样，自由民中住有奴隶，本地居民中有外乡人。这些变化引起了社会结构的改变，氏族制度面对这些变化就无能为力了。如由于手工业发展而形成的手工业集团的要求，富人对保护私有财产的要求，城市与乡村的不同要求，本地人与外来居民的不同要求等等，古老的氏族制度都无法解决，需要有新的机关代替。特别是由于自由民和奴隶、进行剥削的富人和被剥削的穷人之间的利害冲突日益尖锐化，原来在没有阶级对立的条件卜生长出来的、没有任何强制力的氏族制度，在这种对立冲突面前，就更无能为力了。于是就需要有一个第三种力量，它似乎站在相互斗争的各阶级之上，压制它们的公开冲突，至多允许阶级斗争在经济领域内以合法的形式进行。于是，氏族制度被分工及其后果即社会分裂为阶级所炸毁，被新的机关——国家所代替了。

（四）恩格斯关于国家的论断

恩格斯在详细分析了氏族制度解体过程的基础上，对国家的产生作了精辟的论证。他说："国家是社会在一定发展阶段上的产物；国家是表示：这个社会陷入了不可解决的自我矛盾，分裂为不可调和的对立面而又无力摆脱这些对立面。而为了使这些对立面，这些经济利益互相冲突的阶级，不致在无谓的斗争中把自己和社会消灭，就需要有一种表面上驾于社会之上的力量，这种力量应当抑制冲突，把冲突保持在'秩序'的范围以内；这种从社会中产生但又自居于社会之上并且日益同社会脱离的力量，就是国家。"①

恩格斯又说："由于国家是从控制阶级对立的需要中产生的，同时又是在这些阶级的冲突中产生的，所以，它照例是最强大的、在经济上占统治地位的阶级的国家，这个阶级借助于国家而在政治上也成为占统治地位的阶级，因而获得了镇压和剥削被压迫阶级的新手段。"②

恩格斯的这个著名论断，表明了三点。

第一，国家是个历史现象，它不是从来就有的，是社会发展到一定阶段的产物。这表明国家产生的时间。

第二，国家是阶级矛盾不可调和的产物。一切小资产阶级和资产阶级思想家都可以承认国家是阶级和阶级矛盾的产物，但就不承认国家是阶级矛盾不可调和的产物。因为承认国家是阶级矛盾的产物，就可以把国家说成是居于两个对立的阶级之上的超阶级的国家。国家既不代表剥削阶级，又不代表被剥削阶级，它是高出于一切阶级，调和各阶级利益的力量，这样，无论哪个阶级都不应损害它，更不要打碎它。但恩格斯明确指出，国家是表示这个社会陷入了不可解决的自我矛盾，分裂为不可调和的对立面而又无力摆脱这些对立面。为了使这些对立面，这些经济利益互相冲突的阶级，不致在无谓的斗争中把自己和社会消灭，才需要表面上驾于社会之上的力量。这句话的关键是"表面上"，表面是形式，是现象，而实质则是经济上占统治地位的阶级"获得了镇压和剥削被压迫阶级的新手段"。这就说明了国家产生的实质和根源。同一切小资产阶级和资产阶级思想家的关于国家起源的观点划清了界线。

第三，国家的作用是抑制冲突，是把冲突控制在"秩序"的范围以内。这里所说的抑制对各阶级不偏不倚的抑制吗？不是，是把冲突控制在"秩序"的范围内的抑

---

① 《马克思恩格斯选集》第4卷，人民出版社1972年版，第166页。

② 《马克思恩格斯选集》第4卷，人民出版社1972年版，第168页。

制。什么是秩序？秩序就是维护那个社会的生产方式、剥削形式、阶级统治，是统治阶级的根本利益。被统治阶级破坏不行，统治阶级内部的个别人和集团破坏也不行。这就很清楚地看出国家是代表谁的利益，是哪个阶级的国家了。所以恩格斯说："它照例是最强大的、在经济上占统治地位的阶级的国家。"[①]

因此，列宁在解释恩格斯上述那段话时反复强调："国家是阶级矛盾不可调和的产物和表现。在阶级矛盾客观上达到不能调和的地方、时候和程度，便产生国家。反过来说，国家的存在表明阶级矛盾的不可调和。"[②]

（五）国家的产生

国家是阶级矛盾不可调和的产物和表现，是一切国家产生的普遍规律。但在不同的历史条件下，有不同的形式。这就形成了国家产生形式的多样性。

恩格斯在《家庭、私有制和国家的起源》中，分别研究了国家在氏族制度废墟上面产生的三种主要形式：

第一种是雅典国家的产生形式，它是国家产生的"最纯粹、最典型的形式"。恩格斯说："在这里，国家是直接地和主要地从氏族社会本身内部发展起来的阶级对立中产生的。"[③]

第二种是罗马国家产生的形式。罗马在氏族制度的末期，在氏族内部分化出世袭贵族，他们控制着公有土地，并掌握着氏族的权力。当时罗马氏族部落中杂居着许多外来居民，即平民。他们在经济上占有重要地位，但不能享有罗马氏族成员的权利，而又要承担义务。他们为争得与氏族成员平等的权利，同罗马贵族展开了尖锐的斗争。经过平民斗争罗马进行了改革，成立新的人民大会，参加成员按服兵役而定。只

---

① 《马克思恩格斯选集》第4卷，人民出版社1972年版，第168页。
② 《列宁选集》第3卷，人民出版社1972年版，第175页。
③ 《马克思恩格斯选集》第4卷，人民出版社1972年版，第165页。

要按财产等级服兵役就享有同等的权利，于是，这个新的制度代替了旧的氏族组织而逐渐发展为国家机关。恩格斯说，"平民的胜利炸毁了旧的氏族制度，并在它的废墟上面建立了国家"[①]。

第三种国家产生的形式，是征服罗马帝国的日耳曼人国家的形成。这是日耳曼部落征服广阔的外国领土的结果。因为征服者的氏族组织无力统治这样广大的新领土，它必须有自己的国家机构，才能做被征服领土的主人。因而，日耳曼氏族组织的机关，便迅速地转化为国家机关。但征服罗马帝国只是日耳曼国家形成的直接原因，日耳曼国家产生的决定性原因，仍然是阶级的出现及其矛盾的激化。因为日耳曼部落在国家形成之前已经发生了显著的阶级分化，征服罗马只是加速了阶级和国家产生的过程而已。

上述三种形式，是恩格斯分析了雅典、古罗马和日耳曼人国家产生的历史材料所得出的科学结论。但这只是说在不同的历史条件下原始公社制度瓦解和国家产生的过程有各种不同的形式，并不是说只有这三种形式。尽管国家产生的途径有所不同，但国家产生的根源却是一致的，都是由于社会内部经济发展、出现了私有制和阶级的结果，是阶级矛盾不可调和的产物。外部条件只起加速或延缓的作用。

国家是在氏族组织瓦解的基础上产生的，但它绝不是原始社会氏族组织的简单继承，它是与氏族组织有根本区别的特殊组织。

第一，国家按地区划分居民，氏族组织以血缘关系划分居民。所谓划分，是指对一定地域上的居民以什么为基础进行管理。氏族组织管理居民以血缘关系为基础，即以一定的亲属联系为单位；而国家对居民的管理则是以居住的地域的联系为基础，即以居住区为单位。这个对居民管理划分的区别的实质在于，在共同居住的地域上，居

[①] 《马克思恩格斯选集》第4卷，人民出版社1972年版，第165页。

民的成分改变了，社会成员的结构改变了，人们之间的关系改变了。再采用以血缘关系相联系的组织形式，解决不了人们之间的新的关系。

第二，公共权力的设立。所谓公共权力，是指武装的人——军队、警察和物质的附属物——监狱和各种强制机关。原始社会的氏族组织没有公共权力。国家组织设立公共权力表明：由于阶级的出现，阶级矛盾的不可调和，维持社会秩序和解决人们之间的冲突，再用那种毫无强制力的氏族组织不管用了，需要一种新的机关，即具有公共权力的强制力机关才能维持社会的存在。在原始社会也有武装组织和社会权力，但它是为全民所有的、保护全民利益的。而国家所设立的公共权力是掌握在统治阶级手里用来镇压被统治阶级的工具。恩格斯说："这个特殊的公共权力之所以需要，是因为自从社会分裂为阶级以后，居民的自动的武装组织已经成为不可能了。"①

恩格斯指出的国家与氏族组织这两个根本区别，是指两种社会组织的实质不同，而不是氏族组织没有这两点，国家组织多了这两点的量的差别。因此，有人把按地区划分居民解释为领土是国家的要素，这是对恩格斯原意的曲解。

三、对剥削阶级思想家关于国家起源理论的批判

国家的起源问题，由于它直接涉及国家的本质，牵涉到各个阶级的利益，所以一切剥削阶级的思想家，都根据本阶级的利益和当时的历史条件，提出种种非科学的解释，有意无意地歪曲国家的起源问题。我们对于剥削阶级思想家关于国家起源的理论，不能一一予以分析，只对其中影响较大的几种论点，扼要地加以分析批判。

（一）神权论

这种理论认为，国家源于神，是根据神的意志建立的，国家的权力来源于神（天、上帝）。这种观点在我们现在看来，显然是荒诞的，但在古代政治思想中却占

---

① 《马克思恩格斯选集》第4卷，人民出版社1972年版，第167页。

有重要地位。古代奴隶制和封建制国家的统治阶级，都曾利用这种观点来维护他们的统治。

在我国古代，神权思想是很发达的。所谓"天道"就是把统治阶级的权力说成为来自天命。把帝王称作"天子"（上天的儿子），说他们是天意的执行者。在古籍记载中，所谓"天子作民父母，以为天下王"（《尚书·洪范》），"天工，人其代之"（《尚书·皋陶谟》），就是神权思想。

在外国，神权说，最早发生于古代犹太的神权政治君主国，基督教早期代表也曾提出过这个思想。但是，神权思想的发展却是在中世纪。中世纪是欧洲历史上的"黑暗时代"，基督教的势力支配了整个思想界。当时封建主阶级的思想家，在教权与皇权的斗争中，不论是主张教权高于皇权还是主张皇权高于教权的人，都宣扬神权思想，认为"一切权力来自神"。集中世纪反动思想大成的天主教教士托马斯·阿奎那曾经大肆宣扬"除上帝外，别无权力"的观点，认为一切国家的权力都来自上帝。直到16至17世纪，一些思想家还力图用神权论证国王的无限权力，把这种理论作为专制君主的护身符。

神权论纯粹是从宗教的观点出发，把剥削阶级国家说成是神的意志的体现，用来迷惑人民群众对于国家本质的认识，反对被压迫人民起来革命。因而，它从来就是反科学的观点。这种反动观点，由于特别有利于剥削阶级的统治，直到现在还没有完全消灭，某些落后的国家还用这种思想统治人民。

（二）契约论

在资本主义上升时期，契约论是资产阶级关于国家起源的最有影响的学说。从16至18世纪，许多著名的资产阶级哲学家、法学家和政治学家，如荷兰的格老秀斯（1583—1645）、斯宾诺莎（1632—1677），英国的霍布斯（1588—1679）、洛克（1632—1704），法国的卢梭（1712—1778）等人，在国家起源的问题上，都主张契约说。这种学说的基本论点，就是把国家的产生说成是人们订立契约的结果。

资产阶级的契约论，包括两种含义：一种是用来说明国家的起源，另一种是用来说明统治者与被统治者的关系。

用契约论说明国家起源的人，都主张在国家出现以前，人类有一种原始的自然状态。但他们对这种自然状态的解释又各有不同。霍布斯认为，在自然状态下，每个人都有自然权利，都干他们自己愿意干的事情。但人性都是自私的，而体力又差不多，这就必然地产生为了满足自身要求而展开的相互竞争。因此，在自然状态下，是"一切人反对一切人的战争"，存在着"不断的恐惧、暴死的危险，以及人性的孤寂、贫穷、险恶和匮乏"。他认为，避免这一状态的唯一途径就是人们订立契约，建立一个有绝对权威的统治者统治的国家。因此，他主张君主专制。

洛克也认为在国家产生以前，人都有"自然权利"，但他和霍布斯不同的是，他认为自然权利并不是每个人都自私地想干什么就干什么，而是对别人的正当要求。拥有自然权利者之间，不是竞争、战争，而是彼此关联的义务或责任。洛克认为，人们有三种主要的自然权利：一是生存；二是自由；三是财产私有。洛克虽然不认为自然状态像霍布斯所说的是战争的没有正义的状态，但他认为自然状态也不是尽善尽美的，也有矛盾。因此，就需要一个裁判来仲裁纷争和惩罚对自然的破坏行为。因此，人们订立契约建立国家，其职能是保护人们的自然权利。他主张君主立宪制。

卢梭也认为国家以前有自然状态，但他否认在自然状态下，人有自然权利。他认为在自然状态下，人们是平等自由的，和平快乐的。个人没有自然权利，一切权利都是社会的，体现社会权力的是人们的"共同意志"，而这个"共同意志"是全体人民的。个人的自由是道德原则的体现，共同的意志是最高的道德，个人服从"共同意志"是真正的自由。因而，产生了卢梭的主权在民的思想，而国家是人们共同订立契约的结果。

总之，契约论者都主张不能长久地停留在国家以前的那种自然状态之下，为脱离这种自然状态，人们就互相订立一种契约，成立国家，来保障财产和安全。

契约论是没有历史事实根据的非科学的理论。不但他们听说的自然状态只是一种臆测和假设，而且众人缔约建立国家，在事实上也是不可能的。因此，反对契约论的人常常问道：人们什么时候在什么地方签订过社会契约？当原始人对国家和法律尚没有任何概念时，他们怎么能够想到签订契约？这些问题，是契约论者无法回答的。所以，到19世纪的时候，这种学说就为人们所摈弃，很多著名思想家都指出契约论是一种虚构，是没有科学价值的。

契约论虽然缺乏科学根据，但在资产阶级反对封建制度的斗争中，却起过积极的进步作用。这种学说不但打破了神权论的国家起源理论，指出了国家是人类自觉创立的，而且提出了统治权来自人民的人民主权观点，从而鼓舞了资产阶级反对封建制度的斗争。但到了资产阶级取得政权以后，契约论就变成了维护资产阶级统治，为资产阶级统治的合理性作辩护的工具，已没有什么进步的作用了。

（三）暴力论

暴力论者认为，国家起源于掠夺和征服，是人对人使用暴力的结果。德国的反动哲学家和经济学家杜林（1833—1921）和19世纪末20世纪初资产阶级法学家兼社会学家巩普洛维赤（1838—1909），就是这种理论的鼓吹者。

杜林强调暴力是社会发展的决定性因素；巩普洛维赤认为国家是一个部落对另一个部落征服的结果，他指出国家经常是一个部落对另一个部落施以暴力的结果而出现的，它表现为较强的部落对较弱的土著居民的征服与奴役。

无产阶级的叛徒考茨基（1854—1938）也是暴力论的拥护者。他认为阶级与国家的形成是许多部落因征服而互相联合的结果，其中强者战胜弱者就是阶级形成和国家产生的原因。他在《唯物史观》一书中说，战胜的部落使战败的部落从属于自己，没收他们的全部土地，其后强迫战败的部落经常为战胜的部落做工，并强迫他们纳贡和缴租。每当发生这种情况时，便产生阶级划分，但是这并不是将一个团体划分成几个小团体，而是相反地把两个团体结成为一个，其中一个就做了统治阶级与剥削阶级；而另一个则成为被压迫与被剥削的阶级；战胜者为了统治被征服者而建立的强制性的机关就成为国家了。

暴力论是没有科学根据的。他们认为政治上的奴役行动先于经济发展的过程。因此，暴力论者不能回答为什么强者要侵略弱者，并且使弱者从属于自己。如果没有部落内私有制的出现使剥削成为可能，那么强者要弱者从属于自己又是为什么？显然暴力论者是站不住脚的。他们的非科学性的关键在于，抹杀了国家是社会内部发展的结果。暴力在一定条件下对国家的形成起过促进作用，但它不是国家产生的原因。如果没有内部的经济发展的要求，单纯的暴力是不会产生国家的。这些观点，恩格斯在《家庭、私有制和国家的起源》中用大量丰富的历史材料作出了科学的论证。值得特别指出的是，无产阶级叛徒考茨基认为，阶级、国家及剥削是侵略战争的结果。其要害在于否定国家是阶级矛盾不可调和的产物。由于国家的产生和国家本质密切相关，否认了国家是阶级矛盾不可调和的产物，也就否定了国家是一个阶级压迫另一个阶级的工具。这样，他所要拥护的资产阶级专政的国家，就不是压迫无产阶级的工具了。因此，他反对阶级斗争，反对无产阶级革命，反对无产阶级专政，从而堕落成为无产阶级的叛徒。

第二节　国家的本质

国家的本质问题，是政治学的一个中心问题。政治学中的其他基本问题，如统治形式、统治机构、统治方法、民主、专政、政党、集团、政治人物、国际关系等的提出与解决，全在于对国家本质的理解。国家本质问题不仅具有重大的理论意义，还具有重大的现实意义。因为它是一个国家制定对内对外政策的阶级基础，我们研究任何一个国家的内外政策，如果不从它的本质着眼，是很难了解它的政策的实质的。

马克思主义政治学和一切剥削阶级政治学的根本区别，也是从对国家本质如何理解开始的。目前，在西方各国特别是美国，政治学的发展很快，各种各样的理论、学派，尽管他们在基础理论、方法论上各有差异，但有一个根本点，即都是建立在他们对国家本质理解的共同基础上。我们在研究西方政治学时，对这个根本点必须保持清醒的认识。列宁曾经说过："当社会主义革命在全世界已经开始并且已在几个国家内获得胜利的时候，当反对全世界资本的斗争特别尖锐的时候，这个问题即国家问题就具有最大的意义，可以说，已经成为最迫切的问题，成为目前一切政治问题和一切政治争论的焦点了。"[1]在国家问题中的首要问题，就是国家本质问题。因此，列宁又说："几乎目前所有各种政治争论、分歧和意见，都是围绕着国家这一概念的。"[2]国家的概念，就是把国家这一事物最本质的特征用精练的语言概括出来，它是对国家本质的表述。

一、国家的概念

（一）"国家"一词的含义

我国古代典籍，把"天子"统治的全国称为天下，诸侯统治的领地称为国（或称邦国），卿大夫统治的采邑称为家（或称家室）。国家是天下、邦国、家室的总称。

《大学》："家齐而后国治，国治而后天下平。"

《孟子》："天下之本在国，国之本在家。"这都是把天下、国、家作为整个统

---

① 《列宁选集》第4卷，人民出版社1972年版，第53页。

② 《列宁选集》第4卷，人民出版社1972年版，第53页。

治系统的不同统治范围的用语。

秦汉以后，中国实行的中央集权制，皇帝的统治范围称天下，亦称国家。

在西方，古希腊称"城邦"（polis），古罗马称"共和国"（republive），其原意是由罗马城延伸到整个意大利和其他各省的居民，是地域广泛的意思。在中世纪称"王国"（rignum）和市民社会（civitas）。到16世纪，意大利的马基雅维里在他的《君主论》（1513）一书中，第一次广泛使用"国家"这个词（state），而为现代所流行通用。

"国家"一词，在不同的历史时期，不同的国家里，由于具体条件的不同，表达的方式也有所不同，但对国家作为一种社会组织，究竟是什么性质的社会组织，它的本质是什么，各个阶级的思想家，都有不同的解释。而这些解释集中地表现为对国家所下的定义上。

（二）剥削阶级思想家关于国家的定义

政治学有史以来的两千多年，剥削阶级思想家曾经给国家下过许多不同的定义。有人说，如果把所有的这些定义搜集起来，可以编写一部巨大的书。但所有剥削阶级思想家都不能正确地解释国家的本质。下面仅就其中一些主要的、具有代表性的国家定义作个说明。

第一类，把国家说成人们的"联合体"或称"联盟""共同体"。虽然他们对联合的目的、任务认识上各有不同，但他们都把"联合体"作为首要的因素。如亚里士多德在《政治学》中强调，国家是许多家庭及村落的联合体，它是为了达成完美的和自治的生活而组织的。古罗马的谢雪卢在《共和国》中说指出，国家是由许多社会团体，基于共同的权利意识及利益互享的观念而结合成功的组织体。康德则认为，国家，是民众通过法律所组成的联盟。《大英百科全书》综合现代资产阶级政治学家共同的观点写道："现代的政治理论家们通常把国家定义为一种典型形式的联合体。"

把国家解释为"联合体"，是从表面上解释国家，把国家说成是人群的联合组织。但是他们不能回答联合体的性质是什么？联合体与其他社会组织的本质区别是什么？联合体内的人们的地位是否相同？如果不同，又是为什么？以及用什么来维系这种联合体？等等。回答不了这些问题，就不可能说明国家的真实情况，因此，它就不是科学的。

第二类，除了把国家说成是人群组织外，又强调国家是一个管理或统治的组织。如法国的布丹认为国家是家庭及共同财产所组成的团体。这个团体由最高权力及理性治理着。荷兰德在《法学要旨》中指出，国家是占据一定领土的人群组织，在这一人群组织中，大多数人或占优势阶级的意志成为有效的意志，足以压制反对者的意见。狄骥在《宪法论》中强调，国家是一种人群组织，在这一组织中，人群有治者与被治者的不同政治区分。巩普洛维赤认为，国家是少数人统治大多数人的组织。

这类对国家的解释，虽然说出了国家是进行统治的组织，但它也回答不了国家为什么要统治和为什么能够统治的问题，从而解释不清国家的性质问题和国家与其他社会组织区别的最本质的特点。

第三类，如果上面两类的解释还能把国家说成是个实体物，那么第三类的解释却把国家说成是个虚构的完美无缺的幻想物。如古罗马的奥古斯丁、中世纪的神学论者托马斯·阿奎那，把国家说成是上帝意志的特殊表现。德国唯心主义思想家、哲学家黑格尔说："国家是完全的理性"，"国家是伦理精神的现实"。他把国家说成是万能的、绝对的、神圣的、完美无缺的。纯粹法学派的凯尔逊虽然把国家说成是"政治组织社会""社团"。但又在《法律与国家》中指出，"国家是一个规范的复合体，是一种秩序"。这样，国家又成为没有实际组织的虚构物。

第四类，由于在资本主义上升时期，国家主权理论的出现和国际社会的交往斗争频繁且复杂，因此，现代政治学中，流行得最普遍、最广泛的国家定义，就是以主权为中心的三要素说或四要素说。如迦纳在《政治科学与政府》中指出，国家是由很多人民组成的社会；永久占一块一定的领土；不受外来的统治；有一个为人民在习惯上所服从的有组织的政府。《云五社会科学大辞典·政治学》认为，所谓现代国家是指具备下列四个条件的人类社会团体。第一是有一群人；第二是有固定土地；第三组成政府行使主权；第四有主权，亦即在国际社会上维持独立地位。《大英百科全书》认为，现代的政治理论家们通常把国家定义为一种特殊形式的联合体，它与其他形式的联合体区别在于它的目的，它用以实现这些目的所采取的手段，它有领土界限，它拥有主权。

总之，所有上述几类定义，虽然其所处的历史条件和所代表的阶级利益不同，但有一个共同点，就是否定一个关键事实，即国家是阶级统治的机器。只有马克思主义关于国家的定义，才能正确地、科学地表达国家的真实内容与含义。

（三）马克思主义关于国家的定义

马克思列宁主义经典作家在深入地研究了国家的各种基本问题、分析了国家产生的基本原因以及发展变革的规律、概括了各种不同类型国家的共同特点及其在社会生活中的地位和作用的基础上，为国家下了一个全面的科学的定义：

"国家是维护一个阶级对另一个阶级的统治的机器。"[1]

"国家是一个阶级压迫另一个阶级的机器，是使一切被支配的阶级受一个阶级控制的机器。"[2]

这个定义是列宁对马克思、恩格斯所阐述的国家观点的最全面的概括。它有三层含义：国家是有阶级社会的组织；国家是阶级统治；国家是个机器。下面就通过这三个方面的阐述来全面理解和揭示马克思主义关于国家的定义。

---

[1]　《列宁选集》第4卷，人民出版社1972年版，第48页。

[2]　《列宁选集》第4卷，人民出版社1972年版，第49页。

第一，国家是有阶级社会的组织。这主要是说明国家存在的时间问题，即国家产生的时间和消亡的时间问题，核心是说明国家是一个历史的现象。

马克思主义认为，国家不是从来就有的，而是社会发展到一定历史阶段的产物。国家的出现是社会内部矛盾运动发展的结果。它是随着生产的发展，私有制的出现，阶级的形成，阶级矛盾不可调和而产生的。在阶级社会以前，人类社会经历了漫长的原始公社社会制度。当时的生产很不发达，生产关系是以原始公有制为基础的平等关系。人们的社会组织不是国家，而是以血缘关系为基础的氏族和部落或更大的部落联盟。这种简单的社会关系和社会组织是适应当时简单和低水平的生产力的。由于生产的发展，剩余产品的出现，剥削成为可能，阶级形成了，人与人之间关系的性质改变了，原始公社制度已无法适应新的生产力发展和社会关系的改变。于是，伴随着阶级矛盾的不可调和便产生了国家。同样，国家也将必然伴随阶级、阶级矛盾的消灭，而自行消亡。这就是国家产生、发展、消亡的必然规律。

第二，国家是阶级统治。这是表明国家的本质。所谓国家本质，就是指国家是哪个阶级的政权，或称哪个阶级的专政。奴隶制国家的本质是奴隶主阶级专政；封建制国家的本质是地主阶级专政；资产阶级国家的本质是资产阶级专政；社会主义国家的本质是无产阶级专政。

在剥削阶级社会，任何一个阶级的政治统治都来源于他们的经济统治。因为在剥削阶级社会里，生产资料是为经济上占统治地位的阶级所占有的。他们就是用生产资料的所有权迫使被统治阶级服从他们的奴役和统治。但是，只有经济上占统治地位是不够的、不巩固的，还需要有政治上的统治，即需要利用具有强制力的政权的统治。这就决定了政权属于在经济上占统治地位的阶级。所以，国家的本质就是政权的阶级性质，就是指哪个阶级的统治。在剥削阶级社会，任何一个阶级的统治权，都是先由经济统治权产生的。如资产阶级先是在封建社会内部逐步获得经济权力，在条件成熟的时候就夺取政权，成为政治上的统治阶级。无产阶级的政权，虽然是在没有形成社会主义经济基础的条件上获得的，但夺取政权后，首先就要剥夺资产阶级的经济权力，建立社会主义经济基础，这样才能巩固无产阶级政权。这就是经济决定政治的道理。政治统治是经济基础的上层建筑，是为它的经济基础服务的。

我们知道，政治统治与经济统治不同。一个阶级的经济统治之所以要靠政治统治来维持和巩固，就是因为政治统治的力量有着自己的特点。一方面，政治统治是统治阶级的联合力量，是统治阶级共同的集体的意志和力量的表现。在剥削阶级社会，统治阶级在经济上的统治经常表现为私人的统治，如：单个的封建地主对他所属的农奴的统治与奴役；一个资本家对他的工厂工人的剥削与统治。然而，政治统治则表现为公共的统治，它不是统治者与被统治者单人的关系，而是表现为被统治者与国家整体的关系，被统治者服从的不是统治阶级中的单个人，而是服从于统治阶级的集体的意志和力量。因此，政治统治是指一个统治阶级的联合力量的统治。马克思、恩格斯在《共产党宣言》中针对资产阶级政权（政治统治）的性质指出："现代的国家政权不过是管理整个资产阶级的共同事务的委员会罢了。"[1]就是指的资产阶级统治，是资产阶级的联合力量。另一方面，政治统治还是统治阶级的有组织的力量。所谓有组织的力量，是指政治统治是一个有组织的统一整体。它表现为统治阶级的意志通过一定的制度、程序上升为国家意志，也就是将统治阶级的意志制定为政策、法律、命令，强制被统治阶级接受与遵守。当然，也不允许统治阶级内部的个人、集体随意违犯；因此，政治统治是通过"国家意志"实现的，而"国家意志"就是政治统治的主要内容。在资产阶级的著作中，往往把"国家意志"说成是什么"最高的意志""主权的意志""人人都遵守的意志"，或者说成是"共同的意志""人民的意志""全社会

---

① 《马克思恩格斯选集》第1卷，人民出版社1972年版，第253页。

的意志"等等。这些说法无非是形式上、表面上、超阶级的解释。

马克思主义正确地揭示出：国家意志就是统治阶级强迫被统治阶级接受服从的意志，是经过一定制度与程序制定出来而上升为国家意志的统治阶级意志。但是国家意志之所以能够实现，还由于它有保证遵守的手段，这个手段就是强力或称暴力。因此，强力是实现国家意志的后盾和基础，所以，通常又把以强力为基础的政治统治称为专政。政治统治（即阶级统治）和阶级专政是同一含义，都是表明国家本质的。

一切小资产阶级和资产阶级的思想家，往往从专政的字面和形式上说明它的含义，认为专政是一定的国家形式，它的特点是统治者滥用暴力，专横不法，不民主，甚至把专政同独裁作为同义语。其实，这是对专政概念的曲解。

马克思关于专政的概念，是指一定阶级的统治，是一定阶级对社会实行国家领导。因此，马克思主义关于专政的含义是指国家的本质，而不是指国家的形式。

恩格斯说："国家无非是一个阶级镇压另一个阶级的机器，这一点即使在民主共和制下也丝毫不比在君主制下差。"[①]这句话的意思就是说，专政（国家）的实质是一个阶级镇压另一个阶级的机器，而不是民主制或君主制等国家形式。

马克思主义关于专政的概念也指出，专政必须有强力，但专政并不仅仅是强力，而且列宁曾经说过，无产阶级专政主要还不是强力。因为无产阶级专政有组织经济文化建设的任务，这个任务，不是靠强力，而是主要靠思想教育和组织工作，靠发挥人民群众的积极性、创造性实现的。就是剥削阶级专政，在它管理社会公共事务时，也不是完全靠强力，只是以强力为后盾而已。

专政从统治阶级方面来说，如果专政是一个阶级的，则是一个阶级的专政，如资产阶级专政。如果是以一个阶级为领导，联合几个同盟者阶级实行对敌对阶级的统

---

① 《马克思恩格斯选集》第2卷，人民出版社1972年版，第336页。

治，则这个专政也称为阶级联盟。如无产阶级专政也可以称为工农联盟。所以，专政的科学含义，就是阶级统治或称政治统治。

第三，国家是个机器。机器，顾名思义是个工具，而且是个复杂的工具，它是由许多部件所组成的互相联系的有机整体，这就是我们所说的国家机构。任何社会组织都有一定的机构，即组织体系。但国家是一个特殊的机器。它特殊在什么地方？就在于它具有政治权力。这就是国家组织与其他社会组织的区别。

什么是政治权力？权力的一般概念，是掌权者强制其从属者服从其意志的能力。政治权力（亦称国家权力），就是统治阶级强迫被统治阶级服从国家意志的能力。这里的关键在于如何理解强制能力。

所谓强制能力，就是特殊的社会权力，它所以具有特殊的能力是因为它有行使这种权力的专门人——官吏（我们社会主义国家称"干部"）；它有实现这种权力的强制机关；还有供养官吏与强制机关使用的捐税和国债。这三项合起来就构成一种组织力量和物质力量。这种力量就是特殊的社会权力。列宁在《国家与革命》中引证了恩格斯关于特殊社会权力的概念："这种社会权力在每一个国家里都存在。构成这种权力的，不仅有武装的人，而且还有物质的附属物，如监狱和各种强制机关。"[①]这种特殊的社会权力就成为国家机器的核心，它同其他机关合起来就构成全部的国家机构。这就是国家作为社会组织，同原始社会的组织及阶级社会的其他社会组织相区别的主要特征，也是强迫被统治阶级服从统治的主要力量。

有人说，武装力量在国家出现以前就有，那么，作为特殊社会权力的武装力量同国家出现以前的武装力量的区别何在？两种武装力量的区别不在于装备——武器，武装力量的装备，无论是棍棒、刀枪、机械武器还是原子武器，这只表明技术程度的不

---

① 《列宁选集》第3卷，人民出版社1972年版，第177页。

同，而不是质的区别。两种武装力量的本质差别在于，前者是居民的自动武装组织，后者是脱离社会的特殊的力量。只有日益同社会脱离而表面上驾于社会之上的武装力量，才是公共权力，才能成为国家机器的核心力量。因此，马克思主义特别强调，国家的产生，表现为公共权力的形成，将来国家消亡了，也就不需要公共权力了。

只有公共权力的存在，只有政治权力，才是迫使被统治者服从的力量。有些资产阶级的思想家企图用人的心理因素解释人们对国家的服从，如有的说，人们之所以要服从国家统治是由于认识到了"国家的重要性""慈爱性""神圣性""有益性""公正性""道德性""合理性"，或者说国家的"恐惧性"等等。俄国资产阶级法学家高尔库诺夫在《俄国国家法》中给国家权力下的定义是："国家权力，乃是受对国家依附的意识所决定的一种力量。"这个定义实际上是对"心理因素"是国家权力的决定力量的各种思想的综合概括，是纯粹唯心主义的本末倒置的解释。

国家权力和其他权力的不同还表现为它的主权性。

"主权"一词在具体应用时，有不同的含义。在国家内部，主权的提出，是资产阶级思想家为了反对封建割据，维护中央集权，发展资本主义经济的要求和反映。在这个意义上，主权是指至高无上的权力。在资产阶级同封建君主制斗争时期，又提出主权归属的问题。如果最高权力属于君主，则称为"主权在君"；如果最高权力属于人民，则称为"主权在民"。但这个归属问题通常是单纯从执掌主权的国家机关组织形式来说的，按照他们的说法，如果掌握主权的机关是议会，则为"主权在民"；反之，掌握主权的是国王，则是"主权在君"。这显然是纯粹形式的解释。马克思主义认为，主权就是统治权力，它的归属问题，是由国家本质决定的。什么阶级掌握统治权，主权就属于那个阶级。

在国际关系中，主权是国家与国家之间关系的重要原则。从国际关系的意义上说，主权的含义是指一个国家的权力的独立性。这种独立性表现在国家具有独立自主地处理对内和对外事务的最高权力。

在20世纪50年代，联合国关于主权的争论十分激烈。当时苏联法学界一个公认的主权定义是，国家主权是一个国家的权力独立于任何其他国家的权力，这种独立的表现就是国家自由地、按自己的愿望来决定本身的内外事务而毫不侵犯其他国家的权力和违反公认的国际法规范。这个定义是符合主权含义的。但后来苏联实行霸权主义，在实际上就抛弃了这个定义。

主权是国家权力不可缺少的属性，也是一个独立国家所不可缺少的条件。如果一个国家没有主权，就不能成为独立的国家。所以，一个国家的主权是不容侵犯的，侵犯和破坏一个国家的主权，就是对这个国家生存的致命威胁。

国家主权，是统治阶级专政的全权在政治、法律上的表现。只有在工人阶级和广大人民真正成为国家的主人的条件下，它才与人民主权相一致。而在剥削阶级专政的国家里，国家主权不可能是人民主权。但即使在国家主权与人民主权不一致的国家，如果遭受侵略者的侵犯，人民仍然要保卫本国的主权。因为一个国家如果丧失了独立主权，它的人民就要遭受外来侵略者的压迫和奴役，过去帝国主义对我们中国的侵略，广大人民所遭受的屠杀、奴役和侮辱，就是铁证。所以，爱国主义对于团结全国人民来说，即或在人民尚未掌握政权而遭受侵略的条件下，也有一定的作用；当人民做了国家的主人，国家主权与人民主权完全一致时，爱国主义就具有更大的意义了。当前，我们党中央和政府提出加强爱国主义教育，它的深远意义，是不言而喻的。

综上所述，马克思主义关于国家的定义所概括的三层含义是：（1）国家是有阶级社会的组织，当阶级出现，阶级矛盾不可调和时就产生国家，当阶级完全消灭，到没有阶级和阶级差别时，国家就消亡了。（2）国家的本质是阶级统治、阶级专政，它不是一成不变的，当生产力发展，生产关系改变，通过社会变革，国家的阶级性质也就随之改变。历史上出现的各种类型的国家，表明了国家的发展规律。因此，一切剥削阶级思想家把国家说成是"超阶级"的、一成不变的，都是没有科学根据的。（3）国家是个实体物，是社会组织，是机器、工具。它是实现统治权力的机器，这个"统治权力"具有强制性和主权性，它是国家机器同其他社会组织不同的主要标志。

（四）国家与国度

马克思列宁主义关于国家的科学定义，是指导我们观察一切社会政治现象的基本观点，是研究马克思主义政治学的指导思想，是认识当代西方政治学说各种流派的理论基础。

当前，有些人对马克思列宁主义关于"国家是一个阶级压迫另一个阶级的机器"这个定义，产生了怀疑，提出这个定义在当前是否还适用？是不是已经"过时"了？他们认为，这个定义不能完全表明国家的实体，提出对国家三要素说应当重新估计，或者把三要素说同阶级统治捏合在一起，给国家重新下定义。如1976年版的《苏联大百科全书》就给国家重新下了个定义。他们认为，国家是组织社会生活的政治形式，是以社会生活的基本范畴为指导的和在必要的时候依靠暴力的一种特殊的管理形式。国家的基本特征：（1）有特殊的机构和机关体系，它们构成国家机器的总和。（2）具有权力，即由国家确立和批准的强制的行为规则。（3）具有一定的领土，它的疆界由该国政权所限定。国家与阶级社会中的其他政治机构的不同点在于它拥有社会中的最高权力（国家主权）。在我们国内也有类似的定义。

这些提法与新概念有个共同点，就是企图抽出国家是阶级统治的机器这一实质内容，恢复国家三要素或四要素说，是国家三要素或四要素说的翻版。

任何定义都是对它所表述的事物的本质特征的概括。一个定义是否需要改变，要看是否出现了需要改变这个定义的新情况和新问题，或者发现过去所概括的事物特征不完善，需要重新审定。

那么在马克思列宁主义经典作家给国家下了定义之后，是否出现了需要改变这个定义的新情况、新问题？列宁的国家定义是在1919年的《论国家》中阐述的，即第一次世界大战以后；毛泽东在1949年的《论人民民主专政》中又肯定："军队、警察、法庭等项国家机器，是阶级压迫阶级的工具。"[①]这是在第二次世界大战以后。这就是说，从第一次世界大战到第二次世界大战以后，国际上和各国内部所出现的新情况，是否需要重新审定马克思列宁主义的国家定义？从第一次世界大战到第二次世界大战以后，国际与各国内部所出现的新情况主要有如下几个方面：

第一，第一次世界大战后，十月社会主义革命胜利，出现了苏维埃社会主义国家；第二次世界大战后，中国革命的胜利，诞生了社会主义的中华人民共和国，以及东欧和其他一些社会主义国家。

第二，第二次世界大战后，帝国主义的殖民体系土崩瓦解，许多殖民地附属国摆脱了帝国主义的殖民统治，建立了民族独立国家。

第三，第二次世界大战后，逐渐形成美、苏两霸争夺世界霸权。由于先进武器的不断发展，美、苏及其他帝国主义国家的军备竞赛加强，各国的军事机构和国家安全机构的扩大与活动的加强，表现得特别突出。

第四，第二次世界大战后，特别是20世纪60年代以后，科学技术的飞跃发展，在资本主义国家内部，在保证垄断资本利润的前提下，人民生活有了某种程度的改善，所谓"白领阶层"不断扩大。阶级斗争的形势曲折复杂，表现为垄断资本直接干预政治和各种利益集团、政治组织的势力影响增大，使国家管理复杂化。因此，又突出地表现为国家行政机关的作用和组织机构的不断扩大与加强。

第五，垄断经济的不断发展，越出了国界。跨国公司及国际政治、经济集团和组织相继出现，如西欧共同市场、西欧议会联盟等。在不发达的第三世界，为了同帝国

---

① 《毛泽东选集》合订本，人民出版社1968年版，第1365页。

主义的侵略和掠夺作斗争，也不断地建立地区性的政治、经济集团组织与帝国主义抗衡。例如：东南亚联盟、不结盟运动等。这就使国家间的交往与斗争更加频繁且复杂。

这些新情况表明：

其一，在资本主义国家内部，由于工人生活水平有某种程度的提高，"白领阶层"的扩大和资产阶级内部各种利益集团的发展，使社会结构发生了一些新的变化。但这些变化并未消除无产阶级与资产阶级的根本对立，工人阶级与资产阶级的阶级斗争并未停息，无产阶级的被统治地位并未改变。也就是说，资产阶级的政治统治的性质未变，只是在统治方法上有所改变，如实行社会福利政策，但统治方法改变的目的，仍然是把工人阶级控制在资本主义的"秩序"范围内。所以，资产阶级国家内部，虽然出现了一些新的变化，但资产阶级国家仍然是统治无产阶级的工具。

其二，在国际关系中，由于社会主义国家和民族独立国家的出现，由于跨国经济、政治的发展，由于国际斗争的尖锐复杂，导致国家的外部职能增强，国家主权问题突出重要。是否因为主权问题突出就可以改变马克思列宁主义的国家定义呢？不能。因为主权思想是资产阶级思想家布丹从反对封建割据、要求中央集权、为资本主义经济发展创造条件而提出的。在资产阶级取得政权以后，主权便发展为国家与国家之间的一个重要原则。关于主权思想，马克思、恩格斯、列宁在世时是了解的，但他们并未把主权作为国家特征包括在国家定义里。当然，这不意味着主权不重要，对一个国家是可有可无的。主权是维护国家独立、确保领土完整、保护居民与侨民的一项最重要的权力。它是一个独立国家绝对不可缺少的，对国家的主权进行任何形式的侵犯都是绝对不允许的。尤其是在当代国际关系极端复杂的情况下，帝国主义、霸权主义都千方百计地制造各种舆论，企图迫使别国放弃主权或限制别国主权，以利于他们的侵略与掠夺。为了同帝国主义、霸权主义进行针锋相对的斗争，社会主义国家、民族独立国家必须强调国家主权的不可侵犯，把国家主权作为国际关系的重要原则。这是完全必要和坚定不移的。

国家主权这样重要，为什么不能作为国家的基本特征或要素呢？因为马克思主义认为，主权是阶级统治权的一个属性，已经包括在统治权力的概念之内。如果把它单独提出来作为国家的特征，就会导致把国家机器看作主要为解决国家与国家之间关系的工具，是解决国家外部矛盾的工具；它的存在主要由外部矛盾来决定，从而抹杀和掩盖了国家主要是解决内部矛盾，是阶级压迫的工具这个实质。其结果就是转移被压迫阶级的视线，转移反对剥削阶级统治的斗争方向，最终否定无产阶级革命，否定无产阶级革命的首要问题，即夺取政权这个根本原则。

其三，坚持要素说的观点认为，马克思列宁主义的国家定义没有完全概括国家这个实体。这显然是没有说服力的。马克思列宁主义关于国家的定义，概括了国家的最主要、最基本的特征。其中的国家机器不是实体吗？难道军队、警察、监狱、法庭和现代西方国家的庞大的官僚机构不是实体吗？除此之外，还需要概括什么实体？无非是领土和居民。这是坚持要素说的重要理由。

马克思列宁主义关于国家的定义中未包括领土和居民。这是因为领土和居民是一切社会组织存在的前提，当然也是国家存在的前提。很难想象没有领土和居民的国家是什么样，没有领土和居民就根本谈不上国家的存在。这是毫无疑义的。问题是如何认识领土和居民的地位，二者与国家定义的关系。举例来说，一切动物都有头、身和四肢，否则就不能称为动物。但人也是动物，人与其他动物的不同之处就在于，人是有思维能劳动的动物。如果说到人只说其是有思维能劳动的就够了，决无必要说，人是有思维能劳动的，有头、有身、有四肢的动物。我们认为，国家定义中不包括领土和居民就如同给人下定义时不应包括有头、有身、有四肢这些因素是一样的道理。

当然，领土和居民虽然不应包括在国家定义里，并不否认二者对国家的重要意义。

领土，是隶属于国家统治权力的一定领域。它是国家活动的空间范围；近代国家权力的观念是"从地主义"，所以领土对于国家权力的行使具有重要的意义。通常一个国家的统治阶级，有在其本国领土上行使统治的全权，有权排除其他国家对于其领土的侵犯。一个国家的统治阶级要维护其统治权，就必须保持其领土完整。正因为如此，保卫本国领土不受外国侵犯，也就成为国家的一项基本职能。领土不只是国家活动的空间，对一个国家来说，它还是国家的财产。尤其是以生产资料公有制为基础的社会主义国家更是这样。例如，我国宪法第九条规定："矿藏、水流、森林、山岭、草原、荒地、滩涂等自然资源，都属于国家所有。"所以，国家不但在自己的领土范围内行使统治权，而且对领土的资源有所有权。国家利用这些资源发展经济。领土的重要意义，由此可见。

居民，是指在同一个国家统治权管辖下的人们。从法律上说，它是国家活动的对象。国家机构行使权力的活动，要普及到该国领土上的全体居民。根据"从人主义"的法律观点，一个国家对于居住在国外的本国居民，也要行使其管辖权。

一个国家管辖下的全体居民，虽然有统治阶级和被统治阶级的区分，但是作为阶级统治的国家机关颁布的法律、命令却适用于全体居民。因为国家权力的作用是维护和巩固有利于统治阶级的社会秩序。这样的社会秩序不容许被统治阶级破坏，也不允许被统治阶级的成员破坏。这样，就容易使人们从表面上看，国家对全体居民是一视同仁的。其实，国家是阶级统治的工具，在实质上，它维护哪个阶级的利益是很清楚的。因此，马克思主义在关于国家的定义中不能把居民包括进去，如果包括进去，国家就变成了全体居民的组织这样超阶级的概念了。

有的人把恩格斯在《家庭、私有制和国家的起源》一书中所提到的"按地域划分居民"作为国家与氏族组织相区别的特征的思想，当作国家概念中应包括领土与居民的依据。其实，这是对恩格斯原意的误解。因为恩格斯在这里所说的"按地域划分居民"，主要不是指地域与居民，而是"划分"二字。所谓划分，是指对居民的管理方式。在同一地域上，氏族部落时期是以血缘关系进行管理的，国家则是以行政区划进行管理的。这个管理的不同，是说明在同一地域上的居民成分改变了，社会结构改变了。为了适应这种变化，氏族制度瓦解进而退出了历史舞台，才继之产生了设有公共权力的国家。

总之，领土与居民对一个国家来说，是非常重要的。但它只能是国家存在的前提，而不能作为国家的本质特征包括在国家定义里。因为，领土与居民在国家产生之前就已存在，将来到国家消亡以后，仍然存在。国家只是个历史现象。领土与居民只要地球存在就永远存在。同时，国家的阶级属性根据社会的发展，是不断变化的。而作为自然现象的领土则是不变的。因此，它也反映不出国家的本质。此外，把领土与居民作为国家的基本特征，在实际政治生活中，还有一个消极作用。因为从亚里士多德开始，许多政治学家就注意研究一个国家的领土和人口究竟应该有多少的问题。他们都企图设想一种最适当的领土与人口的比例。这个问题对一个国家内部来说，还可能有一定价值。因为领土小、人口多容易造成经济发展上的困难。当前有些国家提倡计划生育是有道理的。这是国内问题。但是还有另一方面，在人类历史发展过程中形成了许多国家，现在世界上有150多个国家，它们的领土面积和人口数量是不平衡的。有的国家领土大、人口少，有些国家领土小、人口多。这都是历史形成的。这种历史形成的现象绝不应该造成各国重新划分领土与居民的纠纷的局面，更不应作为侵略别国的借口。当年日本帝国主义侵略中国时，就有些反动分子以日本的领土小、人口多作为借口。德国法西斯分子也曾大肆宣扬"生存空间论"。因此，以领土和居民作为国家的基本特征，容易成为帝国主义侵略行为的借口。

由此可见，以主权、领土、居民为特征的国家三要素说，是从国家的表面现象，从地理意义上解释国家。它的要害是抹杀国家的阶级性，掩盖国家的本质和国家的阶级使命。因而是错误的。

马克思主义国家学说虽然反对国家三要素说，但对主权、领土、人口也是非常重视的，并认为它是从地理意义上区别各国的标志。每一个国家都是整个世界体系中的一定政治单位。在国际交往中，无论国家性质如何，都需要按一定地域、居民和政权所构成的政治单位，即政治地理意义上的国家相往来。我们日常所说的日本、美国、英国、法国、苏联、印度等国家，就是这种意义上的称谓。马克思主义经典作家，为了把它同作为阶级统治的国家区别开，称这种地理意义上的国家为国度。马克思在《哥达纲领批判》中说：“不同的文明国度中的不同的国家，不管它们的形式如何纷繁，却有一个共同点：它们都建筑在资本主义多少已经发展了的现代资产阶级社会的基础上。”[1]

马克思在上述引文中，使用了国度与国家两个概念。国家是按历史发展阶段、按阶级性质划分的；国度不是按社会发展阶段划分的，而是按政治地理位置划分的。这种不同划分的目的，就在于不要把两种概念混淆，更不能以国度的概念代替国家的概念。因此，绝不能用国家三要素说代替马克思列宁主义的国家定义。而马克思列宁主义关于国家的科学定义至今完全适用，并将永远闪烁着真理的光芒！

二、国家的职能

（一）国家职能的概念

国家是维护一个阶级统治另一个阶级的机器。那么这个机器怎样活动，这个机器活动的任务和目的是什么，这些是国家职能问题所要回答的。

国家职能问题，是指国家机器活动的方向问题。但它是指整个国家机器活动的方向，还是指国家机器的每个部分的具体活动？是指国家机器为了实现国家的总任务和

---

[1] 《马克思恩格斯选集》第3卷，人民出版社1972年版，第20页。

总目的的活动的方向，还是指国家为实现其具体任务和个别目的所进行的活动？它是指整个机构的活动，还是指某一国家机关的活动？这些问题都是研究国家职能时需要弄清楚的。

西方政治学者通常把国家职能叫作国家的功能。有些人把国家职能说成是个别国家机关的功能。如说国家有立法、司法、管理的功能。有些人把国家职能说成是国家活动的具体目的。如有的说国家有三个目的：一是保护国家免受其他国家的侵犯；二是保护国内每一个人免受其他人的侵犯与压迫；三是举办个人或少数人不应或不能举办的事情（英国的斯密斯）。还有的说，国家有五个目的：安全、秩序、公德、自由、福利。也有的说，国家有四个目的：安全、法治、经济、文化。所有这些说法，都是把国家的每个组成部分的活动、具体任务以及国家活动的形式，说成是国家职能。其结果是，使人们不能从国家职能中看出国家的本质，只能得出国家是为全社会服务的超阶级的社会组织这样的结论。

马克思主义认为，国家职能是国家本质的具体表现。它同一个国家的总任务、总目的分不开。每一个国家的职能的行使，都是为了解决该社会的基本矛盾。国家机器的每个部分，虽然具体任务、目的、活动方式不同，但它们合起来都是为国家的总任务、总目的服务的。因此，国家职能是指国家活动的总方向，或者说，它是国家为实现其总目的、完成其总任务而进行的活动的总作用。用现代语言来说，就是全部国家机器的整体功能。只有这样认识国家职能，才能从中发现每一个历史类型国家机器活动的实质。国家机器的各个部分的活动都是为了实现和维护统治阶级的阶级统治，即阶级专政。否则，如果把国家机器的某个部门的活动，或者国家机器的某项或某几项活动看作国家职能，就会模糊整个国家机器活动的实质，就会把国家机器割裂为一部分是为统治阶级的利益服务的，一部分是为全体居民服务的混合机器。

由此可见，对国家职能概念的认识，不仅在于说它是整个机器活动的总方向，还是在于说它同机器的各部分的具体活动的区别，而问题的实质是，国家职能是国家本质的体现，还是超阶级的社会组织的体现或者是既为阶级统治服务又为全体居民服务的混合的社会组织的体现。这是基本观点问题。

（二）剥削者国家的职能

剥削者类型的国家，由于各自的阶级属性不同，其国家职能所维护的也是不同的统治阶级的利益。但是，剥削者类型国家的统治阶级都是剥削阶级，它们有共同的国家的基本职能。斯大林在联共（布）第十八次代表大会上所作的总结报告中，从国家本质出发，指出了剥削者类型国家的两种基本职能："国家的活动表现为两种基本的职能：内部的（主要的）职能控制多数被剥削者；外部的（非主要的）职能是靠侵略别国领土来扩大本国统治阶级的领土，或者是保护本国的领土不受别国的侵犯。从前的奴隶占有制度和封建制度下的情形是这样。现在的资本主义制度下的情形也是这样。"[①]

斯大林提出的剥削者国家的两种基本职能概括了剥削者国家全部活动的实质，明确地指出了剥削者国家的总任务、总方向。这里值得我们深刻理解的是，他提出的内部职能是"控制多数被剥削者"。控制的方法多种多样，控制的方面也是广泛的。在后来的一些有关著作中，把内部职能改为镇压敌对阶级的反抗，这从实质上讲也是正确的。但这就容易使人们误解，似乎内部职能就是镇压。这样，国家活动的面就狭窄了。因此，只用镇压被剥削者的反抗，或者只用暴力方法来说明剥削者国家的活动，特别是资产阶级国家的活动，就显得不够完全了。因为剥削者国家的活动，不仅仅是镇压，不仅仅是使用暴力的方法，还有其他活动，如兴修水利、文化教育、干预经济、社会救济、环境保护等等。这些活动属于什么职能？有人认为是剥削者国家的社会职能。这有待于下面研究。如果我们把内部职能理解为控制被剥削者群众，问题就

[①]　《斯大林选集》下卷，人民出版社1979年版，第468–469页。

容易说明了，因为控制的目的是维护阶级统治，是把被剥削者群众控制在它所维护的生产关系的范围以内。这样，凡是为了维护剥削阶级生产关系的国家活动，凡是为了维护剥削阶级政治统治的国家活动，都属于控制被剥削群众这一内部基本职能，都是为了把被剥削者群众控制在一定的生产关系之内，以保持他们的政治统治。如整整用了19世纪一个世纪的时间所制定的英国的"工厂法"，尽管它规定了限制劳动时间、保护工人劳动的政策，但它是在资本主义发展的同时，近代工人阶级斗争成长壮大之际制定的，其目的是把工人阶级控制在资本主义生产关系的范围之内，起到稳定资产阶级统治的镇静剂的作用。当然，所有的控制方法的后盾是镇压。镇压也是一种控制的方法，并且是一种最主要、最根本的方法。这种方法只有国家机器才能做到，因而，它是国家最主要、最根本的活动，但不是唯一的活动。

当前，在政治学、国家理论的研究中，有人提出剥削者国家有社会职能的问题。如《苏联大百科全书》中说，国家是一定地域上全体居民组成的社会政治组织，因此承担着必要的组织管理的社会职能；也有的说，国家作为社会的正式代表和一种管理体系，它也不能不进行一些全社会活动以提供人类文明生活所不可缺的条件（组织运输、联络通信、教育、保健事业等等）。

上述观点的含义是，国家作为社会的正式代表和管理者，它就有组织管理和发展社会公共事业的活动，而国家在这方面的活动就是社会职能。

主张剥削者国家具有社会职能的主要依据有两条：

其一，剥削者国家在事实上确有属于全社会所必需的公共事业的活动，如兴修水利、组织运输、联络通信、文化教育、保健事业、公益事业、社会福利等等。这些都是不可抹杀的事实。问题在于对剥削者国家这些方面的实际活动如何认识。它是为整个社会全体居民的利益服务，还是为了维护其生产关系和政治统治呢？关于这个问题，日本学者真田足在《国家与社会问题》一书中对资产阶级国家这些事实作过分析，他说："以往的史实证明，与其说资本主义国家依赖其社会问题对策来缓和或解决社会问题，还不如说，其执行就是为了维护阶级关系，使之稳定阶级的统治。"这段话相当深刻地指出了剥削者国家关于社会公共事业活动的实质，那就是，剥削者国家组织与管理社会公共事业的活动，目的全在于维护与巩固他们的生产关系和政治统治，是对内控制被剥削者群众的一部分。假如这些活动与剥削者阶级的政治、经济统治无关，他们的国家是不会进行这些活动的。

其二，根据马克思和恩格斯的如下三段论述，也不能得出剥削者国家具有社会职能的结论。

马克思在《资本论》中曾指出："在那里，政府的监督劳动和全面干涉包括两方面：既包括执行由一切社会的性质产生的各种公共事务，又包括由政府同人民大众相对立而产生的各种特殊职能。"[1]

恩格斯在《反杜林论》中说道："国家是整个社会的正式代表，是社会在一个有形的组织中的集中表现，但是，说国家是这样的，这仅仅是说，它是当时独自代表整个社会的那个阶级的国家：……当国家终于真正成为整个社会的代表时，它就使自己成为多余的了。"[2]

恩格斯在《论权威》中又说过："所有的社会主义者都认为，政治国家以及政治权威将由于未来的社会革命而消失，这就是说，社会职能将失去其政治性质，而变为维护社会利益的简单的管理职能。"[3]

我们认为马克思、恩格斯的这三段论述，并不能为主张剥削者国家具有社会职能的观点提供依据。

① 《马克思恩格斯全集》第25卷，人民出版社1974年版，第432页。
② 《马克思恩格斯选集》第3卷，人民出版社1972年版，第320页。
③ 《马克思恩格斯选集》第2卷，人民出版社1972年版，第554页。

第一，对马克思在《资本论》这段论述中所说的"由一切社会的性质产生的各种公共事务"这句话如何理解。马克思这里所说的"一切社会"，是有确定的含义，即指他在这段话前面所说的"凡是建立在作为直接生产者的劳动者和生产资料所有者之间的对立上的生产方式"①的社会。这样，马克思所说的"由一切社会性质产生的各种公共事务"是指什么呢？显然，是指由剥削阶级社会的生产方式而产生的各种公共事务。由这种生产方式所产生的各种公共事务，是它们的生产方式的需要呢？还是与它们的生产方式无关的"纯粹公共事务"呢？当然是前者而不是后者。既然剥削者国家所从事管理的各种公共事务，是剥削者生产方式所需要的活动，那么剥削者国家为这种公共事务所进行的活动的目的，不言而喻也就是为了维护与巩固剥削阶级的生产方式。因此，我们把剥削者国家的这种活动，应当看作"控制多数被剥削者"的内部基本职能？还是看作为全体社会成员服务的社会职能？我们认为，是前者而不是后者。所以，马克思在《资本论》中的这段论述，不能为主张剥削者国家具有社会职能的论点提供依据。

第二，恩格斯在《反杜林论》中所说的"国家是整个社会的正式代表"的含义是什么？是指国家真正公正无私地代表整个社会？还是指国家"表面上驾于社会之上"的表面现象？当然是后者而不是前者。因为恩格斯在后面明确地指出："当国家终于真正成为整个社会的代表时，它就使自己成为多余的了。"很显然，恩格斯这里所说的"国家是整个社会的正式代表"，是作为一句反义语提出的，其含义是剥削者国家作为"整个社会的正式代表"是一种假象，是表面现象，其真正的面目则是"当时独自代表整个社会的那个阶级的国家"。因此，用恩格斯这段论述作根据，认为剥削者国家具有"整个社会的正式代表"的身份，并认为剥削者国家以这种身份所进行的公

---

① 《马克思恩格斯全集》第25卷，人民出版社1974年版，第431页。

共事务的活动是具有社会职能的，这是对恩格斯原意的误解。

第三，恩格斯在《论权威》中所说的"社会职能将失去其政治性质，而变为维护社会利益的简单的管理职能"是什么含义？他是说，剥削者国家具有政治性质的社会职能，如果这个职能失去政治性质就变成简单的管理职能了。这里的问题在于，如何理解具有政治性质的社会职能。这种职能是指政治职能与社会职能是一致的、是融合在一起的？还是指在政治职能之外还有一个单独的社会职能？即政治职能和社会职能是两种不同的职能？我们理解是前者而不是后者。因为恩格斯十分明确地指出，社会职能失去政治性质，就变成维护社会利益的简单的管理职能。这就是说，只有当社会职能脱掉政治性质的外衣时，它本身才真正成为纯粹为社会利益服务的管理职能，只有纯粹为社会利益服务的管理职能才是真正的社会职能。相反地，凡是带有政治性质的为剥削阶级利益服务的管理职能，都不是独立于政治职能之外的社会职能，它本身就是政治职能，即剥削者国家的内部基本职能。

由此可见，主张剥削者国家具有社会职能的人，所引证的马克思和恩格斯的三段论述，不但不能证明他们的论点正确，恰恰相反，却证明了他们对马克思和恩格斯的原意的误解。

总之，剥削者国家不具有内部基本职能之外的单独的社会职能。剥削者国家从事公共事务活动的目的完全是自身经济基础的需要，它是为了控制被剥削者，把被剥削者控制在"秩序"的范围内。而为此目的所进行的一切活动同阶级统治是完全一致的。如果不是这样认识剥削者国家活动的方向，就必然会导致如下的错误结论：剥削者国家活动的方向有两个，一个是为剥削者利益服务的政治职能，具有阶级性；另一个是为全社会服务的社会职能，没有阶级性。最终导致整个国家机器的活动是既有阶级性又无阶级性的"混合物"的活动的错误结论。这样，国家机器就成为"半超阶级"的机器。国家职能就不是国家的本质的表现，而是既代表剥削阶级利益又代表全体居民利益的表现了。这样的结论是同马克思主义国家学说的基本原理背道而驰的。

（三）社会主义国家的职能

国家职能是国家本质的具体表现，社会主义国家的本质是无产阶级专政，它是人类历史上最后一个历史类型的国家，它的历史任务是消灭阶级和阶级差别、实现共产主义。社会主义国家所肩负的这个伟大历史任务，决定了它不只是阶级统治的工具，而且是建设社会主义、为实现共产主义创造物质条件和精神条件的工具。社会主义国家的本质和其历史任务，决定了社会主义国家有三个职能：镇压剥削者的反抗；组织经济与文化建设，即组织社会主义物质文明与精神文明的建设；保卫国家，防御帝国主义的侵略。

社会主义国家的三个职能，在社会主义国家建立后，并不是一成不变的。它的两个内部职能，随着社会主义国家的历史阶段的变化而变化，这个变化是由每个历史阶段的社会主要矛盾和具体任务所决定的。

无产阶级政权，是在社会主义经济基础尚未形成的条件下，通过无产阶级革命取得的。在社会主义国家建立后，它的首要任务就是剥夺剥夺者，变资本主义私有制为社会主义公有制；逐步改造小生产者个体所有制为社会主义集体所有制，建立社会主义经济基础。这是一切社会主义国家所必然要经历的阶段，但由于各国历史条件的不同，这个历史阶段所经历的时间和方法则是不同的。苏联从十月革命（1917年）后开始到消灭富农经济（1930年）为止，大约经历了13年；我们中华人民共和国建立（1949年）以后到社会主义改造基本完成（1956年）为止，大约经历了7年。社会主义国家在这个历史阶段上，国内的主要矛盾是"工人阶级和资产阶级之间、社会主义道路和资本主义道路之间的矛盾"①。这个主要矛盾决定了社会主义国家在这个阶段的主

① 《中国共产党中央委员会关于建国以来党的若干历史问题的决议》，人民出版社1981年版，第12页。

要任务和主要职能，是镇压剥削者反抗。因为剥削者不甘心他们的灭亡，必然要采取各种形式进行反抗，如果不把社会主义国家活动的主要方向放在镇压剥削者反抗上，就不可能维护与巩固社会主义政权，无产阶级和广大人民的政治统治就不会稳固。当然，在这一阶段，社会主义国家也要组织经济与文化建设，但这个职能同镇压剥削者反抗的职能比较起来，不是主要的职能。

在社会主义制度基本建立起来之后，社会主义国家进入了新的历史阶段。这个阶段由于经济结构和阶级结构发生了根本变化，社会主义的全民所有制和集体所有制已经成为社会主义国家的经济基础；剥削阶级已经被消灭，社会上只有工人阶级（包括知识分子）、社会主义农民和其他劳动者，以及拥护社会主义和祖国统一的爱国者。在这个阶段，国内的主要矛盾已不是工人阶级和资产阶级的矛盾，而是"人民日益增长的物质文化需要同落后的社会生产之间的矛盾"①。因此，社会主义国家在这个阶段的主要任务，就不再是剥夺剥夺者，而是集中力量发展生产力，进行社会主义现代化建设。国家的工作重点，国家活动的主要方向"必须转移到以经济建设为中心的社会主义现代化建设上来，大大发展社会生产力，并在这个基础上逐步改善人民的物质文化生活"②。

随着国家工作重点的转移，社会主义国家在这个阶段的职能也发生了变化，组织经济文化建设，上升为主要职能。这时，镇压敌对阶级反抗的职能，由于剥削阶级已被消灭，已不占主要地位了，但绝不能消失。由于国内的因素和国际的影响，阶级斗争还将在一定范围内长期存在，在某种条件下还有可能激化。1983年间，我国进行的打击经济领域中严重犯罪活动和严重的刑事犯罪分子的斗争，就说明了镇压职能还是非常必要的。在认识内部职能的变化这个问题上，要防止两种倾向：一种是右倾，认

---

① 《中国共产党中央委员会关于建国以来党的若干历史问题的决议》，人民出版社1981年版，第54页。

② 《中国共产党中央委员会关于建国以来党的若干历史问题的决议》，人民出版社1981年版，第54页。

为在社会主义国家第二个阶段，剥削阶级作为阶级消灭了，镇压职能也可以消逝了，这是阶级斗争熄灭的错误观点；另一种是"左"倾，认为在社会主义国家第二阶段，镇压职能仍然是主要的，这是阶级斗争扩大化的错误观点。社会主义国家在不同发展阶段内部职能的变化，不是表现为一个职能的消逝和另一个职能的新生，而是两个职能的主要与次要地位的变换。而变换的根据，是社会主义国家不同发展阶段的社会主要矛盾和主要任务的变化。

社会主义国家与剥削者国家由于根本性质的不同，它们的职能也存在着根本的区别。

第一，剥削者国家的内部职能是控制被剥削者群众。社会主义国家的内部职能是镇压剥削者的反抗。前者是控制，后者是镇压。控制是表明，既不允许被剥削者反抗，又需要保留被控制的阶级的存在；而镇压则表明，既不允许剥削者的反抗，又不需要它继续存在，是要把剥削阶级彻底消火（当然不是从肉体上，而是指消灭它们的阶级存在条件）。同时，这个区别还表现为，剥削者国家的内部职能是少数人控制大多数人，而社会主义国家的内部职能是大多数人镇压少数剥削者。

第二，剥削者国家的外部职能，不只是保卫本国不受外来的侵略，而且还包括侵略别的国家。社会主义国家的外部职能，只是保卫本国不受外来的侵犯，而绝不侵略别的国家。如果一个社会主义国家实行霸权主义的对外政策，是同社会主义国家的性质不相容的。胡耀邦在党的十二大报告中指出："中华人民共和国的成立，既消灭了我国屈从外国侵略的社会根源，也消灭了我国对外侵略的社会根源。"[1]并庄严地宣告："在任何情况下，我们永远不称霸。"[2]这是对我国外部职能的社会主义性质的具体阐述。

第三，组织经济与文化建设的职能是社会主义国有所特有的。这个社会主义国家

---

[1]　胡耀邦：《全面开创社会主义现代化建设的新局面》，人民出版社1982年版，第47页。
[2]　胡耀邦：《全面开创社会主义现代化建设的新局面》，人民出版社1982年版，第38页。

所特有的职能，标志着社会主义国家是建设社会主义和共产主义的工具，而且，它也是社会主义国家区别于一切剥削者国家的根本标志之一。一切剥削者国家，特别是现代资产阶级国家也在某些方面、某种程度上干预经济和文化生活，那么它与社会主义国家组织经济和文化建设职能的区别何在呢？即为什么说组织经济与文化建设职能是社会主义国家的特有职能？这是因为：

首先，社会主义国家这个特有的职能是由社会主义革命的特点决定的。在社会主义革命之前，社会主义经济基础不可能在旧社会内部自发地成长起来。只有在无产阶级通过革命夺取政权后，以社会主义国家为工具，社会主义的经济基础才被建立起来。因此，组织经济与文化建设，是社会主义国家的基本活动，它构成了社会主义国家的特有职能。一切剥削者国家的经济基础都是在其前一社会内部自然发展起来的。如资产阶级国家，在其建立之前，资本主义经济就在封建社会内部成长起来了。资产阶级革命所建立的资产阶级国家，就没有建立资本主义经济基础的任务，因此，它虽然也在某些方面干预经济生活，但它不是作为国家的基本活动，不能构成资产阶级国家的职能。

其次，社会主义国家的经济基础是公有制，特别是在社会主义经济制度建立以后，主要的生产资料都集中在国家手中。这样，国家就有可能依据国民经济各部门按比例发展的规律，制订全面的国民经济计划，组织领导经济和文化建设事业。因此，社会主义国家就必然地要有组织经济与文化建设的职能。而一切剥削者国家都是建立在生产资料私有制的基础上的，国家不能掌握经济，相反的是资本主义经济掌握国家。特别是帝国主义时期，国家从属于资本主义的垄断组织，垄断资本利用国家政权为它服务。虽然这时对经济的干预比自由资本主义时期在程度上更广泛深入了，但这些干预都是为了垄断组织的利益。同时，生产资料的资本家占有制决定了资本主义经济的自由竞争和生产无政府状态，使国家对自发的经济规律无法控制，资本主义国家没有可能全面地制订经济计划来组织领导经济与文化建设。因此，组织经济与文化建设的活动不可能成为资产阶级国家的职能。

最后，社会主义国家的组织经济与文化建设职能的目的，是建设高度的社会主义物质文明和精神文明；是满足人民的日益增长的物质与文化的需要；是创造向共产主义过渡的物质和精神条件；是创造国家消亡的条件。换句话说，它是为最终消灭自己而具有的职能。因此，从总的方向来讲，它始终是经济和文化发展的推动力量。资产阶级国家活动的目的，是维护资本主义制度。在资本主义社会里，生产力发展到一定程度就要同资本主义制度发生矛盾，作为维护资本主义制度的资产阶级国家也就必然地要和经济发展发生矛盾。到一定时期，它就成为生产力发展的障碍。因此，资产阶级国家根本不可能始终如一地组织、推动经济与文化生活的发展，这是由资产阶级国家的本质所决定的。所以，虽然资产阶级国家也逐渐地扩大其干预经济与文化生活的范围，但它不可能有组织经济与文化建设的职能。总之，作为国家活动总方向的组织经济与文化建设职能，之所以是社会主义国家的特有职能，是由社会主义国家的本质决定的。正是由于社会主义国家具有这一特殊职能，社会主义国家才不是单纯的暴力工具，而更主要的是建设的工具。这也是它区别于原来意义的国家的重要标志，表明社会主义国家已经不是原来意义的国家了。

第三节　阶级的消灭和国家的消亡

一切剥削阶级的政治学者，在研究国家问题时，没有一个谈国家消亡的问题，因为他们认为国家的存在是天经地义的、永恒的。只有马克思主义科学地阐明了国家的消亡问题。因此，国家消亡的理论是马克思主义国家学说与一切剥削者国家学说的最根本的区别之一。

一、国家为什么要消亡

马克思主义的历史唯物主义观点揭示了人类社会发展的规律，揭示了国家是人类社会的一个历史现象，它有发生、发展、灭亡的客观规律。马克思主义告诉我们国家是阶级出现后阶级矛盾不可调和的产物，在阶级彻底消灭以后，国家也必将随之而自行消亡。恩格斯指出："阶级不可避免地要消失，正如它们从前不可避免地产生一样。随着阶级的消失，国家也不可避免地要消失。以生产者自由平等的联合体为基础的、按新方式来组织生产的社会，将把全部国家机器放到它应该去的地方，即放到古物陈列馆去，同纺车和青铜斧陈列在一起。"①这就是说，当阶级消灭以后，作为解决阶级矛盾的工具的国家，就成为社会上所不需要的东西了。

所谓消灭阶级，当然不仅是要消灭剥削阶级，而且要消灭一切阶级，消灭一切阶级差别，彻底铲除阶级产生和存在的一切根源，使阶级及其差别既不能存在，也不能再产生。只有具备了这样的条件，国家才会消亡。而具备这样条件的社会，就是最高级的人类社会——共产主义社会。马克思在描述共产主义社会的情景时指出："在共产主义社会高级阶段上，在迫使人们奴隶般地服从分工的情形已经消失，从而脑力劳动和体力劳动的对立也随之消失之后；在劳动已经不仅仅是谋生的手段，而且本身成了生活的第一需要之后；在随着个人的全面发展生产力也增长起来，而集体财富的一切源泉都充分涌流之后，——只有在那个时候，才能完全超出资产阶级法权的狭隘眼界，社会才能在自己的旗帜上写上：各尽所能，按需分配！"②这就是说，在共产主义的高级阶段，工农之间、城乡之间、脑力劳动与体力劳动之间的差别已经消除了，阶级的差别也就不存在了。因此，只有共产主义社会，才是国家消亡的条件。

---

① 《马克思恩格斯选集》第4卷，人民出版社1972年版，第170页。
② 《马克思恩格斯选集》第3卷，人民出版社1972年版，第12页。

为什么只消灭了剥削阶级，国家还不能消亡，而必须在阶级差别消灭之后，国家才会消亡？马克思在《哥达纲领批判》、列宁在《国家与革命》中着重阐明了这个问题。

从经济方面看，社会主义社会虽然解决了所有制问题，从根本上铲除了国家存在的社会条件，但由于生产力的水平还达不到使物质极大丰富的程度，因此，在分配领域只能实行"按劳分配"的原则。只要是按劳分配就必然地存在着事实上的不平等，而事实上不平等的存在就需要国家和法律。

从政治方面看，在社会主义社会，剥削阶级虽然被消灭了，但由于国内国际各方面的因素，阶级斗争还在一定范围内长期存在。只要有阶级斗争存在，国家就不会消亡。剥削阶级消灭以后，阶级斗争还会在一定范围内长期存在，这是马克思、列宁所未见到的，是我们党对十月革命后国际共产主义运动，以及我国社会主义革命和建设的实践经验所作出的科学总结。

由于上述经济和政治方面的原因，其中主要是存在着事实上的不平等，还需要法律规范来调整人们之间的关系。只要有法律，就需要有保证法律实现的具有强制性的国家机关。

只有到了共产主义的高级阶段，生产力高度发展了，物质财富极大丰富了，阶级差别消灭了，分配领域里实行"按需分配"才不需要法律，也就不需要国家了。因为"按需分配"表明：其一，人变了。由于生产力高度发展，要求全面发展的人进行劳动，现代科学技术的发展更证明了这种发展趋势。这样，脑力劳动与体力劳动的差别消灭了。其二，人对劳动的态度变了。劳动不是谋生的手段，而是生活的第一需要。特别是人们都具有高度的共产主义觉悟，都能尽自己所能进行劳动。其三，人与人的关系变了，人与人之间不存在为私利的竞争了。由公共生活规则代替了法律规范来调整人与人之间的关系。人们都习惯地、自觉地遵守生活规则，因而，无须国家强制，无须暴力，也就不需要强制性的国家机关了。所以，恩格斯说："那时，国家政权对社会关系的干预将先后在各个领域中成为多余的事情而自行停止下来。那时，对人的统治将由对物的管理和对生产过程的领导所代替。国家不是'被废除'的，它是自行消亡的。"①

二、国家消亡的途径

列宁说："'国家消亡'这句话说得非常恰当，它既表明了过程的渐进性，又表明了过程的自发性。"②这里所说的渐进性，是指国家消亡也是一个相当长的历史过程。随着使国家消亡的经济条件和精神条件的逐渐完备，人们之间的关系的逐渐改变，作为强制性的暴力机器的国家，才逐渐地成为社会上所不需要的东西了。所谓自发性，是指国家的消亡不是什么人发布命令的结果，它是国家这个事物自身发生作用的结果，是国家在充分发挥了自己职能之后的必然归宿，也就是说，它不是被废除的，而是自行消亡的。这是马克思主义关于国家消亡途径的一般原理。

第二国际的修正主义者和无政府主义者也都认为国家是要消亡的。但修正主义者把国家消亡的渐进性和自发性，用在对待资产阶级国家上，因而导致他们反对无产阶级革命和无产阶级专政，主张资产阶级国家和平演变的修正主义观点。无政府主义也认为国家要消亡，但反对国家消亡的渐进性和自发性，把国家看作十足的祸害，要求在24小时以内就废除国家。

列宁同这两种反马克思主义的观点进行了尖锐的斗争，保卫了马克思主义关于国家消亡的理论。这场斗争是在十月革命前夕，世界上还没有出现社会主义国家的情况下进行的，也可以说，这场斗争为俄国无产阶级革命提供了理论基础。这场斗争已经

① 《马克思恩格斯选集》第3卷，人民出版社1972年版，第320页。

② 《列宁选集》第3卷，人民出版社1972年版，第247–248页。

过去半个多世纪了，现在看来，修正主义和无政府主义的观点显然是荒谬的。但今后这两种观点是否还会以新的形式表现出来，尚不能预测，但我们有了历史上斗争的知识，对观察现在与将来是有好处的。

关于国家消亡的具体时间和采用什么形式等细节问题，有待于未来的实践加以说明。正如列宁所说："我们只能谈国家消亡的必然性，同时着重指出这个过程是长期的，它的长短将取决于共产主义高级阶段的发展速度。至于消亡的日期或消亡的具体形式问题，只能作为悬案，因为现在还没有可供解决这些问题的材料。"[①]

马克思主义关于国家消亡的理论科学地阐明了国家的命运，明确提出了国家消亡的必然性。国家消亡的条件是消灭阶级和阶级差别，实行"按需分配"的共产主义制度。但是，共产主义制度什么时候实现？列宁说："马克思并没有陷入空想，关于这个未来，他只是较详细地确定了现在所能确定的东西，即共产主义社会低级阶段和高级阶段之间的差别。"[②]这里深刻地阐明了两点：

一是共产主义社会的低级阶段和高级阶段是互相联系的发展过程，低级阶段是为了向高级阶段过渡做准备。因此，割裂两个阶段的观点，即把社会主义看成与共产主义无关，或把共产主义看成是渺茫的幻想都是错误的，胡耀邦在党的十二大报告中又进一步指出，共产主义首先是一种运动，这种运动的最终目的是实现共产主义的社会制度。这样，就正确地把共产主义运动从开始到共产主义社会制度的实现全部联系起来作为一个整个的发展过程了。在我们中国，早在中国共产党成立和领导进行新民主主义革命的时候，共产主义运动就开始了。现在这个运动已经发展到建立起作为共产主义社会初级阶段的社会主义社会了。因此，"共产主义的思想和共产主义的实践早已存在于我们的现实生活中。那种认为'共产主义是渺茫的幻想'、'共产主义没有

---

① 《列宁选集》第3卷，人民出版社1972年版，第253页。
② 《列宁选集》第3卷，人民出版社1972年版，第249页。

经过实践检验'的观点,是完全错误的。我们每天的生活都包含着共产主义,都离不了共产主义。"[1]

二是共产主义的低级阶段和高级阶段是有区别的,混淆两个不同阶段的差别也是错误的。那种把共产主义制度看作很快就要实现,或者把将来共产主义的社会制度所要实现的一些原则都拿到社会主义阶段的想法和做法,都是"左"倾错误的表现。胡耀邦说:"共产主义作为社会制度,在我国得到完全的实现。还需要经过若干代人的长时期的努力奋斗。"[2]因此,明确共产主义两个阶段既互相联系又存在着区别是非常重要的。当前,我们的任务就是在共产党的领导下,运用社会主义国家政权的力量,全面开创社会主义现代化建设的新局面,逐步实现工业、农业、国防和科学技术现代化,为把我国建设成为高度文明、高度民主的社会主义国家而努力奋斗。这也就是为将来国家的消亡、为实现共产主义的社会制度而创造条件。

---

[1] 胡耀邦:《全面开创社会主义现代化建设的新局面》,人民出版社1982年版,第30页。

[2] 胡耀邦:《全面开创社会主义现代化建设的新局面》,人民出版社1982年版,第29页。

第二章　国家的历史类型与更替

第一节　国家的历史类型及其变革的规律性

一、国家的历史类型

国家的历史类型问题，是指国家的分类问题。在人类历史上和当今世界上，存在着许许多多的国家，并且又是各种各样的。如何把这些千差万别的国家，根据它们的共同特点加以分类，是政治学者长期以来所研究的重要课题之一。

剥削阶级的政治学家和法学家大都对国家进行过分类。然而，由于他们的分类标准不同，划分的种类也是五花八门的，而且没有一个人对国家进行过科学的分类。

系统地对国家进行分类，最早是从亚里士多德开始的。他根据古希腊城邦国家的情况，以掌握国家权力的人数多少为标准，把国家划分为三类：君主国，指国家权力掌握在一个人手里的国家；贵族国，指国家权力掌握在少数人手里的国家；民主国，指国家权力掌握在多数人，即民众手里的国家。然后，他又以国家所谋求的目的不同，把国家分为正常的与变态的两类。所谓正常的国家，是指以谋求人类幸福为目的的国家。上述的君主国、贵族国、民主国都属于这一类。所谓变态的国家，是指以谋求私利为目的的国家。他把这类国家又分为：专制国家（一人掌权），寡头国家（少数人掌权），暴民国家（多数平民掌权）。

亚里士多德对国家的分类一直影响到资产阶级政治学者。在中世纪，有的人在亚里士多德分类的基础上，又加上一个神权国，即上帝（神）掌权的国家，用以解释中世纪的神权国家。在资本主义时期，有的政治学者，如海德尔堡大学教授耶令芮克，把亚里士多德的三类分法合并为君主国与共和国两类。他认为，凡是以一个人意志为国家意志的国家就是君主国，而以一个人以上的意志为国家意志的国家则是共和国。

除此而外，在历史上，有的人以主权为标准，把国家划分为：主权国；部分主权国（其中包括附属国、被保护国、托管国）；永久中立国。

还有的人以地理环境作为划分的标准，把国家划分为：海洋国、大陆国；大国、小国；平原国、山岭国、滨海国；岛国、内陆国；等等。

从上述这些划分中可以看出，剥削阶级政治学者对国家的分类是何等混乱不堪。甚至有些划分都不能说明划分国家种类的目的是什么。因此，这些分类都不是对国家所做出的科学的分类。就连美国著名的政治学者迦纳也承认："这些分类大都不是根据从基本特性上来区别国家的科学原则的。"可是，迦纳本人的分类也不是科学的。因为他主张："国家与国家之间的差别，不在它们构成元素的不同，而在它们外表现象或外表特征的各异。各国外表现象或外表特征之最重要的不同点则为其政府组织的形体和性质。"①

国家的分类应当以各种国家所具有的最本质的特点作为划分的标准。国家分类的目的，是为了说明人类历史上各个国家的本质以及国家发展的规律。

只有马克思主义关于国家的历史类型及其更替的理论，才能科学地阐明国家的分类问题。

马克思列宁主义经典作家在论述国家发展过程时，十分清楚地阐明了国家历史类型的基本含义。恩格斯说："在古代是占有奴隶的公民的国家，在中世纪是封建贵族的国家，在我们的时代是资产阶级的国家。"②列宁说："你们应当时刻注意到社会从奴隶的原始形式过渡到奴隶制、最后又过渡到资本主义这一基本事实，……你们根据这种基本划分来观察国家，就会看出，……在人类史上有几十个几百个国家经历过和经历着奴隶制、农奴制和资本主义。"③列宁又指出："从十九世纪末开始的革命时

① ［美］迦纳：《政治科学与政府》，商务印书馆1935年版，第448页。
② 《马克思恩格斯选集》第3卷，人民出版社1972年版，第320页。
③ 《列宁选集》第4卷，人民出版社1972年版，第47页。

代，产生了一种最高类型的民主国家；根据恩格斯的说法，这种国家……就是巴黎公社型的国家。"①

从马克思主义经典作家的这些论述中可以得出这样的结论，国家的分类同每一社会的经济形态相联系，同在经济形态中占统治地位的阶级相联系。就是说，马克思主义划分国家的标准，是社会经济形态和阶级本质。根据这个标准，国家的历史类型，是对建立在同一类型生产关系基础上的具有同一阶级本质的一切国家的共同特性的概括。它表明国家政权掌握在哪一个阶级的手中，保护什么样的经济基础，即表明国家是哪一个阶级的统治。通过对国家历史类型的分析，可以看出一个国家的具体的阶级内容。

国家的历史类型是由赖以存在的社会经济基础所决定的。在阶级社会中，有什么样的社会经济基础，就有什么样的统治阶级凭借国家权力实行的阶级统治，就有什么类型的国家。根据马克思主义关于社会经济形态的理论，同一社会经济形态的一切国家，都是属于同一历史类型的国家，都是同一类型的社会经济基础的上层建筑。世界上有许许多多的国家，无论它们的外表现象有多大的差异，不论它们的人口多少、地域大小、历史长短，只要是建立在同一社会经济基础之上，它们就属于同一历史类型的国家。在分析历史上和当今世界上的各种国家的内外政策时，这是基本线索和立脚点。

自从阶级产生以来，人类的历史经历了四种社会经济形态：奴隶制、封建制、资本主义制和社会主义制。与此相适应，也有四种历史类型的国家，即奴隶制国家、封建制国家、资产阶级国家和社会主义国家，前三种历史类型的国家，由于它们的经济制度都是以私有制为基础的，都是少数剥削者对广大劳动人民的专政。因此，可以统

---

① 　《列宁选集》第3卷，人民出版社1972年版，第46页。

称为剥削者类型的国家。但是，由于它们产生的历史条件和历史使命不同，所以维护的剥削形式不同，导致它们之间又有区别。

奴隶制国家，是奴隶主阶级用以压迫和统治奴隶的工具，它维护的是奴隶制的剥削形式。

封建制国家，是封建地主阶级用以压迫和统治广大农民的工具，它维护的是封建制的剥削形式。

资产阶级国家，是资产阶级压迫和统治无产阶级的工具，它维护的是资本主义的剥削形式。

社会主义国家，是完全新型的最高历史类型的国家。它建立在社会主义公有制的基础上，是工人阶级和广大劳动人民统治少数剥削者的工具，是建设社会主义，进而为实现共产主义创造物质条件与精神条件的工具。它与一切剥削者历史类型的国家具有根本不同的性质。

国家历史类型的概念，明确地体现了国家的阶级本质和历史特点。所以，它是国家分类的最科学的标准和依据。只有通过对国家历史类型的分析，才能够正确地观察到，在各种外表特征的掩盖下每个国家的具体的阶级内容，也才能做到对国家科学地进行分类。

二、国家历史类型变革的规律性

马克思主义关于国家历史类型的理论，不仅解决了对于世界上各种国家进行分类的问题，而且它还说明了国家的发展，说明了一种历史类型的国家发展到一定阶段就要被另外一种历史类型的国家所代替的客观必然性。这就是国家历史类型变革的规律性。换句话说，国家由一种历史类型发展变革为另一种崭新的历史类型，是不以人的意志为转移的客观规律。

　　马克思主义关于社会发展的理论告诉我们，生产力与生产关系的冲突是社会变革的经济基础。生产关系一定要适合生产力性质的规律，是社会发展的基本规律。社会制度的变革，包括国家历史类型的变革，是生产关系一定要适合生产力性质的规律发生作用的结果。在这一变革的过程中，政权也就通过社会革命从一个阶级转到另一个阶级的手中，旧的国家类型也就为新的国家类型所代替。马克思在《〈政治经济学批判〉序言》中深刻地说明了这种变革的过程。他指出："社会的物质生产力发展到一定阶段，便同它们一直在其中活动的现存生产关系或财产关系（这只是生产关系的法律用语）发生矛盾。于是这些关系便由生产力的发展形式变成生产力的桎梏。那时社会革命的时代就到来了。随着经济基础的变更，全部庞大的上层建筑也或慢或快地发生变革。"[①]

　　马克思在这里明确地指出了国家作为社会的上层建筑。其历史类型变革的原因是社会生产力发展的客观的、必然的要求。同时指出了国家历史类型变革的途径应该是社会革命。

　　马克思主义关于国家类型变革的科学论证，已为人类历史上国家变革的大量事实无可争辩地证明了。对于国家变革的途径问题，马克思主义同小资产阶级思想家和改良主义者却存在着重大分歧。马克思主义认为，国家制度的变革不能等待着已经腐朽的旧制度自行崩溃，或者通过改良的办法来实现；相反，只有通过积极的社会革命，才能实现。

　　关于这个问题，斯大林在1934年同英国作家威尔斯的谈话中作了深刻阐述。他告诉我们，由一种社会制度向另一种社会制度的转变，不是一种和平进化的过程，而是由旧质态向新质态的革命转变。也就是说，新的历史类型的国家代替旧的历史类型的

---

① 《马克思恩格斯选集》第2卷，人民出版社1972年版，第82–83页。

国家，不是经过和平的改良的途径实现的，必须通过社会变革的途径才能实现。历史经验表明，旧的社会制度，虽然已经腐败，甚至腐朽到了极点，但是它也不会自行崩溃，旧的统治阶级也绝不会自动地退出历史舞台。斯大林列举了17世纪的英国、18世纪的法国、19世纪的沙皇俄国的旧制度，我们还可以补充19世纪和20世纪初的中国清朝统治和1949年以前的国民党统治时期的旧中国政府，它们都已经腐朽到了极点，但都不是自行崩溃的，而是通过社会革命把它们推翻的。

显然，用和平改良的办法是改变不了旧的社会制度的基础的。因为改良与革命是有根本区别的。改良的实质是在被统治阶级的压力下，迫使统治阶级实行某些局部的让步。但他们有个界限，就是保存现行的社会经济制度的基础。如果从根本上改变它的基础，统治阶级就不干了，而革命就是要改变它的基础。当然，马克思主义者不是一概地反对改良，而是不满足于改良，不停留在改良上。改良是被统治阶级通过斗争而取得的统治阶级的让步，革命者应当利用这些让步蓄积革命力量，进而夺取政权，以实现根本改变。

斯大林在论述革命与改良时指出："由于从下面来的压力、群众的压力，资产阶级有时候可以实行某些局部的改良，而依然保存现行的社会经济制度的基础。他们在这样行动时，认为这些让步是为保存自己的阶级统治所必需的。改良的实质就在这里。革命则表示政权从一个阶级转移到另一个阶级。因此，不能把任何改良叫作革命。正因为如此，所以不能期望社会制度的更替可以这样地实现，即用改良的方法，用统治阶级让步的方法，使一种社会制度悄悄地过渡到另一种社会制度。"[①]

改良主义者则是停留在改良上，满足于统治阶级的让步，甚至阻止群众革命。如英国工党理论家拉斯基就曾宣扬，"工人可以放弃政权来换取物质福利。"因此，改

---

① 《斯大林文选（1934—1952）》（上），人民出版社1962年版，第16页。

良主义者实质上是以争取统治阶级让步政策为最后目的，企图保存旧的社会制度的维护者。

特别对于代表旧制度的统治阶级来说，由他们的阶级本性所决定，也绝不会相信他们的阶级统治已经完结了。他们总是企图挽救和修补旧的制度，而不愿自动退出历史舞台。他们将千方百计地运用旧的国家政权，拼命地维护旧的生产关系，维护自己的统治。所以，代表新的生产力发展的革命阶级就必须用革命的手段，推翻旧的统治，用新的政权代替旧的政权，用新的历史类型国家代替旧的历史类型国家。

总之，国家历史类型变革的进程表明：一切剥削者类型的国家，都是通过社会变革更替的。封建制国家代替奴隶制国家是这样，资产阶级国家代替封建制国家也是这样。资本主义制度是最后一种剥削制度，资产阶级是最后一个剥削阶级。资本主义制度灭亡的必然性，注定了资产阶级国家必然灭亡的命运。代替资产阶级国家而出现的新的国家类型，就是无产阶级通过社会主义革命所建立的社会主义国家。

社会主义国家是最高历史类型的国家，也是国家的最后历史类型。社会主义国家的历史使命是建立没有剥削没有阶级的共产主义社会。在将来，当共产主义在全世界胜利，国家存在的条件逐渐消失的时候，社会主义国家也就自行消亡了。在社会主义国家消亡以后，世界上就不再需要国家这种阶级统治组织了。所以，社会主义国家也就不会为新类型的国家所代替。

第二节　奴隶制国家

奴隶制国家是人类历史上第一个出现的剥削阶级专政的国家。它是随着原始公社制度的瓦解，奴隶占有制的形成，阶级的出现和阶级矛盾的不可调和而产生的。

在公元前40世纪形成的古埃及国家，公元前30世纪在幼发拉底河和底格里斯河两河流域形成的苏美尔、巴比伦、亚速等国家，公元前20世纪形成的印度和中国，都是古老的奴隶制国家。而欧洲的古希腊和古罗马则是最发达的奴隶制国家。

奴隶制国家是建立在奴隶占有制的经济基础上的上层建筑。"在奴隶占有制度下，生产关系的基础是奴隶主占有生产资料和占有生产工作者，这些生产工作者就是奴隶主可以把他们当作牲畜来买卖屠杀的奴隶。"[①]

这种经济基础就决定了，奴隶制国家是在经济上占统治地位的奴隶主阶级对被统治的奴隶阶级的专政。

奴隶在政治生活中，没有任何权利，不但没有政治权利、经济权利，甚至没有丝毫的人身权利。在奴隶主看来，奴隶根本不算是人；是他们的财产，是会说话的工具。在古罗马，奴隶主把工具分为三种："会说话的工具"，即奴隶；"会叫唤的工具"，即牲畜；"哑巴工具"，即农具。

占人口很少一部分的奴隶主阶级享有一切权利。他们借助于国家对广大奴隶进行统治。他们不但可以买卖占有奴隶，而且就是把奴隶杀死也不算犯罪。

由于广泛地使用奴隶劳动，其结果使自由农民和手工业者最终破产，受高利贷者的剥削，变成了失掉生产资料的自由贫民。在古希腊、古罗马的奴隶占有制社会中，形成一大批自由贫民，他们轻视体力劳动，不从事生产活动，也没有必要的生产资料。这些自由贫民也受到奴隶制国家的压迫和奴隶主的剥削。

奴隶占有制社会的这种阶级结构，就必然地形成奴隶阶级同奴隶主阶级的尖锐矛盾，自由贫民和奴隶主之间也存在着矛盾和斗争。这种矛盾与斗争反映在政治上，就是统治与反抗统治的斗争，达到尖锐时则爆发大规模的奴隶暴动和奴隶起义。在奴隶制社会的全部历史中，都贯穿着奴隶的不断起义，其中最大的一次是公元前74至前71

---

① 《斯大林选集》下卷，人民出版社1979年版，第446页。

年斯巴达克所领导的奴隶起义，这次起义的大军有10万余人，它虽然被罗马国家镇压下去，但却震撼了奴隶制国家。它决定并准备了奴隶主剥削劳动者的形式的废除。[①]

奴隶制国家有两个方面职能，一是内部职能，二是外部职能。奴隶制国家的本质就是通过其职能反映和体现的。

奴隶制国家的内部职能，是控制奴隶和自由贫民等广大被压迫群众。奴隶主阶级凭借国家的一系列暴力机关，采用极端残酷的手段，镇压奴隶的反抗，实行赤裸裸的暴力统治。这充分反映了奴隶制的剥削形式。如斯巴达，用大批屠杀其所奴役的希洛（奴隶）以恫吓其余的奴隶。在罗马有一条法律规定：奴隶杀害主人时，与这一奴隶同住一屋的全体奴隶均处死刑。而在阶级斗争激化、奴隶起义之后，镇压就更加残酷了。如在斯巴达克领导的奴隶起义被镇压之后，竟有6000名被俘虏的奴隶军被活活地钉死在十字架上。

奴隶主阶级通过国家控制被压迫群众的另一种方法，就是利用宗教作为精神武器，以麻痹奴隶和自由民对他们的反抗精神。宗教在奴隶制国家中起着重要作用，寺庙拥有大量的财产，祭司在国家机关中占有显要的地位。如埃及、巴比伦的祭司都占有显要的地位，而罗马的僧侣被认为是神在人间的代表。他们主持祭典，解释法律，具有很大的权力。中国在殷代以后，设太祝专掌祭祀。宗教和祭祀通常被认为是一切公民都应信奉和遵守的。对他们的要求稍有违反，就会受到严厉的惩处。如在雅典，对于不信神或违反固定的宗教祭祀仪式的人可以判处死刑。

奴隶制国家的外部职能是侵略他国领土或保卫本国领土以防别国侵略。奴隶制国家的外部职能具有重要意义。由于奴隶主对奴隶的非人的虐待和残酷的镇压，使大批的奴隶过早地死亡，需要经常有大批的奴隶作补充。因此，对外发动战争，进行掠

---

① 《斯大林全集》第13卷，人民出版社1956年版，第215页。

夺，使俘虏沦为奴隶，就成为劳动力再生产和增加奴隶数量的一种必要的手段了。同时，战争也是缓和国内矛盾的一种方法。因此，奴隶制时期，战争是很频繁的。因为奴隶制国家随时准备侵犯弱小的国家，同时也必须时刻准备抵抗外来的侵袭。如亚述、埃及、罗马都进行过掠夺战争。罗马由于进行多次战争而由一个不大的城市国家，变成了一个包括地中海沿岸各地的领土辽阔的强大帝国。

奴隶制国家，由于各国的生产力发展的水平不同，生产资料占有制的方式不同和阶级力量的对比关系不同，导致它们所采取的统治形式也各有不同。如古代东方的奴隶制国家如埃及、巴比伦、亚述、波斯等国，都采用君主制，即所谓东方暴君制。在这种国家里，全部国家权力在形式上都属于世袭的君主，他通过复杂的军事官僚机构来管理国家。

在希腊的城邦国家——雅典，则采用奴隶主阶级的君主制。表现为"人民大会"具有很大权力和公职人员是由选举和抽签产生的。当然这种民主只是奴隶主阶级内部的民主。所有的奴隶既被剥夺了一切政治权利，也就更没有参加"人民大会"和被选为公职的权利了。

在古罗马和斯巴达这样的奴隶制国家中采取的是贵族制。表现为由奴隶主阶级中的少数显要贵族组成的元老院（古罗马）、长老会议（斯巴达）掌握重要权力。其他重要职务也是由军事首领及富有的显贵担任。这种形式很明显地表明：奴隶主阶级的专政是通过奴隶主阶级中的少数显贵的统治实现的。

奴隶制国家所采取的形式，无论是把统治权力集中于一个人（君主），还是少数人（贵族），抑或是更多一些人（民主），它们的实质则是共同的，都是奴隶主阶级对奴隶实行的政治统治，都是奴隶主对奴隶进行的阶级专政。

第三节　封建制国家

一、封建制国家的本质

奴隶制社会崩溃以后，人类历史进入了封建制时期。这个时期在西欧大约经历了1400年，在我国则有2300多年的历史。在这个历史发展阶段中，由于历史条件的不同，各国在经济、政治等方面所表现出的特点也不相同。但是，就其本质而言，它们都是封建大土地占有阶级对广大农业劳动者进行剥削和压迫的工具。

封建制国家是建立在封建制经济基础之上的上层建筑，要想认识封建制国家的本质，必须以分析它赖以产生的经济关系入手，马克思主义认为，"那些决不依个人'意志'为转移的个人的物质生活，即他们的相互制约的生产方式和交往形式，是国家的现实基础……。这些现实的关系决不是国家政权创造出来的，相反地，它们本身就是创造国家的政权的力量。"[①]封建社会是以自然经济为主的农业社会，农业是最基本的生产部门，土地是最主要的生产资料，决定生产资料与劳动者结合方式的土地所有制则是封建社会生产方式中"现实的关系"，即生产关系的核心。因此，分析封建社会的土地所有制，是我们研究封建生产关系、认识封建制国家的出发点。

封建社会土地所有制的具体形式主要有四种：领主占有制、地主占有制、国家占有制和自耕农占有制。在西方封建社会的大部分时期，领主占有制是占支配地位的封建土地所有制形式。在这种制度下，土地由国王封赐给大封建主，然后再逐级分封给各级领主。下级领主对上级领主承担一定的义务，如提供兵役、交纳贡赋等等。领主管领的领地可以世代相袭，但不能自由买卖。他们在自由的领地上经管庄园，利用

---

① 《马克思恩格斯全集》第3卷，人民出版社1960年版，第377–378页。

特权和暴力压榨附属农奴。其主要剥削手段是把田产分为份地和保有地，农奴使用自己的工具耕种份地来维持自己和家庭的生活，同时无偿为领主耕种保有地，并承担本领地的贡赋、徭役等等。与奴隶制相比，农奴的处境有所改善，领主不能随便屠杀农奴。但是农奴仍然被强制束缚在领地上，成为"他出生的那一块土地的奴隶"[①]。

我国封建社会占支配地位的土地所有制形式是地主占有制。与西方领主制相反，地主制经济允许土地买卖。我国早在战国时期就打破了"田里不鬻"的原则，承认了土地买卖的合法性。在这种制度下，地主获得土地的主要手段不是封授而是购买。他们把自己占有的大量土地分别出租给佃农耕种，并通过收缴地租的方式榨取农民的剩余劳动。"农民用自己的工具去耕种地主、贵族和皇室的土地，并将收获的四成、五成、六成、七成甚至八成以上，奉献给地主、贵族和皇室享用"[②]，这就是地主制经济的剥削本质。

封建土地国有制就是以封建制国家的名义占有土地。在西方封建社会，国王虽然名义上是全国土地的主人，但土地分封给各级领主掌管，因此其土地所有制实质上并不是国有制而是领主占有制。我国封建社会前期曾出现过屯田、营田、职田、农庄和均田等土地国有制形式，但是，它们本质上不过是扩大了地主占有制。这不仅因为当时的国家是地主阶级的代表，而且因为就国家与耕种国有土地的农民之间的关系来看，实质上是一种地主与佃农的租佃关系。也就是说，国家关系不像封建庄园的领主那样具体干涉土地经营，而且农民向国家交纳的赋税实际上也主要不是国家法权的体现，而是一种变相的地租。正如马克思所指出的："如果不是私有土地的所有者，而象在亚洲那样，国家既作为土地所有者，同时又作为主权者而同直接生产者相对立，那末，地租和赋税就会合为一体，或者不如说，不会再有什么同这个地租形式不同的

---

① 《马克思恩格斯全集》第2卷，人民出版社1957年版，第471页。

② 《毛泽东选集》合订本，人民出版社1968年版，第587页。

赋税。……在这里，国家就是最高的地主。"①

自耕农占有制就是农民自己占有所耕种的土地，即所谓"一夫挟五口，治田百亩"的土地制度。自耕农所占有的土地是少量的，只能作为自己生存的条件，而不是剥削他人。在地主所有制占支配地位的封建社会，自耕农的地位是孤立和极不稳定的。他们的土地成为地主兼并的对象，劳动力则成为佃农、雇农的后备军，同时还要遭受官府的压迫、盘剥。因此，自耕农占有制不论在经济关系中还是在政治影响方面都只能成为地主占有制的附属和补充。

综上所述，在封建社会的四种土地所有制形式中，真正占支配地位，并且对封建制国家起决定作用的，在西方是领主占有制，在中国是地主占有制。这两种土地所有制虽然形式有别，但本质是相同的。它们都具有封建生产关系的基本特征，即土地由享有一定特权的大土地所有者占有；劳动者耕种领主或地主的土地，并以劳役或实物的形式将维持家庭生产和生活以外的剩余劳动无偿交付给土地占有者；劳动者不像奴隶那样，是属于主人的财产，不衣食于主人，他们必须有一个独立生产、生活的单位——家庭，同时也有别于近代的雇佣劳动者，不是出卖劳动力，并以"等价交换"的原则从领主或地主那里换取生活资料，而是在超经济强制下把自己的剩余劳动无偿交给土地占有者。可见，在封建的社会关系中，土地占有者和农民处于剥削和被剥削的对立地位，这就决定了封建社会的主要矛盾是农民阶级和大土地占有者阶级之间的矛盾。历史上层出不穷的农民起义就是这一矛盾激化的表现。在这种经济基础上所建立的封建制国家，必然是在生产关系中占统治地位的大土地占有阶级从政治上对农民阶级实行专政、压迫，维护其阶级统治的工具。

---

① 《马克思恩格斯全集》第25卷，人民出版社1974年版，第891页。

二、封建制国家的特征

封建制国家的特征是其本质的具体表现，因此，决定封建制国家本质的封建生产关系也就成为封建制国家特征的决定力量。由于西方和中国历史上的封建生产关系采取了不同的形式，在此基础上产生的封建制国家的特征也必然不尽相同。总的来说，西方和中国封建制国家的不同特征表现在下述三个方面。

第一，从国家结构，即中央政权和地方的关系来看，西方采取的是分封割据制，而中国则采取了中央集权制。

马克思主义认为，国家的政治权力是统治阶级用来实现自己经济利益的手段。封建制国家的政治权力当然也是如此，它的基本职能就是对农民阶级实行超经济强制，即迫使农民将人身依附于大土地占有者阶级，以便无偿占有农民的剩余劳动。在奴隶制和雇佣奴隶制——资本主义制度中，劳动者是在生产资料占有者的管理下劳动的，他们不是生产过程的直接组织者，因而不能直接支配劳动产品，只能从奴隶主和资本家那里领取生活资料或劳动报酬。而封建制则完全不同，农民占有生产工具，并且是全部或部分生产过程的直接组织者，可以直接支配全部或部分劳动产品，因此，没有超经济强制，大土地占有者就无法迫使农民以劳役或实物的形式交出自己的剩余劳动。正如列宁在分析封建社会时所指出的："如果地主没有直接支配农民个人的权力，他就不可能强迫那些得到份地而自行经营的人来为他们做工。"[1]

西方和中国历史上的封建土地所有制形式不同，因此国家政治权力的运用方式，即超经济强制的实施方式也有区别。这一区别正是导致西方和中国封建社会在国家结构上采取不同形式的直接原因。在西方的领主制经济中，领主的土地由分封而来，世

---

[1] 《列宁全集》第3卷，人民出版社1959年版，第158页。

代相袭，不能买卖，因而领主个人作为土地占有者的身份是固定的，有保障的；同时，领主主要以劳役形式占有农民的剩余劳动，这就要求农民对领主有较强的人身依附性。因此，在领主制的封建社会里，土地所有权和实施超经济强制的政治权力都集中在领主个人手中。领主在得到分封的土地时，同时也得到了这块土地上的"特恩权"，即行政、立法、司法、军事、铸币等特权，并以此迫使农民对其人身依附，由于大领主在其所辖领地内几乎行使着全部国家权力，因此形成了封建割据状态，这时的封建制国家实际上不过是若干很少联系的、半独立的领地国家的联合体而已。

中国封建社会的经济基础是地主制生产关系。由于土地可以自由买卖，地主与西方领主相比，作为大土地占有者的身份是不固定的；况且，地主主要以实物或货币地租为手段占有农民的剩余劳动，因此，其个人不可能享有等同于西方领主的政治特权。在中国，实行超经济的强制手段——政治力量是游离于土地关系之外，由国家行政机构统一掌握的，地主个人无权直接运用政治权力压迫农民。农民不是被土地占有者束缚在固定的领地上，而是被国家政权束缚在一个行政区域内，其主要手段就是统一的户籍制度和作为基层工具的乡里保甲组织。只有运用国家政权的力量，地主阶级作为一个整体才能够实现对农民阶级的超经济强制，从而保障自己的经济利益。我国的封建地主阶级为了满足自己的需要，必然要建立一个强大、统一的国家政权。自秦始皇始，地主阶级就提出了"海内为郡县，法令由一统"（《史记·秦始皇本纪》）的思想，建立了统一的中央集权制国家。经过漫长的发展和多次反复，我国最终于公元10世纪（五代、北宋之交）形成了一套集中统一、下设郡县、由专职官吏操纵的庞大、复杂的国家机器。中国封建社会前期也曾出现过"分封制"，但大都属于封户而不分土，或分土而不治民的情况，与西方中世纪的领主分封制完全不同。总之，中国的中央集权制是地主制经济的产物。正如王亚南所说："没有封建的地主经济作基础，中央集权的专制官僚政体是不可能因为任何理由发生与发展的。"[1]

在西方封建社会后期，随着生产力的发展和资本主义经济关系的逐渐形成，其经济基础也从领主制转向了地主制，土地可以买卖，地租采用了货币形式。但是，这与中国封建社会的地主制不同，它不是西方封建社会的基本经济形态，而是由封建制向资本主义制过渡的经济形式。这时的地主，是对立于贵族领主的，许多人后来转向工、商、金融业，成为近代资产阶级的前身。因此，在这一基础上形成的中央集权制的国家也与中国不同，实质上成为确立资本主义生产关系的先决条件，而不仅仅是维持封建制生产关系的工具。

第二，从权力结构，即政治权力的排列组合形式来看，西方实行的是等级制，而中国则是官僚制。

西方封建社会的领主制是一种土地所有权与政治特权相结合的制度。因此，逐级分封所形成的严格等级就必然成为权力结构的直接基础。正如恩格斯所说："在中世纪的封建国家中，也是这样，在这里，政治的权力地位是按照地产来排列的。"[2]在这种等级制度下，不仅土地所有者必然成为政治权力的掌握者，而且，阶级划分与等级划分也是一致的。统治阶级内部各等级之间有着一定的人身依附关系，不同等级的土地占有者即拥有不同等级的政治特权，没有土地的农奴则成为没有任何政治权利的被剥削、被压迫者。例如西方封建社会中领主与附庸的关系，领主对于依附于他的附庸负责"保护"，附庸则必须对领主"效忠"，即军事上提供军队，政治上参加咨询（领主的会议），经济上的纳贡、奉献金钱等等。这种以领地分封为基础的阶梯式的权力结构，是西方封建制国家的重要特征。

中国封建社会的地主制经济关系决定了它不可能形成土地所有制的等级结构，

---

[1]　王亚南：《中国地主经济封建制度论纲》，华东人民出版社1954年版，第15页。
[2]　《马克思恩格斯选集》第4卷，人民出版社1972年版，第169页。

在此基础上，地主阶级在政治、法律上的等级划分也很不严格。所以说，中国不存在西方式的封建等级制。但是，中国的地主阶级为了对农民进行超经济强制，在地主的个人权力范围之外又建立了一整套庞大、复杂的国家机器，由专职官吏行使行政、司法、军事等权力。这就形成了中国封建社会所特有的权力结构——封建官僚制。王亚南正确指出："中国的专制官僚政体是随中国的封建的地主经济的产生而出现的，它主要是建立在那种经济基础上的。"[①]

中国封建社会的官僚制具有下述三个特点。首先，它是由专职官吏组成的政治权力机构。各级官僚不是凭借自己在经济上的地位，而是通过举荐、科举等途径，由国家任命而取得官职的，并且按官职领取国家俸禄。因此，从形式上说，政治权力是游离于土地所有权之外的。随着封建地主经济的发展和中央集权的加强，历代统治者不断健全、扩大自己的专职官吏队伍。隋朝建立了三省六部二十四司的中央机关体制，这在西方封建社会是绝不可能的。据《明史·刘体乾传》记载："历代官制，汉七千五百员，唐万八千员，宋极冗至三万四千员。本朝自成化五年，武职已逾八万。合文职，盖十万余。"由此可见封建官僚队伍的扩大趋势。其次，在官僚集团内部，有着按等级划分官职的严密组织。我国第一个封建官僚政权——秦朝建立之初，统治阶级就提出"邦之急，在级"[②]，把建立官僚等级制度作为当务之急。我国魏晋时代建立了九品三十等的官僚制度，以后为历代封建统治者所沿用。这种官僚集团内部的等级制，是维持君主专制和中央集权制的有效手段。最后，封建官僚按官阶高低享有特权，特权成为官僚制的核心。我国封建社会的官吏，除了食取俸禄之外，还享有如下特权：减免赋税，如汉制规定，六百石以上官吏除军役外，免除全家人一切徭役，下级官吏和博士弟子本人终身免徭役；"官当"，即以官抵罪，如隋朝《开皇律》

---

① 王亚南：《中国官僚政治研究》，中国社会科学出版社1981年版，第54页。

② 参见湖北云梦出土的秦简《为吏之道》。

规定，犯私罪以官当徒者，五品以上一官当徒二年，九品以上一官当徒一年；"任子""荫袭"，即大官僚有权保举自己的子弟做官，如汉制规定，二千石以上官吏，任满三年即可保举子弟一人为"郎"。此外，利用职权谋取私利，因升官而发财者更是封建社会的常见现象。"初来单马执鞭，返去从车百辆"，成为封建官僚的真实写照。

西方和中国封建制国家的权力结构虽然形式不同，但其本质却是一致的，它们都是适应大土地占有阶级的需要，利用政治权力压迫、剥削广大农民的手段。

第三，从政治文化即封建统治阶级控制人民思想的手段来看，西方是直接利用宗教，而中国则是把适应地主阶级需要的思想宗教化。

政治上的专制与思想上的迷信是分不开的。利用宗教化的意识形态对人民进行思想统治，是封建社会大土地占有阶级巩固国家政权，维护自己在经济关系中的地位，镇压人民反抗的重要的、不可缺少的手段。但是由于经济基础和政治制度不同，西方和中国的封建统治者在运用这一手段时也采取了不同的方式。

西方封建制国家直接利用宗教垄断政治文化领域，是起因于它们的领主制经济以及由此而产生的分封割据制度。宗教具有两个重要特征：一方面，它是一种思想，表现为教义、教条；另一方面，它又是一个组织，表现为教会。这两方面对于西方封建统治阶级都是不可缺少的。他们利用宗教教义毒害、麻痹人民，让僧侣垄断全部文化教育，使整个思想领域都带有神学的色彩，从而禁锢了人们的思想。同时，他们还利用教会组织对抗、削弱王权，维护领主制经济和分封割据制度。在西方封建社会，政教合一是一种普遍现象。教会占有特殊的地位，拥有巨大的权力，对社会生活、政治生活和私人生活的一切方面都加以干涉。教会还享有广泛的司法权，拥有审判机关——宗教裁判所。它不仅审理僧侣案件，而且审理俗人案件，在反对"异教"的借口下残酷迫害不满现行制度的人们。这样，教会一方面削弱了王权，使国王无法把国家统一起来；另一方面加强了对人民的控制，填补了王权被削弱所带来的空白。当欧洲封建社会后期领主制开始崩溃，中央集权的民族国家开始形成时，教会在国家政治生活中的作用也随之减弱，这就从反面证明了西方中世纪的宗教具有既统治人民思想、又维护领主制经济关系和封建割据制度的双重作用。

中国封建社会的情况与西方不同，它是一个以地主制经济为基础的中央集权的国家。因此，它既需要有一种宗教化的、以盲目信仰为基础的政治文化来控制人们的思想，又不允许有一个像西方的教会那样的组织独立于国家政权之外。在中国封建社会两千多年的历史中，宗教从来没有直接干涉政治的权力。中国唯一在本土产生并遍及全国的宗教——道教，起源于先秦老庄的"无为"哲学。其本身即具有脱离政治的虚无主义倾向。此外，世界上最有影响的三大宗教——佛教、基督教和伊斯兰教在传入中国后随即消除了其参与政治的传统。佛教的神职人员甚至称为"出家人"，以示远离"红尘"。这种情况完全是适应中央集权制的结果，表明地主阶级的国家政权不允许在自身之外存在任何其他的政治力量，同时也决定了宗教在中国不能直接作为控制政治文化的手段。

中国历史上的封建制国家采取了一种特殊方法来建立其思想统治的功能，即把孔子的伦理哲学思想宗教化。这不仅因为孔子思想的内容适应封建地主阶级的需要，而且因为这样可以避免产生一个独立于国家之外的教会组织。孔子的儒家学派在创始之初不过是诸子百家之一，而孔子本人也仅仅是一个不甚得志的学者。随着封建社会的发展，统治阶级为了控制人民的思想，不断提高儒家的地位。西汉时期，"罢黜百家，尊崇儒术"，儒家思想成为占统治地位的正统思想。后来，则进一步被封为儒教、孔教。孔子本人也随之神格化了。在两千多年的封建历史中，人们对孔孟之道只能盲目信仰，对孔子、孟子只能盲目崇拜。因此，说儒家思想在政治文化方面起到了和西方基督教相同的作用，是不为过分的。然而，地主阶级在把孔子的思想宗教化的同时，并没有建立一个孔教会。显然，这也是由中国封建社会特殊的经济、政治条件所决定的。

在我国，孔孟之道在发挥其思想统治作用时，是与宗法思想相结合的。所谓宗法，是指以血缘亲属关系为基础，规定宗族内部的尊卑、贵贱和上下等级的一种制度。主要表现为同姓宗族内分为大宗、小宗和嫡长子继承等等。这种制度在统治阶级内部同政治权力相结合，形成了君主专制和官僚门阀制。在劳动人民中，则形成以族权为中心的父子、兄弟、夫妻等隶属关系。这样，整个社会就形成了君君、臣臣、父父、子子的宗法思想与制度。孔孟之道与这种思想和制度结合在一起，正是为了以此为手段，调整统治阶级内部关系，控制、压迫劳动人民，维护封建统治秩序。正像孔子自己所说的："其为人也孝弟，而好犯上者，鲜矣；不好犯上，而好作乱者，未之有也。"（《论语·学而》）由此可见，利用孔孟之道和封建宗法思想对人民进行思想统治，是中国封建制国家政治文化方面的一个重要特征。

西方和中国历史上的封建制国家在上述三方面的不同特征表明，封建社会的经济基础对其上层建筑的决定作用。是一种具体的、现实的联系，而不是一种抽象的联系。经济基础不仅决定上层建筑的本质，而且决定着上层建筑的形式。只有全面认识不同国家的上层建筑采用不同形式和表现出不同特征的根本原因，才能深刻理解封建制国家的本质。

第四节　资产阶级国家

资产阶级国家是资产阶级反对封建制度革命胜利后而建立起来的。由于各国的历史条件和当时的阶级力量对比关系的不同，各国资产阶级革命所经历的过程也各不相同。如法国资产阶级革命曾经历了共和—复辟—共和的几次反复；英国资产阶级革命胜利则是资产阶级同贵族势力妥协的产物；德国由于封建势力强大，革命的进展较晚等等。但不管怎样，资产阶级革命的胜利，资产阶级国家代替封建制国家是历史发展的必然，是生产关系一定要适合生产力性质的基本规律作用的结果。

资本主义生产关系是在封建社会内部孕育成熟的，资产阶级夺取政权后就完成了革命。资产阶级利用政权维护它所赖以建立的经济基础。资本主义制度的经济基础是生产资料的资本家占有制，这时的生产工作者是出卖自己劳动力的雇佣工人。反映这种经济基础的社会阶级结构，是在生产关系中占统治地位的资产阶级和受剥削被压迫的无产阶级。因此，决定了资产阶级国家的实质，是资产阶级对无产阶级的政治统治，是资产阶级专政。

由于资本主义制度已经有了三四百年的历史，在资本主义所有制未根本改变的基础上，它也经历了自由资本主义和垄断资本主义的发展阶段。

在资本主义经济的不同发展阶段，资产阶级国家的统治方法及某些制度也相应地有些变化。为了更清楚地认识资产阶级国家，对它在不同时期的特点需要加以研究。

一、自由资本主义国家

资产阶级国家是资产阶级对无产阶级和其他劳动群众的政治统治。正像马克思、恩格斯在《共产党宣言》中指出的那样，现代资产阶级国家"不过是管理整个资产阶级的共同事务的委员会罢了"[①]。这是指资产阶级政治统治的实质。至于资产阶级如何进行统治，则是统治方法问题。列宁在1910年撰写的《欧洲工人运动中的分歧》中，对资产阶级的政治统治方法作了深刻的论述。他说："世界各国资产阶级都不免要规定出两种管理方式，两种保护自己的利益和捍卫自己的统治的斗争方法，并且这

---

① 《马克思恩格斯选集》第1卷，人民出版社1972年版，第253页。

两种方法时而相互交替，时而错综复杂地结合起来。第一种方法就是暴力的方法，拒绝对工人运动作任何让步的方法，维护一切陈旧腐败制度的方法，根本反对改良的方法。……第二种方法就是'自由主义的'方法，就是趋向于扩大政治权利、实行改良、让步等等的方法。资产阶级从一种方法转而采用另一种方法，并不是由于个别人的恶意，也不是由于什么偶然的原因，而是由于它本身地位的根本矛盾性。正常的资本主义社会要顺利发展下去，就不能没有稳固的代议制度，就不能不使人民有相当的政治权利。"[①]

自由资本主义国家，就是指资本主义上升时期的资产阶级国家，是列宁所指的"正常的资本主义社会"的国家。这个时期的资产阶级主要采用"自由主义的"统治方法。其之所以要采取这种方法，是由自由资本主义经济的特点和无产阶级与资产阶级斗争尚不尖锐所决定的。我们知道，自由资本主义经济的主要特点，是自由竞争。它反映在政治上就是要求自由。自由是资产阶级初期政治要求的核心。因此，他们提出："人生下来就是自由的。"当时在政治上妨碍自由的是封建等级特权，这就必然地要求平等。因此，他们又提出"法律面前一律平等"的口号。自由、平等表现在法律上就是权利，实现权利的形式和保障则是民主。因此，自由、平等、权利、民主是自由资本主义时期资产阶级真正的需要，而不能简单地说它是欺骗的口号。但是，从整个社会来说，由于以生产资料的资本家占有制为基础，这些自由、平等、权利、民主，只能为生产资料占有者所享有，对一无所有的无产阶级来说却是空头支票。从这个实质方面来看，资产阶级把这些口号作为全社会共同享受的宣传，的确是骗人的，是欺骗劳动人民的口号。因此，资产阶级的自由、平等、权利、民主的口号，既是真的又是假的，关键是对谁、对哪个阶级而言。

[①] 《列宁选集》第2卷，人民出版社1972年版，第395页。

在资产阶级的国家制度上，保障自由和实现民主的"自由主义的"方法，是在资本主义上升时期所普遍采用的，这是由洛克、孟德斯鸠的权力分立和卢梭的国民主权学说为他们设计的国家制度。虽然由于各国的历史条件不同，其形式也不完全一样，但基本上都是实行立法、行政、司法三权分立和相互制衡的政治制度。在这三项权力中，行政、司法在奴隶制、封建制国家中都是盛行的，不是新东西。其中新的就是所谓享有立法权的、代表民意的代议制度——议会。因此，体现资产阶级民主的主要表现是议会制度。它通过立法活动，执行立法权，以保障人们的自由、平等权利。因此，马克思、恩格斯称它为管理资产阶级共同事务的委员会。但资产阶级自己则称它为"民主国家""法制国家"，有的还形容它是"警察国家""守夜国家"。这是指它只是消极地保障公民权利的国家。由于代议制度的确立，又产生了选举代表（议员）的选举制度和争夺代表席位的政党制度。这就是自由资本主义时期，资产阶级国家民主的主要表现，是资产阶级民主的几根支柱。列宁所说的"自由主义的"管理方法也主要指的是这些制度。因此，列宁才说："正常的资本主义社会要顺利发展下去，就不能没有稳固的代议制度，就不能不使人民有相当的政治权利。"[1]

但是，这一时期也同样存在着暴力方法，并且以此为后盾。其明显的表现就是使用军队、警察、监狱、法庭等暴力机关进行镇压。这容易为人理解。但从资产阶级国家三权关系上可以发现，军队、警察、官吏、监狱、法庭是行政权和司法权的体现。这就是说，暴力的方法主要是使用行政权和司法权。如果以暴力的方法为主要统治方法时，就是削弱和取消立法权。表现在政治制度上，就是议会和行政、司法机关的关系，政府侵占或取代议会的立法权，司法机关侵占或取代立法权。其中主要表现为行政权与立法权的关系。这是我们衡量资产阶级国家从民主走向反动的标志。因此，我

---

[1]　《列宁选集》第2卷，人民出版社1972年版，第395页。

们观察资产阶级国家时，要看它所具有的立法权和监督政府权的国会的权力，是高于政府的权力，还是在实际上政府高于国会或控制国会。这也是我们区别资产阶级国家，是以自由主义方法为主要管理方法，还是以暴力压迫方法为主要管理方法的重要标志。部分当代资产阶级政治学者，借口议会与政府之间的权力平衡，攻击议会的权力过大，说什么"可怕的议会万能恶政的根源"。这种思想是同资本主义上升时期提出的"国民主权"思想背道而驰的，是为资产阶级国家扩大行政权力、实行暴力压迫方法鸣锣开道。

总之，自由资本主义国家是资本主义上升时期的资产阶级国家，是以实行代议制为主要标志的三权分立的国家制度。它虽然在各国表现的形式有所不同，但都是以保障资产阶级自由、平等、民主权利为目的，以自由主义方法作为主要统治方式的资产阶级共同事务管理委员会。

二、帝国主义国家

帝国主义国家，是指自由资本主义发展到垄断资本主义阶段的资产阶级国家。这个时期的资产阶级国家的阶级性质并未改变，只是由整个资产阶级共同事务管理委员会，改变为垄断资本直接控制的、为垄断资本服务的管理委员会。在治理方法上，由主要使用自由主义的方法转变为主要使用暴力压迫的方法。从政治趋势看，表现为由资产阶级民主走向反动。正像列宁所指出的那样："自由竞争要求民主制。垄断则要求政治反动。"[①]

垄断资本主义在政治上必然走向反动。所谓反动，是指从历史发展的角度看阻碍社会向前发展。垄断资本主义的政治反动，就是它们利用政权阻挠社会发展，维护腐

---

① 《列宁全集》第23卷，人民出版社1958年版，第34页。

朽的资本主义制度。

资本主义发展到垄断资本主义阶段，由于科学技术的进步，生产工具的改善，生产社会化的程度提高了，生产力的发展水平比自由资本主义阶段更高了。但是，在生产关系方面，在生产资料占有制方面，生产资料更集中到一小撮垄断资本家手里。这样的生产关系就更不适应生产力的发展了。垄断资本家为了维护它的占有制并不断地增长其资本，就要使用经济以外的手段，主要是控制国家政权这个最主要的政治手段，这就必然地使资本主义政治制度走向反动。

随着垄断资本的发展，资本主义所固有的矛盾尖锐化起来。

首先，无产阶级与资产阶级的矛盾日益尖锐化，这种尖锐化不只是表现为垄断资本对无产阶级剥削的加强和广大无产阶级的失业现象，更主要的是表现为无产阶级的素质和政治觉悟的提高，组织纪律性的加强，政治参与意识的增长，人们对资本主义制度的腐朽性认识的加深。这些集中起来就是工人阶级的力量强大了。这是垄断资本所最害怕的。

其次，这个矛盾还表现为资本主义社会的各种集团的矛盾与斗争。由于垄断资本的形成和日益扩大，在政治经济领域内产生各种复杂的利益冲突，促使资产阶级内部结构发生了变化。反映这些变化的就是各阶层、各种势力集团的增长。同时，被压迫的阶级和民族在觉悟提高的条件下，也组成各种政治组织和集团进行斗争。在资本主义社会里，各种利益集团对政府施加影响，以及各种集团之间的斗争，实质上也是阶级斗争的表现，是阶级矛盾复杂化尖锐化的表现。

再次，由于垄断资本的对外侵略与扩张，使帝国主义国家同殖民地的矛盾，压迫民族和被压迫民族的矛盾加深了。在第二次世界大战后，由于民族解放运动的高涨，民族独立国家大量涌现，又表现为帝国主义国家与不发达的国家在政治、经济、文化各个领域中的尖锐矛盾与激烈斗争。

最后，由于帝国主义国家经济发展的不平衡性，在帝国主义国家之间，为了侵略与掠夺而产生的矛盾与斗争加剧了。在第二次世界大战后，由于苏联奉行霸权主义，形成苏美两霸的斗争局面。但是两霸斗争也不能掩盖美国与西欧帝国主义集团、美日之间的矛盾与斗争的愈演愈烈。

面对国内外的尖锐矛盾，为了维护垄断资本的统治，在资本主义上升时期只起"守夜人""看家狗"消极作用的自由资本主义国家就不中用了，它必然地发展为积极地为垄断资本效劳的帝国主义国家。用资产阶级政治学者的话来说，就是由"消极国家"变为"积极国家"。这就是说，到了垄断资本主义阶段，由于生产力的发展与生产关系发生尖锐的矛盾，垄断资本为了对付这些矛盾，就必然地由以自由主义方法为主改变为以暴力压迫方法为主的管理方法。这是帝国主义国家的根本特点。这种特点反映在政权组织形式上的变化：

第一，逐渐改变以保护个人主义的自由、平等、权利为内容的资产阶级民主制度，建立以保护集体利益（垄断集团利益）为借口的集权制度，表现为削弱议会权力，扩大行政权力，把政府变成集中主要权力的"万能政府"。这样，政府的官僚机构和军事机构不断扩大，并且还有把权力过分集中于政府首脑一人的发展趋势。如美国，1787年乔治·华盛顿任第一任总统时，联邦政府的文职人员仅350人；1816年，联邦政府的文职人员为6300人；1952年，增加到250万人；20世纪60年代初又增加到270万人；到1982年为止已达到282万人。据统计，现在美国政府机关的工作人员占整个就业人员的1/6，而20世纪初只占1/250。在扩大政府首脑权力方面，在美国总统的白宫里，以前，除总统外只有几个助理和私人秘书，1939年罗斯福正式设立"总统参谋部"。艾森豪威尔任总统以后，逐渐扩大为"白宫办公厅""内阁秘书处""行政管理和预算局""国内事务委员会""经济顾问委员会""全国安全委员会"等机构。到1979年4月卡特任总统时，总统办事机构（包括内阁部）多达24个。在英国，也进一步扩大本来就有很大权力的首脑权力。如1983年大选前，首相撒切尔夫人就打算成立一个"首相部"，以进一步扩大首相的权力。

第二，垄断资本直接控制政府。垄断资本控制政府有两种途径，一是通过其代理人执掌政权；一是亲自出马担任政府要职，并且把垄断组织与政府融合在一起。正像恩格斯指出的那样："在这种国家中，财富是间接地但也是更可靠地运用它的权力的：其形式一方面是直接收买官吏（美国是这方面典型例子），另一方面是政府和交易所结成联盟。"①如美国，杜鲁门政府（1945—1953）125个重要官员中有49个工业资本家和银行家。国务卿马歇尔是摩根"泛美航空公司"的经理，副国务卿洛维持是"安德生-克莱顿棉花公司"的首脑，空军部部长赛明顿是"爱默生电器制造公司"的总经理，海军部部长麦丘斯是一个大银行家，国防部部长福莱斯特是"迪龙-黑德公司"的总经理，商业部部长哈里曼是有名的"铁路大王"。艾森豪威尔政府（1953—1961）的272名高级官员中有150名是大垄断资本家，另外的122人也大部分与资本家有密切联系。肯尼迪政府（1961—1963年）和约翰逊政府（1963—1969），也都是垄断财团的工具。肯尼迪本人是波士顿财团的大资本家，是美国75家最大富翁之一。约翰逊是得克萨斯财团中的百万富翁，他的国务卿腊斯克是洛克菲勒基金会主席，国防部部长麦克纳马拉是"福特汽车公司"的总经理，财政部部长格拉斯·狄龙是石油资本家兼金融资本家。尼克松政府（1969—1974）是受洛克菲勒财团支持的。卡特政府（1977—1980）既代表南方新兴势力，又为摩根、洛克菲勒财团效劳。现在的里根政府（1981—1984）是受西部财团支持的。

由此可见，帝国主义国家的政府是由垄断资本直接控制的，而政府中的主要官职通常又由垄断资本家及其代理人亲自担任。正如列宁所说的："今天是部长，明天是

---

① 《马克思恩格斯选集》第4卷，人民出版社1972年版，第169页。

银行家；今天是银行家，明天是部长。"①

　　第三，垄断资本通过政府干预经济、社会事务和文化思想等领域，为维护其统治服务。关于垄断资本为什么要通过国家来干预经济和社会事务，以及国家怎样干预经济和社会事务的问题，日本社会学家真田足教授在《现代社会问题理论》一书中作了深刻的分析。他正确指出："国家在经济领域的出场是垄断资本主义制度内部结构及全面危机的必然产物。"因为垄断资本主义的资本积累和集中，比资本主义积累的一般规律速度更快，规模更大，竞争更加激烈，从而越发增强了资本增殖的冲动，为此就必然要动员一切方法和手段，其中最有利的是实现对国家的动员。真田足教授对垄断资本怎样利用国家来为其经济利益服务的问题分析了三点：其一，垄断资本利用国家制定以垄断资本为中心的政策，加速资本积累。如制定有利于垄断资本的农业政策和中小企业政策，剥夺小所有者经济和独资经营者存在的基础，以促进垄断资本积累的迅速发展。其二，由于资本的积累与集中而带来的生产社会化的发展，要求计划生产，但它与资本主义生产的无政府性发生尖锐矛盾。于是垄断资本利用政府制订计划，靠行政命令来控制生产的无政府性，这在一定程度上是可能的。但由生产资料的私有制基础所决定，真正有效地控制生产无政府状态则是不可能的。其三，资本主义经济危机出现时，垄断资本利用国家制定经济政策、财政金融政策以摆脱危机，即企图利用政府制定政策作为摆脱经济危机的杠杆。这虽然也可能在一定程度和一定时期内起些作用，但由于经济危机是资本主义制度的不治之症，要想从根本上摆脱则是不可能的。上述虽然是资产阶级社会学家对垄断资本利用国家干预经济的分析，但也在某种程度上说出了垄断资本主义时期，资产阶级国家经济活动的实际情况。

　　第四，垄断资本的积累与集中的要求，不限于国内，还要对外进行掠夺和扩张。

---

① 《列宁全集》第24卷，人民出版社1957年版，第97页。

由于帝国主义之间争夺殖民地和物质资源的矛盾尖锐化，由于社会主义国家和民族独立国家反侵略与反掠夺的斗争蓬勃发展，尤其是第二次世界大战后，美苏两霸争夺世界霸权和军备竞赛的逐步升级，使国际社会的矛盾斗争更加尖锐复杂，这就决定了垄断资本利用国家作为对外侵略与扩张的重要工具。因此，垄断资本主义阶段，国家外部职能的强化，是帝国主义国家的重要特征。

综上所述，垄断资本主义时期，在国家制度方面的变化，集中起来就是削弱立法权力，扩大行政权力，把主要权力集中到政府手里，垄断资本直接控制政府，通过政府加强对内对外活动，为垄断资本服务，维护垄断资本的政治统治，把广大的劳动人民控制在垄断资本统治的秩序范围内。不管行使政府权力是采取软的、硬的或者软硬兼施的方法，其实质都是列宁所说的以暴力压迫方法作为主要的统治方法，这就是帝国主义国家的主要特征所在。资产阶级政治学者，把垄断资本主义时期加强政府权力，称为"积极国家""万能政府""保育国家"等等，这只是从形式上反映了资产阶级国家的变化，但未能说出也不可能说出它是从资产阶级民主走向反动，是垄断资本政治统治的这一变化实质。

三、法西斯国家

法西斯国家是帝国主义时代垄断资本所采用的最残暴、最野蛮的一种政治制度，是垄断资产阶级所实行的公开的恐怖专政。季米特洛夫指出："法西斯的获得政权，并不是寻常一个资产阶级政府继承另一个资产阶级政府，而是一个资产阶级的阶级统治的国家形式——公开的恐怖独裁——代替另一个资产阶级的阶级统治的国家形式——资产阶级民主。"[1]"执政的法西斯是金融资本的极端反动、极端沙文主义、极

---

[1]　《季米特洛夫选集》，人民出版社1953年版，第42–43页。

端帝国主义分子的公开恐怖独裁。"①

法西斯主义是资本主义制度发生动摇的产物。这是因为,一方面资本主义经济危机,特别是1929年爆发的资本主义总危机震撼了整个资本主义世界,垄断资产阶级要寻找摆脱危机的出路,同时,无产阶级革命斗争日益发展,资产阶级吓破了胆;另一方面,资产阶级力量由于经济危机而削弱了,已经不能用国会制的资产阶级民主制的旧方法来维持其统治,不得不靠公开的恐怖专政来挽救它的寿命。于是,在无产阶级力量由于社会民主党的叛变而被削弱的条件下,法西斯专政出现了。

法西斯专政是在第一次世界大战后,首先在意大利出现的。后来又在德国、波兰、奥地利、匈牙利、保加利亚、南斯拉夫、西班牙、芬兰、日本等国相继出现。由于各国的历史背景不同,法西斯的形式也不完全一样。其中以德国法西斯最为典型,它以所谓"种族论""国家至上论""领袖权威论"和"生存空间论"等一套反动思想为理论依据。

所谓"种族论"(种族主义)是德国法西斯主义所宣扬的,说什么日耳曼人是"高级人种",其他民族都是"劣等人种"。日本法西斯主义也宣称"大和民族"是"高等民族"。而"高级人种"应当统治"劣等人种",其他民族都是"高等人种"的奴隶。这是希特勒纳粹主义的理论基础。

所谓"国家至上论",就是他们所宣称的"国家高于一切,国家就是一切"。他们认为"国家是民族共同体",其目的是"保种保族"。因此,国家是绝对的。用中墨索里尼的话说:"法西斯主义的基础,是国家的观念。这是它的特性,它的责任和它的目的。法西斯主义认为国家是绝对的,所有的个人与团体,同它对比起来都是相对的。"这也就是说,个人必须服从国家,个人对国家只尽义务,没有什么权利,

---

① 《季米特洛夫选集》,人民出版社1953年版,第41页。

国家对个人是绝对神圣的权威。于是，资产阶级初期所宣扬的什么"主权在民"，民主、自由、平等、人权等都一扫而光。

因此，他们攻击议会制，说议会是多数人经常动摇的和妥协的，不能作有价值的决定，反而会干扰"领袖天才"掌握的行政权的工作效能；他们攻击资产阶级多党制，宣称只有少数"优秀分子"组成的纳粹党才能组织政府，绝不允许多党的存在。

所谓"领袖权威论"，这是德国法西斯头子希特勒最津津乐道的，也是他在《我的奋斗》一书中大肆鼓吹的反动思想。他在这里说："最好的国家制度是以国家权力，选出最有头脑的人才，以做全国最有权威的领袖。"宣扬什么"真正的天才总是先天的，从来不需要培养，更谈不上学习了"，"在千百万个人中间……必须有一个人站起来"，"他有着毋庸置疑的力量，能够在摇摆不定的广大群众的思想世界中，形成花岗石般的原则，并且为了这些原则的唯一正确性进行斗争"等等，不一而足。在他操纵国家大权后又说，"从今以后很可能再也没有任何一个人能有比我更大的权力了"，"从来还没有一个人取得过像我这样的成就……国家的命运全在我一个人身上，我自然当仁不让"。他的帮凶戈培尔说："他（指希特勒）是天意的工具，将以生气勃勃的、创造性的热情来创造历史。"莱伊也说："元首永远是正确的！服从元首！""法律和元首意志是一回事。""希特勒就是法律。"罗森堡拟定的《国家总教会三十点纲领》规定：元首《我的奋斗》是一切文件中最伟大的。它不仅包含了最伟大的伦理，而且体现了对我国民族目前和将来生活来说是最纯粹最正确的伦理。

领袖具有绝对权威，享有对任何人的生杀予夺的一切大权。这样，由"民族至上""国家至上"归结为"领袖至上"。所以，法西斯专政实质上就是独裁者实行恐怖专政的政治制度。

所谓"生存空间论"，是法西斯专政的对外侵略政策的最反动、最野蛮的荒谬理论。在意大利，墨索里尼鼓吹"大罗马帝国"；日本法西斯头子叫嚣"大东亚共荣圈"；德国希特勒宣扬"大日耳曼主义"。他们的理论基础就是"生存空间论"。

"生存空间论"是从地缘政治学引申出来的。地缘政治学是19世纪末20世纪初形成的一种宣扬"领土范围及其他条件是民族或国家政治生活的根本"的理论。

德国反动学者豪斯浩弗，以地理环境论为基础，从种族主义和军国主义出发，机械地搬用达尔文的生物进化论和斯宾塞的社会有机体的观点，鼓吹国家有机体的谬论。他认为国家是个有机生物单位，它向邻国扩张领土，争夺空间，是其生存的基本法则，这一反动理论为法西斯的侵略政策提供了依据。

纳粹主义鼓吹的地缘政治论中最基本的概念就是"生存空间论"。这也是法西斯头子希特勒从"大日耳曼种族主义"必然引申出来的结论。

1937年，希特勒宣称："德国政策的目的，是要巩固和保存种族社会，并且把它加以扩大。因此，这是一个生存空间问题。"按照他在《我的奋斗》中的解释，所谓"生存空间问题"就是要"努力消除我国人口与我国面积之间不平衡状态"，"引导我国人民从目前有限的空间走向新土地的道路"。说什么德国人"有权利比别的民族获得更大的生存空间"，"德国的前途完全取决于如何解决生存空间的需要"。"新帝国必须再一次沿着古代条顿①武士的道路向前进军，用德国的剑为德国的犁取得土地，为德国人民取得每天的面包"。

在这种反动理论指导下，纳粹德国妄图征服欧洲，要把"劣等民族"作为日耳曼民族的奴隶，要灭绝"最劣等"的犹太人，也要消灭"劣等民族"的南斯拉夫人，但选留一小部分给德国人作奴隶。这就造成第二次世界大战期间，纳粹德国在占领区的灭绝人性的大屠杀。日本军国主义侵略我国和东南亚各国时所进行的惨无人道的大屠杀也是同样性质。

---

① 条顿人，传说是日耳曼人的一支，公元前120年侵入罗马境内，进入南部高卢，击败罗马军队，后大举向意大利北部推进。

综上所述，以纳粹德国为典型的法西斯专政，是一小撮财政寡头的独裁专制的政权，在国内以攻击资产阶级民主制为借口，用恐怖手段摧残工人阶级、革命农民及革命知识分子，对外则用最野蛮的手段侵略其他民族。

第二次世界大战德、意、日法西斯失败的历史事实证明，这种最野蛮、最残暴、公开的、恐怖的法西斯专政必然地要被各国人民推动的历史前进的车轮所碾碎。

法西斯专政不是帝国主义发展的必然阶段，而是帝国主义时期，被经济危机和革命运动高涨吓破胆的一小撮财政寡头所采取的一种极端的暴力统治方法。从各国法西斯上台的当时历史条件来看，如果没有社会民主党叛卖、分裂工人阶级的革命力量，如果资产阶级民主制度尚强大，是可以阻止法西斯上台的。

法西斯专政制度，从统治方式来看是君主专制的变种。它不完全符合资产阶级统治的需要。反动的垄断资本家本想用它来克服资产阶级营垒内部的意见分歧和矛盾，但适得其反，它却使这些矛盾更加紧张起来。法西斯主义者设法建立自己的政治垄断权，用暴力消灭各政党。然而，由于资本主义制度存在，各阶级的存在以及阶级矛盾的加剧，必然使法西斯政治垄断地位发生动摇而最终归于破产。

法西斯专政取消了最后一点资产阶级民主，把公开的暴力奉为管理制度，这就引起广大群众的切齿义愤，更激发工人阶级和其他劳动人民的革命性。它不但打破了一些人对资产阶级民主制度的幻想，而且要求彻底推翻资本主义制度。因此，法西斯专政的出现不仅未能挽救资本主义制度的厄运，而且使资本主义制度更快地趋于瓦解。

四、福利国家

"福利国家"在西方政治学和社会民主党的理论中，已经成为一个最流行的名词了。从20世纪30年代罗斯福推行"新政"开始，美国就逐渐形成了一套社会福利制度。第二次世界大战后，特别是60年代，在欧洲的许多国家，如英国、法国、西德、意大利、荷兰、比利时、瑞士、瑞典、挪威、芬兰、丹麦、冰岛等国，都相继实行社会福利政策，自称为"福利国家"。但是"福利国家"究竟是指一种理论，还是一种社会政策，或者是指一种新的国家制度，在西方的政治学著作和社会民主党的理论中，则其说不一。《大英百科全书》中说，"福利国家"是第二次世界大战以来运用于自由民主国家中的一种概念，它是具有保证其全体成员生存手段和基本最低福利的任务的国家。日本平凡社的《世界大百科辞典》中说："福利国家是以增进和确保国民福利为目的的国家。"《新世纪百科辞典》中说："福利国家思想即把贯彻增进和确保国民福利作为国家的中心使命的思想，立足于这种思想的国家，即为福利国家。"《云五社会科学大辞典》政治学分册中说："福利国家，是以具体合理之政策，强力推进国民最低生活之保障，以及增进国民之福利为主的国家"，"福利国家是放弃从前自由放任之原则，抛弃无为不干涉之哲学，为实现社会正义之目的，而积极行动的国家"，"福利国家是积极行动的国家，因为要积极行动，故特别重视行政，基于此点，福利国家又可称为'行政国家'"。英国工党和社会党的国际理论家拉斯基，在描述社会民主主义社会时所说的"国家已由放任主义的国家变成社会服务的国家"，也是指福利国家。

我们把资产阶级学者对"福利国家"的上述种种叙述归纳一下，可以看出以下几方面的变化。

从资产阶级国家本身的变化来看，根据他们的说法"福利国家"是由"消极国家"变为"积极国家"，由过去的"无为政府"变成"万能政府"。

从国家活动方面来说，由过去的"自由放任主义"变为"计划主义"，由"不干涉主义"变成"干涉主义"，即由过去只是保护资产阶级的私有制经济，变为干预、调节资本主义经济。

从国家推行社会化政策来看，由过去不负责"援助"居民的社会生活，变为承担保障与增进社会全体成员的社会生活。用拉斯基的观点来说，即从过去不为社会服务变为为社会服务。过去在资本主义社会，社会救济是宗教团体或"慈善事业"的事情，国家不负责任。现在这些社会救济事业则由国家负责。具体表现为由政府实行社会化政策，制定一套由国家提供补贴、社会保险和公共救济的制度。以美国为例，美国各级政府提供的社会福利共有100多项，基本上分为两类：第一类是社会保险。它是由联邦政府管理的一种集体保险计划。政府强制职工与资方每月缴付一定的保险税，作为社会保险基金。一旦职工年老退休、失业、残废和死亡，其本人和受赡养的家属可领取保险补助金，但领取补助金也需具备一定条件，如退休金的领取需年满65岁。失业保险金，是暂时失业的职工可领取原工资的40%的救济金，期限一般为26周。第二类是公共救济。这是安置贫困者维持生存的计划。它包括：65岁以上的老人、盲人和家庭收入在贫困线以下者可领取补助津贴；抚养儿童的家庭补助，多数为只靠母亲来抚养的儿童；穷人的医疗救济，主要向低收入的老人、残疾人和抚养儿童的家庭提供；食品救济，主要采取发放食品券，提供给收入少、人口多的家庭。如纽约1978年规定：一个每月净收入270美元的4口之家，付70美元可以买到174美元的食品券；房租补贴，如房租超过家庭收入的15%～20%的部分，由政府付给房主；学生补助，如助学金、奖学金和学费贷款等。

在西欧，主要是在第二次世界大战后，各国社会民主党普遍推行社会经济政策，在提倡自由竞争、限制垄断、保护市场经济的基础上，提倡福利政策和劳资合作。到20世纪60年代由于资本主义经济的迅速发展，在西欧一些国家形成了一套全面的"福利制度"，福利措施名目繁多，包括对婴儿、儿童、学生、产妇、寡妇、残疾人、老年人、失业者的各种补贴和救济。有人形容说，它几乎把一个人从摇篮到坟墓的一切都包下来了。

从资本主义社会的政治生活来说，在保留资产阶级民主制度外壳的条件下，资产阶级由过去以个人主义为核心的民主转变为所谓集体主义的"多元民主"。按照他们的说法，福利国家实行社会化政策，是实行分配收入的革命，目的是使收入拉平，使富者变穷，穷者变富。这样，在垄断资本主义时期的社会构造，就形成一个分为许多阶层、利益相同的复杂的政治体系。这时，人们就不是按阶级划分了，而是按人们的社会地位、职业、道德信仰、宗教信仰，甚至性别、年龄等的共同特点和要求而结合在一起，他们为了各自的利益，形成许多的集团，即所谓"利益集团"或称"压力集团"。如美国这种"利益集团"，有属于实业界的、劳工的、农民的、各种专门职业的（如医生、律师、教师、工程师等）、军人与退伍军人、妇女协会和其他各种俱乐部、协会等，据估计要有10万个以上。各种"利益集团"为了自身利益或"公共利益"，对国家机关的各个不同环节（议会、政府、职能部门、地方机关、法院等）施加压力和影响。国家就是调节各方面的利益，通过权威性的价值分配，以保证社会的"普遍福利"。他们根据这种所谓的"多元政治"，便引申出垄断资本主义时期，对社会进行统治的就不只是国家了，此外还有各种社会团体。这样，国家就不是阶级统治的工具了，而是调节与分配各种利益集团福利的、超阶级的福利国家了。

应当指出的是，上述种种变化，并没有改变资产阶级国家的本质。资产阶级大肆宣扬的"福利国家"，其实质是垄断资本与资产阶级国家相融合的表现，是垄断资产阶级利用国家，一方面保证增进其资本积累，另一方面用社会化政策企图缓和阶级冲突的统治方法。其特点是在保留资产阶级民主制的外壳下扩大政府权力，维持垄断资产阶级利益的软硬兼施的统治方法，是在帝国主义时期为了把工人阶级和广大劳动群众控制在资本主义制度的"秩序"范围内的一种新的改良的统治方法。就连资产阶级的政治学家也不得不承认："福利国家的拥护者仍旧是资本主义者。……他们的动机并不是摧毁资本主义制度，而是把资本主义制度扶持起来，使它能为较多数人的利益更有效地服务。"　"福利国家的理论家们认为改良是改进现有制度的权宜办法。"①

福利国家的思想，有人追溯到古希腊的柏拉图和亚里士多德。还有人认为，19世纪后期和20世纪初期，几乎在每个西欧国家都能找到福利国家的思想，甚至把德国的铁血宰相俾斯麦的社会保险、最多工作时间法、工厂检查和老年退休金纲领，也算作福利国家的思想。其实，这些思想同现在的福利国家的理论虽然可能有些联系，但并不是同一回事。

当代的福利国家理论，是资本主义发展到帝国主义时代的产物。在20世纪20年代以后，特别是1929年到1933年的资本主义总危机，震撼了整个资本主义世界，垄断资产阶级为了挽救资本主义制度的厄运，一种方法是试图采取法西斯专政，用最残暴、最野蛮的方法来解决经济危机和政治危机所面临的严重形势，结果失败了。另一种方法，就是采用英国经济学家凯恩斯（1883—1946）在1936年出版的《就业利息和货币通论》中所提出的，由国家干预经济，由国家来调节经济关系，以解决经济危机和失业的一套方案，即所谓的"凯恩斯主义"。后来这一学派又大力鼓吹福利经济学，尤其是美国的凯恩斯主义者汉森（1883—1975）进一步创造了"混合经济论"（又称"双重经济论"），宣扬资本主义经济是私人经济和国家经济的混合体。前者追求私人利润，后者追求社会福利，只要大力发展国家经济就能实现"福利国家"。显然这是反映国家垄断资本主义的理论。

在20世纪50年代后期，特别是60年代，科学技术的发展，刺激了资本主义经济的发展变化，劳动人民的生活有某些改善。于是50年代后期在美国又出现了一种"人民资本主义"理论。他们鼓吹什么"资本民主化""管理制度革命""收入革命"等谬论。所谓"资本民主化"是指由于劳动者富有程度的增长，资本主义企业和公司的一

---

① 　[美]爱·麦·伯恩斯：《当代世界政治理论》，商务印书馆1983年版，第185–186页。

部分股票分散到一些人民群众手中。基于这一点，把它说成"股票所有权已经由富有阶级转移到中产阶级和工人阶级手中"。实际上，这只是微不足道的一小部分。根据佩洛的《金融巨头的帝国》一书统计，美国50万家庭的股票占全国的股票总额的3‰，而一个杜邦家族所持有的股票，就等于全国工人持有的股票总量的10倍。这个统计数字，有力地说明了"资本民主化"的本质。

"人民资本主义"所宣扬的"管理制度革命"，是指原企业主丧失了对企业的管理权，而由一个专门从事管理工作的"经理阶级"所取代。这纯属胡说，因为垄断资本用代理人管理企业，是资本主义腐朽的表现。其代理人分享雇佣劳动者剩余价值的一部分，这一点马克思在《资本论》中早已揭露得再清楚不过了。试问哪个企业的代理人（经理、董事、顾问）不对企业主负责？哪个代理人能脱离企业主所规定的办企业方向而自行其是？剥削阶级使用代理人管理与经营其财产是一切剥削者的共同现象。垄断资本主义生产社会化程度高，经营管理复杂，需要懂得管理科学的代理人显得更加突出，这不是什么革命，只是表明垄断资本占有制更加腐朽而已。

"人民资本主义"所说的"收入革命"，是指"拉平国民收入，使富者变穷，穷者变富"。这更是奇谈。在美国，占人口1/10的富裕居民（资产阶级）攫取全部国民收入一半以上；在英国，1%的人几乎掌握了国家财产的1/2，而3/4的人却仅占这些财产的1/20；在法国，政府在1982年10月强制执行一项关于向所有价值300万法郎以上（折合43万美元以上）财产的人征收特别财产税。关于总收入的一项最新调查表明，1%最富有的家庭占全国财富的20%，而50%最穷的家庭仅占有全国财富的5%。这些数字说明，在生产资料被少数资本家占有的资本主义制度存在的条件下，怎么能使富者变穷，穷者变富呢？这岂不是骗人的呓语吗？

"人民资本主义"理论，就是从这几个方面来论证现今的资本主义已经变成了为"全民利益服务"、为"普遍的利益服务"的资本主义，从而为"福利国家"充当吹鼓手。

在研究资产阶级福利国家思想时，不能不提一提资产阶级豢养的右翼社会党，特别是英国工党的理论家，他们也大力鼓吹"福利国家"论，用以麻痹工人阶级的革命意志。前面已经提到的英国工党和社会党的国际理论家拉斯基，在1929年的《共产主义论》中就说，工业组织的改善和科学发明的远景也许会使资本主义成为能够满足工人主要需要的制度。到那个时候，工人会放弃政权来换取物质福利，就好像今天美国工人似乎在做的那样。对于帝国主义时期的资产阶级国家，他在《论当代革命》中说，已由放任主义的国家变成社会服务的国家了。1959年，德国社会民主党的戈德斯堡纲领规定："可以靠科学技术成就不改变所有形式创造全民福利。"这就把他们的观点说得更明确了。但有的人还想为社会民主党辩护，说什么："福利国家的理论家们认为改良是改进现有制度的权宜办法。而对民主社会主义者来说，现有制度是邪恶的。他不信奉用暴力革命来摧毁它的信条，但他的确坚持，终究要取消它并以某种较好的制度来代替它，……对他来说，也和对福利国家的拥护者一样，改良是权宜之计——但这种权宜之计是为了在遥远的将来实现一个完全转变了的社会。"①这是从泛意上对民主社会主义说的，但对自称民主社会主义的右翼社会党人来说却是个辩护。因为从上述的纲领与理论中：一点也看不出他们想要改变资本主义制度，而同资产阶级福利国家理论却有惊人的相似之处。

资产阶级福利国家的理论，是在垄断资本主义阶段反映垄断资产阶级意志的理论，它企图为解决资本主义制度的危机、维护垄断资本的统治寻找一条出路。但这个理论只是一种改良的权宜办法，而不能挽救资本主义必然灭亡的命运。

"福利国家"解决不了资本主义社会的生产社会化和生产资料私人占有制这个

---

① ［美］爱·麦·伯恩斯：《当代世界政治理论》，商务印书馆1983年版，第186页。

基本矛盾。生产社会化要求计划经济，垄断资本虽然也通过国家干预、调节经济，实行"计划主义"，但是由于生产资料为垄断资本家所占有，国家不可能从根本上对它们实行控制。垄断资本家的本性是追求利润，加速资本增殖。如果无利可图，垄断资本家就不投资；如果利润大，垄断资本家就增加投资扩大再生产。因此，资产阶级国家所实行的"计划主义"只能是为垄断资本服务，它不但消灭不了竞争，而且促使竞争在更大的范围内进行。这种竞争不限于国内市场，在国际市场上争夺得更加激烈。因此，它解决不了由于生产无政府性而必然产生的经济危机。而这种经济危机一旦爆发就具有国际的性质。如第二次世界大战后，西方国家就爆发了四次经济危机。第一次是1957—1958年，这次危机受打击的是煤炭业和纺织业。第二次是1966—1967年，受打击的是造船业、制鞋业、成衣业和钢铁业。第三次是1974—1975年，受打击的是化学工业和建筑业。第四次是1979年从美国开始的，接着英国、加拿大先后卷入危机中，到1980年就形成了席卷整个西方世界的经济危机，这次危机是战后"历时最长、最深刻的一场危机"，一些西方报刊惊呼"30年代的经济大恐慌又来了"。这次危机的特点是持续时间长，到1983年仍在继续；范围广，席卷整个西方世界，就连一向被认为是"世外桃源"的瑞士，也未能幸免。经济危机的结果是大批企业倒闭，失业人数激增。如1981年法国破产企业20895家，英国14210家，西德11653家。由于经济衰退、企业破产，失业人数成倍增加。1982年10月，日本《产经新闻》在《世界进入失业时代》的报道中指出："世界将被失业大军所淹没。美国创造了42年以来所没有过的两位数失业率的纪录；欧洲共同体的失业率在第二次世界大战以后也第二次达到10%的大关。仅24个经济与发展组织成员国的失业总人口就达到了3100万人。"据他们估计，全球失业人口达到6000万。1982年12月，日本《每日新闻》报道了日本劳动省发表的《海外劳务形势》的报告。其中提供了各国失业人数的统计：美国1150万人（10.4%）；英国330万人（33.8%）；西德192万人（7.9%）；法国204万人（9%）；

意大利212万人（9.2%）。该报告指出："这是战后最坏的情况，而且许多国家达到了1929年世界经济危机以来的最坏水平。"

福利国家不但不能解决经济危机，相反地，经济危机却冲击着实行"福利"的国家的政局。经济衰退导致人民不满，各种政治派别既无力挽救，又互相推诿、倾轧，这样就使社会各种基本矛盾激化。西方一些福利国家纷纷发生政府危机。1982年10月14日，希腊《每日新闻》发表的《一些政府成了经济危机的牺牲品》一文指出，1982年一年来西欧一些福利国家，如挪威、丹麦、瑞典、西德、法国、意大利、西班牙、荷兰等国家的政府倒台或改组的背后，是否有某种共同的原因呢？这篇报道说："一种最普遍的解释是，出现这种重新组合的原因是世界性经济危机。西欧各国都或多或少地受到世界性经济萧条和高利率的影响。……它们之中没有一个国家能幸免于这种异乎寻常的经济困难所造成的巨大压力。当这些国家的政府不能及时地解决诸如失业、发展速度缓慢、预算赤字庞大和收支逆差等问题时，选民们就转而反对他们了。"[1]美国的著名学者布坎南对福利国家进行了尖锐的批评，他指出："现代福利国家象征了几乎一个世纪的错误，它完全类似一个国家相当长时间里未能积累资本储存。"[2]这虽然是资产阶级评论家对某些现象的分析，也在某种程度上触及了问题的实质，即福利国家解决不了资本主义经济的病根——经济危机，到头来它还要被经济危机所倾覆。

"福利国家"企图用社会福利政策来解决阶级矛盾，实际上是通过国家再分配的方法来解决阶级矛盾。我们知道，在资本主义制度下，从分配领域来解决阶级矛盾是根本不可能的。因为生产资料资本家占有制决定了绝大部分社会财富掌握在资本家手中，由国家再分配，财源又不在国家手里，这种再分配只能是空中楼阁。国家筹集到

---

① 转引自《人民日报》，1982年11月22日第6版。

② ［美］布坎南：《自由市场和国家》，北京经济学院出版社1989年版，第185页。

钱才能再分配，筹集不到钱就无法再分配。因此，只能削减福利开支。从20世纪70年代后期开始，西欧各国的政府和议会，对福利政策及其前途展开了辩论。英国前内政大臣詹金斯主张赶快采取紧缩政策，否则，"惩罚的洪水必将到来"。英国首相撒切尔夫人把经济困难归咎于工党的福利政策。在美国，一些资产阶级经济学家提出，凯恩斯主义用扩大社会福利开支来刺激需要、带动生产的学说没有奏效。他们把政府的财政赤字及当前的严重的通货膨胀归咎于"庞大的福利开支"，以此论证必须削减福利计划。美国保守主义代表人物弗里德曼甚至主张完全取消社会保险制度。这样，美国和西欧各国便大规模削减福利开支。美国1982年财政年度的政府开支削减486亿美元，其中大部分是福利费用。在英国，撒切尔夫人执政的第一年就砍掉失业和家庭补贴开支20亿美元。在西德，科尔总理的新政府组阁不到一个月，就宣布了削减公共开支包括福利支出的计划。在法国，社会党政府曾把"保证就业，增加福利"作为施政纲领的一个重要组成部分，但执政一年多来，社会党政府也通过了削减福利的计划，决定从1983年起，冻结200万失业者的救济金。

福利费用的削减直接影响到千家万户的生活，人民群众的不满情绪日益增长。近年来，在那些一向无罢工之忧的"福利国家"，劳资矛盾加剧，罢工斗争接连不断。目前，西欧各国正面临着两难局面：为了减少财政赤字，必须削减福利开支，而大砍福利开支势必引起社会动荡。1982年10月，路透社自斯德哥尔摩报道北欧五国政府动荡时指出："一股政治变革之风正席卷北欧五国，动摇着各国政府。因为他们面临耗资巨大的社会福利制度和衰弱的经济引起的尖锐问题，而又常常无力解决。"在分析了丹麦、瑞典、挪威、芬兰、冰岛的政治形势后，该报道得出这样的结论："经济学家们说，看起来，不论持何种政治见解的党派都不能决定如何为更加庞大的社会福利补贴提供经费。因为税收过高而生产率又在降低的经济领域是筹集不到多少钱的。"这虽然是指北欧五国的情况，但它也普遍适用于西方其他"福利国家"。

由此可见，在生产资料资本家占有制未改变的情况下，企图在分配领域解决资本主义的根本矛盾，企图用国家再分配的办法来解决社会矛盾是绝对不可能的。

"福利国家"的实质是垄断资产阶级专政在强大的工人阶级和广大人民群众的压力下所实行的一种改良主义方法。它的根本目的是维护垄断资本的统治，但又企图缓和阶级冲突。这种"权宜的办法"在一定条件下和一定时期内可能起到一定的缓和作用。如20世纪60年代"福利国家"所呈现的"充分就业""社会保障"的景象。但"好景"不长，到70年代以后，就变成政府巨额赤字、通货膨胀、生产下降、失业增加的严重局面。因为"福利国家"毕竟是垄断资本主义生产关系的上层建筑，它所维持的经济基础是生产资料私有制，阻碍生产力的发展。从总的历史进程上看，从长远发展来看，它只是权宜之计，是阻碍社会发展的力量。随着垄断资本主义经济的矛盾不断深化，必将暴露出"福利国家"的真实面目，消除它的麻痹作用。生产力的发展一定要突破腐朽的垄断资本主义生产关系，这是任何力量都不能阻挡的。因此，"福利国家"必将彻底破产。

第三章 社会主义国家

第一节　社会主义国家的建立

一、无产阶级革命的历史必然性

社会主义国家是最高历史类型的国家，它与一切剥削者国家不同，它是新的历史类型国家。一切剥削者类型的国家，都是少数剥削者对广大劳动人民的专政，社会主义国家则是广大劳动人民对少数剥削者的专政。一切剥削者国家的发展前途都是被另一种类型国家所代替，社会主义国家的发展前途则是自行消亡，它是人类社会上最后一个历史类型的国家，当它完成历史使命时，国家就不存在了。

社会主义国家的出现，标志着人类历史的深刻变化，被剥削的劳动人民变成了国家的主人，国家也由维护人剥削人的制度的工具，变成了消灭人剥削人的制度、建设没有剥削和压迫的社会主义和实现共产主义的工具。

马克思列宁主义关于社会主义国家的理论，就是研究这种新的最高历史类型的国家，研究它的产生、本质、职能、形式，以及它在社会主义和共产主义建设中的作用。

这种新的最高历史类型的社会主义国家是怎样建立的？马克思列宁主义原理和社会主义国家建立的实践表明，只有通过社会主义革命，才能建立无产阶级专政的社会主义国家。

马克思的伟大功绩，就在于他不但揭示了资本主义社会必然灭亡的规律，无产阶级是资产阶级的掘墓人，而且还指出了无产阶级完成其历史任务的唯一途径，是通过无产阶级革命建立无产阶级专政，用社会主义国家代替资产阶级专政的国家。这是《共产党宣言》的中心思想，也是关于社会主义国家建立的基本观点。

马克思主义是怎样揭示资本主义社会必然灭亡，社会主义革命必然要发生的规律的呢？马克思、恩格斯在《〈政治经济学批判〉序言》中科学地阐明了人类社会发展是社会基本矛盾作用的结果，一切社会变革都要通过社会革命来实现。运用这个基本观点对资本主义社会进行分析，揭露出资本主义社会的基本矛盾，是生产的社会化和生产资料及产品的私人占有的矛盾。这个矛盾不但是整个资本主义社会的基本矛盾，而且是致命的矛盾，在资本主义社会内无法解决。随着生产力的发展，这个矛盾越来越复杂深刻，而解决这个矛盾的唯一办法就是通过社会主义革命，推翻资本主义社会，建立适应生产力发展的社会主义社会。资本主义社会必然地要被社会主义社会所代替，这是不以人们意志为转移的历史发展的必然规律。因此，生产的社会化和生产资料及产品的私人占有之间的矛盾，必然要引起社会主义革命。

所谓生产社会化，是指同小生产相对立的有组织的、相互联系的大规模生产。其表现为：大量的生产资料和生产者集中在少数资本家企业中进行生产；由于专业化分工的不断发展，造成企业之间的相互联系、相互依赖的关系更加密切；通过市场的调节，使资本主义生产形成一个不可分割的整体。随着科学技术的发展，资本主义生产的社会化程度更加发展。生产社会化的高度发展，是生产力的发展，它要求生产资料公有制和有计划地管理生产；由于资本主义社会的生产资料及产品归资本家私有，这就产生了生产社会化和生产资料及产品私人占有之间的矛盾，即生产力与生产关系的矛盾。资本主义社会的这个基本矛盾，表现在经济上，就是个别企业生产的有组织性和整个社会的生产无政府状态的矛盾，其结果必然发生周期性经济危机；表现在政治上，就是无产阶级与资产阶级的斗争。随着资本家对无产阶级剥削的日益加强，无产阶级觉悟的不断提高，这个矛盾越来越深化。其结果，必然导致无产阶级革命的爆发。

资本主义发展到帝国主义阶级，它表明生产的发展更加高度社会化，而生产资料和产品更加集中在极少数的大资本家手里，即垄断资本家手里，这就使资本主义社会的矛盾更加复杂和深化，其具体表现为三大矛盾。

第一，由于垄断资本对无产阶级剥削的加重及其拥有的莫大势力，使无产阶级逐渐认识到，同垄断资本的斗争，只用合法的手段，只迫使垄断资本采取改良的办法是不够用了，需要采取新的办法，采取从根本上解决矛盾的办法，即无产阶级革命。有人说，随着20世纪60年代科学技术的发展，资本主义国家的工人阶级生活水平提高了，工人阶级与资产阶级的矛盾消失了。这是不正确的。60年代科学技术的发展，确实对工人生活有所改善，但这绝没有改变资本家对工人剥削的本质，工人生活水平的提高，远远赶不上垄断资本的利润的增长。根据1971年《美国统计摘要》公布的数字计算，美国制造业工人所创造的总价值，1969年是1947年的3.42倍，然而工人所得工资在其创造的总价值中的比重却越来越小。1947年为41%，1969年则下降到31%。又如，1948—1977年的30年间，美国物质生产部门劳动者的实际净收入增长了97.7%，但同一时期，国民收入实际增长了1.23倍。这样，物质生产部门劳动者的实际收入所占的比重就由1948年的29.7%下降到1977年的26.3%。但资产阶级所获得的剩余价值在国民收入中所占的比重则从70.3%提高到73.7%。同一时期的剩余价值率从236.7%提高到280.9%。这些数字表明，资本家的所得越来越多，工人的收入相对来说越来越低，这种分配领域的严重的不公平现象，使工人阶级与垄断资本的矛盾深化。之所以产生这种现象，根源在于生产资料的资本主义私有制。因此，决定工人阶级处于受剥削地位的不是科学技术的发展，不是生产力的发展，而是资本主义的生产资料资本家占有制，是资本主义的生产关系。只要资本主义私有制存在，无产阶级与资产阶级的矛盾永远不可能被消灭。无产阶级要摆脱其受剥削的阶级地位，就必然或早或迟地运用社会主义革命手段，推翻资本主义制度。这是不以任何人意志为转移的客观规律。

第二，由于资本主义发展的不平衡，新老帝国主义国家的垄断资本集团为了输出资本，争夺原料产地和销售市场，扩大自己的势力范围，从而引起帝国主义国家之间的矛盾。这个矛盾激化的结果，必然要爆发帝国主义战争，战争削弱了帝国主义力量，为社会主义革命创造了有利的条件。第一次世界大战和第二次世界大战的结果，已经证实了这一点。二战后出现了许多社会主义国家，社会主义制度与资本主义制度的矛盾突出，尤其是苏美之间的矛盾，形成国际形势的"东西问题"的焦点。但这也消除不了西方国家垄断资本之间的矛盾。当前，美国、西欧共同市场成员国、日本等西方国家的各种矛盾，尤其是在经济领域的激烈争夺，也是帝国主义国家垄断资本集团矛盾尖锐的表现。

第三，由于帝国主义对殖民地半殖民地人民进行野蛮的掠夺和压迫，引起了殖民地半殖民地人民与帝国主义的尖锐矛盾。其结果，必然激起殖民地半殖民地人民反对帝国主义的民族解放运动的高涨。把殖民地和附属国由帝国主义的后备力量变为无产阶级革命的后备力量，使无产阶级革命运动与殖民地半殖民地的民族解放运动结合起来。形成广泛的反对帝国主义的统一战线，严重地削弱了资本主义阵地。殖民地半殖民地国家相继获得独立，建立民族独立国家，形成广大的第三世界。这些国家的政治独立与经济落后存在严重的矛盾。西方国家的垄断资本，特别是金融资本，趁机对这些国家进行经济掠夺与控制，突出表现为债务危机和贸易不平等，形成尖锐的"南北问题"，这必将削弱西方国家垄断势力的阵地。

资本主义发展到帝国主义阶段所表现的三大矛盾集中地表明，以生产资料资本家占有制为核心的资本主义生产关系，从历史发展过程的趋势看，必将阻碍生产力的发展。随着生产力的不断发展，必然要求改变这种生产关系，而代表生产力发展的无产阶级进行社会主义革命，推翻资产阶级的统治，是历史发展的必然结果。尽管20世纪60年代以来科学技术的发展，为资本主义国家带来某些暂时的"繁荣"，但是，随着科学技术的提高所促进的生产力的发展，一定要求改变资本主义生产关系的趋势，是任何力量也不能阻挡的。所以，无产阶级革命的历史必然性，是不以人们意志为转移的社会发展的客观规律。

二、无产阶级革命的根本问题是政权问题

一切革命的根本问题都是国家政权问题，无产阶级革命的根本问题，是无产阶级专政问题。这是马克思列宁主义关于革命与国家关系的基本原理。

马克思主义认为，革命的根本问题是国家政权问题，因为国家政权是一定的经济基础的上层建筑，是维护其经济基础的最重要的工具。每当生产力的发展要求改变其经济基础时，每当社会制度发生变革时，旧的国家政权总是极力维护旧的经济基础，代表旧的生产关系的统治阶级为了维护其反动统治，总是利用国家政权，镇压革命运动，阻止社会变革。因此，革命首先就要夺取政权。列宁说："政权在哪一个阶级手里，这一点决定一切。"[①]这意思是说，政权是决定革命的胜利与失败的关键。

政权问题对于一切革命都是至关重要的，而对无产阶级革命尤为重要。因为无产阶级革命同以前的一切剥削阶级革命有重要区别：一是从奴隶制到封建制，从封建制到资本主义制，历史上的这些变革，都是用一种私有制代替另一种私有制，用新的剥削者政权代替旧的剥削者政权。但无产阶级革命却不是一般地改变生产关系，而是要"同传统的所有制的关系实行最彻底的决裂"[②]，它不是用一种私有制代替另一种私有制，而是要以生产资料公有制代替私有制，从根本上消灭私有制和剥削制度。二是一切剥削者的社会都是以生产资料私有制为基础的，在社会变革的过程中，新的经济形式可以在旧的社会内部逐渐形成，如资本主义经济形式，就是在资产阶级革命以前，在封建社会内部生产和成熟的。所以资产阶级革命的基本任务就是夺取政权，资产阶级革命通常以夺取政权来完成。但以生产资料公有制为基础的社会主义经济形式，不可能在以私有制为基础的资本主义社会内部形成。所以无产阶级革命的基本任务，是

---

① 《列宁全集》第25卷，人民出版社1958年版，第357页。

② 《马克思恩格斯选集》第1卷，人民出版社1972年版，271页。

在建立工人阶级政权后，建设新的社会主义经济。因此，夺取政权只是无产阶级革命的开始，工人阶级在夺取政权以后，还要以国家政权为工具，改造旧的经济和建设新的社会主义经济。

无产阶级革命的这种特点，决定了国家政权对无产阶级革命的极端重要性，它不只是指无产阶级革命必须夺取政权，而且还指夺取政权以后，无产阶级的历史任务还必须依靠政权来完成，通过国家政权来组织与领导社会主义经济与文化建设，即社会主义物质文明与精神文明的建设。

关于无产阶级革命和工人阶级国家政权关系的原理，在马克思列宁主义国家学说中，都有深刻的论述。

马克思、恩格斯在《共产党宣言》中指出："工人革命的第一步就是使无产阶级上升为统治阶级，争得民主。无产阶级将利用自己的政治统治，一步一步地夺取资产阶级的全部资本，把一切生产工具集中在国家即组织成为统治阶级的无产阶级手里，并且尽可能快地增加生产力的总量。"[1]

列宁进一步发挥了马克思主义无产阶级革命与国家政权的原理。1917年4月，在俄国两个政权并存的局面之下，当俄国工人阶级需要掌握全部国家政权的时候，列宁着重指出："一切革命的根本问题是国家政权问题。不弄清这一点，便谈不上自觉地参加革命，更不用说领导革命。"[2]在十月革命前夕，当俄国工人阶级夺取政权的条件成熟了的时候，列宁便写了《国家与革命》这部光辉著作，系统地阐明了马克思主义的国家学说，并且深刻地论证了无产阶级革命与工人阶级国家政权的关系问题。

毛泽东在总结我国新民主主义革命的经验时指出："总结我们的经验，集中到一点，就是工人阶级（经过共产党）领导的以工农联盟为基础的人民民主专政。这个专

---

① 《马克思恩格斯选集》第1卷，人民出版社1972年版，第272页。
② 《列宁选集》第3卷，人民出版社1972年版，第19页。

政必须和国际革命力量团结一致。这就是我们的公式，这就是我们的主要经验，这就是我们的主要纲领。"①这是对革命的根本问题是政权问题的最明确、最精辟的阐述。

马克思列宁主义关于社会主义革命与国家的关系的理论，是根据对阶级斗争与国家的全部过去历史的研究，根据对社会变革和国家类型变革的规律的研究，所得出的科学结论。这个结论的正确性已经为俄国十月革命、中国革命以及其他许多国家革命的实践经验所证实。

三、无产阶级夺取政权的方式

无产阶级革命的根本问题，是国家政权问题，无产阶级必须夺取政权，建立无产阶级专政，这是马克思主义基本原理，是战略问题。但无产阶级采取什么方式夺取政权，则是马克思主义的一个策略问题。只是由于国际上机会主义的出现，他们为了维护资本主义制度，拼命攻击暴力革命，主张"和平地步入社会主义"，这就使一个策略问题变成了马克思主义同机会主义斗争的重大原则问题了。

关于无产阶级革命用什么方式夺取政权，马克思主义早有明确的结论。马克思、恩格斯总结人类历史上几次重大社会变革，即新的社会制度代替旧的社会制度的变革时指出："暴力是每一个孕育着新社会的旧社会的助产婆。"②从这一结论自然地引申出：暴力是孕育着社会主义社会的资本主义社会的助产婆。这就是说，无产阶级夺取政权必须通过暴力革命来实现。恩格斯早在1846年10月23日致布鲁塞尔共产主义通讯委员会的信中阐明共产主义宗旨时就指出："除了进行暴力的民主的革命以外，不承认有实现这些目的的其他手段。"③1848年，马克思、恩格斯在《共产党宣言》中又公

---

① 《毛泽东选集》合订本，人民出版社1968年版，第1369页。

② 《马克思恩格斯选集》第2卷，人民出版社1972年版，第256页。

③ 《马克思恩格斯选集》第4卷，人民出版社1972年版，第319页。

开宣布："共产党人不屑于隐瞒自己的观点和意图。他们公开宣布：他们的目的只有用暴力推翻全部现存的社会制度才能达到。"①

马克思主义主张暴力革命是无产阶级夺取政权的主要手段。但他们并不认为在一切国家，一切民族无产阶级夺取政权都要采取暴力革命的方式。马克思、恩格斯分析了垄断前资本主义国家的情况后曾指出：工人阶级夺取政权的主要方法是暴力，但在特殊情形之下，也可以采取和平的手段。1872年，马克思在阿姆斯特丹的群众大会上讲到夺取政权的问题时曾经说："我们从来没有断言，为了达到这一目的，到处都应该采取同样的手段。我们知道，必须考虑到各国的制度、风俗和传统；我们也不否认，有些国家，像美国、英国，——如果我对你们的制度有更好的了解，也许可以加上荷兰，——工人可能用和平手段达到自己的目的。但是，即使如此，我们也必须承认，在大陆上的大多数国家中，暴力应当是我们革命的杠杆；为了最终地建立劳动的统治，总有一天正是必须采取暴力。"②

列宁分析了资本主义发展到垄断时期的特点，指出帝国主义在政治上公开走向反动。"英国和美国这两个全世界最大的和最后的盎格鲁撒克逊'自由制'（从没有军阀制度和官僚制度这个意义来说）的代表，已经完全滚到用官僚军事机构来支配一切、镇压一切的一般欧洲式的污浊血腥的泥潭中去了。"③马克思在19世纪70年代提出的例外情况，已经不复存在了。

列宁在同第二国际修正主义的斗争中，坚决捍卫了马克思主义的暴力革命的思想。列宁指出："马克思和恩格斯关于暴力革命不可避免的学说是针对资产阶级国家说的，……资产阶级国家由无产阶级国家（无产阶级专政）代替，不能通过'自行消

---

① 《马克思恩格斯选集》第1卷，人民出版社1972年版，第285页。

② 《马克思恩格斯全集》第18卷，人民出版社1964年版，第179页。

③ 《列宁选集》第3卷，人民出版社1972年版，第203页。

亡’，根据一般规律，只能通过暴力革命。……必须不断地教育群众这样来认识而且正是这样来认识暴力革命，这就是马克思和恩格斯全部学说的基础。"[1]

在第一次世界大战以前，列宁领导的布尔什维克党主张武装夺取政权，在大战期间曾提出变帝国主义战争为国内战争的口号，而十月革命就是经过武装起义夺取政权的。但即使在这样的情形之下，列宁也没有放弃和平取得政权的希望。1917年二月革命以后，列宁分析了两个政权并存的局面，曾在著名的《四月提纲》中提出了工人阶级用和平的方法，通过在苏维埃中争取多数来夺取政权和完成社会主义革命的口号。由此可见，列宁虽然坚决主张通过暴力革命夺取政权，但也不否认在特定条件下和平取得政权的可能性。

斯大林是坚决主张暴力革命的，他在《论列宁主义基础》一文中说："无产阶级暴力革命的规律，……是全世界帝国主义国家革命运动的必然规律。"[2]即使这样，斯大林还认为，"在遥远的将来，如果无产阶级在那些最重要的资本主义国家内获得胜利，如果现在的资本主义包围被社会主义包围所代替，那末某些资本主义国家走上'和平'发展的道路是完全可能的"[3]。

毛泽东根据马克思列宁主义原理，结合中国革命斗争的实践，对暴力革命问题作了深刻的论述。1938年的《战争和战略问题》一文指出："革命的中心任务和最高形式是武装夺取政权，是战争解决问题。这个马克思列宁主义的革命原则是普遍地对的，不论在中国在外国，一概都是对的。"[4]

1957年，毛泽东总结了国际共产主义运动的经验，在《做革命的促进派》一文

---

[1] 《列宁选集》第3卷，人民出版社1972年版，第188页。

[2] 《斯大林全集》第6卷，人民出版社1956年版，第104页。

[3] 《斯大林全集》第6卷，人民出版社1956年版，第104页。

[4] 《毛泽东选集》合订本，人民出版社1968年版，第506页。

中指出，我们认为，无论哪个国家的无产阶级政党，要有两条：第一条，和平；第二条，战争。第一条，共产党向统治阶级要求和平转变，学列宁在二月革命到十月革命之间那个时候所提的口号。我们也向蒋介石提过谈判和平问题。……这个主动的口号，是个策略性质的口号。但是，资产阶级决不会自动地交出政权，它要使用暴力。那么，第二条，你要打，你打了第一枪，我只好打。武装夺取政权，这是战略口号。……这样的提法，就没有弊病，都管到了。

从以上马克思、恩格斯、列宁、斯大林、毛泽东等经典作家的论述中可以看出，马克思列宁主义认为，无产阶级夺取政权的主要方式是暴力革命。为什么无产阶级夺取政权的主要方式是暴力革命？帝国主义资产阶级曾竭力宣扬马克思主义者是暴力革命论者，污蔑共产党人随时随地不论任何情况都使用暴力，似乎内战、流血、暴力是社会主义革命不可分离的伴侣。他们这种恶毒的宣传，完全是对共产主义者的污蔑。马克思列宁主义关于无产阶级革命采取暴力方式来夺取政权的理论，是根据对社会历史发展规律和社会主义革命特点的分析所得出的科学结论。因为资产阶级和历史上其他反动统治阶级一样，是不肯自动放弃他们的统治的，特别是在他们的反动统治摇摇欲坠时，更是千方百计地维护他们的反动统治，其中最主要的就是使用暴力镇压人民的反抗。在这种暴力统治的条件下，无产阶级革命就不能不采取暴力手段推翻他们的反动统治。共产党人不是天生的暴力论者，其之所以使用暴力，完全由于资产阶级使用暴力，因而是被迫的，是出于不得已而为之。如果出现不使用暴力就可以取得政权的条件时，马克思主义者会尽力争取和平手段取得政权。只要革命出现和平发展的可能，无产阶级就决不拒绝利用这种可能。正如恩格斯所说的："但愿如此，共产主义者也会是最不反对这种办法的人。"[①]因为这对于革命无产阶级是最为有利的。所以列

---

① 《马克思恩格斯选集》第1卷，人民出版社1972年版，第219页。

宁也是这样主张的，"当然，工人阶级但愿和平地取得政权"①，革命的和平发展"假如还有百分之一的机会，那还是值得来试一试把这种可能性变成现实的"②。可见马克思主义者从来不把暴力革命绝对化，从未把它作为唯一形式。只要条件允许，我们也是主张用和平手段取得政权的。马克思主义关于用和平手段取得政权的主张同修正主义提出的"和平地步入社会主义"具有本质的区别。因为他们不分时间、地点、条件，不去打碎资产阶级国家机器而是一般地反对暴力革命，把"和平过渡"当作社会主义革命的一般规律。其实质是反对社会主义革命，维护资本主义制度，阻碍无产阶级夺取政权。

总之，无产阶级夺取政权的方式问题，对马克思主义来说，是个策略问题，马克思主义经典作家只是指出了一般规律。其目的在于推翻资本主义制度，建立无产阶级专政的国家。至于每个国家究竟应该采取什么形式，根据各国革命的不同情况、民族特点、阶级力量对比，以及反动阶级的抵抗能力和程度等等，可以采取不同的方式。这是各国工人阶级政党和各国人民自己的事情。

1980年5月，邓小平在《处理兄弟党关系的一条重要原则》一文中，总结国际共产主义运动中各国无产阶级政党的关系时指出："一个党评论外国兄弟党的是非，往往根据的是已有的公式或者某些定型的方案，事实证明这是行不通的。各国的情况千差万别，人民的觉悟有高有低，国内阶级关系的状况、阶级力量的对比又很不一样，用固定的公式去硬套怎么行呢？就算你用的公式是马克思主义的，不同各国的实际相结合，也难免犯错误。中国革命就没有按照俄国十月革命的模式去进行，而是从中国的实际情况出发，农村包围城市，武装夺取政权。既然中国革命胜利靠的是马列主义普遍原理同中国具体实践相结合，我们就不应该要求其他发展中国家都按照中国的模式

① 《列宁全集》第4卷，人民出版社1958年版，第242页。
② 《列宁全集》第25卷，人民出版社1958年版，第301页。

去进行革命，更不应该要求发达的资本主义国家也采取中国的模式。当然，也不能要求这些国家都采取俄国的模式。……总之，各国的事情，一定要尊重各国的党、各国的人民，由他们自己去寻找道路，去探索、去解决问题，……这应该成为一条重要的原则。"①邓小平在这里所提出的一条重要原则，是包括处理各国无产阶级兄弟党之间的各种问题的原则，当然也应该包括各国无产阶级革命夺取政权的方式问题。

四、关于打碎资产阶级国家机器问题

马克思列宁主义同修正主义的分歧，不仅是在夺取政权方式上的分歧，而且还在于如何对待资产阶级国家机器问题上的分歧。修正主义不但反对暴力革命而且还反对打碎资产阶级国家机器。马克思列宁主义坚定地主张，不论用什么方式取得政权，打碎资产阶级国家机器都是建立社会主义国家的先决条件。

为什么建立社会主义国家必须打碎资产阶级国家机器？我们知道，国家是阶级统治的组织，统治阶级就是通过国家机器来实现其统治的，所以每个阶级在取得政权以后，都要建立适合于自己的统治要求的国家机器。在无产阶级以前的革命，都是以一种剥削制度代替另一种剥削制度，由新的剥削阶级统治代替旧的剥削阶级统治，新的统治阶级在夺取政权之后，可以继承旧的国家机器或对它加以充实和改进，使其更适合于自己的需要，而不需要打碎它。但无产阶级革命就完全不同了，它要消灭一切剥削制度，为此，它要摧毁资产阶级专门用来镇压劳动人民的国家机器，其中主要是摧毁行使权力的军事官僚机器。马克思在《路易·波拿巴的雾月十八日》一书中针对法国的军事官僚机构指出，"这个行政权力有庞大的官僚机构和军事机构，有复杂而巧妙的国家机器，有五十万的官吏队伍和五十万人的军队，——这个俨如密网一般缠住

---

① 《邓小平文选（一九七五——一九八二年）》，人民出版社1983年版，第278–279页。

法国社会全身并阻塞其一切毛孔的可怕的寄生机体"①。列宁在《国家与革命》中也指出："资本主义社会所特有的中央集权的国家政权，产生于专制制度崩溃的时代。最能表现这个国家机器的特征的有两种机构，即官吏和常备军。""官吏和常备军是资产阶级社会躯体上的'寄生虫'，是腐蚀着这个社会的内部矛盾所滋生的寄生虫，而且正是'堵塞'生命的毛孔的寄生虫。"②因此，无产阶级在夺取政权时，就不能简单地掌握现成的国家机器，并运用它来达到自己的目的，而是要打碎它、摧毁它，用新的国家机器代替它。所以，列宁说："既然无产阶级需要国家这样一个反对资产阶级的特殊暴力组织，那末自然就会得出一个结论：不预先消灭和破坏资产阶级为自己建立的国家机器，根本就不可能建立这样一个组织！"③

马克思主义这一打碎旧的国家机器的原理，不是根据逻辑的推断，而是通过总结革命斗争经验所得出的科学结论。马克思、恩格斯的《共产党宣言》是在1847年11月写成的，在这里只提出了用暴力推翻资产阶级，夺取政权，变无产阶级为统治阶级，建立无产阶级专政的一般原理。1852年，马克思总结了1848—1851年法国革命的经验，在《路易·波拿巴的雾月十八日》一书中指出，迄今"一切变革都是使这个机器更加完备，而不是把它摧毁"④。无产阶级革命则不同，必须"集中自己的一切破坏力量"⑤，摧毁旧的国家机器。

1871年4月12日，马克思在给库格曼的信中告诉他："如果你读一下我的《雾月十八日》的最后一章，你就会看到，我认为法国革命的下一次尝试再不应该象从前那样把官僚军事机器从一些人的手里转到另一些人的手里，而应该把它打碎，这正是大

① 《马克思恩格斯选集》第1卷，人民出版社1972年版，第691页。
② 《列宁选集》第3卷，人民出版社1972年版，第195页。
③ 《列宁选集》第3卷，人民出版社1972年版，第192页。
④ 《马克思恩格斯选集》第1卷，人民出版社1972年版，第692页。
⑤ 《马克思恩格斯选集》第1卷，人民出版社1972年版，第691页。

陆上任何一次真正的人民革命的先决条件。"①

1871年巴黎公社的革命实践，完全证明了这个原理的正确，马克思以极大的革命热情总结了公社的经验，在《法兰西内战》一书中又进一步指出："工人阶级不能简单地掌握现成的国家机器，并运用它来达到自己的目的。"②

这样，马克思对于打碎国家机器的原理阐述得更加明确和完整了。鉴于这一原理的重要，1872年马克思、恩格斯把这一原理写进了《共产党宣言》德文版序言中，把它作为对《共产党宣言》的重要补充。

列宁在评价这一原理时指出："马克思主义在这一段精彩的论述里比在《共产党宣言》中向前迈进了一大步。在那里，国家问题还提得非常抽象，还只有最一般的概念和表述。在这里，问题已经提得具体了，还做出了非常确切、肯定、实际而具体的结论：过去一切革命使国家机器更加完备，但是这个机器是必须打碎，必须摧毁的。这个结论是马克思主义国家学说中主要的基本的东西。"③

资本主义发展到帝国主义时期，资本主义社会的基本矛盾日益深化，无产阶级革命的时代已经开始。为资产阶级效劳的第二国际的修正主义者肆意歪曲和篡改马克思主义，特别是歪曲关于打碎资产阶级国家机器、用无产阶级专政代替资产阶级专政的学说。列宁同第二国际的修正主义者伯恩施坦、考茨基之流进行了坚决的斗争，捍卫和发展了马克思主义关于打碎资产阶级国家机器的原理。

我们知道，1872年马克思、恩格斯在《共产党宣言》德文版的序言中，用打碎旧国家机器的原理对《共产党宣言》作了一次重要补充："工人阶级不能简单地掌握现成的国家机器，并运用它来达到自己的目的。"正是在这一重要补充上被修正主义

---

① 《马克思恩格斯选集》第4卷，人民出版社1972年版，第392页。
② 《马克思恩格斯选集》第2卷，人民出版社1972年版，第372页。
③ 《列宁选集》第3卷，人民出版社1972年版，第194页。

者伯恩施坦、考茨基给歪曲了。伯恩施坦明目张胆地说马克思、恩格斯这句话的含义是"警告工人阶级不要在夺取政权时采取过激的革命手段",是"强调缓慢发展的思想"。考茨基假借驳斥伯恩施坦对马克思、恩格斯这句话的曲解,却从另一角度进行歪曲,说什么"根据马克思的意见,工人阶级不能简单地掌握现成国家机器,但一般来说它是能够掌握这个机器的"。考茨基又说,"在任何时候,在任何条件下,这(即无产阶级对敌对政府的胜利)都不能导致国家政权的破坏,而只能引起国家政权内部力量对比的某种变动……因此,我们政治斗争的目的,和从前一样,仍然是以取得议会中多数的办法来夺取国家政权,并且使议会变成驾于政府之上的主宰。"很显然,他虽然主张工人阶级夺取政权,但不主张打碎资产阶级国家机器。列宁指出:"这就是最纯粹最卑鄙的机会主义,口头上承认革命,实际上背弃革命。"① "因为他认为不破坏国家机器也能夺取政权。"②

列宁驳斥了伯恩施坦和考茨基,十分精辟地阐明了马克思这句话的真实含义。他说:"马克思正是教导我们说,无产阶级不能简单地夺取国家政权,也就是说,不能只是把旧的国家机构转到新的人手中,而应当打碎、摧毁这个机构,用新的机构来代替它。"③列宁特别提醒《共产党宣言》的广大读者:"非常值得注意的正是这个重要的修改被机会主义者歪曲了。《共产党宣言》的读者,大概有十分之九,甚至有百分之九十九是不了解这个修改所包含的意思的。……马克思的这句名言……的意思是说工人阶级应当打碎、摧毁'现成的国家机器',而不只是简单地夺取这个机器。"④

第二国际的修正主义者伯恩施坦、考茨基不仅歪曲或者闭口不谈打碎旧的国家机

---

① 《列宁选集》第3卷,人民出版社1972年版,第274页。

② 《列宁选集》第3卷,人民出版社1972年版,第264页。

③ 《列宁选集》第3卷,人民出版社1972年版,第269页。

④ 《列宁选集》第3卷,人民出版社1972年版,第201-202页。

器，而且还污蔑这个原理同无政府主义是一致的。列宁痛斥了这些机会主义者，并指出马克思主义关于打碎国家机器的原理同无政府主义者的区别：首先，马克思主义者的目的是完全消灭国家，但他们认为，只有在社会主义革命把阶级消灭后，在导向国家消亡的共产主义建立之后，这个目的才能实现；无政府主义者不懂得实现这个目的的条件，他们主张在一天之内完全消灭国家。其次，马克思主义者认为无产阶级在夺取政权之后，必须彻底破坏旧的国家机器，用新的巴黎公社式的国家机器代替它；无政府主义者主张破坏旧的国家机器之后，不要任何国家，要的是无政府状态，他们否认无产阶级需要运用国家政权，否认无产阶级专政。最后，马克思主义者主张利用现代国家准备无产阶级革命；无政府主义者则否认这一点。

列宁在同第二国际的修正主义者的斗争中捍卫了马克思主义关于打碎旧的国家机器的原理的同时，还根据垄断资本主义时期帝国主义国家的特点，进一步发展了马克思主义这一学说。1871年，马克思在讲到那些国家的无产阶级革命必须打碎旧的国家机器时指出："这正是大陆上任何一次真正的人民革命的先决条件。"这就是说，马克思当时把他的打碎旧的国家机器的结论，只限于大陆，而把英国、美国除外。因为当时英国、美国这两个资本主义典型国家，还没有军阀制度和官僚制度，可以设想不必打碎现成的国家机器。然而，当资本主义发展到帝国主义时期，特别是在第一次世界大战时期，英国、美国等帝国主义国家也都建立起庞大的军事、官僚机器，马克思在当时所指的例外情况已经不存在了。因此，列宁指出："现在到了1917年，在第一次帝国主义大战时期，马克思的这种有限制的说法已经不适用了。……现在，无论在英国或美国，都要以摧毁、破坏'现成的'……'国家机器'，作为……革命的先决条件。"①这样，列宁就把马克思主义关于打碎旧的国家机器的原理，根据帝国主义时

---

① 《列宁选集》第3卷，人民出版社1972年版，第203页。

代的特点，进一步发展为适合于一切资本主义国家，是任何国家的无产阶级革命所必须遵循的普遍规律。

第二节　社会主义国家的本质

一、社会主义国家的本质是无产阶级专政

国家的本质是统治阶级的专政。社会主义国家的本质，是无产阶级专政。马克思列宁主义关于无产阶级专政的理论，是它全部学说的核心、主要点，是马克思主义国家学说的实质。

1852年，马克思在给约·魏德迈的信中讲到他的无产阶级专政思想的重要意义时指出："至于讲到我，无论是发现现代社会中有阶级存在或发现各阶级间的斗争，都不是我的功劳。在我以前很久，资产阶级的历史学家就已叙述过阶级斗争的历史发展，资产阶级的经济学家也已对各个阶级作过经济上的分析。我的新贡献就是证明了下列几点：（1）阶级的存在仅仅同生产发展的一定历史阶段相联系；（2）阶级斗争必然要导致无产阶级专政；（3）这个专政不过是达到消灭一切阶级和进入无阶级社会的过渡。"[①]马克思在这里深刻地表明了两点：一是他的阶级学说与国家学说同资产阶级最激进的思想家的根本区别；二是无产阶级专政学说是他在科学上的主要贡献。

过去有人认为，马克思主义学说的主要点是阶级斗争，这是不正确的，因为阶级和阶级斗争都是资产阶级思想家提出的，并且是资产阶级可以接受的。只有无产阶级专政才打中了资产阶级的要害。列宁在讲到马克思主义无产阶级专政学说的重要意义时指出，无产阶级专政学说是马克思主义的精髓，是测验真假马克思主义的试金石。

---

① 《马克思恩格斯选集》第4卷，人民出版社1972年版，第332–333页。

他说："只有承认阶级斗争，同时也承认无产阶级专政的人，才是马克思主义者。马克思主义者同庸俗小资产者（以及大资产者）之间的最大区别就在这里。必须用这块试金石来测验是否真正了解和承认马克思主义。"①

早在1845—1846年写成的《德意志意识形态》一书中，马克思、恩格斯就曾指出，"每一个力图取得统治的阶级，如果它的统治就像无产阶级的统治那样，预定要消灭整个旧的社会形态和一切统治，都必须首先夺取政权"②。这可以被认为是无产阶级专政思想的萌芽。

1847年上半年，马克思在《哲学的贫困》中，初步提出无产阶级专政的思想，他写道："工人阶级在发展进程中将创造一个消除阶级和阶级对立的联合体来代替旧的资产阶级社会；从此再不会有任何原来意义的政权了。"③

1848年发表的《共产党宣言》进一步阐明了无产阶级专政的基本思想。《共产党宣言》指出："共产党人的最近目的是……使无产阶级形成为阶级，推翻资产阶级的统治，由无产阶级夺取政权。"④"工人革命的第一步就是使无产阶级上升为统治阶级，争得民主。"⑤这时，无产阶级专政思想已经成为《共产党宣言》的中心思想。1850年，马克思在总结法国革命经验的《法兰西阶级斗争》一书中更明确提出了一个口号："推翻资产阶级！工人阶级专政！"⑥同时指出："这种社会主义就是宣布不断革命，就是无产阶级的阶级专政，这种专政是达到消灭一切阶级差别，达到消灭这些差别所由产生的一切生产关系，达到消灭和这些生产关系相适应的一切社会关系，达

---

① 《列宁选集》第3卷，人民出版社1972年版，第199页。
② 《马克思恩格斯全集》第3卷，人民出版社1960年版，第38页。
③ 《马克思恩格斯选集》第1卷，人民出版社1972年版，第160页。
④ 《马克思恩格斯选集》第1卷，人民出版社1972年版，第264页。
⑤ 《马克思恩格斯选集》第1卷，人民出版社1972年版，第272页。
⑥ 《马克思恩格斯选集》第1卷，人民出版社1972年版，第417页。

到改变由这些社会关系产生出来的一切观念的必然的过渡阶段。"①这是马克思第一次在使用无产阶级专政的概念的同时，指出无产阶级专政的历史任务。至此，马克思主义无产阶级专政学说已经形成。

1852年，马克思在《路易·波拿巴的雾月十八日》一书中，提出无产阶级革命必须打碎资产阶级国家机器的原理；1871年，马克思在总结巴黎公社经验时，在《法兰西内战》一书中，又提出用巴黎公社式的国家形式作为无产阶级专政国家的新形式问题，形成了马克思主义的系统而完整的无产阶级专政的理论体系。

1875年，马克思在《哥达纲领批判》中指出："在资本主义社会和共产主义社会之间，有个从前者变为后者的革命转变时期。同这个时期相适应的也有一个政治上的过渡时期，这个时期的国家只能是无产阶级的革命专政。"②这个结论是对无产阶级专政的性质、任务、存在时期和历史必然性的一个全面总结。列宁在《国家与革命》一书中指出，马克思的这个结论，同以前关于无产阶级专政的提法有些不同了。以前的提法是，无产阶级为了求得自身的解放，应当推翻资产阶级，夺取政权，建立自己的革命专政。现在的提法是，从资本主义社会过渡到共产主义社会必须有一个政治上的过渡时期，而这个时期的国家只能是无产阶级的革命专政。这个结论回答了以下两个问题：一是从资本主义社会到共产主义社会之间有一个过渡时期，这个过渡时期需要无产阶级专政；二是无产阶级专政是实现过渡时期任务的工具，是向共产主义过渡的工具。

那么过渡时期为什么需要无产阶级专政？马克思、恩格斯在《共产党宣言》中提出了无产阶级夺取政权后要消灭阶级。即利用政权消灭资本主义生产关系，在消灭了资本主义生产关系的同时也消灭了阶级对立和阶级本身的存在条件，从而也就消灭了

---

① 《马克思恩格斯选集》第1卷，人民出版社1972年版，第479—480页。
② 《马克思恩格斯选集》第3卷，人民出版社1972年版，第21页。

它自己这个无产阶级的统治，即无产阶级专政。这里，把无产阶级专政仅仅作为消灭旧生产关系的工具。

在《法兰西阶级斗争》《哥达纲领批判》中，马克思进一步提出，无产阶级夺取政权后，要彻底完成消灭阶级的任务，到达共产主义社会，需要一个历史时期。因为消灭阶级，不仅要消灭剥削制度（即旧的生产关系）和剥削阶级，而且要消灭一切阶级差别，消灭一切旧观念。这是比消灭剥削制度和剥削阶级更困难、更艰巨的任务。为了完成过渡时期的任务，就需要无产阶级专政。

无产阶级专政要完成过渡时期消灭阶级和阶级差别的任务，不是单纯地用剥夺和行政命令实现的，它包括经济、政治、思想三个方面的因素，需要运用政权的力量。

在经济方面，马克思、恩格斯认为消灭阶级和阶级差别的经济基础，是实现单一的生产资料公有制，即全民所有制。而这种所有制不是推翻资产阶级统治后立即能够实现的。因为绝大多数国家的经济发展程度还没有达到在无产阶级夺取政权后，可以把全国的一切生产资料转归全民所有。即使资本主义比较发达的国家，工业方面的生产资料相当集中，可以剥夺资本家的生产资料归全民所有，但在农业方面，尽管资本主义也有相当发展，却仍然存在相当数量的中小生产者，对这些中小生产者是不能剥夺的，只能在发展生产的基础上，引导他们走农业社会化的道路，先过渡到生产资料集体所有制，然后在生产力有了很大发展的基础上，逐步过渡到生产资料全民所有制。更何况在一些经济不发达的国家取得社会主义革命胜利后，消灭工业中的生产资料私有制需要一定的时间，把农业引导到集体所有制则需要许多中间阶段，由集体所有制向全民所有制过渡，就需要更长的时间。实践证明，几十年的时间是不够的。到目前为止已经走上社会主义道路的国家，还没有一个建立了单一的社会主义公有制。

单一的全民所有制是建立在生产力高度发达的基础上的，无产阶级取得政权后，建立社会主义的经济关系和政治制度，为生产力的迅猛发展创造了条件。所以马克思恩格斯在《共产党宣言》中指出，把一切生产工具集中到国家手中，"尽可能快地增加生产力的总量"。这就是说，无产阶级专政国家的建立，不但为生产力的发展创造了有利条件，而且还要运用国家政权的力量来组织、推动、促进生产力的发展。因为只有迅速地发展生产力，才能更快地把一切生产资料变为单一的全民所有制。同时，由于生产力的高度发展，创造了丰富的物质财富，满足了人们日益增长的物质文化需要，使产品的分配原则，由"各尽所能，按劳分配"逐渐地向"各尽所能，按需分配"转变。没有这个转变，就不能消灭阶级差别和其他各种社会差别，以及实际上不可避免的社会不平等。这个转变需要一个相当长的过渡时期。

在政治方面，实现过渡时期的历史任务，也不是在短时间内可以解决的。无产阶级取得政权后，被推翻的剥削阶级不甘心于自己的失败，总是企图恢复他们已经失去的"天堂"，从政治、经济、思想各个领域同无产阶级进行尖锐的斗争。在剥削阶级被消灭后，由于社会上还存在着原有的和新的反革命分子、敌对分子，存在着严重破坏社会主义制度的犯罪分子，存在着贪污盗窃、投机倒把的新剥削分子，存在着极少数继续坚持反动立场的旧剥削分子，存在着极少数妄想恢复剥削制度的人，因此阶级斗争仍然在一定范围内存在，还会在相当长时期内存在，而且不排除在一定的时间内，在某种条件下，还可能在这样那样的问题上比较突出地表现出来。

在人民内部，在个体经济走向集体化之前，存在着大量的小生产者，在实现集体化后，相当长的时间内还存在着两种公有制形式，存在着工农之间的重大差别。列宁指出，解决工农差别，"这不是一下子能够办到的。这是一个无比困难的任务，而且必然是一个长期的任务。"[1] 无产阶级在政治上解决消灭阶级和阶级差别的任务，就是运用无产阶级政权的力量，如何壮大自己，如何团结朋友，如何打击和消灭敌人，从而在经济不断发展的基础上，不断改变阶级力量对比，逐步地消灭阶级和阶级差别。

---

[1]　《列宁选集》第4卷，人民出版社1972年版，第89页。

无产阶级运用政权的力量来实现消灭阶级和阶级差别的任务，集中表现为对人民实行社会主义民主，对敌人实行专政。社会主义民主就是解决人民内部矛盾，团结一切可以团结的力量，动员一切积极因素，建设高度的社会主义物质文明和社会主义精神文明，为消灭阶级差别创造物质与精神条件。专政则是解决敌我矛盾，镇压敌人的破坏和反抗，彻底地消灭敌人，从而保障社会主义民主的巩固与扩大。所以说，社会主义民主的实质就是无产阶级运用政权的力量来达到壮大自己、团结朋友、打击敌人的目的，如果离开这个根本目的来空谈民主，甚至否定专政，就是歪曲了社会主义民主的实质。将来实现"真正的、完全的、没有任何禁止的民主"的时候，民主也就开始消亡了，无产阶级运用政权所要达到的目的也就完成了，但这需要一个相当长的历史时期。

从人们的思想觉悟方面来看，马克思主义认为，消灭阶级，进入无阶级的共产主义社会，不仅要求有极高的劳动生产率，而且要求人们有适应这种经济情况的极高的思想觉悟。列宁指出，"伟大的社会主义者在预见这个阶段将会到来时所设想的前提，既不是现在的劳动生产率，也不是现在的庸人"[1]，而是"对于人类一切公共生活的简单的基本规则就会很快从必须遵守变成习惯于遵守了"[2]的人们。要使人们思想觉悟达到这种高度，就要运用政权的力量，大力建设高度的社会主义精神文明，提高人们的文化水平、教育水平和共产主义的思想觉悟。其中主要是利用法律规范来培养、训练人们自觉地遵守生活规则的习惯。因此，从资本主义社会到共产主义社会的整个过渡时期都需要法，到人们都能习惯地、自觉地遵守生活规则时，法也就不需要了，这方面更需要一个很长的历史时期。

从以上经济、政治和思想觉悟三个方面的需要，可以看到从资本主义社会到共产主义社会之间存在一个过渡时期的必然性，而这个过渡时期又不是转瞬即逝的，是一

---

① 《列宁选集》第3卷，人民出版社1972年版，第254页。

② 《列宁选集》第3卷，人民出版社1972年版，第259页。

个相当长的历史时期。这个过渡时期需要无产阶级专政。列宁指出："一个阶级的专政，不仅对一般阶级社会是必要的，不仅对推翻了资产阶级的无产阶级是必要的，而且，对介于资本主义和'无阶级社会'即共产主义之间的整整的一个历史时期都是必要的，只有了解这一点的人，才算领会了马克思国家学说的实质。"[①]

从资本主义社会到共产主义社会的过渡时期，为了完成无产阶级的历史使命，无论在经济、政治还是思想等各个领域都需要无产阶级专政。这就是说，无产阶级专政是从资本主义向共产主义过渡时期实现无产阶级历史使命的工具，是建设社会主义和实现共产主义的工具。

那么无产阶级专政怎样来完成无产阶级的历史使命？这就是无产阶级专政活动的基本方面的问题。由于取得社会主义革命胜利的社会主义国家，各国的政治、经济、文化发展的国情不同，在阐述无产阶级专政的基本方面问题时也不完全一样，我国是处于社会主义初级阶段。1956年，中国共产党第八次全国代表大会的报告中指出，在社会主义改造基本完成、剥削阶级作为阶级被消灭以后，无产阶级专政活动的主要内容有两个基本方面：

第一，组织社会主义经济和文化建设。这是由过渡时期无产阶级专政的基本任务和社会主义改造基本完成、社会主义制度建立后所要解决的主要矛盾，即人民日益增长的物质文化需要同落后的生产力之间的矛盾决定的。这是无产阶级专政的基本方面，也是主要方面。

党的八大以后，我们党在实践上，由于种种原因，逐渐地偏离了无产阶级专政基本任务的思想，使无产阶级专政这一基本方面未能得到最好的发挥，导致了"文化大革命"的全局性错误。党的十一届三中全会，从根本上拨乱反正，提出把党的工作重

---

① 《列宁选集》第3卷，人民出版社1972年版，第200页。

点转移到社会主义现代化建设上来，并制定了党在新的历史时期的总任务："团结全国各族人民，自力更生，艰苦奋斗，逐步实现工业、农业、国防和科学技术现代化，把我国建设成为高度文明、高度民主的社会主义国家。"[①]后来，又把这一总任务庄严地记载在宪法中，成为全国各族人民共同的奋斗目标。这样，就把我国实行的无产阶级专政重新纳入了马克思列宁主义的正确轨道。叶剑英在庆祝中华人民共和国成立三十周年大会上的讲话中指出："社会主义取代资本主义，就是要解放生产力，不断提高劳动生产率，满足人民物质和文化生活的需要。这就是社会主义革命的根本目的。无产阶级取得了全国政权，特别是建立了社会主义制度之后，必须坚定不移地把工作重点放在经济建设上，大力发展社会生产力，逐渐改善人民的生活。除非发生国外敌人的大规模入侵，决不能因为出现这样那样的干扰而离开我们的工作重心。"[②]

1981年，《中国共产党中央委员会关于建国以来党的若干历史问题的决议》又明确指出："在社会主义改造基本完成以后，我国所要解决的主要矛盾，是人民日益增长的物质文化需要同落后的社会生产之间的矛盾。党和国家工作的重点必须转移到以经济建设为中心的社会主义现代化建设上来，大大发展社会生产力，并在这个基础上逐步改善人民的物质文化生活。我们过去所犯的错误，归根到底，就是没有坚定不移地实现这个战略转移，而到了'文化大革命'期间，竟然提出了反对所谓'唯生产力论'这样一种根本违反历史唯物主义的荒谬论点。"[③]这是从我国实行无产阶级专政三十多年以来正反两个方面的经验和教训，特别是从"文化大革命"的教训中得到的基本的总结。这个科学的总结，完全符合马克思列宁主义无产阶级专政基本任务的原理，是把马克思主义无产阶级专政学说运用于我国革命实践中的科学典范。

---

① 胡耀邦：《全面开创社会主义现代化建设的新局面》，人民出版社1982年版，第10—11页。
② 《三中全会以来重要文献》（上），人民出版社1982年版，第230页。
③ 《中国共产党中央委员会关于建国以来党的若干历史问题的决议》，人民出版社1981年版，第54页。

第二，无产阶级专政的第二个基本方面，是镇压反动阶级、反动势力的反抗，防御外国帝国主义侵略和干涉。这是专政的暴力方面。

无产阶级专政的暴力方面，是由于镇压国内外敌人的反抗和敌对活动的需要而产生的，是由敌我矛盾所决定的。暴力是无产阶级专政不可缺少的一方面，因为如果没有暴力，无产阶级专政就不能发挥它的作用，甚至有被颠覆的危险。但对于无产阶级专政来说，暴力只是它的一个方面，甚至不是主要方面，更不是唯一方面。列宁在苏维埃政权建立后，曾多次提到这个问题，他说："我曾屡次指出……无产阶级专政不只是对剥削者使用的暴力，甚至主要的不是暴力。这种暴力的经济基础，它富有生命力和必获胜利的保证，在于无产阶级代表着并实现着比资本主义更高的社会劳动组织。实质就在这里。共产主义力量的源泉和必获全胜的保证就在这里。"[1]列宁在这里，不仅说明了暴力在无产阶级专政中的地位和作用，而且也说明了无产阶级专政的暴力方面和组织经济与文化建设方面的关系。无产阶级专政这两个基本方面是统一的、缺一不可的，其中任何一个方面，都不是无产阶级专政的唯一特征。缺少一个方面，就不能构成无产阶级专政的完整概念。

无产阶级专政基本方面的理论，是从资本主义向共产主义过渡的整个历史时期无产阶级专政的根本任务和奋斗目标，以无产阶级专政国家活动的主要内容为中心，对无产阶级专政所阐述的概念。

二、社会主义国家是新型民主和新型专政的国家

社会主义国家的本质是无产阶级专政，是无产阶级的政治统治。这种政治统治同一切剥削阶级的政治统治根本不同，它是人类历史上最高的和最后的一种政治统治。这种政治统治的具体表现，就是新型民主和新型专政相结合的国家。列宁指出，从资

---

[1]　《列宁选集》第4卷，人民出版社1972年版，第9页。

本主义向共产主义过渡时期的国家，"就不可避免地应当是新型民主的（对无产者和一般穷人是民主的）国家和新型专政的（对资产阶级是专政的）国家"①。毛泽东说："对人民内部的民主方面和对反动派的专政方面，互相结合起来，就是人民民主专政。"②这一表述是结合我国具体情况说明我们的社会主义国家是新型民主和新型专政的国家。

对民主这个概念，有各种解释。有的说民主的本意是指"人民的权力"，或者说"民主的原意是多数人的统治"。此外，人们又从各种不同的角度对民主作了各种回答，如：民主就是让人讲话；民主是少数服从多数；民主是一种手段；民主是作风；民主是方法；等等。从一定意义上说，这些回答都是有道理的，但都是不完全的，还没有抓住问题的关键和实质。

列宁说："民主是一种国家形式，一种国家形态。"③

马克思、恩格斯对民主直接下过定义，他们是结合无产阶级统治来使用民主这个概念的。马克思、恩格斯在《共产党宣言》中说："工人革命的第一步就是使无产阶级上升为统治阶级，争得民主。"④这里把无产阶级变成统治阶级和争取民主联系在一起，看成是一回事。

恩格斯在《共产主义原理》中指出："无产阶级革命将建立民主制度，从而直接或间接地建立无产阶级的政治统治。"⑤这里也把建立民主制度和无产阶级的政治统治联系在一起，看成是一回事。所以，马克思、恩格斯使用民主这个概念，也是从国家形态的意义上使用的。把民主看作国家形态或国家制度，就抓住了民主问题的关键和

① 《列宁选集》第3卷，人民出版社1972年版，第200页。
② 《毛泽东选集》合订本，人民出版社1968年版，第1364页。
③ 《列宁选集》第3卷，人民出版社1972年版，第257页。
④ 《马克思恩格斯选集》第1卷，人民出版社1972年版，第272页。
⑤ 《马克思恩格斯选集》第1卷，人民出版社1972年版，第219页。

实质。

根据马克思主义经典作家关于民主的论述，我们认为，民主这个概念应当包括三个方面的含义。

第一，民主是指居民与政权的关系，即指公民的权利，主要是指公民管理国家的权利。一个国家的公民权利表明这个国家的民主性质和民主程度。谁享有公民权利是表明民主性质的，哪个阶级真正享有民主，哪个阶级就是政权的主人。是多数人享有民主，还是少数人享有民主，这些都表明国家的性质，表明各阶级在政权中的地位。因此，民主是国体的问题，是国家性质问题，有什么性质的国家就有什么性质的民主。我们说民主具有阶级性，就是从国体的角度来谈民主，或者说从民主的实质方面来谈民主。民主是具体的，是指哪个阶级的民主；民主不能是抽象的，对各个阶级不能有相同的民主，即所谓"一般的民主"。在民主性质确定的前提下，还有一个民主程度问题，民主程度是指公民权利的大小、多少。任何一种性质的民主都有一个从不完善到完善的发展过程，而这个过程是由该国的政治、经济、文化等发展水平决定的。在衡量一个国家民主时，绝不能抛开民主的性质，单纯地以民主程度作标准，否则，就会犯混淆民主性质的错误。

第二，民主是指统治阶级实行统治的方法，也叫作管理国家的方法，即国家政治统治形式。因此，民主又是政体问题。从广义上说，统治方法既包括一个国家的统治阶级组成最高统治权力的组织形式，又包括统治阶级用来解决社会矛盾的方法。历史上，统治阶级实现其阶级统治的方法，一般说来有两种：一种是民主的方法，另一种是专制的方法（或称强制性的方法）。任何统治阶级在实现其统治时，通常都要同时采用这两种方法。但问题的关键在于，从统治方式上，如何区别一个国家是民主的还是专制的？这就要看它的统治阶级在使用这两种方法时，以哪种方法为主的。所谓主要是指它的最高权力机关如何组成和以什么方法解决社会矛盾的范围而言。如果以民主的方式（选举或协商）组成最高权力机关和以民主的方法解决社会矛盾的范围大而广泛，则称为民主的方法是主要的；如果以非民主的方法（世袭或指定终身）确定一个人为最高统治者和以强制方法解决社会矛盾的范围大而广泛，则称为专制方法是主要的。因此，看一个国家是否真正民主，除了看它的最高权力机关如何组成以外，还要看它用什么方法解决社会上绝大多数居民的矛盾。如果用民主的方法解决社会上绝大多数居民的矛盾，则是民主的国家。如果只是用民主的方法解决社会上少数居民间的矛盾，或者只是在形式上把民主作为解决整个社会矛盾的方法，而实质上仍然用强制方法解决社会上大多数居民间的矛盾，不管它的表面形式如何，也不能称其为真正民主的国家。社会上居民的矛盾用什么方法解决，它决定于矛盾的性质。非敌对矛盾，用民主的方法；敌对矛盾，则用强制的方法。因此，使用什么方法解决居民间的矛盾，不是由谁的个人意志决定的，而是由居民间矛盾的性质决定的。每一社会居民间矛盾的性质归根结底是由该社会的生产关系所决定的。所以，一个国家是否真正以民主的方法作为解决社会矛盾的主要方法，是由这个国家的性质决定的，是由这个社会的经济基础决定的。这是我们衡量民主问题的基本观点。

第三，民主指国家活动的原则。列宁说："民主就是承认少数服从多数的国家。"[1]这是从国家活动原则来谈民主的。少数服从多数是国家活动的程序问题，主要指国家机关活动的原则。在专制主义的国家里，是个人独裁或少数寡头独裁，在国家活动中不存在少数服从多数的问题。只有在民主国家里，才能实行少数服从多数的原则。

民主的这三个方面含义是密切联系的、不可分割的，把这三个方面含义合起来，就称为国家形态。这种国家形态是由它赖以建立的经济基础决定的。马克思主义论述

---

① 《列宁选集》第3卷，人民出版社1972年版，第241页。

民主，就是从它的这种实质上来说明的。一些资产阶级思想家，往往是以民主的某些形式为依据，或者以民主的某些具体表现来类比，来论述各种不同性质的民主，这必然要掩盖民主的实质。

什么是新型民主？新型民主即社会主义民主或人民民主。它是最高类型的民主，从公民与政权的关系来看，新型民主是工人阶级和广大人民享有广泛的权力，其中主要的是管理国家的权力，管理政治、经济、文化、社会等各项事业的权力。如我国宪法规定："中华人民共和国的一切权力属于人民。……人民有权依照法律的规定，通过各种途径和形式，管理国家事务，管理经济和文化事业，管理社会事务。"占居民绝大多数的人民是国家的主人，这是新型民主的一个最主要特点。正如列宁曾经指出的："绝大多数人享受民主，对那些剥削和压迫人民的分子实行强力镇压，即把他们排斥于民主之外，——这就是从资本主义向共产主义过渡的条件下形态改变了的民主。"[1]这种新型民主，是资产阶级民主即只供少数人享受的民主所无法比拟的。从阶级统治方法来看，新型民主是工人阶级实现其阶级统治的方法，它的政治组织形式，是由工人阶级和广大人民选举产生的并可以随时撤换的代表组成国家最高权力机关；它使用民主的方法所解决的社会矛盾的范围是最广泛的。胡耀邦在中国共产党第十二次全国代表大会上的报告中指出："社会主义民主要扩展到政治生活、经济生活、文化生活和社会生活的各个方面，发展各个企业事业单位的民主管理，发展基层社会生活的群众自治。"[2]可见，社会主义民主所要解决的社会矛盾的范围越来越广泛。它是工人阶级实现其统治的主要方法。在社会主义社会里，生产资料的公有制决定了人民内部的矛盾是在共同利益基础上的矛盾。这种矛盾是大量的，范围也是很广泛的。虽然也存在着敌我矛盾，但它是少量的，范围很小。因此，用民主的方法解决社会矛

[1]　《列宁选集》第3卷，人民出版社1972年版，第247页。
[2]　胡耀邦：《全面开创社会主义现代化建设的新局面》，人民出版社1982年版，第38-39页。

盾必然是主要的。它所能解决的矛盾的范围，是任何资产阶级民主所不可比拟的。从国家活动采用少数服从多数的原则来看，新型民主在国家活动中的表现就是民主集中制。它要求少数服从多数，个人服从集体，局部服从整体，地方服从中央。这是少数服从多数原则的真正体现。

从上述新型民主的内容来看，新型民主是最高类型的民主。正如列宁所说："无产阶级民主比任何资产阶级民主要民主百万倍。"[①]等到新型民主发展到对社会一切成员都能享受时，民主也就开始消亡了。因此，新型民主也是最后历史类型的民主。

社会主义国家之所以要实行新型民主，一是因为新型民主是社会主义建设的需要。社会主义要靠千百万人民群众的劳动和智慧才能建设起来，是党领导广大人民群众自觉创造的。人民群众是社会主义的创造者，是社会物质财富和精神文明的创造者。只有实行新型民主，才能使广大人民群众以主人翁的姿态投入社会主义建设，发挥积极性、创造性和英勇奋斗的精神，推动社会主义现代化事业的迅速发展，如果人民没有当家作主的权利，没有政治上的民主，就不可能有真正的社会主义。因此，新型民主和社会主义是分不开的。没有新型民主，就不可能实现共产主义。在我国，没有高度的社会主义民主，就不能实现"四个现代化"。胡耀邦在中国共产党第十二次全国代表大会上的报告中指出："社会主义事业是全体人民的事业。只有建设高度的社会主义民主，才能使各项事业的发展符合人民的意志、利益和需要，使人民增强主人翁的责任感，充分发挥主动性和积极性，也才能对极少数敌对分子实行有效的专政，保障社会主义建设事业的顺利进行。"[②]二是，新型民主是巩固与发展社会主义政治制度的需要。社会主义国家由人民当家作主，一切权力属于人民，一切国家事务和各项事业都应该由人民管理。但人民管理并不是不需要专职的国家工作人员。由于旧

---

① 《列宁选集》第3卷，人民出版社1972年版，第634页。

② 胡耀邦：《全面开创社会主义现代化建设的新局面》，人民出版社1982年版，第38页。

社会遗留下来的影响，由于社会主义国家经济文化发展水平还不高，由于社会主义政治制度还不完善，在一部分国家工作人员中，有可能产生官僚主义，有的甚至可能蜕化变质，由人民的公仆变成骑在人民头上的老爷。因此，社会主义国家需要发展新型民主，健全与发展民主制度，不断地改革与完善政治制度，创造各种方便人民群众管理、监督国家的各种民主形式，使人民能够有效地行使自己的权利，选举、监督、罢免国家机关工作人员，使他们真正代表人民的利益，体现人民的意志，成为人民的公仆。这样，才能使国家机关更能有效地领导和组织社会主义建设，坚持社会主义道路。

由此可见，实行新型民主，发扬人民民主的目的，是为了实现无产阶级的任务；为了保证人民行使国家权力；为了促进社会主义建设事业的发展和巩固社会主义制度；为了保证国家工作人员的公仆地位。如果离开这个目的而讲别的什么民主，不管它是什么花样，都不是我们所需要的，都不是新型民主。如果假借民主的形式来反对无产阶级专政，反对社会主义道路，那就是反动的，是社会主义国家所不允许的。

什么是新型专政？列宁在《国家与革命》中指出："在资本主义向共产主义过渡的时候镇压还是必要的，但这已经是被剥削者多数对剥削者少数的镇压。实行镇压的特殊机构，特殊机器，即'国家'，还是必要的，但这已经是过渡性质的国家，已经不是原来意义上的国家。"[①]这是对新型专政所作的全面而精确的阐述。从这里可以看出，新型专政就是被剥削的广大劳动群众对少数剥削者的专政，是大多数人对少数人的专政，而这个专政已经不是原来意义的国家了。新型专政与旧型专政的区别就在于，旧型专政是原来意义的国家，是剥削阶级压迫广大劳动群众的工具，是少数人统治大多数人的工具。这样的国家主要是镇压的机器、暴力的机器。少数剥削者的统治是靠暴力机器来维持的。"如果没有极复杂的实行镇压的机器，剥削者就镇压不住人

---

① 《列宁选集》第3卷，人民出版社1972年版，第248页。

民。"①新型专政是工人阶级和广大人民对少数剥削者的专政，是居民中绝大多数人对少数人的统治。这种统治就不需要单纯地依靠国家暴力机器来维持。"人民镇压剥削者，却只要有很简单的'机器'"②就可以了。暴力只是对付敢于反抗的剥削者和反动派。因此，新型专政，无产阶级的政治统治，由于统治者——人民的力量强大，它的统治不是只依靠暴力来维持，主要是依靠人民的力量，依靠发扬民主来维持自己的统治。列宁说："这个力量依靠什么呢？依靠人民群众。这就是新政权同过去一切旧政权旧机关的基本区别。"③同时，也正是由于人民民主制度的不断巩固和发展，为逐渐地消灭自己的政治统治创造条件。所以列宁说："由资产阶级民主变成了无产阶级民主，即由国家（=对一定阶级实行镇压的特殊力量）变成了一种已经不是原来的国家的东西。"④新型专政已经不是原来意义上的国家，是恩格斯在1875年给倍倍尔的信中批判哥达纲领在国家问题上的错误观点时提出的。恩格斯在这里说："应当抛弃这一切关于国家的废话，特别是在巴黎公社以后，巴黎公社已经不是原来意义上的国家了。"⑤列宁称赞这一论点是"恩格斯在理论上最重要的论断"⑥。接着列宁进一步阐述了巴黎公社之所以不是原来意义上的国家所具备的三个条件：其一，"因为公社所要镇压的不是大多数居民，而是少数居民（剥削者）"⑦。其二，"它已经打碎了资产阶级的国家机器"⑧。其三，"居民已经自己上台来代替实行镇压的特殊力量"⑨。新

---

① 《列宁选集》第3卷，人民出版社1972年版，第248页。
② 《列宁选集》第3卷，人民出版社1972年版，第248页。
③ 《列宁全集》第10卷，人民出版社1958年版，第214页。
④ 《列宁选集》第3卷，人民出版社1972年版，第206页。
⑤ 《马克思恩格斯选集》第3卷，人民出版社1972年版，第30页。
⑥ 《列宁选集》第3卷，人民出版社1972年版，第227页。
⑦ 《列宁选集》第3卷，人民出版社1972年版，第227页。
⑧ 《列宁选集》第3卷，人民出版社1972年版，第227页。
⑨ 《列宁选集》第3卷，人民出版社1972年版，第227页。

型专政的国家都具备这三个条件。因此，新型专政之所以称为新型，就是指它已经不是原来意义上的国家了。马克思、恩格斯曾建议把这样的国家改称为"公团"，列宁则称它为"半国家"。

马克思列宁主义认为，社会主义国家是新型民主和新型专政相结合的国家。如何理解民主与专政相结合，是正确阐明二者关系的关键。毛泽东说："对人民内部的民主方面和对反动派的专政方面，互相结合起来，就是人民民主专政。"[①]有人错误地理解这段话，认为民主与专政相结合，就是对居民中的一部分人实行民主，对另一部分人实行专政，把这二者简单地相加起来，就构成无产阶级专政，或称人民民主专政。按照这种理解，就必然得出这样的结论：提倡加强民主，就要在居民中扩大民主的范围，削弱专政甚至取消专政；相反地，提倡加强专政，就要缩小民主的范围，甚至取消民主。这种对民主与专政关系的机械认识，就会导致在实际生活中混淆敌我矛盾的严重后果。

事实上，新型民主与新型专政相结合，不是机械相加的关系，而是辩证统一的关系。即新型专政需要新型民主，新型民主也需要新型专政。因为只有在广大人民内部实行民主，把广大人民的积极性调动起来，形成强大的阶级统治力量，才能对反动派实行有效的专政。民主越加强，就越能有效地对反动派实行专政；同时，只有对反动派实行专政，对他们危害社会和侵犯人民民主权利的活动实行有效专政，才能维护和保障新型民主的实现，也就是说，对反动派越加强专政，新型民主就越有保障。从这个意义上讲，新型民主是目的，新型专政是手段。如果离开新型民主，即社会主义民主，无产阶级专政只能是一句空话。因此，对人民内部实行民主，是无产阶级专政的最本质的特征。所以，列宁把无产阶级专政又称为无产阶级民主制。

---

① 《毛泽东选集》合订本，人民出版社1968年版，第1364页。

一切机会主义者和反对社会主义的敌人，他们破坏与反对无产阶级专政有两种形式：一种是要求民主反对专政，或者要求民主，反对集中，甚至假借民主的口号反对社会主义制度。这是自由主义和无政府主义的反动思潮，是资产阶级残余影响和小生产经济在政治上的表现，其目的是取消无产阶级专政。另一种是要求扩大专政取消人民民主，打着对资产阶级加强专政的幌子，把专政扩大到人民内部，取消人民民主，搞所谓"全面专政"，其实质是把无产阶级专政改变为法西斯专政。这两种反对无产阶级专政的形式的共同点，都是把民主与专政对立起来。新型民主和新型专政不是对立的，而是有机联系的统一体，是社会主义国家本质的两个方面，只有两个方面的统一，两个方面的结合，才构成社会主义国家的完整概念。

三、社会主义国家是工人阶级领导的工农联盟为基础的政权

社会主义国家是广大劳动人民对少数剥削者的专政，是占居民中绝大多数的人民对占少数的反动阶级、反动派的政治统治。那么居于统治地位的人民内部各阶级、阶层的关系是怎样的？他们在政权中占什么地位？这就是工人阶级领导和工农联盟所回答的问题。尤其是在经济尚不发达的国家取得社会主义革命的胜利，工人阶级在居民中不占多数，这个问题就更加重要。

（一）社会主义国家是工人阶级领导的国家

社会主义国家的本质是无产阶级专政，马克思、恩格斯说它是"组织成为统治阶级的无产阶级"。因此，无产阶级专政的实质，是无产阶级的政治统治，是无产阶级对社会实行国家领导，其表现为无产阶级独揽领导权，不与其他阶级分掌领导权。列宁说："那个夺得了政治统治的阶级，是在意识到它是独自夺取政治统治时夺得了这个统治的。这就是无产阶级专政这个概念的内容。"[1]

---

[1] 《列宁全集》第32卷，人民出版社1958年版，第260页。

　　无产阶级专政的社会主义国家之所以必须由工人阶级领导，这是由工人阶级的历史使命决定的。工人阶级肩负着埋葬资本主义和剥削制度、解放全人类、实现共产主义的历史使命。建立无产阶级专政，实现无产阶级专政的历史任务，就是它在历史上的革命作用的最高表现。列宁说："马克思的这个理论（指无产阶级专政理论）同他关于无产阶级在历史上的革命作用的全部学说，有不可分割的联系。"①无产阶级的历史使命不是自封的，因为它与现代的大工业生产相联系，是先进生产力的代表。大生产发展的必然趋势，是生产的高度社会化，从而使工农之间、城乡之间、体力劳动与脑力劳动之间的差别逐渐消失。最后其他各劳动阶级都统一于工人阶级队伍之中。毛泽东说指出，只有这个阶级有前途，其他阶级都是过渡的阶级，都要过渡到工人阶级那方面去。由于工人阶级的经济地位和阶级地位，决定了它最有远见、大公无私，最富于组织性、纪律性和革命的彻底性。只有工人阶级才是"唯一能够团结一切被剥削劳动者对资产阶级进行斗争、把资产阶级完全铲除的阶级"②。我国工人阶级和世界各国的工人阶级一样，是最先进的阶级，它不但具有一般无产阶级的基本优点，还有许多突出的特点。在旧社会，它深受帝国主义、买办资产阶级和封建势力的三重压迫，具有革命彻底性和反帝反封建的优良传统；它一开始走上革命的舞台，就是在马克思列宁主义政党——中国共产党的领导下英勇斗争的；它和农民有天然的联系，便于同农民结成紧密的联盟。我国工人阶级的这些特点，使得它在革命中的领导作用更为突出。因此，"整个革命历史证明，没有工人阶级的领导，革命就要失败，有了工人阶级的领导，革命就胜利了。"③同样，无产阶级专政建立后，离开了工人阶级的领导，就不能实现无产阶级专政的历史任务。

①　《列宁选集》第3卷，人民出版社1972年版，第192页。
②　《列宁选集》第3卷，人民出版社1972年版，第190页。
③　《毛泽东选集》合订本，人民出版社1968年版，第1368页。

工人阶级对社会主义国家的领导，是通过自己的先锋队共产党实现的。列宁说："不通过共产党就不可能实行无产阶级专政。"[1]毛泽东也说："我们的口号是：无产阶级领导的、以工农联盟为基础的人民民主专政。无产阶级怎样实行领导呢？经过共产党来领导。共产党是无产阶级的先进部队。"[2]工人阶级对国家的领导之所以必须通过共产党来实现，因为按阶级与政党关系的原理，通常政党是阶级利益的集中代表，阶级是由政党来领导的。任何阶级的政权，都不是由整个阶级成员去直接掌握的。无产阶级的政权，当然也不是由整个无产阶级直接去掌握的。列宁说："不仅在我们这样一个极落后的资本主义国家，就是在所有其他资本主义国家，无产阶级都还严重地遭到分裂，受人鄙视，在某些地方还被人收买（在某些国家里被帝国主义收买），以致无产阶级的专政不能直接由包括整个这个阶级的组织来实现。只有吸收了阶级的革命力量的先锋队，才能实现这种专政。"[3]共产党之所以能够承担起领导社会主义国家政权和社会主义建设的历史责任，成为无产阶级和广大劳动人民的核心力量，最根本的原因，在于党的无产阶级先锋队的性质，在于它的先进性。无产阶级政党是工人阶级中最有觉悟的优秀分子组成的，能够以科学的共产主义世界观武装自己，了解社会发展和革命运动的客观规律。它的先进性从根本上说是在于：它没有自己的特殊利益，任何时候都能强调和坚持工人阶级和全体人民的整体利益；它在领导革命运动的各个发展阶段上，始终坚持运动的共产主义方向，代表整个运动的利益。因此，只有共产党才能教育工人阶级和广大人民群众，提高他们的觉悟，组织和领导他们共同为实现无产阶级专政任务而奋斗。

我国的人民民主专政所经历的三十多年实践证明，它之所以能够日益巩固与发

① 《列宁全集》第32卷，人民出版社1958年版，第188页。

② 毛泽东：《在扩大的中央工作会议上的讲话》，人民出版社1962年版，第12页。

③ 《列宁选集》第4卷，人民出版社1972年版，第404页。

展，正是由于我们有一个伟大的、光荣的、正确的共产党的领导。所以，毛泽东指出，中国共产党是全中国人民的领导核心，没有这样一个核心，社会主义事业就不能胜利。邓小平从历史发展的高度，从我国现实的政治、经济以及党自身发展的状况出发，又进一步论述了坚持党的领导的必要性。1980年，他在《目前的形势和任务》一文中指出："我们党同广大群众的联系，对中国社会主义事业的领导，是六十年的斗争历史形成的。党离不开人民，人民也离不开党，这不是任何力量所能够改变的。"[①]如果没有党的领导，就没有一条正确的政治路线；没有党的领导，就没有安定团结的政治局面；没有党的领导，艰苦创业的精神就提倡不起来；没有党的领导，就不能建立起又红又专、具有专业知识和专业能力的队伍。总之，没有党的领导，社会主义"四个现代化"建设、祖国的统一、反对霸权主义的斗争，都不可能取得胜利和成功。因此，邓小平着重指出："从根本上说，没有党的领导，就没有现代中国的一切。"[②]党的领导，是无产阶级专政的最根本的保证。

（二）社会主义国家的政治基础是工农联盟

如前所述，无产阶级专政必须由工人阶级来领导，必须由工人阶级独揽领导权，而绝不能和其他阶级分掌领导权，这是毋庸置疑的。但这是不是说只有工人阶级一个阶级参加政权？是不是工人阶级不需要同盟者的支持和帮助？当然不是的。既然要掌握领导权，就必然要有被领导的群众，就要有同盟者，否则就无所谓领导权了。尤其是在工人阶级不占多数的国家里，要实现无产阶级专政，同盟者就更加重要了。因此，马克思列宁主义从这个角度阐述无产阶级专政学说时，又提出了无产阶级专政是工人阶级与其同盟者的特殊形式的阶级联盟的问题。这个联盟中各个阶级的地位不是并列的，领导者是工人阶级，同盟者是被领导的阶级。所以，马克思列宁主义从这个

---

① 《邓小平文选（一九七五——一九八二年）》，人民出版社1983年版，第230页。
② 《邓小平文选（一九七五——一九八二年）》，人民出版社1983年版，第230页。

方面对无产阶级专政所下的定义是："无产阶级专政是劳动者的先锋队——无产阶级同人数众多的非无产阶级的劳动阶层（小资产阶级、小业主、农民、知识分子等等）或同他们的大多数结成的特种形式的阶级联盟，是反对资本的联盟，是为彻底推翻资本、彻底镇压资产阶级反抗并完全粉碎其复辟企图而成立的联盟，是为最终建成并巩固社会主义而成立的联盟。"①

毛泽东为我国人民民主专政即无产阶级专政所下的定义是："我们的国家是工人阶级领导的以工农联盟为基础的人民民主专政的国家。"②

无产阶级专政的社会主义国家，就其确切的意义来说，就是工人阶级全面领导的国家政权，是工人阶级为了实现其历史使命与其同盟者结成的特殊形式的阶级联盟。

无产阶级的政权争取同盟者结成特殊形式的阶级联盟，是马克思列宁主义战略策略原理在政权问题上的体现。历史上任何统治阶级为了打击他们的主要敌人，都懂得联合同盟者。如资产阶级革命初期，资产阶级为了打击他们的主要敌人——封建专制制度，他们也争取联合无产阶级、农民和其他劳动群众。当资产阶级取得政权后，为了对付革命人民，他们又同贵族、僧侣、官僚、军队甚至皇族结成联盟。1848年的德国资产阶级，1789—1794年的法国资产阶级都是这样做的。在马克思列宁主义指导下的无产阶级更懂得这个道理。无产阶级为了打击自己的主要敌人，就必须争取同盟者，哪怕是暂时的不可靠的同盟者。列宁指出，谁不懂得这一点，谁就不是真正的马克思主义者。无产阶级在夺取政权时要争取同盟者，在取得政权以后，为了镇压主要的敌人，为了完成自己的历史使命，也必然要争取同盟者，和同盟者结成广泛的阶级联盟。这个联盟的范围，根据各国具体条件不同而有所不同，但主要是和农民的联

---

① 《列宁全集》第29卷，人民出版社1956年版，第343–344页。
② 毛泽东：《关于正确处理人民内部矛盾的问题》，人民出版社1964年版，第3页。

盟。因为在资本主义不发达的国家里，农民占大多数，如果无产阶级不和农民结成巩固的联盟，无产阶级政权的建立和巩固都是不可能的。马克思曾把工农联盟比作无产阶级革命的一种"合唱"，"若没有这种合唱"，无产阶级革命"在一切农民国度中的独唱是不免要变成孤鸿哀鸣的"[①]。列宁也曾指出，工农联盟"是苏维埃政权的主要力量和支柱"[②]。因此，无产阶级夺取政权要依靠工农联盟；无产阶级取得政权后，为了实现无产阶级专政的任务，为了巩固政权，也要依靠工农联盟。工农联盟成了无产阶级专政能否建立和能否巩固的关键。列宁正是从这个意义上称工农联盟是无产阶级专政的最高原则。

由于各国的社会历史条件不同，工人阶级同盟者的范围，是会有所不同的。如十月革命后的苏维埃国家，工人阶级的同盟者是广大非无产者劳动阶级和阶层，其中包括农民、小业主、小资产阶级、知识分子等等。在我国，无产阶级的同盟军问题，不仅是工人阶级与农民的联盟，还包括比工农联盟更广泛的联盟，即革命的统一战线。早在抗日战争时期，毛泽东就曾经指出："中国无产阶级应该懂得：他们自己虽然是一个最有觉悟和最有组织性的阶级，但是如果单凭自己一个阶级的力量，是不能胜利的。而要胜利，他们就必须在各种不同的情形下团结一切可能的革命的阶级和阶层，组织革命的统一战线。"[③]毛泽东这段话，深刻地阐明了马克思列宁主义关于无产阶级领导权和无产阶级的同盟军问题。它不但适用于民主革命时期，适用于夺取全国政权以前，也适用于取得全国政权以后，它不但适用于中国，也适用于类似中国的其他各国的共产主义运动。

尽管工人阶级的同盟军的范围有所不同，但工人阶级最可靠的同盟军是劳动农

①　《马克思恩格斯选集》第1卷，人民出版社1972年版，第699页。

②　《列宁全集》第29卷，人民出版社1956年版，第217页。

③　《毛泽东选集》合订本，人民出版社1968年版，第608页。

民，因为工人阶级和劳动农民有共同的根本利益，劳动农民在工人阶级领导下不但能够参加社会主义革命，而且在无产阶级政权建立以后，工农两大阶级又是社会主义建设的基本力量。因此，工农联盟是无产阶级专政的政治基础，是实现工人阶级领导的基本保证。毛泽东指出，中国现在有两种联盟，一种是工人阶级和农民的联盟，这是基础。一种是工人阶级和民族资产阶级的联盟。农民是劳动者，不是剥削者，工人阶级和农民的联盟是长期的。这两个联盟，同农民的联盟是主要的，基本的，第一位的；同资产阶级的联盟是暂时的，第二位的。这两个联盟，在我们这样经济落后的国家，现在都是必要的。

工农联盟之所以是无产阶级专政的基础，是因为无产阶级专政是新型专政，是绝大多数人对少数剥削者的专政。工人和农民占全体居民的绝大多数，工人阶级只有同广大劳动农民结成联盟，才能形成绝大多数人对少数反动阶级、反动派的专政。

工农联盟之所以是无产阶级专政的基础，还因为工农联盟是建立、巩固发展无产阶级专政物质基础的基本力量。无产阶级专政的物质基础是社会主义现代化的物质文明，在经济落后的国家里，农业是国民经济的基础，只有农业有了较大的发展，才能为工业的发展提供足够的粮食、原料、劳动力和广阔的市场，从而促进社会主义工业现代化的发展。同样，农业的发展又必须以工业为主导，在工人阶级领导和帮助下，促进农业的社会化和现代化的发展。因此，社会主义物质文明的建设与发展，主要靠工人（包括知识分子）和农民的力量。

工农联盟所以是无产阶级专政的基础，还因为工农联盟是改造小生产者，达到彻底消灭阶级的根本途径。列宁说："消灭阶级不仅意味着要驱逐地主和资本家，——这个我们已经比较容易地做到了，——而且意味着要消灭小商品生产者，可是对于这种人不能驱逐，不能镇压，必须同他们和睦相处；可以（而且必须）改造他们，重新教育他们，这只有通过很长期、很缓慢、很谨慎的组织工作才能做到。"①毛泽东也说："严重的问题是教育农民。"②因此，只有通过工农联盟的途径，才是改造小生产者，首先是改造农民的唯一正确的道路；也是达到彻底消灭阶级，实现无产阶级专政历史任务的唯一正确的道路。

我国的工农联盟和以工农联盟为基础的革命统一战线，在新中国成立以来的三十多年中，通过土地改革、社会主义革命和社会主义建设的长期斗争，不断地得到加强与巩固。在现阶段，我国的阶级状况发生了根本改变。剥削阶级作为阶级已被消灭，工人阶级的领导地位已经大大加强，农民已经成为社会主义集体所有制的农民，知识分子已经成为工人阶级的一部分。工农联盟已经建立在新的基础上。

中国共产党第十二次全国代表大会提出："中国共产党在新的历史时期的总任务是：团结全国各族人民，自力更生，艰苦奋斗，逐步实现工业、农业、国防和科学技术现代化，把我国建设成为高度文明、高度民主的社会主义国家。"③为了实现这一伟大目标，必须调动一切积极因素，团结一切可以团结的力量。其中首先是调动工人阶级（包括知识分子）和农民的积极性，进一步加强工农联盟，这是实现"四个现代化"的基本力量。同时，在这个基础上还要调动拥护社会主义的爱国者和拥护祖国统一的爱国者的力量，发展革命的爱国的统一战线。为实现社会主义现代化，为建设伟大的社会主义强国而共同奋斗！

① 《列宁选集》第4卷，人民出版社1972年版，第200页。
② 《毛泽东选集》合订本，人民出版社1968年版，第1366页。
③ 胡耀邦：《全面开创社会主义现代化建设的新局面》，人民出版社1982年版，第10—11页。

第三节　人民民主专政的实质是无产阶级专政

一、无产阶级专政的形式是多样的

马克思主义关于无产阶级专政的理论，从来也没说过实现无产阶级专政只有一种形式，或称一种模式。相反地，在论述如何实现无产阶级专政时，都从不同角度说明，实现无产阶级专政的国家，可以有各种各样的形式。这里所说的形式，不是单纯地指"政体"，它包括实现无产阶级专政的道路，无产阶级领导的政权的阶级基础，无产阶级专政国家的政权组织形式与国家的结构形式等等。

关于实现无产阶级专政的形式多样性的原理，在马克思主义经典作家的著作中都有过重要论述。

1847年，恩格斯在《共产主义原理》一文中指出："无产阶级革命将建立民主制度，从而直接或间接地建立无产阶级的政治统治。在英国可以直接建立这种统治，因为那里的无产者现在已占人民的大多数，有法国和德国可以间接建立这种统治，因为这两个国家的大多数人民不仅是无产者而且还有小农和城市小资产者，小农和小资产者正处在分化为无产阶级的过渡阶段，他们的一切政治利益的实现都愈来愈依赖无产阶级，因而他们一定很快就会同意无产阶级的要求。"[①]

这是恩格斯在垄断前资本主义时期，从无产阶级专政国家的阶级基础角度分析英国、法国、德国的具体情况，而提出直接或间接建立无产阶级政治统治的两种形式。

列宁在《国家与革命》中又提出："从资本主义过渡到共产主义，当然不能不产生非常丰富和繁杂的政治形式，但本质必然是一个，就是无产阶级专政。"[②]这是列宁

① 《马克思恩格斯选集》第1卷，人民出版社1972年版，第219页。
② 《列宁选集》第3卷，人民出版社1972年版，第200页。

从国家形式与国家本质的角度，提出无产阶级专政国家，由于各国具体情况不同，不能不有各种各样的政治形式。

国际共产主义运动的实践也表明了，实现无产阶级专政的国家不只是一种形式，而是存在着各种各样的形式。1871年，巴黎无产阶级所建立的巴黎公社，是实现无产阶级专政的第一个政治形式；1917年，十月革命所建立的苏维埃政权，是在资本主义发展比较落后的俄国，实现无产阶级专政的另一种形式；第二次世界大战后，我国的人民民主专政，南斯拉夫的社会主义自治的形式等，都是实现无产阶级专政的各种不同的形式。

由此可见，每一个国家的无产阶级革命的具体道路，实现无产阶级专政的具体形式都不是完全相同的，不可能有一个适用于一切国家的固定不变的模式。每个国家的无产阶级专政究竟采用什么样的形式，只能依据各国的具体情况来决定，在我国即坚持"马列主义普遍原理同中国具体实践相结合"的原则。因此，各国的工人阶级都应当根据本国的具体条件，建立符合自己国情的、具有本国特色的无产阶级专政的形式。

我国的人民民主专政，就是适合我国国情的实现无产阶级专政的政治形式。它是具有中国特色的无产阶级专政的国家。

二、人民民主专政的特点

人民民主专政是从民主革命转变为社会主义革命实现无产阶级专政道路的典范。

列宁在1905年写的《社会民主党在民主革命中的两个策略》一书中，阐述了从民主革命转变为社会主义革命的革命转变理论。但俄国的1905年革命和1917年的二月革命，都未能实现这种革命的转变。

以毛泽东为首的中国共产党运用马克思列宁主义革命转变的原理，结合中国半殖民地半封建社会的实际情况，创造性地成功地实现了从新民主主义革命到社会主义革命的转变。这就是，在新民主主义革命中坚定不移地争取和掌握无产阶级的领导权，以武装斗争建立革命根据地的革命政权，由农村包围城市进而夺取全国政权。然后利用人民民主政权完成新民主主义的革命任务并进而向社会主义革命转变，建立社会主义制度，使人民民主政权成为建设社会主义的强大武器。这就是我国人民民主专政的形式所表现的实现无产阶级专政道路的特点。我国实现无产阶级专政的道路，为殖民地半殖民地国家的无产阶级争取实现无产阶级专政树立了光辉的榜样。

我国人民民主专政有下列几个特点：

（一）人民民主专政的阶级联盟的范围不同，即联盟的范围扩大了

恩格斯指出了直接与间接地实现无产阶级专政，但没有明确提出工农联盟问题，列宁结合俄国情况，明确提出工农联盟。这个联盟的范围是明确的，即无产阶级与广大非无产阶级劳动者的联盟。我国的人民民主专政是以工农联盟为基础，包括民族资产阶级在内的更广泛的联盟，即统一战线。这就是说，无产阶级专政的阶级联盟，不但包括非无产阶级劳动阶级，而且还包括了剥削阶级。

在社会主义革命阶段，民族资产阶级已经成为革命的对象。但是，在新民主主义革命阶段，民族资产阶级在一定时期和一定程度上参加了革命，曾是革命的动力之一；在我国人民民主专政的国家政权建立以后，仍然拥护中国共产党的领导，愿意接受社会主义改造。由于上述历史的和现实的诸多原因，我们党在政治上继续保持同民族资产阶级的联盟，在经济上对他们采取和平改造的方针。这是对马克思主义无产阶级专政理论的重大发展。

马克思、恩格斯曾设想过对资产阶级进行和平"赎买"。有人问恩格斯"能不能用和平的办法废除私有制？"恩格斯回答说："但愿如此，共产主义者也会是最不反对这种办法的人。"①列宁也曾设想过，无产阶级专政建立后，一般可以不限制和剥夺

---

① 《马克思恩格斯选集》第1卷，人民出版社1972年版，第219页。

资产阶级的选举权，因为"剥夺资产阶级的选举权，并不是无产阶级专政的必要的和必然的标志"①，不是无产阶级专政"这一历史概念和阶级概念的必备条件"②。但是他们的这些设想，在俄国十月革命胜利后并没有实现。在我国人民民主专政建立后，不但用和平赎买方法实现了对民族资本主义工商业的社会主义改造，消灭了剥削阶级，而且在政治上不仅未剥夺民族资产阶级的选举权，还让他们的代表人物参与了政权。在民族资产阶级作为一个阶级被消灭以后，他们又作为联系一部分群众的代表人物，对调动各方面积极因素起一定作用。现阶段这个联盟即统一战线更加广泛了，它是包括社会主义劳动者和拥护社会主义、拥护祖国统一的爱国者的联盟。关于统一战线问题，邓小平在第五届政协开幕词中指出：统一战线过去是我党三大法宝之一，现在和将来仍然是法宝。只要共产党存在一天，统一战线就要存在。

（二）人民民主专政的国家形式

我国政权组织形式的人民代表大会制度和统一的多民族的国家结构形式，既区别于巴黎公社制度，也不同于苏维埃制度。我国政权组织形式上采取一院制，而苏联采取两院制。我国在国家结构形式上针对多民族实际而采取了民族区域自治的单一制国家结构形式，没有采取联邦制。马克思主义在论述国家结构形式问题时，主张社会主义国家理想的形式是单一制，只是因为解决民族问题方采取联邦制。而我国在多民族的条件下，用单一制解决民族问题，这是一个创造。

（三）中国共产党领导的多党合作和政治协商制度，中国人民政治协商会议是统一战线的组织形式

列宁曾经提出无产阶级专政体系的思想，就是党通过各种社会组织把各方面的群众联系起来，发挥人民群众的积极性、创造性来建设社会主义。但列宁所指的群众的

---

① 《列宁全集》第28卷，人民出版社1956年版，第253页。

② 《列宁全集》第28卷，人民出版社1956年版，第237页。

社会组织都是劳动者的群众组织。而我们党提出的同各民主党派"长期共存、互相监督、肝胆相照、荣辱与共"的方针，既包括联系社会主义劳动者——知识界及有其他专长的人物，又包括拥护社会主义和拥护祖国统一的爱国者。这就是说，党通过这些党派组织不但联系劳动者，而且还要联系不反对社会主义、不反对祖国统一的非劳动群众。这是创造。中国人民政治协商会议就是爱国统一战线的组织形式，它在我国政治生活中具有重要意义，是我国人民民主专政国家制度的特点之一。以上几点，反映了我国实现无产阶级专政的人民民主专政的特点，也可以说是具有中国特色的无产阶级专政。

第四章 国家与民族问题

第一节 民族问题在国家政治生活中的地位与作用

民族问题与国家问题有密切的联系。国家的主要特征之一是按地域划分居民，而民族的一个特征是有共同地域。这样，在同一个地域的成员中，就同时存在着阶级关系与民族关系。例如，在剥削阶级统治的多民族国家里，除了阶级统治、阶级压迫之外，又有民族压迫和民族斗争问题；在剥削阶级消灭后的社会主义多民族国家里，既有工农之间、城乡之间、脑力劳动者与体力劳动者之间、工农与其他劳动者之间的关系，又有民族关系和民族问题。同时，民族问题又不只是一个国家的内部问题，在许多情况下，它又是国家与国家之间的一个重要问题。

无论任何国家，只要有不同的民族存在，就会产生民族问题。民族问题是一个很复杂的问题，它既有自己的特殊性，同时又不是一个孤立的问题，它是社会总问题的一部分。这就是说，同样一个民族问题，在不同的历史时期、不同的社会条件下，具有不同的性质和内容。如我国的满族，在我国封建社会里，初期是个被歧视的少数民族，后来逐渐发展和强大起来，建立了以满族为统治核心的清王朝，成为统治民族；在新民主主义革命时期，它同其他兄弟民族一道共同反抗日本帝国主义的侵略，成为反对帝国主义侵略的被压迫民族之一；在社会主义国家建立后，它又同其他兄弟民族一样，成为社会主义民族大家庭中的一个成员。由此可见，同一个满族在不同历史阶段上，同其他民族的关系就有各种不同的性质和内容。

此外，民族问题的复杂性还表现为它的长期性，只要民族存在它就长期存在。也就是说，直到各民族融合以后，民族问题才能消失，而民族的融合（即民族的消失）则是在阶级消灭、国家消亡之后的事情。

一个国家对民族问题处理得好与坏，将直接影响国家的政治生活，处理得好就能安定，处理得不好就要动乱。因此，民族问题是关系到国家政治生活的治与乱的重要因素。

一、什么是民族问题

民族问题即民族之间的矛盾问题。表现在政治、经济、文化、语言、生活方式和风俗习惯等各个方面。因此，就产生了民族隔阂、民族歧视、民族纠纷、民族械斗、民族同化、民族压迫、民族斗争和民族运动等问题。这些问题的核心也是民族平等和民族团结问题。

那么，为什么会产生民族问题呢？产生民族问题的根源是什么呢？

第一，民族差异的存在是产生民族问题的基本前提。不同民族之间的差异，是由各个民族的特征所决定的。关于民族的特征，历史上曾有过许多定义。19世纪瑞士-德国的资产阶级政治理论家布伦奇里认为，民族具有八个特征：同居于一地；同一血统；同其肢体形状；同其语音；同其文字；同其宗教；同其风俗；同其生计。我国资产阶级革命家孙中山先生提出了民族的五个特征：血统；生活；语言；宗教；风俗习惯。上述定义的错误在于，把血统、宗教，甚至人的外形作为民族的特征，显然是混淆了民族与氏族、种族的区别。

斯大林曾经对民族下过一个较为完整和正确的定义："民族是人们在历史上形成的一个有共同语言、共同地域、共同经济生活以及表现于共同文化上的共同心理素质的稳定的共同体。"[1] "民族是人们在历史上形成的有共同语言、共同地域、共同经济生活以及表现于共同的民族文化特点上的共同心理素质这四个基本特征的稳定的共同体。"[2]

---

[1]　《斯大林全集》第2卷，人民出版社1953年版，第294页。
[2]　《斯大林全集》第11卷，人民出版社1955年版，第286页。

斯大林的上述定义包含了三层意思：首先，从时间上看，民族是一个历史范畴，是在人类历史上形成的；其次，从内容上看，民族具有四个特征，这是衡量一个社会共同体是否是一个民族的标准，而且这四个特征是统一的，不能单独拿出某一特征来给民族下定义；最后，从存在形态上看，民族是一个稳定的共同体，它不是临时凑合的，不是很快解体的，而是一个稳定的社会集团。

在斯大林的上述定义之后，苏联的梅什柯夫等人又在四个特征之外加上了一条：具有自己的民族国家。这显然是不正确的，因为把民族国家作为特征，实际上就否定了一切尚未建立民族国家的民族。实践证明，斯大林的民族定义是马克思主义的科学定义，到目前为止，还没有其他定义来代替斯大林的这一定义。

总之，民族就是由斯大林所指出的四个特征联结起来的人们的稳定的共同体，这就决定了每个民族都具有特殊性。各个民族的特殊性就是民族之间的差异，有差异就会产生民族问题。因此，民族差异是产生民族问题的基本前提。

第二，剥削制度是产生民族压迫的根源。民族差异是产生民族问题的前提，但仅有差异并不能产生民族不平等和民族压迫。决定民族不平等的根源是剥削制度。民族的共同经济生活这个特征，只说明了其成员之间有一定的经济联系，并未说明同一民族中不同人在生产中的地位，即阶级地位问题。在阶级社会中，民族内部分为统治阶级与被统治阶级，统治阶级必然利用其统治地位冒充整个民族的代表。这样，它不但统治了本民族的劳动者，而且还要侵略和压迫别的民族。因此，在各民族之间就产生了不平等和民族压迫。

第三，各民族事实上的不平等是社会主义时期产生民族问题的根源。在消灭了剥削制度的社会主义社会，民族压迫消失了，但还会有各种各样的民族问题。产生这些问题的根本原因何在呢？就在于各民族在政治、经济、文化等各方面的事实上的不平等，以及民族差异的存在。斯大林在谈到这个问题时说："事实上的不平等仍然是一切不满和摩擦的根源。"①因此，只有各民族在事实上的不平等消失了，民族差异消失了，民族问题才能消失。当然，到那时候，民族也就不存在了。

二、民族问题与阶级问题

在我国理论界，曾长期流行着这样一种观点："民族问题的实质是阶级问题。"在"文化大革命"的十年内乱期间，林彪、江青反革命集团又利用这个观点在民族关系上搞阶级斗争扩大化，使我国各民族的兄弟关系受到了很大危害。这种理论上和实践上的混乱直到党的十一届三中全会以后才得到了彻底澄清。

那么，民族问题与阶级问题到底是什么关系呢？马克思主义认为，这是两个既相联系又有区别的问题。

（一）二者的联系

在有阶级的社会里，人们政治生活中最基本、最广泛的相互关系是阶级关系，一切社会关系无不打上阶级的烙印。民族问题也不例外，它与阶级问题有着密切的联系，主要表现在下述两个方面。

第一，民族是由不同的阶级组成的。民族产生在阶级社会之中，是随着国家的出现而形成的。恩格斯在谈到雅典民族的形成时说："相邻的各部落的单纯的联盟，已经由这些部落融合为统一的民族所代替了。"②氏族—部落—部落联盟—国家和民族，历史上的民族就是这样经历了若干阶段，逐步发展而成的。可以说，从民族起源直到当代资本主义社会的民族，历史上任何一个民族的成员中都包含着不同的阶级，不存在只有一个阶级的民族。

关于阶级社会中，特别是资本主义社会中民族与阶级的关系问题，马克思、恩格

---

① 《斯大林全集》第5卷，人民出版社1957年版，第201页。

② 《马克思恩格斯选集》第4卷，人民出版社1972年版，第106页。

斯曾有许多论述。马克思在论述1848年资产阶级革命后的法国局势时指出："法兰西民族分裂为两个民族即有产民族和工人民族。"①恩格斯在《德国农民战争》一文中说："今天的德意志民族是由封建贵族，资产阶级，小资产阶级，农民和无产阶级构成。"②马克思和恩格斯的论述阐明了同一个思想，即在阶级社会里，民族都是有阶级的民族，一个民族内部的成员是划分为不同阶级的。奴隶制度下的民族，其成员包括奴隶主与奴隶两个阶级；封建制度下的民族，其成员包括封建地主和农民两个阶级；资本主义制度下的民族，其成员包括资本家和工人两个阶级。历史证明，民族并不是利益完全一致的整体。在阶级社会里，每一个民族内部都存在着阶级对立和斗争，在社会政治生活中，任何重大的问题，都是按阶级利害关系而不是按民族划分敌友的。正如列宁所说的，"在股份公司里，各民族的资本家都是坐在一起的，彼此十分融洽。在工厂里，各民族的工人都是在一起工作。在任何真正严肃而重大的政治问题发生时，集团都是按阶级而不是按民族划分的。"③

由此可见，"民族问题和'工人问题'比较起来，只有从属的意义，这在马克思看来是无可置疑的。"④因此，马克思主义者主张各民族的无产阶级和劳动群众实行不分民族的团结，在多民族的国家内建立统一的无产阶级政党，坚持把党性放在民族性之上，反对民族主义。

第二，民族压迫的实质是阶级压迫，它是压迫民族的统治阶级对被压迫民族的压迫。这是由压迫民族统治阶级的本性所决定的。剥削阶级不但剥削本民族的劳动大众，而且要剥削和压迫其他民族的劳动大众。所以说，民族压迫的根源在于剥削制

---

① 《马克思恩格斯选集》第1卷，人民出版社1972年版，第299页。

② 《马克思恩格斯全集》第7卷，人民出版社1959年版，第398页。

③ 《列宁全集》第20卷，人民出版社1958年版，第19页。

④ 《列宁选集》第2卷，人民出版社1972年版，第548页。

度，只有消灭了剥削制度才能根除民族压迫。这在《共产党宣言》中已有明确的说明："人对人的剥削一消灭，民族对民族的剥削就会随之消灭。民族内部的阶级对立一消灭，民族之间的敌对关系就会随之消灭。"①列宁也曾说过："在资本主义制度下，要消灭民族的（和一般政治上的）压迫是不可能的。为此必须消灭阶级，也就是说，要实行社会主义。"②斯大林进一步明确指出："摆脱民族压迫的问题是政权问题。民族压迫的根源在于地主和帝国主义资产阶级的统治。把政权交给无产阶级和革命农民，——这就等于使俄国各民族从民族压迫下完全解放出来。"③

从马克思主义经典作家的论述中，我们可以得出这样的结论：在阶级社会里，民族问题的实质是阶级问题，民族斗争，说到底是阶级斗争。

（二）二者的区别

以上两点论述了民族问题与阶级问题的联系方面，但民族问题与阶级问题又不是完全一致的，二者之间还有着重要的区别。

第一，民族与阶级是两个不同的概念，是人类社会两个不同的共同体。这两个共同体区分的标准不同：阶级是以人们在生产中的地位、作用和取得报酬的方式不同而形成的不同的社会集团；民族是以共同地域、语言、经济联系和共同心理素质四项特征来区别而形成的稳定的共同体（集团）。这个区别说明，一个民族不仅有内部各阶级的要求，而且还有它的特殊利益和要求。

第二，民族问题与阶级问题的范围不同。一个民族内部的阶级矛盾无论怎样尖锐复杂，也不是民族问题，只有民族与民族之间的矛盾才是民族问题。因此，民族问题比阶级问题更为广泛复杂。压迫民族的统治阶级在压迫别的民族时，总是假借本民族

---

① 《马克思恩格斯选集》第1卷，人民出版社1972年版，第270页。
② 《列宁全集》第22卷，人民出版社1958年版，第319页。
③ 《斯大林全集》第3卷，人民出版社1955年版，第197页。

代表的名义，并且还要欺骗本民族的劳动人民，使民族压迫带上全民族的色彩。这就使民族问题更为复杂了。压迫民族的统治阶级不但剥削被压迫民族，而且在四个特征方面侵犯被压迫民族的权利，如语言、风俗习惯、宗教信仰等等。这样被压迫民族的劳动者要受双重压迫，而压迫民族的劳动者则只受单一的剥削压迫。这就易于造成民族之间的隔阂和仇恨。

第三，被压迫民族在反抗民族压迫的斗争，通常是以全民族的形式进行的，尤其是在民族矛盾大于阶级矛盾的时候更是如此。例如，我国抗日战争时期的民族解放斗争。这样，就可以形成共同反抗民族压迫的各阶级的统一战线，使阶级矛盾从属于民族斗争。

第四，民族问题与阶级问题的不同还表现在二者的消亡方面：民族的消亡在阶级消亡之后。马克思主义认为，按历史发展的客观规律，先是阶级被消灭、国家消亡，最后才是民族的消亡，即民族的融合。这就是说，在阶级消亡之后，在人民内部还要有民族问题。

民族问题与阶级问题的区别说明，产生民族问题的根源和条件不只是阶级剥削，而且还有民族差别。民族差别是产生民族问题的基本条件。在社会主义国家中，剥削阶级已经基本消灭了，民族关系已经成为各民族劳动人民之间的关系，但是民族问题仍然存在，其原因就是还有民族差别。

新中国成立以来，我们对民族问题的处理，基本上遵循马克思主义的民族理论和原则，基本上执行了正确的民族政策。但在"四人帮"横行时期，我国在民族问题上也曾走过一段弯路。究其原因，除了"四人帮"有意挑拨民族关系之外，在理论上推行了"民族问题的实质是阶级问题"这一错误观点也是一个极其重要的原因。这个观点和口号的错误，就在于它片面地强调了民族问题与阶级问题的联系，而抹杀了民族问题与阶级问题的区别，按照这个错误口号来指导实践，就会把民族问题与阶级斗争混同起来，否认民族差别，甚至可以认为社会主义社会没有民族问题等等。其结果必然在民族问题上搞阶级斗争扩大化，造成许多冤假错案，伤害了一些少数民族干部和代表人物，破坏了我国各民族之间的兄弟感情。粉碎"四人帮"以后，我们纠正了过去的错误观点，承认了民族差别的存在，承认其根源是事实上的不平等。在这一正确理论的基础上，党制定了正确的民族政策，进行了民族政策的再教育，从而为维护和发展我国各民族间平等、团结、互助的关系，为各民族的繁荣发展开辟了广阔的前景。

三、民族问题是社会政治总问题的一部分

民族问题不是孤立的，它与社会政治生活密切相关，是社会政治发展总问题的一部分。所谓社会政治发展的总问题，简言之，就是革命和政权问题，其他所有问题都是紧紧围绕这个核心的。无论在任何国家、任何时代，解决民族问题离开了社会政治总问题，即革命和政权问题，都是不可能的。

民族问题作为社会政治总问题的一部分，它与革命和政权问题的密切联系表现在以下两个方面。

其一，从民族问题对革命和政权问题的依赖性来看，解决民族问题不能离开当时的社会政权总问题。在资本主义生产关系产生和发展时期，资产阶级为建立统一的民族国家而开展的民族运动，是围绕资产阶级革命和建立资产阶级专政的政权这一核心的，其根本目的是适应新的资本主义生产关系的需要，为建立统一的国内市场而开辟道路。这个目的只有在解决了资产阶级革命和政权问题的前提下才能实现。也就是说，只有摧毁了封建割据势力，取得革命成功，建立资产阶级专政的国家政权，资产阶级的民族运动才能获得成功。同样，无产阶级领导下的民族解放运动也离不开无产阶级的革命和政权问题。在殖民地半殖民地国家，无产阶级和人民大众如果不解决推

翻封建主义、帝国主义的统治，建立无产阶级领导的人民大众的国家政权这一根本问题，就不能真正取得民族的独立和解放；在多民族的资本主义国家中，如果不推翻资本主义制度，民族压迫和民族纠纷也不能彻底消除。在我国抗日战争时期，我们党领导全国人民反抗日本帝国主义的斗争，是紧紧围绕新民主主义革命和建立人民政权这个核心的。在没有建立无产阶级领导的革命政权之前，中华民族不可能获得真正的解放。只有在中国共产党的领导下建立了新中国，中国人民才真正站起来了，才真正对外摆脱了帝国主义的欺侮压迫，对内实现了各民族的平等，为彻底解决我国的民族问题提供了基本条件。当然，在革命成功、建立了政权之后，像我国这样一个统一的多民族国家仍然存在着民族问题。这时的民族问题，仍然是社会政治总问题的一部分，仍然紧紧围绕着社会主义革命和建设，围绕着巩固和发展人民民主专政的国家政权这个核心。新中国成立三十多年来的实践证明，每当我们坚持正确的思想路线，在社会主义革命和建设中取得巨大成就时，每当我国人民民主专政的国家政权健全、巩固时，民族问题就解决得好。反之，在"文化大革命"的十年内乱期间，我们的革命和政权受到了干扰，民族问题也不可能得到很好的解决。这说明，民族问题是紧紧依赖革命和政权问题的。

其二，从民族问题对革命和政权的影响来看，一个社会，民族问题解决得好坏，是直接影响到革命能否成功、政权能否稳定的大问题，也就是说，是关系到一个国家治乱兴衰的大问题。无论在历史上还是在今天，解决好民族问题都具有重大意义。从这个角度，我们也可以认识到民族问题与革命和政权问题的密切关系，认识到它是社会政治总问题的一部分。

民族问题不是一成不变的，而是随着历史发展不断变化的。每个时代，社会发展的每个阶段，民族问题都有不同的性质和内容。因此，在解决民族问题时，必须进行具体分析。怎样才能正确确定不同时期、不同条件下民族问题的性质与任务呢？最根本的方法就是把民族问题和社会政治总问题联系起来，作为其中的一个部分来认识。因为，民族问题在不同时期的性质和内容正是随着社会政治总问题的发展而变化的。只有充分认识到民族问题与革命和政权的密切联系，我们才能在实践中解决好民族问题，这就是我们掌握"民族问题是社会政治总问题的一部分"这一基本观点的实际意义。

第二节　资产阶级国家与民族问题

一、民族运动与资产阶级国家

在剥削阶级占统治地位的社会里，民族压迫和民族斗争早就存在。但是，在奴隶制、封建制社会里的民族斗争是狭隘的，它不能形成改变社会制度的民族运动。因为这种民族斗争是建立在分散的落后的小生产的基础上的。民族运动是随着资本主义的产生和发展而形成和发展的。它是在资产阶级同阻碍资本主义发展的封建割据和封建制度进行斗争中形成和发展的。产生资产阶级民族运动的根本原因是：资产阶级要求建立统一的国内民族市场，使操同一种语言的人们组成统一的民族国家。

列宁指出："在全世界上，资本主义彻底战胜封建主义的时代，是同民族运动联系在一起的。这种运动的经济基础就是：为了使商品生产获得完全胜利，资产阶级必须夺得国内市场，必须使操着同一种语言的人所居住的地域用国家形式统一起来……"①由此可见，在资本主义形成和发展的时期，民族运动是同资产阶级民主革命和建立资产阶级国家政权相一致的。资产阶级革命的过程，也就是资产阶级民族形成的过程。资产阶级国家政权的建立，是资产阶级革命的结果，同时也是资产阶级民族

---

① 《列宁选集》第2卷，人民出版社1972年版，第508页。

运动的结果，即建立了统一的民族国家。例如，英国、法国、意大利等国家。

　　但是，东欧的情况则不同，在那里，资产阶级民族形成的过程和建立中央集权制国家的过程是不一致的。因为在这些国家里，资本主义的发展还没有开始，或者刚刚开始，然而为了抵御外敌的侵略，必须先建立抵御外来侵犯的中央集权制国家。这样，东欧中央集权制国家出现的过程，比资产阶级民族形成的过程要快些。例如，奥地利、匈牙利、俄国。因此，就形成了在一个国家内有许多个民族存在，其中有一个发展较快的大民族统治着其他弱小民族的情况。于是，就产生了民族压迫和小民族反抗大民族压迫的民族斗争，即要求民族平等和建立民族独立国家的斗争。斯大林说："在这些多民族的国家里，有一个比较发达的民族居于统治地位，其余不大发达的民族则在政治上以至后来在经济上都受统治民族支配。东欧的这些多民族的国家成了民族压迫的发源地。"[①]在资本主义尚未发展到帝国主义时期的民族问题，主要是指这种民族问题，即所谓"文明国家"的民族问题。这个时期的民族问题只限于国内，是一个国家内部的问题。

　　资本主义发展到帝国主义时期，民族问题的范围扩大了，变成了民族殖民地问题，即由国内问题变成了国际问题。斯大林说："民族压迫和反抗民族压迫的斗争方式发展的第二个时期，是西方帝国主义出现的时期。这时，资本主义为了寻求销售市场、原料、燃料和廉价劳动力，为了争取输出资本和获得铁路与海上的交通干线而跳出了民族国家的范围，靠侵占远近各邻国来扩张自己的领土。在这第二个时期，西方的旧民族国家英国、意大利和法国已不再是民族国家了，就是说，它们因夺得了新的领土而变成了多民族的殖民国家，因而也就成了在东欧早已存在的那种民族压迫和殖民压迫的舞台。"[②]这样，过去仅仅对那些"文明国家"有意义的民族问题，到了帝

---

① 《斯大林全集》第5卷，人民出版社1957年版，第28页。

② 《斯大林全集》第5卷，人民出版社1957年版，第28页。

国主义时期，它同整个殖民地问题融合起来，即发展成为整个殖民地问题了。从而使民族斗争变成被压迫民族、殖民地和半殖民地人民反对世界帝国主义的斗争了。这说明，民族问题不但在国内政治生活中占有重要地位，而且在国际政治生活中也占有重要的地位。它不仅涉及国家与国家的关系，而且涉及每个国家对此问题的态度，即各国的外交政策问题。

二、资产阶级的民族政策

民族政策是指一个国家的统治阶级解决民族问题的态度和方法。一切剥削阶级在对待和处理民族问题时，都采取民族主义的态度和方法。资产阶级是最后的一个剥削阶级，它集一切剥削阶级民族主义之大成，形成了资产阶级民族主义。

所谓资产阶级民族主义，是指资产阶级的民族观点和解决民族问题的纲领与原则。具体地说，它可以包括以下三点：一是民族优劣的观点。资产阶级把民族划分为优等民族与劣等民族，或称文明民族与野蛮民族。他们认为，优等民族是文明的创造者，天生就应当统治与压迫劣等民族。二是民族至上的原则。资产阶级和其他剥削阶级一样，把民族看成是超阶级的，认为在民族这种共同体内部是没有矛盾的，整个共同体中所有的成员的利益都是一致的，或者虽然承认有内部矛盾，但是在任何情况下它同民族之间的矛盾比较起来都是次要的。资产阶级的这种观点，实际上是用民族矛盾来掩盖阶级矛盾。他们之所以宣扬这种观点，其目的在于冒充民族利益的代表，打着民族利益的旗号，制造民族壁垒，破坏各民族劳动人民的团结，欺骗人民群众，以民族利益的名义侵略与压迫其他民族。帝国主义、霸权主义的扩张政策和侵略行径，就是这种反动的民族主义的最高表现。三是民族投降的原则。在遇到强大的异民族入侵，或者本民族人民革命力量十分强大的时候，资产阶级和其他剥削阶级一样，常常又卖身投靠，出卖本民族的利益，甘当外来压迫民族的统治阶级或统治集团的走狗和附庸，勾结异民族的反动阶级、反动派来共同反对和镇压本民族的劳动人民群众。总而言之，资产阶级民族主义就是资产阶级利己主义在民族问题上的表现，其实质是以资产阶级利益为核心来看待和处理民族问题。

资产阶级民族主义的实质与原则，决定了资产阶级解决民族问题的基本政策是民族压迫，这种民族压迫政策，在多民族的国家里表现为推行民族歧视、民族不平等和民族同化；对外表现为大国沙文主义、领土扩张主义、殖民主义和霸权主义。

由于民族问题的复杂性，剥削阶级在实行民族压迫政策时，又根据不同条件采取不同方法。从历史上的剥削阶级到现代的资产阶级通常采用的方法有下列几种：一是实行民族歧视，制造民族纠纷、民族隔阂和民族仇恨。如19世纪末20世纪初沙皇俄国所实行的政策。二是强制推行民族同化，用暴力消灭落后民族和种族的政策。如第二次世界大战前日本帝国主义对朝鲜所推行的政策。三是分化少数民族，收买少数民族上层，实行民族怀柔政策。如清朝政府满族统治阶级对其他民族所实行的政策；四是制造民族分裂，采取以夷制夷的政策，如英国殖民者对印度的殖民统治政策。五是在社会主义国家建立以后，资产阶级假借"民族自决"的口号煽动少数民族脱离统一的多民族的社会主义国家。上述这些政策和方法，是一切剥削阶级所惯用的各种花样，但把它们归纳起来，就是推行民族的不平等，破坏各民族劳动人民的团结。

在剥削阶级统治的社会里，民族压迫是普遍存在的现象。因此，必然地存在着压迫民族和被压迫民族。如果一个民族是由剥削阶级统治的，实行民族压迫政策则是必然的。也就是说，只要剥削制度存在，各民族的平等和各民族劳动人民的团结就是不可能的。斯大林针对资产阶级制度下的民族问题指出："在资本统治下，在生产资料私有制和阶级存在的情况下，民族权利平等是不可能得到保证的，只要资本政权还存在，只要争夺生产资料的斗争还在进行，就不可能有任何的民族权利平等，也不可能有各民族劳动群众之间的合作。"①因此，只有消灭资本主义制度，建立社会主义制度，才能实现民族权利平等和各民族劳动人民的团结。

那么马克思主义怎样对待资产阶级的民族主义呢？马克思主义认为，在资产阶级革命初期，反对封建制度建立民族国家的民族主义符合历史发展要求，具有一定的进步意义；在帝国主义时期，反对帝国主义压迫的民族主义也是进步的。而压迫民族的民族主义则是反动的。但是，民族主义与国际主义是对立的，我们在任何时期都要划清国际主义与民族主义的界限。

第三节　社会主义国家与民族问题

一、社会主义民族问题和马克思主义解决民族问题的基本原则

社会主义民族问题是社会主义政治发展总问题的一部分。随着民族民主革命的完成，资产阶级的民族问题在一定范围内和一定程度上得到了解决。随着社会主义革命的胜利，无产阶级专政的建立，民族问题的性质和任务发生了根本变化。它由过去属于资产阶级革命和资产阶级政权的一部分，改变为同社会主义革命和无产阶级政权不可分离的一部分了。也就是说，它是属于社会主义政治发展总问题的一部分了。

由于社会主义国家政权的建立，消灭了剥削制度，铲除了民族压迫和民族歧视的根源，在社会主义制度下，各民族在政治上、法律上享有完全平等的权利，各民族的地位是一律平等的。各民族的关系由于剥削阶级的消灭成为各民族工人与各民族农民之间的关系。正如斯大林所说的，是大民族的工人阶级同本民族及其他民族的农民之间的关系。即工人阶级与各民族其他劳动人民之间的关系。这种民族关系就决定了

①　《斯大林全集》第5卷，人民出版社1957年版，第30页。

社会主义的民族问题的性质，是属于各族人民之间的内部矛盾，而不是敌我矛盾。当然，在剥削阶级消灭以后，阶级斗争在一定范围内仍然存在，这种斗争也要反映到民族问题上，但它已经不是主要矛盾，它不能决定整个民族问题的性质，这是社会主义国家解决民族问题的基本出发点。

既然剥削制度消灭了，民族压迫也不存在了，那么社会主义民族问题的任务是什么？是解决历史上遗留下来的各民族之间的事实上的不平等，帮助落后民族在政治、经济、文化等方面赶上先进民族，实现各民族的共同发展与共同繁荣。这个任务的实质是为将来各民族的融合创造条件。由于各民族的发展情况不同和各民族都有长期形成的民族特点，实现这一任务的唯一正确途径，就是社会主义内容的民族化，其中包括各民族政权机关的民族化，经济发展的民族化（即按照各民族地区的特点进行经济建设），语言文化的民族化，等等。如果不通过社会主义内容的民族化，就不可能实现民族融合的目的。这就是在民族问题上的辩证法。如果不是这样，硬搬大民族的方法来解决少数民族地区的问题，就违背了辩证法，就会犯错误。

民族的存在就表明各民族之间有差异，有差异就有矛盾，民族问题就是民族矛盾，在社会主义制度下的民族问题，就是各民族在根本利益一致的基础上的矛盾。马克思列宁主义如何解决民族问题在于马克思列宁主义解决民族问题的基本原则，就是反对民族歧视和民族压迫，坚持民族平等和实现民族团结。简单地说，就是"各民族的平等的联合"。

马克思主义所主张的民族平等，是指一切民族的平等，各民族在一切权利上的完全平等，各民族在事实上的平等。马克思主义所主张的民族联合，是指民族团结，是在民族平等基础上的自愿联合，联合的目的是为了实现反对帝国主义和建设社会主义的共同目标。民族平等与民族联合是统一的。二者统一起来就构成无产阶级的国际主义。因此，也可以说，马克思主义解决民族问题的基本原则就是无产阶级的国际主义。

　　国际主义与资产阶级民族主义的根本区别，就在于资产阶级民族主义只讲平等，不提联合，其结果是争得民族平等后又要制造民族壁垒、民族隔阂，直到实行民族压迫。国际主义则是既讲平等，又讲联合，其结果是民族团结、互助友爱，直到将来的民族融合。

　　应该指出，在社会主义民族关系上，要防止两种民族主义倾向，即大民族主义和地方民族主义。大民族主义是歧视少数民族，不尊重少数民族的特殊性，不帮助少数民族的发展；地方民族主义是在实现民族平等以后，片面强调本民族的特殊性，制造民族壁垒，危害民族团结。这两种倾向都是错误的，都是与马克思主义解决民族问题的基本原则相违背的。

　　马克思主义解决民族问题的基本原则的根据是什么呢？其一，是根据马克思主义的民族观，即对世界上各民族在人类历史上作用的总的观点的看法。马克思、恩格斯在《神圣家族》中曾指出："古往今来每个民族都在某些方面优越于其他民族。"[①]斯大林也指出："每一个民族，不论其大小，都有它自己的本质上的特点，都有只属于该民族而为其他民族所没有的特殊性。这些特点便是每个民族对世界文化共同宝库的贡献，补充了它，丰富了它。在这个意义上，一切民族，不论大小，都处于同等的地位，每个民族都是和其他任何民族同样重要的。"[②]毛泽东根据我国的民族情况，也着重指出："各个少数民族对中国的历史都作过贡献。"[③]其二，是根据人类社会发展在民族问题上的两个历史趋向。列宁指出："在资本主义的发展过程中，可以看出在民族问题上有两个历史趋向。第一个趋向是民族生活和民族运动的觉醒，反对一切民族压迫的斗争，民族国家的建立。第二个趋向是民族之间各种联系的发展和日益频繁，

---

① 《马克思恩格斯全集》第2卷，人民出版社1957年版，第194页。

② 《斯大林文选（1934—1952）》（下），人民出版社1962年版，第507页。

③ 《毛泽东著作选读》下册，人民出版社1986年版，第732页。

民族壁垒的破坏，资本、一般经济生活、政治、科学等等的国际统一的形成。"　"第一个趋向在资本主义发展初期占优势。第二个趋向标志着资本主义已经成熟，正在向社会主义社会转变。马克思主义的民族纲领考虑到这两个趋向，因而首先是坚持民族平等和语言平等，不容许在这方面有任何特权……，其次是坚持国际主义原则，毫不妥协地反对用资产阶级的民族主义思想——哪怕是最精致的——毒害无产阶级。"[1]随着资本主义大生产的发展，资本主义市场的扩大，各民族之间的联系必然要加强，民族壁垒必然要打破，因此，民族联合是历史的必然趋势。这个原则反映了工人阶级和被压迫民族解放斗争的根本利益。工人阶级和被压迫民族只有推翻帝国主义的压迫，消灭人剥削人的制度，建立美好的社会主义和共产主义新社会，才能获得解放，真正实现各民族的平等与联合。

二、国家结构与民族自决权

民族问题反映在国家制度上就表现为国家结构形式问题，即单一民族的国家和多民族的国家如何组织自己的国家的问题。这就需要研究国家结构形式。

国家结构形式是指国家整体与局部之间、中央机关与地方机关之间的关系。也就是一个国家的各个地区如何组成的问题。国家结构形式分为单一制与复合制两大类。单一制是由若干行政区域构成的单一主权国家的结构形式。复合制是由几个国家或具有相对独立性的地区（州）通过协议联合组成的各种国家联盟的结构形式。复合制又分为联邦、邦联、君合国（如1867年奥匈联合）、政合国（如1814—1905年瑞典与挪威的联合）等形式，但最稳定、最普遍的是联邦制。因此，当今世界上的国家结构形式主要分为单一制与联邦制两大类。

---

[1]　《列宁全集》第20卷，人民出版社1958年版，第10页。

马克思主义在原则上主张社会主义国家应采取单一制，反对联邦制。因为单一制，即统一集中的国家，适应社会化大生产的需要，有利于社会经济的发展。在资本主义时期，它有利于工人阶级联合起来同资产阶级进行斗争；在社会主义时期，单一制更有利于工人阶级和广大劳动群众的团结，共同建设社会主义。而联邦制是封建割据的残余，这种分散的结构形式，不利于社会经济和文化的发展，妨碍工人阶级在斗争中的团结和统一。恩格斯在谈到德国未来的国家制度时指出："应该用什么东西来代替现在的德国呢？在我看来，无产阶级只能采取单一而不可分的共和国的形式。"[1]列宁在二月革命前也指出："我们在原则上反对联邦制，因为它削弱经济联系，它对于一个国家来说是一种不合适的形式。"[2]

但马克思主义也承认在个别情况下，作为例外，可以采取联邦制。原因只有一个，即存在着民族问题。列宁在《国家与革命》中指出："恩格斯也注意到一个明显的事实，即民族问题还存在，因此，他承认联邦制共和国是前进一步。"[3]

为什么在存在民族问题的情况下可以作为例外而采取联邦制的国家结构形式呢？这同民族自决权问题有密切关系。民族自决权是指每个民族在自主的基础上安排自己生活的权利。反映在国家结构形式上，它可以同其他民族一起建立统一的多民族国家，也可以建立联邦制国家，或者完全分离建立自己的民族国家。

关于民族自决权的实质，列宁在《关于自决问题的争论总结》一文中指出："要解放被压迫民族，首先要在政治方面实行双重改革：（1）各民族一律平等……；（2）政治上的分离自由。"[4]这是列宁对存在压迫民族和被压迫民族的条件下对民族自决权的解释。这里，列宁讲的第一条是核心，即"各民族一律平等"，第二条是指

---

[1] 《马克思恩格斯全集》第22卷，人民出版社1965年版，第275页。

[2] 《列宁全集》第19卷，人民出版社1959年版，第501页。

[3] 《列宁选集》第3卷，人民出版社1972年版，第233页。

[4] 《列宁全集》第22卷，人民出版社1958年版，第316页。

在民族压迫存在的条件下实现民族平等的保障。

在民族自决权问题上，列宁同第二国际的鲍威尔、石普林格尔所进行的激烈争论，表明了马克思主义对这一问题的基本态度。鲍威尔、石普林格尔认为，自决权就是在资本主义制度下的区域自治、文化自治。在民族压迫存在的条件下，这种主张是为帝国主义效劳的理论。列宁明确指出，在帝国主义民族压迫的条件下，民族自决权最主要的是分离权。如果不从帝国主义奴役下分离出去，就不能摆脱民族压迫，就不可能实现民族平等。

但是，分离权与分离是两码事，分离权是指分离自由，分离的可能性，而不是指必须分离。如果指必须分离，这就不是分离权而是分离义务了。列宁指出："我们拥护分离权（但不拥护所有民族的分离！）。自治制是我们建立民主国家的计划。分离绝对不是我们的计划。我们绝对不宣传分离。总的说来，我们是反对分离的。但我们拥护分离权，因为黑帮的大俄罗斯民族主义大大损害了民族共居的事业，有时在自由分离以后，反而可以获得更多的联系！"①为什么我们拥护分离权而不拥护所有民族分离呢？列宁说："我们要求民族有自决自由，即被压迫民族有独立自由、分离自由，并不是因为我们想实行经济分裂，或者想建立小国，恰恰相反，我们是想建立大国，使各民族在真正民主和真正国际主义的基础上相互接近乃至相互融合，但是没有分离自由，这种基础是不可想象的。"②因为在民族问题上，一个非常重要的问题是，人们具有一种特别的心理状态，"只要稍有强迫，这种心理状态就会玷污和损害集中制、大国制……的无可争辩的进步作用，并将这种进步作用化为乌有"③。

民族自决权的根本目的是实现民族平等的联合。列宁主张为联合而分离。这最

---

① 《列宁全集》第19卷，人民出版社1959年版，第502页。

② 《列宁全集》第21卷，人民出版社1959年版，第392–393页。

③ 《列宁全集》第19卷，人民出版社1959年版，第500页。

鲜明地表达了自决权的目的。为了达到这个目的，在不同的社会发展阶段有不同的途径。在帝国主义时期，被压迫民族的自决权实现的途径是分离权，没有分离自由，就不可能保障实现民族的平等，更不可能达到民族的联合。在社会主义国家，已经消灭了民族压迫的根源，实现了民族平等。因而实现民族自决权的途径就不再是分离权，而是平等的联合。如果这时再提出分离，正像斯大林所说的，它就不是进步的而是反动的了。

斯大林在《著者的话》一文中说："我们主张印度、阿拉伯、埃及、摩洛哥和其他殖民地同协约国分离，因为这种分离意味着这些被压迫国家从帝国主义压迫下解放出来，意味着削弱帝国主义阵地而加强革命阵地。我们反对各边疆地区同俄国分离，因为这种分离意味着使各边疆地区受帝国主义奴役，意味着削弱俄国的革命实力而加强帝国主义阵地；正因为如此，协约国反对印度、埃及、阿拉伯和其他殖民地实行分离，同时却争取各边疆地区同俄国分离。正因为如此，共产党人主张殖民地同协约国分离，同时又不能不反对各边疆地区同俄国分离。显然，分离问题是依据具体的国际条件，依据革命的利益来决定的。"[①]

由此可见，民族问题、民族自决权问题直接同国家结构形式相关联，在不同情况下有不同的表现方式。在资本主义初期和帝国主义时期，被压迫民族为了反抗民族压迫，可以分离出去建立独立的单一制国家；在各民族已经单独建立民族国家后，为了共同反对帝国主义，为了共同建设社会主义，也可以建立联邦制国家；在多民族国家里，共同反对帝国主义及其走狗取得胜利后，就可以建立统一的多民族的单一制国家。总之，各民族采取什么样的国家结构形式，完全要根据不同的历史条件、不同国家的具体情况来决定。

---

① 《斯大林全集》第4卷，人民出版社1956年版，第329页。

三、社会主义多民族的联邦制国家

马克思主义认为，社会主义国家采取联邦制是向单一制的过渡形式。马克思主义在原则上反对联邦制，但在特殊情况下，联邦制也可以作为一种"例外"，作为一种特殊的解决办法。1919年，俄国共产党第八次代表大会通过的党纲明确规定："党主张按照苏维埃形式组织起来的各个国家实行联邦制的联合，作为走向完全统一的一种过渡形式。"

列宁、斯大林在二月革命前是反对联邦制的，因为沙皇俄国是"各民族的监狱"，只有各民族人民在统一的国家内联合起来，才能集中革命力量，共同反对沙皇制度，如果分裂为各个独立的国家，就会分散革命力量。二月革命后，许多民族实际上处于完全分裂和彼此隔绝的状态，在边疆地区成立了许多小国，组织了资产阶级政府，即建立了资产阶级民族国家。在这种情况下，把各民族联合起来，最好的形式是联邦制。因此，列宁、斯大林改变了原来的看法，从反对联邦制转变为赞成联邦制。

1918年，由列宁起草的《被剥削劳动人民权利宣言》中，第一次以宣言的形式提出苏维埃国家采取联邦制的主张。该宣言指出："俄罗斯苏维埃共和国建立于各自由民族之自由联盟基础上，而成为各民族苏维埃共和国联邦。"[①]1922年，在苏维埃第一次代表大会上成立了苏维埃社会主义共和国联盟。

对于苏联为什么采取联邦制，斯大林分析了三条原因：一是俄国二月革命后，国内各民族已经出现了分裂状态，联邦制可以使各民族的劳动者从分离走向联合，这是一个历史进步。二是从苏联的实际经验来看，联邦制并不像以前想的那样阻碍各民族在政治、经济、文化等方面的联系，在俄国具体情况下可以显示出它的合理性。三是

---

① 《列宁文选》第2卷，人民出版社1972年版，第314页。

十月革命后，民族问题非常复杂，采取联邦制能够更好地解决民族问题，使苏维埃政权得以巩固和发展。

南斯拉夫是一个多民族的国家。在历史上，各民族之间存在着民族纠纷和民族隔阂。帝国主义者也常常利用民族矛盾制造民族冲突。第二次世界大战以后，在南斯拉夫共产党领导下，消灭了民族对立的剥削制度，但各民族之间的矛盾仍然存在。为了解决国内民族问题，团结各民族人民建设社会主义，南共联盟借鉴苏联的经验，采取了联邦制，建立了南斯拉夫社会主义联邦共和国。

四、社会主义多民族的单一制国家

单一制是统一的中央集权制的国家结构形式。在多民族的国家里采取单一制的形式。就是在国家制度上采用中央政府统一领导下实行区域自治的制度来解决民族问题。

民主集中制的单一制国家，是马克思主义建立社会主义国家的理想形式，因为它有利于建立大规模的社会主义经济和加强各族人民的经济、文化联系，加强政治上的团结。在帝国主义存在的条件下，它还有利于防止帝国主义的侵略和颠覆活动。

列宁指出："我们社会民主党人是各种民族主义的敌人，是民主集中制的拥护者。我们反对分立主义，我们深信，在其他条件相等的情况下，大国比小国更能顺利地解决发展经济的任务。"[1]

但是，民主集中制并不排斥各民族实行区域自治，而且还主张只有根据各民族的特殊情况实行民族区域自治，才能真正实现民主集中制。正如列宁所指出的："民主集中制不仅不排斥地方自治和具有特殊的经济和生活条件、特殊的民族成分等等的区

---

[1] 《列宁全集》第20卷，人民出版社1958年版，第217页。

域自治,相反地,它必须……要求区域自治。"①"如果不保证每一个在经济上和生活上具有比较大的特点以及具有特殊的民族成分等等的区域享受这种自治,那就不可能设想有现代的真正民主的国家。"②

民族区域自治就是在国家不可分割的领土之内,在最高国家机关统一领导下,以少数民族聚居的地区为基础建立民族自治地方,以实行自治的民族成员为主组成自治机关,按民主集中制原则,充分行使自治权利,遵照国家总的方针、政策,自主管理本民族、本地方的事务,并积极参加全国的政治生活。

我国是多民族的单一制国家,在少数民族聚居地区实行民族区域自治。这是由我国长期形成的历史情况和各民族之间的特殊关系所决定的,具体表现在下述五个方面。

其一,自鸦片战争以后,我国各族人民深受帝国主义的压迫和欺凌。中华民族要想获得解放,就要对外摆脱帝国主义的压迫,实现民族独立;对内实行各民族的自由联合,共同反对帝国主义及其走狗。

其二,我国工人阶级及其政党——中国共产党领导了中国的民族民主革命,在各族人民中获得了崇高的威望。我国各族人民自觉团结在党的周围结成革命统一战线,建立于统一的武装力量。长期的革命战争,特别是三年多的人民解放战争,在全国绝大多数地区扫清了各种反动势力和反动武装,绝大多数民族同时获得解放,从而奠定了全国大统一的基础。

其三,新中国成立以后,我国进入了社会主义革命和社会主义建设时期。各族人民只有走社会主义道路,才能彻底摆脱受压迫、受剥削的地位,保证各民族在经济上和文化上的繁荣发展。而各少数民族如果脱离了中国共产党的领导和广大汉族人民的

---

① 《列宁全集》第20卷,人民出版社1958年版,第29-30页。
② 《列宁全集》第20卷,人民出版社1958年版,第30-31页。

帮助，是不能走上社会主义道路的。

其四，长期的历史发展，使各民族杂居，并且少数民族地区地域辽阔，资源丰富，但缺少工业基础，缺少劳动力、技术和干部，而汉族人口多，工业基础雄厚，劳动力和干部也较多。由于这种自然条件和社会历史发展情况，在汉族地区和少数民族地区之间，在不同的少数民族地区之间存在着某些悠久的经济分工，形成了各民族之间的互相依存、互相帮助、不可分离的关系。这些条件决定了各民族在统一的大家庭里，可以较快地改变少数民族在事实上的不平等。

其五，在国际上还存在着帝国主义和霸权主义侵略、颠覆的威胁，为了防止和抵御帝国主义的侵略，反对霸权主义，维护我国的独立与安全，需要全国各族人民紧密团结，密切合作。

总之，在我国的具体历史条件下，全国各族人民只有在中国共产党的领导下紧密团结在社会主义大家庭内，才能真正实现平等和联合，才能达到各民族的共同发展与繁荣。

第五章 国家的统治形式

国家是政治统治的工具。所谓政治统治，是指统治者行使政治权力对社会进行管理和控制。谁来行使政治权力，这是政治权力的性质问题，即国体问题。怎样行使政治权力，即行使政治权力的形式、方法问题，是统治形式问题。一个国家的政权确立后，关键在于如何行使政治权力。

行使政治权力有两个层次问题，一是确定国家的根本政治制度，这表现为各种国家机关的设置，特别是中央国家机关的设置问题，即政体；二是统治阶级内部参加政权的阶级、阶层、集团的政治参与形式问题。如一党制还是多党制，政治一元化还是多元化等等。这些都是一个国家最重要的政治问题，是建立政权所必须首先要解决的问题。宪法的主要任务就是解决这些问题。因此，现代国家一经建立，首先就要制定宪法，用宪法规定国家的根本政治制度。

任何国家的政治统治形式都不是从天上掉下来的，都是为了体现政治统治本质，即统治阶级的需要而不断总结统治方法的经验结果。在统治方法上，一是借鉴历史上各种统治形式的经验，为此，我们对历史上各种统治形式都讲，为的是吸取正反两方面的经验和教训；二是根据本国的具体情况，即根据本国的具体政治、经济、文化发展状况及历史传统等。在确立一个国家的政治制度时，忽视其中哪一条都是不可取的。

一个国家的政治统治形式不是一成不变的，它要随着经济发展、政治发展、文化发展而不断变化。这种变化有大变也有小变，大变是指根本政治制度的改变，如由君主制改为共和制，由总统制改为议会制等。小变是指在根本政治制度不变的前提下，对机关设置的调整，对政治参与形式的改变等。每个国家的政治统治形式都是要进行改革的，否则就会僵化，但改革的形式与程度要根据各国的国情。我国的政治体制改革，是在根本政治制度不变的前提下，对党与政府、群众团体关系加以理顺和对政府机构职能的调整与改变，研究政治统治形式理论就是为政治体制改革提供理论基础。

第一节　马克思主义关于国家统治形式的理论

国家是阶级统治，是统治阶级的有组织的力量。任何一个国家的统治阶级在实现他们的统治的时候，都要采取一定的形式，没有一定的形式，就不能实现其阶级统治。这种表现国家本质的形式，就是国家的统治形式。

任何事物的内容都必须通过一定的形式表现出来。如果没有形式，它的内容就成为看不见摸不着的东西了。国家也是一样，如果没有统治形式，国家的本质就无法体现，国家就不成其为国家了。所以，国家的统治形式问题，是国家学说中一个重要的问题。

一切剥削阶级的政治学家都非常重视对国家统治形式的研究，但是他们否定国家的本质，甚至把国家的统治形式说成是国家的本质。因此，他们对国家统治形式的研究，是形式与本质相脱离，或者是本质与形式相混淆的。马克思主义认为，国家的统治形式与国家的本质密切相关联，二者是统一的。国家本质决定国家形式，国家形式是国家本质的表现。必须在国家本质的基础上研究国家形式，这是马克思主义与一切剥削阶级政治学者在研究国家统治形式问题上的根本分歧。

一、国家统治形式的概念

关于国家的统治形式问题，在我国的政治、法律著作中有各种提法，如"国家形式""国家治理形式""国家管理形式""国家的政权组织形式""国家的政府体制""国家的基本政治制度"以及"政体"等等。虽然提法各不相同，但对其含义的解释大体一致，都是指一个国家的统治阶级用什么形式组成其实现政治统治权力的国家政权机关，并且主要指用什么形式组成国家的最高权力机关。

具体地说，统治形式的概念应当包括以下几个内容：

①统治形式是指国家政权机关的组织形式，主要指国家最高权力机关的组织形式。

②最高统治权是一个人行使，还是集体化的国家机关行使。

③行使最高统治权，是集中在一个机关，还是由几个机关分工行使。

④国家统治形式的目的在于：一方面解决统治阶级内部的关系问题，协调和团结本阶级的力量以利于统治；另一方面，更主要是解决与被统治阶级的关系问题，即对被统治阶级进行更有效的统治。

从上述几项内容来看，国家统治形式的最恰当的表达方式是毛泽东所阐述的政体概念："所谓'政体'问题，那是指的政权构成的形式问题，指一定的社会阶级取何种形式去组织那反对敌人保护自己的政权机关。"[①]

从政权组织的原则来表述，政体也可以分为集权制、分权制和民主集中制。彭真在《关于中华人民共和国宪法草案的说明》中指出，宪法草案规定，"国家机构实行民主集中制的原则"。这是我们国家的政体。

由此可见，表述统治形式的方法有两个，一是从组成政权机关的形式的角度来表述，这就是毛泽东对政体概念的阐述；二是从组成政权机关的原则的角度表述，就是集中制与分权制。

二、国体与政体

一切剥削阶级的政治学，都分不清国体与政体的关系，或者根本不愿分清这二者的关系。毛泽东指出："这个国体问题，从前清末年起，闹了几十年还没有闹清楚。"[②]即使有些人把国体与政体分开，也是把一切国家的国体看作具有相同的性质。

---

① 《毛泽东选集》合订本，人民出版社1968年版，第637-638页。

② 《毛泽东选集》合订本，人民出版社1968年版，第637页。

例如有的人说，一切的国家就其构成要素及政治性质而言，都是相同的，并无根本上的差异。世界各国的制度之所以形形色色、千差万别，就在于政体的不同。因此，他们不讲国体与政体的关系，或者把国体与政体混淆起来。

只有马克思主义才明确地分清了国体与政体，作出了科学的解释，并且正确地阐明了二者的关系。这也是马克思主义政治学与剥削阶级政治学的一个明显区别。

所谓国体，是指国家的阶级性质，指一个国家中哪个阶级占统治地位，哪些阶级居于被统治的地位。在统治阶级中如果有几个阶级联合统治，还要分清哪个阶级是领导者，哪个或哪些阶级是同盟者。因此，国体就是指社会各阶级在国家中的地位。如我国宪法规定："中华人民共和国是工人阶级领导的、以工农联盟为基础的人民民主专政的社会主义国家。"这就是表明我们国家的国体，即表明我们国家的阶级性质。

所谓政体，是指统治阶级以什么样的政权组织形式实行统治。正如毛泽东所说："指的一定的社会阶级取何种形式去组织那反对敌人保护自己的政权机关。"[1]如剥削阶级国家的君主制、共和制，社会主义国家的人民代表大会制、苏维埃制等等。我国宪法第二条规定："人民行使国家权力的机关是全国人民代表大会和地方各级人民代表大会。"这就是我们国家的政体。

国体与政体是统一的。任何一种国体都要采用一定的政体才能实现阶级统治的任务。毛泽东曾指出："没有适当形式的政权机关，就不能代表国家。"[2]政体是为国体服务的，是国体的表现形式，国体决定政体。

但是，对国体决定政体，不能机械地理解为国体与政体是简单的对应关系。同一类型的国体，由于各国的历史条件不同，阶级力量对比关系不同，可以采取不同的政体。例如，同样是资产阶级专政的英国和美国，前者采取君主立宪制政体，后者采取

① 《毛泽东选集》合订本，人民出版社1968年版，第637–638页。
② 《毛泽东选集》合订本，人民出版社1968年版，第638页。

总统共和制政体。可见，国体相同，政体可以是多种多样的，这些政体，都服务于国体。由于剥削者类型国家的经济基础都是生产资料的私人占有制，因此不同的剥削阶级类型国家的国体，也可以采用同一形式的政体。如奴隶制、封建制和资产阶级国家都有采取君主制政体的。

社会主义国家是新的最高历史类型的国家，是人民群众当家作主的国家。它的政体也可以是多种的，但必须与无产阶级"争得民主"的原则相适应。因此，社会主义国家决不能采取与民主相违背的君主制，可以采取各种形式的共和制政体。

三、划分国家统治形式的标准

在人类历史上，自从国家出现以后，各个阶级的政治思想家和政治活动家，都要研究各种统治形式的优缺点，从中选择他们认为理想的形式，为本阶级的统治献计献策。为了选择理想的形式，就不能不对历史上和现实生活中所存在的各种政权组织形式进行比较和划分。西方政治学的创始人亚里士多德，就是在对古希腊的一百多个城邦国家进行比较研究后，把国家划分为君主制、贵族制和民主制等几种形式。他对国家政权组织形式的这种划分，对后来的西方政治学具有很大的影响。那么，剥削阶级政治思想家划分政权组织形式的标准是什么呢？归纳起来有以下几点：

第一，按照执掌国家最高权力的人数划分，是一个人，还是少数人，或者是多数人。

第二，按照国家最高权力执掌者的更替方式划分，是世袭，还是选举。

第三，按照国家最高权力执掌者的任职时间划分，是终身制，还是一定任期。

第四，按照行使统治权的分工情况划分，即按组织国家机关的原则划分，是集权，还是分权。

此外，现代西方政治学者还有一种划分方法，就是以形成国家意志的人数多少为标准，一个人等于国家意志则为君主制或独裁制，两个以上的人的意志形成国家意志，则是共和制。

不言而喻，这些划分政体的标准都是脱离国家的本质和内容，仅从形式上划分的。这种划分标准，对于观察历史上的剥削者类型的国家有一定意义。但是，这种划分方法在现代就没有多大意义了，因为现代西方资本主义已经发展到了垄断时期，无论它们采取的是共和制还是立宪君主制的政权组织形式，在实质上都并无多大区别。

马克思主义政治学也要划分国家的统治形式，但划分的标准不只是从形式上，而主要是从实质上划分。由于现代国家政权的组织形式的实质是民主问题，因此，马克思主义划分政权组织形式的标准是以民主来衡量的。要区分一个国家的统治形式是民主的，还是反民主的；是多数人的民主，还是少数人的民主；是真实的民主，还是形式上的民主、虚假的民主。这样，才能反映出各种政体的真实性质，才能把不同形式的政体和同一形式下不同实质的政体明确区别开来。如社会主义国家采取共和制政体，资产阶级国家也采取共和制政体，但两种政体的实质是不同的，只有用民主这个标准来衡量，才能真正区分出两种共和制政体的不同。

第二节　剥削者类型国家的统治形式

剥削者类型的国家有几千年的历史，经历了奴隶制、封建制和资本主义几个历史阶段。在剥削阶级统治的全部历史上，各种剥削者类型的国家采取过各种各样的统治形式。但是，以划分统治形式的标准来区分，基本上可分为两大类：一是君主制，二是共和制。在这两大类的基础上，每一类还可以分为若干具体形式。

一、君主制

君主制是奴隶制、封建制国家所采取的较为普遍的政权组织形式。它是以君主

（国王、皇帝、沙皇、大公和苏丹等）为国家元首的政权组织形式。君主制在早期，通常是由君主掌握全部或大部分国家最高权力，通过下设的对君主负责的官僚机构管理国家事务。君主制的国家元首，一般是世袭的，如我国封建社会历代王朝的皇帝都是世袭的，西方君主制的王位也是世袭的。有些君主制国家的元首是推选的，如奴隶制罗马帝国的元首。又如欧洲早期所形成的许多诸侯国家，它们完全脱离中央政权，几乎所有的君主都是由诸侯或贵族推选产生。推选出的君主和世袭君主一样，无任期限制，都是终身制。

君主制国家也有若干具体形式。列宁说："君主制并不是形式划一、一成不变的制度，而是非常灵活的、能够适应各阶级的统治关系的制度。"[1]但总的来说，君主制政体包括立宪君主制和专制君主制两种。

（一）专制君主制

君主专制是奴隶制、封建制国家所盛行的一种君主制政体，是君主独揽大权的政权组织形式。奴隶制社会的古埃及和古巴比伦的暴君政治或神权政治，中国封建社会历代王朝的皇权统治，欧洲封建社会末期的绝对君主专制，都是君主专制政体。君主专制的特点是，国家的最高权力完全属于君主，宫廷是国家政治生活的中心，君主的意志就是国家的法律，所有臣民必须绝对服从。君主行使权力不受法律限制，也不受其他机关的监督，而是依靠完全忠于君主的军事官僚机构，维护其专制统治。列宁在谈到君主专制政体时说，君主可以"颁布法律，任命官吏，搜刮和挥霍人民的钱财，人民对立法和监督管理一概不得过问。因此，专制制度就是官吏和警察专权，而人民无权。"[2]

---

① 《列宁全集》第17卷，人民出版社1959年版，第264页。

② 《列宁全集》第4卷，人民出版社1958年版，第231页。

（二）立宪君主制

立宪君主制，亦称有限君主制，是资产阶级类型国家的一种政体。它是资产阶级国家以君主为国家元首，但君主的权力按宪法规定受不同程度限制的政权组织形式。建立立宪君主制的国家，往往是在资产阶级革命进行得不彻底的地方。当时，资产阶级不能建立自己的独占统治地位，因而需要和封建势力妥协。因此，立宪君主制实质上是资产阶级与封建势力妥协的产物。在这种情况下，由于各个国家发展的情况不同，以及资产阶级和封建势力的力量对比关系不同，君主的实际权力和地位差异很大。根据君主实际权力和地位的差异，立宪君主制又分为二元制和议会制两种形式。

所谓二元君主制，是指政府在形式上对君主负责，君主保有相当权力，其行动不受议会约束，并有"钦定"宪法的国家。如1871—1918年的德意志帝国和明治维新到第二次世界大战时期的日本帝国，都是二元君主制。当时，这些国家的封建地主阶级还拥有强大势力，世袭的君主大体上仍保持封建专制时代的权威，操纵国家的立法、行政、司法和军事大权，是国家的最高统治者。这时资产阶级力量较弱，虽然有议会和宪法，但作用不大。马克思针对德意志帝国的立宪君主制指出，它实际上是"一个以议会形式粉饰门面、混杂着封建残余、已经受到资产阶级影响、按官僚制度组织起来、并以警察来保卫的、军事专制制度的国家"[1]。

所谓议会君主制，是指政府（内阁）在形式上对议会负责、君主（国王或女王）的行动受议会约束、有"民定"宪法、君主徒有虚名并无实际权力的国家。如现在的英国、荷兰、比利时等国。在这些国家里，资本主义比较发达，资产阶级占绝对优势，国家的立法权掌于议会，行政权操之于内阁；君主处于象征的地位，成为"统而不治"的虚职元首。

---

① 《马克思恩格斯选集》第3卷，人民出版社1972年版，第21—22页。

总之，区别二元君主制与议会君主制的关键在于君主有无实权，其主要标志是政府（行政权）对君主负责还是对议会负责。

君主制是历史上形成的政权组织形式，它对研究政治制度的历史具有一定意义。但在现实的政治生活中，君主制已日趋衰落。绝对君主专制的时代已经一去不复返了。1917年以前的沙皇俄国是最后一个绝对君主专制的国家，俄国的二月革命和十月革命把它送进了历史博物馆。二元君主制也成为过时的政权组织形式了。1918年以前的德意志帝国和1945年以前的日本帝国，是最后两个二元君主制的国家，它们在第一次世界大战和第二次世界大战后，也都分别被消灭了。目前尚存在的议会君主制，同共和制一起作为资产阶级类型国家的两种政权组织形式，其实际内容与共和制并无多大差别。在第二次世界大战以后，一些民族独立国家也采用君主制的形式，这在亚洲和非洲较多，其中不少是酋长国。这些国家都是发展中国家，它们的政权组织形式也在发展变化中。如埃塞俄比亚、伊朗等国的君主制已被废除。作为现代资产阶级国家形式的君主制国家，主要有英国、荷兰、比利时、北欧三国和日本。这些国家之所以能够继续维持君主制的原因及其今后的发展趋势，是当代政治学关于国家政权组织形式所要研究的课题之一。

二、共和制

共和制是资产阶级国家所采取的较为普遍的政权组织形式。它通常是指国家最高权力机关和国家元首由选举产生并有一定任期的政治组织形式，是资产阶级实现其阶级统治的理想形式。恩格斯曾经说："资产阶级统治的正规形式是共和国。"[①]列宁也指出："民主共和制是资本主义所能采用的最好的政治外壳。"[②]资产阶级国家普遍采

① 《马克思恩格斯全集》第7卷，人民出版社1959年版，第402页。
② 《列宁选集》第3卷，人民出版社1972年版，第181页。

用共和制，是在资产阶级革命以后。但是在奴隶制度下，古希腊和古罗马也曾出现过民主共和国和贵族共和国。当时主要是奴隶主阶级和少数贵族享有参政的权利，广大奴隶是被排除在外的。列宁指出："奴隶占有制共和国按其内部结构来说分为两种：贵族共和国和民主共和国。在贵族共和国中参加选举的是少数享有特权的人，在民主共和国中参加选举的是全体，但仍然是奴隶主的全体，奴隶是除外的。"①在封建制度下，在一些通商口岸和商业中心，如意大利的威尼斯、热内亚，法国的马赛和俄国的诺夫哥罗德，曾通过赎买或武力获得自治权而建立了城市共和国，但其性质仍然是封建地主阶级专政。列宁说，封建制"国家实行君主制时，政权归一人掌握，实行共和制时，从地主当中选举出来的人多少可以参加政权。农奴制社会的情形就是如此"②。

在资本主义制度下，资产阶级共和制的国家行使国家最高权力的国家元首（总统）和议会，都是由选举产生的。但这两个机构产生的程序、任期、拥有的职权以及相互关系，各国都有所不同。从总统、议会和政府三者关系上看，可以把资产阶级的共和制分为议会制和总统制两种形式。

凡是政府（内阁）由拥有多数议席的政党组成并对议会负责的国家，称为议会制共和国；根据资产阶级宪法规定，采取议会制的国家，议会是国家的最高权力机关，享有立法权和监督政府权。在议会与政府（内阁）的关系上，政府的产生，由议会授权占议会多数席位的政党或政党联盟组成。政府及其阁员要对议会负责，当议会对政府的施政方针不支持，通过对政府的不信任案时，政府就得总辞职，或提请国家元首解散议会，重新举行大选。如果新议会仍然通过对政府的不信任案，政府必须总辞职。因此，议会共和国的主要特点，表现为政府的产生与存废以议会为基础。第二次世界大战后的法兰西第四共和国（1946—1958）就是比较典型的资产阶级议会制共和国。

---

① 《列宁选集》第4卷，人民出版社1972年版，第49页。

② 《列宁选集》第4卷，人民出版社1972年版，第51页。

凡是由总统直接领导政府，政府不对议会负责的国家，称为总统制共和国。根据资产阶级国家的宪法规定，采取总统制的国家，总统定期由普选产生，既是国家元首，也是政府首脑，掌握行政实权；总统任命和领导的政府各部部长及一切行政机构在法律上只对总统负责，不对议会负责；总统应向议会报告工作，无权解散议会，但对议会通过的法律可以行使否决权。因此，总统制共和国的主要特点，是政府只对总统负责，而不对议会负责，美国是资产阶级总统制的典型。有些资产阶级国家，虽然有总统但总统不兼政府首脑，政府（内阁）对议会负责，不对总统负责，这不属于总统制而是议会制共和国。如第二次世界大战以后的德意志联邦共和国。

在实行共和制的资产阶级国家，除议会制和总统制两种形式外，还有一种不太普遍的委员制，瑞士联邦是采取委员制的典型。所谓委员制，是指国家的最高行政权由委员会集体行使的一种制度，亦称"合议制"。以瑞士联邦为例，它的最高行政机关（即政府）是由联邦议会从议员中选出七人所组成的联邦委员会，并从其中选出主席、副主席各一人，任期一年，不得连任。主席（名义上的国家元首）只是在开会时主持会议，对外在礼仪上代表国家。七名委员的地位完全平等，委员各兼任一个部的部长，重要问题由委员会决定，集体行使最高行政权。联邦委员会（政府）与议会的关系也与议会制、总统制不同。联邦议会享有立法权，委员会执行议会的决议，但对议会的决议没有否决权，更没有解散议会的权力。议会对委员会的成员可以提出质询，但当委员会提出的法案得不到通过时，并不引起不信任案，委员会无须总辞职。这种委员制与资产阶级的权力分立原则和政党政治不同，是一种特殊的政权组织形式。采取这种形式的除瑞士联邦外，还有1956年时南美的乌拉圭。

三、研究剥削者类型国家统治形式的意义

在人类历史上，剥削者国家所出现的各种统治形式，溯其原因，都有它出现的具

体条件和因素，并非任何一个统治者所随意采用的。它是每个国家的统治阶级在其所处的历史时代适应阶级斗争的需要而采用的。因此，我们研究剥削者类型国家统治形式的主要意义在于，要研究什么类型的国家要求什么样的统治形式，同一类型的国家为什么又采取不同的统治形式。为此，我们必须研究决定某一国家统治阶级采用何种统治形式的具体因素。

在研究国家统治形式时，首先应明确国家的本质决定国家的统治形式。不同本质的国家采取不同的统治形式，这是通常的规律。但是，不同本质的国家也可以采用同样的统治形式。如奴隶制、封建制国家比较普遍地采用君主制。在不同条件下，同一本质的国家又往往采用不同的统治形式。如同样都是奴隶制国家，就采用过君主制、贵族制和民主制；同样都是资产阶级国家，就有君主立宪制、共和制等不同的形式。对这些现象有各种不同的解释。有些剥削阶级思想家认为，国家是由家长制家族演变而成的，君主制就是家长制演变的结果；有的说，国家是人们订立契约建立的，国民选举政府，必然要实行共和制。这些都是唯心主义的解释。马克思主义依据历史唯物主义的观点，正确地阐明了国家的统治形式是经济基础的上层建筑，是阶级斗争的产物。一个国家的统治阶级采用什么样的统治形式，是由它的经济基础和阶级力量对比所决定的。

君主制的实质是个人独裁的统治形式。以私有制为基础的小生产经济方式要求君主制。因为在经济联系不甚密切的条件下，除了每个分散的小生产的统治者直接进行经济的、政治的统治，整个统治阶级还要求有一个统治权的象征。这个象征的最好形式就是君主。因此，建立在小生产基础上的奴隶制、封建制一般是要求以君主制作为统治形式的。同时，在这种生产方式下，文化技术不发达，人民群众也容易接受这种象征。因此，奴隶制社会的奴隶起义，封建制度下的农民革命，除了它们不代表先进生产方式外，一般在政治思想上也不要求废除君主制，只不过要求用起义的领袖代替旧君主而重新建立新王朝。

在阶级斗争和统治阶级内部斗争尖锐化、但又没有新的代表先进生产力的强大阶级的情况下，通常也要求出现权力集中于一人的君主制。如欧洲封建社会末期，在资产阶级同封建割据势力的激烈斗争中，由于资产阶级还不强大，便要求统一的君主制。

在外族侵略的威胁下，在资本主义尚未形成或不发达的情况下，也容易出现君主制，如19世纪的奥匈帝国和沙皇俄国。

所有这些原因中，最根本的是小生产占统治地位或占绝对优势。当然，在资产阶级与封建贵族妥协的情况下也容易出现君主制，但由于资本主义经济占优势，这种立宪的君主制就逐渐变得与共和制没有多少区别了。

共和制的实质是民主，只不过由于民主的范围和性质不同，而有各种不同的共和制。决定共和制的基本因素是商品经济和大生产，因为商品经济要求自由贸易，反映在政治上则要求民主。这样，在奴隶制、封建制商品经济比较发达的地区和城市就容易出现共和制，在资本主义大生产的条件下更要求共和制。因此，资产阶级国家的统治形式普遍是共和制。虽然资产阶级国家也存在君主立宪制，但关键是立宪而不是君主，其实质与共和制是一致的。随着大生产的发展和人民群众科学文化水平的提高，也不容许君主制，而要求共和制。至于资产阶级国家采用什么样的共和制，是议会制、总统制，还是委员制，还要根据每个国家的历史发展和具体条件来决定。

总之，这些因素都是同剥削者类型国家的统治形式密切联系着的。从决定统治形式的因素来看，随着经济的发展，君主制将不断转变为共和制。按统治形式的发展趋势，君主制必将被淘汰，共和制将成为资产阶级国家普遍采取的政治组织形式。

第三节　社会主义国家的治理形式

社会主义国家的治理形式问题，是马克思主义国家学说的重要组成部分。用马克思主义国家观研究社会主义国家的治理形式，对于社会主义国家的政权建设和社会主义经济的发展有着重大的现实意义。

一、马克思主义关于社会主义国家治理形式的基本观点

社会主义国家的本质是无产阶级专政，是工人阶级领导的工农联盟为基础的人民群众当家作主的国家。作为新的最高历史类型的社会主义国家所要求的治理形式，决不能沿用剥削者类型国家的统治形式，它需要创造适合于无产阶级专政需要的、适合于广大人民群众当家作主的新的治理形式。这种新的治理形式，不是靠任何人主观臆造出来的，而是广大人民群众在革命实践中创造的。这是马克思主义关于社会主义国家治理形式的第一个原则。列宁说："无产阶级组织成为统治阶级会采取什么样的具体形式，究竟怎样才能组织得同最完全最彻底地'争得民主'这点相适应，关于这个问题，马克思并没有陷于空想，而是期待群众运动的经验来解答。"[①]

1871年，法国巴黎的无产阶级举行武装起义，摧毁了资产阶级国家机器，建立了巴黎公社，这是创建无产阶级专政治理形式的第一次伟大尝试。巴黎公社仅仅存在72天，未能普及整个法国，因此，它虽然提供了无产阶级专政治理形式的基本原则，但还不能说是完善的。在十月革命中，俄国的无产阶级和劳动群众创造了苏维埃，它是适合俄国当时历史条件的无产阶级专政的治理形式。第二次世界大战后所出现的一些

---

① 《列宁选集》第3卷，人民出版社1972年版，第205页。

人民民主国家，也都创造了适合本国国情的治理形式，我国的人民代表大会制度，是我国人民在中国共产党的领导下，总结中国革命斗争的经验所创立的适合我国国情的人民民主专政的治理形式。所有这些从革命实践中创造的治理形式都为健全和完善社会主义国家的政治制度作出了重要贡献。

当代西方资产阶级的政治学者宣称，政治学对政治制度（治理形式）的研究已经过时了，他们主张政治学主要应研究所谓"动态政治"，研究"政策制定过程"。这一方面是适应西方垄断资本的需要，另一方面也是因为资本主义国家的政治制度已经有300多年的历史，他们认为业已成熟和完善，无须再花费主要精力去进行研究了。

社会主义国家政治制度（治理形式）建立的时间，比资本主义国家的政治制度要晚得多，从巴黎公社算起才100多年。而且政治制度是经济基础的上层建筑，是为经济基础服务的。随着社会主义经济的发展，以适应不断发展的社会主义物质文明与精神文明建设的需要。因此，改革与完善社会主义国家的政治制度是当前国际共产主义运动的重大课题，也是马克思主义政治学所要研究的重大课题。

马克思主义关于社会主义国家治理形式的另一个原则，就是主张社会主义国家的治理形式是多样的，任何一种治理形式都不是"放之四海而皆准"的唯一模式。马克思主义认为，社会主义国家的治理形式不仅不能空想臆造，而且也不能把任何一种形式作为适用一切社会主义国家和民族的唯一形式。列宁在《国家与革命》中曾经着重指出，无产阶级专政，在不同的国家，不同的民族，不同的历史条件下，不能不有各种不同的形式。他说："从资本主义过渡到共产主义，当然不能不产生非常丰富和繁杂的政治形式，但本质必然是一个，就是无产阶级专政。"[1]无产阶级专政的历史经验表明，各国无产阶级在革命实践中必然要创造出多种多样的社会主义国家的治理

---

① 《列宁选集》第3卷，人民出版社1972年版，第200页。

形式，这是正常的，不可避免的。因为，其一，各国的国情不同。每个国家在历史传统、民族特点、阶级关系和阶级力量对比、人民的觉悟程度、经济和文化发展水平以及所处的国际环境等多方面因素上，都有很大差别。因此，各国无产阶级专政的治理形式，不仅在产生的时间上有先有后，而且必然会带有每个民族的鲜明特点。其二，各国无产阶级及其政党必须实事求是地确立本国无产阶级专政的治理形式。因为只有从实际出发，充分考虑到本国的国情，才能建立具有本国特色的、最便于本国人民当家作主的社会主义国家的治理形式。实践证明，任何一种好的社会主义国家治理形式，都是马克思主义的普遍真理同本国无产阶级革命和无产阶级专政的具体实践相结合的产物。它之所以有生命力，就在于它根源于本国国情，有着广泛的群众基础，充分体现了那里的劳动人民的利益，因此得到了人民群众的支持和拥护。其三，每个无产阶级专政国家的治理形式只能由那个国家的人民在本国无产阶级政党的领导下独立自主地决定。每一种政体形式在其相应的历史条件下，都可以成为适应于那个国家的最好的形式。因此，在各国无产阶级专政的治理形式之间并没有高低优劣之分，更不能根据某个国家的已有模式或某种定型的方案去规定其他国家的无产阶级专政的治理形式。所以，马克思主义一贯主张，创立无产阶级专政的治理形式，这是"各国的事情，一定要尊重各国的党、各国的人民，由他们自己去寻找道路，去探索，去解决问题，不能由别的党充当老子党，去发号施令。"①

但是，这并不是说一个社会主义国家应当"闭关自守"，可以不向其他社会主义国家学习。为了改革与完善我国的社会主义政治制度，建设高度民主和高度文明的社会主义现代化强国，我们必须认真研究各国的无产阶级在革命斗争中创造的、在国际共产主义运动历史上曾经出现和继续发展的各种社会主义国家的治理形式，以便从中吸取经验和教训。

---

① 《邓小平文选（一九七五——一九八二年）》，人民出版社1983年版，第279页。

二、巴黎公社是无产阶级专政的第一个治理形式

1871年，巴黎的无产阶级和广大劳动群众创造了人类历史上第一个无产阶级专政的政治形式——巴黎公社。马克思以极大的革命热情总结了巴黎公社的经验。虽然这次群众性的革命运动没有达到目的，但是马克思从这场运动中总结出具有极其重大意义的历史经验，发现了巴黎公社是无产阶级专政的最适宜的政治形式，并为此写下了《法兰西内战》这篇光辉著作。后来，恩格斯对巴黎公社的经验又作了肯定和发挥。马克思、恩格斯对巴黎公社所作的理论分析和阐述，表明了巴黎公社作为建立无产阶级专政的最初尝试，第一次创造了与原来意义的国家所完全不同的新的社会主义国家的政权组织形式。

（一）巴黎公社的实质

马克思在总结巴黎公社的经验时，先指出的是公社的实质，即公社是帝国的直接对立物。他说："这次革命不是一次反对哪一种国家政权形式——正统的、立宪的、共和的或帝制的国家政权形式的革命。它是反对国家本身，……它是为了粉碎这个阶级统治的凶恶机器本身而进行的革命。……因此，公社也是十九世纪社会革命的开端。因此，无论公社在巴黎的命运怎样，它必然将遍立于全世界。"[①]接着，马克思指出，公社是终于发现的可以使劳动在经济上获得解放的政治形式。他说："公社的真正秘密就在于：它实质上是工人阶级的政府，是生产者阶级同占有者阶级斗争的结果，是终于发现的、可以使劳动在经济上获得解放的政治形式。如果没有最后这个条件，公社制度就没有实现的可能，而是一个骗局。"[②]

那么，如何理解"劳动在经济上获得解放"这个最后的条件呢？它包括三层含

---

① 《马克思恩格斯选集》第2卷，人民出版社1972年版，第411–412页。

② 《马克思恩格斯选集》第2卷，人民出版社1972年版，第378页。

义：其一，劳动解放是指社会成员都成为平等的劳动者，因为公社是根除阶级存在的经济基础的政治形式，所以劳动没有了阶级属性。其二，劳动者的劳动成果，再也不用供给那些享有高官厚禄的寄生虫了。因为公社是廉价政府，政府的成员领取普通工人的工资。其三，劳动将不再是人们谋生的手段，因为公社组织生产，发展生产力，增加社会财富，从而使社会财富极大丰富，满足人们日益增长的生活需要。这就是巴黎公社政治形式的实质。如果没有这个实质，公社就是骗局，就不是无产阶级专政的政治形式，就不是社会主义国家的治理形式。

列宁非常重视马克思指出的这两点。他在论述巴黎公社时也特别强调公社的这个实质。因为这个实质是同一切剥削者国家统治形式的根本区别之所在。一切剥削者国家的统治形式都是为了统治广大人民，为剥削阶级利益服务，为了加强国家机器本身。而公社是为了粉碎国家这个凶恶的机器，为了从经济上解放广大人民，为了使社会成员都成为平等的劳动者，成为社会的真正主人，因此，马克思说："公社给共和国奠定了真正民主制度的基础。"①

（二）巴黎公社政治形式的基本原则

巴黎公社的政权组织形式，在今天看来，是实现无产阶级专政的一种雏形，马克思称它是一次伟大的尝试。然而巴黎公社本身却针对资产阶级国家的统治形式，从几个主要方面提出了与原来意义的国家政权组织原则根本不同的无产阶级专政的政权组织原则。这些基本原则对国际共产主义运动，对各国无产阶级取得政权以后建立符合自己国情的政权组织形式，无疑具有重大意义。马克思科学地预见到："即使公社被搞垮了，斗争也只是延期而已。公社的原则是永存的，是消灭不了的；在工人阶级得到解放以前，这些原则将一再表现出来。"②

---

① 《马克思恩格斯选集》第2卷，人民出版社1972年版，第377页。
② 《马克思恩格斯全集》第17卷，人民出版社1963年版，第677页。

那么，巴黎公社政权组织形式的基本原则是什么呢？马克思在《法兰西内战》中作了精辟的总结。

第一，废除常备军，用武装的人民代替它。马克思说："巴黎所以能够反抗，只是由于被围困使它摆脱了军队，建立了主要由工人组成的国民自卫军。必须使这件事实成为确定的制度，所以，公社的第一个法令就是废除常备军而用武装的人民来代替它。"[1]国家公共权力的主要部分就是军队，军队是维护资产阶级政治统治的支柱。因此，无产阶级要夺取政权，建立无产阶级专政，首先就必须废除资产阶级所豢养的常备军，用武装的人民代替它。这个代替不仅是用新的武装力量来保卫自己，而且意味着这种新的武装力量在性质上根本不同于资产阶级的武装力量。

资产阶级总是把无产阶级掌握武装看成是对它的最大威胁。因此，任何国家的资产阶级上台后的"第一件事就是解除工人的武装"[2]，企图用反革命的武装消灭无产阶级的武装。1927年，蒋介石搞"四一二"反革命政变，镇压上海工人纠察队，就表明了这一点。无产阶级在同资产阶级的长期斗争中，认识到了掌握武装、建立人民军队的极端重要性。巴黎公社在当时的情况下能够存在72天，原因就在于"人民在首次起义之后没有解除自己的武装，没有把他们的权力拱手交给统治阶级的一群共和主义骗子手里"[3]。马克思着重指出："无产阶级专政的首要条件就是无产阶级的军队。工人阶级必须在战场上争得自身解放的权利。"[4]无产阶级掌握自己的武装，用革命的武装力量保卫自己的胜利成果，这是巴黎公社的一条重要原则。十月革命和中国革命的胜利都证明了公社这一基本原则的正确性。

---

① 《马克思恩格斯选集》第2卷，人民出版社1972年版，第374页。

② 《马克思恩格斯选集》第2卷，人民出版社1972年版，第326-327页。

③ 《马克思恩格斯选集》第2卷，人民出版社1972年版，第424页。

④ 《马克思恩格斯选集》第2卷，人民出版社1972年版，第443页。

第二，公社由普选的代表组成，代表对选民负责，随时可以撤换。马克思说："公社是由巴黎各区普选出的城市代表组成的。这些代表对选民负责，随时可以撤换。"①这是巴黎公社政治形式的一个基本特征，也是对资产阶级议会选举制度的根本否定。资产阶级国家议会的议员也是由选民选举产生的，但议员不对选举他们的选区的选民负责，只根据议员自己的"良心"进行活动。按他们的说法，议员是全体国民的代表，不是选区的代表。因此，议员不接受选区的委托，更不能接受选民的监督。如1791年法国宪法规定："各省选出的议员，不是该省的代表，而是全体国民的代表，对此进行委任是不允许的。"1919年的《魏玛宪法》规定："议员是全体国民的代表，只根据其良心进行活动，不受委任的约束。"由此可见，资产阶级议会的议员一经选出就和选民完全脱离了。由这种选举制度所选出的议会，就必然成为脱离人民、压迫人民的统治机关。正像列宁所指出的那样："每隔几年决定一次究竟由统治阶级中的什么人在议会里镇压人民、压迫人民，——这就是资产阶级议会制的真正本质。"②

公社的这个原则不但要求代表对选举他的选区的选民负责，而且还提出了代表必须接受选民监督的有效保证，即选民对选出的代表可以随时撤换。所以，恩格斯指出："公社一开始就得……宣布它自己所有的代表和官吏毫无例外地可以随时撤换，来保证自己有可能防范他们。"③因此，选民对代表的随时撤换制是无产阶级选举制度区别于资产阶级选举制度的根本标志，是巴黎公社否定资产阶级议会选举制度的关键。所以，列宁说："任何由选举产生的机关或代表会议，只有承认和实行选举人对代表的罢免权，才能被认为是真正民主的和确实代表人民意志的机关。这是真正民主

---

① 《马克思恩格斯选集》第2卷，人民出版社1972年版，第375页。

② 《列宁选集》第3卷，人民出版社1972年版，第209页。

③ 《马克思恩格斯选集》第2卷，人民出版社1972年版，第334页。

制的基本原则。"①根据这一原则，我国宪法第七十七条规定："全国人民代表大会代表受原选举单位的监督。原选举单位有权依照法律规定的程序罢免本单位选出的代表。"

对于公社废除常备军和对一切公职人员实行选举制和随时撤换制这两项原则的重大意义，列宁给予很高的评价，他说："公社用来代替被打碎的国家机器的，似乎'仅仅'是更完全的民主：废除常备军，对一切公职人员实行全面的选举制和撤换制。但是这个'仅仅'事实上意味着一次大更替，即用一些根本不同的机构来代替另一些机构。在这里恰巧看到了一个'量转化为质'的实际例子：实行得象一般所能想象的那样极其完全极其彻底的民主由资产阶级民主变成了无产阶级民主，即由国家（＝对一定阶级实行镇压的特殊力量）变成了一种已经不是原来的国家的东西。"②

第三，公社是兼管行政与立法的工作机关。马克思说："公社不应当是议会式的，而应当是同时兼管行政和立法的工作机关。"③

公社的这个原则是针对资产阶级议会制的。在资产阶级革命时期，议会作为资产阶级国家的立法机构曾经起过反对封建专制的进步作用。但是，当资产阶级完全掌握了国家政权以后，议会就变成了一个欺骗人民的"清谈馆"了。马克思曾经说过："议会形式只是行政权用以骗人的附属物而已。"④"在法国，议会制那时已经寿终正寝了，工人阶级革命当然不会去复活它。"⑤列宁进一步指出，"任何一个议会制的国家，从美国到瑞士，从法国到英国和挪威等等，那里真正的'国家'工作是在后台决定而由各部、官厅和司令部来执行的。议会专门为了愚弄'老百姓'而从事空谈。这

---

① 《列宁全集》第26卷，人民出版社1959年版，第314页。

② 《列宁选集》第3卷，人民出版社1972年版，第206页。

③ 《马克思恩格斯选集》第2卷，人民出版社1972年版，第375页。

④ 《马克思恩格斯选集》第2卷，人民出版社1972年版，第411页。

⑤ 《马克思恩格斯选集》第2卷，人民出版社1972年版，第413页。

是千真万确的事实"①。

公社和议会完全不同，公社委员会是最高权力机构，是立法与行政统一的机关。一切国家大事都由普选产生的代表的民主讨论来决定，由各分组委员会具体贯彻执行。代表们发表意见和自由讨论是不会流于形式的，因为代表亲自工作，亲自执行自己通过的法律，亲自检查在实际生活中执行的结果，亲自对选民负责。这里应当指出的是，公社废除议会制并不是不要代议制度，而是废除作为愚弄人民的"清谈馆"的议会。代议制度还是需要的。因为"如果没有代议机构，那我们就很难想象什么民主，即使是无产阶级民主"②。

第四，公社废除旧警察和官吏，把公职人员变成人民的"公仆"。马克思说："警察不再是中央政府的工具，而应成为公社的勤务员，象所有其他行政部门的公职人员一样由公社任命，而且随时可以撤换。"③"法官也应该由选举产生，随时可以撤换，并且对选民负责。"④

这一原则是针对剥削者类型国家的官僚机构的。一切剥削者国家的统治形式都是用来统治与镇压人民的。为了这个根本目的所设置的国家机关由各级各类的官吏组成，因此剥削者类型国家的国家机关也称作官僚机构。剥削阶级就是靠挑选、豢养这些官吏来统治人民的。这些官吏凌驾于社会之上，是站在人民头上的官老爷，他们的行为不受人民监督，并且享有高薪厚禄，是社会的"寄生虫"。因此，马克思非常痛恨官僚机构。他说："这个庞大的政府机器，象蟒蛇一样地用常备军、等级制的官僚、驯顺的警察、僧侣、卑贱的法官把现实社会机体从四面八方缠绕起来。"⑤它堵塞

---

① 《列宁选集》第3卷，人民出版社1972年版，第210页。

② 《列宁选集》第3卷，人民出版社1972年版，第211页。

③ 《马克思恩格斯选集》第2卷，人民出版社1972年版，第438页。

④ 《马克思恩格斯选集》第2卷，人民出版社1972年版，第438页。

⑤ 《马克思恩格斯选集》第2卷，人民出版社1972年版，第434页。

着社会机体的每一个毛孔，阻碍社会的进步。因此，马克思特别强调，无产阶级要打碎旧的官僚机构，废除旧警察、旧官吏，要像巴黎公社那样，把公职人员变成人民的"公仆"。这是马克思、恩格斯和后来的列宁特别强调的一条原则。因为这是社会主义国家的治理形式与一切剥削者国家的统治形式的根本区别，是原来意义的国家与不是原来意义的国家在政治制度上的根本区别。

那么，怎样才能把公职人员变成人民的"公仆"呢？恩格斯曾经说过："为了防止国家和国家机关由社会公仆变为社会主人——这种现象在至今所在的国家中都是不可避免的，——公社采取了两个正确的办法。第一，它把行政、司法和国民教育方面的一切职位交给由普选选出的人担任，而且规定选举者可以随时撤换被选举者。第二，它对所有公职人员，不论职位高低，都只付给跟其他工人同样的工资。……这样，即使公社没有另外给各代议机构的代表规定限权委任书，也能可靠地防止人们去追求升官发财了。"[①]这就是说，把官吏变成人民公仆，或者说使公职人员永远处于公仆的地位，要采取两条措施：对所有的国家公职人员一律实行普选制和随时撤换制；公职人员领取相当于工人工资的工薪制。有人认为，这两条尤其后一条是幻想，是不可能实现的，因而企图否定马克思主义的这个原则。

其实，马克思、恩格斯提出的后来又被列宁所强调的这两条措施的实现是有条件的。马克思、恩格斯总结出公社这两条措施时，是以社会主义革命必然在高度发达的主要资本主义国家同时胜利的理论为基础的。列宁在解释这两条措施时，讲得非常明确。他说："降低国家高级官吏的薪金，看来'不过'是幼稚的原始的民主制度的要求。现代机会主义的'创始人'之一，以前的社会民主党人爱·伯恩施坦曾不止一次地重复资产阶级那种嘲笑'原始'的民主制度的庸俗做法。他同一切机会主义者及

---

① 《马克思恩格斯选集》第2卷，人民出版社1972年版，第335页。

现在的考茨基主义者一样，完全不懂得：第一，如果不在某种程度上'回复'到'原始'的民主制度从资本主义过渡到社会主义是不可能的；第二，以资本主义和资本主义文化为基础的'原始民主制度'同原始时代或资本主义以前时代的原始民主制度是不一样的。资本主义文化创立了大生产、工厂、铁路、邮政、电话等等，在这个基础上，旧的'国家政权'的绝大多数职能已经变得极其简单，已经可以简化为登记、填表、检查这样一些极其简单的手续，以致每一个识字的人都完全能够行使这些职能，行使这些职能只须付给普通'工人的工资'，并且可以（也应当）把这些职能中任何特权制、'长官制'的残余铲除干净。"[①]列宁在这里说得很清楚，实现公职人员变成公仆的前提条件就是国家机关职能的简化，没有这个前提，是行不通的。

怎样才能使国家机关职能简化呢？这不是任何人或任何政党所能主观决定的，它是资本主义大生产发展的结果，是各种经济部门生产托拉斯化的结果。列宁称赞19世纪70年代的一位聪明的德国社会民主党人，他把邮政看作社会主义经济的范例。列宁指出："目前邮政是按国家资本主义垄断组织形式组成的一种经济。帝国主义逐渐把所有托拉斯都变成这种类型的组织。这里压在那些工作繁重、忍饥挨饿的'粗笨的'劳动者头上的仍然是那个资产阶级的官僚机构。但是社会性的管理机构在这里已经准备好了。只要推翻资本家，用武装工人的铁拳粉碎这些剥削者的反抗，摧毁现代国家的官僚机器，我们就会有一个排除了'寄生虫'而拥有高度技术设备的机构，这个机构完全可以由已经联合起来的工人亲自使用，雇用一些技术人员、监工和会计，付给所有这些人的工资，也象付给所有'国家'官吏的工资一样，将相当于工人的工资。"[②]列宁在这里阐述的中心思想，就在于说明了社会化大生产是铲除官吏的经济根源，因为它为将来的社会准备好了社会性的管理机构。而这种机构又成为社会化大生

---

① 《列宁选集》第3卷，人民出版社1972年版，第207-208页。

② 《列宁选集》第3卷，人民出版社1972年版，第213页。

产的组成部分，其公职人员也就变成社会化大生产所需要的"监工与会计"。这样的公职人员的性质就不是专门统治与压迫人民的官吏，而是为生产和生产者服务的"公仆"。同时，随着生产的发展，技术水平的提高，劳动者的文化水平的提高，一旦这种"统治与监工"的工作，任何人都可以胜任时，它就不再是特殊阶层的特殊职能了。这样，一向为剥削阶级统治服务、专门为了镇压与统治人民的官吏就没有容身之地了。也就是说，官吏所赖以存在的经济基础被彻底挖掉了。列宁所论述的铲除官吏存在的经济根源，是指整个社会按行业、按经济部门组成的社会性管理机构。但是，除此之外，社会是否还需要有调整各经济部门之间关系的组织机构呢？列宁未明确说明。根据他所阐述的精神进一步分析，如果需要设立调节各经济部门之间关系的机构（行政机构），它的纯行政事务也不会很多，它只能由各部门推选出代表组成，共同研究解决这些事务。而这种代表也同各部门的公职人员一样，只能是公仆而不是官吏。由此可见，随着社会化大生产的发展，那些纯行政性的机构也将逐渐减少，工作内容也要逐渐简化，直至最后完全消亡。现代科学技术的发展更证明了这种趋势。

以上是在社会化大生产高度发展的条件下，公职人员变成公仆的一般规律。但是，在社会化大生产不发达的条件下，社会主义革命胜利后，在无产阶级专政的国家机关中担任公职的人员又该是什么样呢？在社会主义国家发展的初级阶段，由于小生产经济占很大比重，甚至还占优势；由于剥削阶级的存在和阶级斗争的尖锐复杂；由于科学文化还不发达，人民的文化水平不高；由于需要解决旧社会遗留下来的问题等等，国家机关不但不能简化，而且还可能扩大，这是客观形势的需要，是必然的现象。与此相适应的是国家机关的职权范围大，执行职权的国家公职人员的权责也比较大。这样，就产生了社会主义国家的本质要求公职人员必须是人民公仆与公职人员需要比一般工人有较高的文化专业知识、职责大、地位高之间的矛盾。这个矛盾如果解决得好，公职人员就能成为全心全意为人民服务的公仆，如果解决不好，就容易使一些公职人员滋长官僚主义甚至蜕化变质成为新官吏。邓小平指出的："当前，也还有一些干部，不把自己看作是人民的公仆，而把自己看作是人民的主人，搞特权，特殊化，引起群众的强烈不满，损害党的威信，如不坚决改正，势必使我们的干部队伍发生腐化。"[1]因此，如何建立保证社会主义国家的公职人员（干部）永远是人民公仆的制度，是不断改革与完善社会主义政治制度的实质问题和核心问题。正如邓小平指出："这种制度问题，关系到党和国家是否改变颜色，必须引起全党的高度重视。"[2]

三、苏维埃是列宁发现的无产阶级专政的治理形式

列宁在领导俄国无产阶级革命的过程中，总结了巴黎公社以来国际共产主义运动中关于无产阶级专政治理形式的经验，发现了苏维埃是实现无产阶级专政的一种治理形式。列宁认为，如果说巴黎公社是无产阶级专政发展过程中的第一步，是无产阶级专政治理形式的萌芽的话，那么"'苏维埃政权'是无产阶级专政发展过程中的第二个具有世界历史意义的步骤或阶段"[3]。它是在俄国实现无产阶级专政的最适宜的治理形式。以列宁为首的布尔什维克党是在长期领导俄国无产阶级革命运动中，逐渐地认识到了苏维埃政权"已经不是那种在传统上和形式上过时了的旧国家，而是一种以下层群众的创造力量为基础的新国家"[4]，"是新的国家组织形式"[5]，"是巴黎公社的直接继续"[6]。

---

① 《邓小平文选（一九七五——九八二年）》，人民出版社1983年版，第292页。

② 《邓小平文选（一九七五——九八二年）》，人民出版社1983年版，第293页。

③ 《列宁全集》第28卷，人民出版社1956年版，第409页。

④ 《列宁全集》第26卷，人民出版社1959年版，第446页。

⑤ 《斯大林全集》第6卷，人民出版社1956年版，第106页。

⑥ 《列宁全集》第27卷，人民出版社1958年版，第171页。

（一）苏维埃治理形式的发现

在巴黎公社过后20年，恩格斯在《1891年社会民主党纲领草案批判》一文中，提出了民主共和国是无产阶级专政的特殊形式的论断。他说："我们的党和工人阶级只有在民主共和国这种政治形式下，才能取得统治。民主共和国甚至是无产阶级专政的特殊形式。"[①]

恩格斯的这个论断是针对德国社会民主党的爱尔福特纲领草案的机会主义观点提出的。因为德国社会民主党的机会主义者们害怕当时德国的专制政权恢复"反社会党人法"，在纲领中不敢提出推翻君主制，建立民主共和国的要求，幻想在君主立宪制度下"和平"地走上社会主义道路。但是，恩格斯所提出的民主共和国，不是资产阶级民主共和国，而是具有社会主义性质的民主共和国。1894年，恩格斯在给拉法格的信中作了说明。他说："共和国是无产阶级将来进行统治的现成的政治形式……但是，象其他任何政府形式一样，共和国取决于它的内容；当它还是资产阶级统治形式时，它就和任何君主国一样地敌视我们……。因此，把它看成本质上是社会主义的形式，或者当它还为资产阶级所掌握时，就把社会主义的使命委托给它，都是毫无根据的幻想。"[②]很显然，恩格斯在这里明确地说明了资产阶级共和国是不能实现社会主义内容的，只有具有社会主义性质的民主共和国，才是实现无产阶级专政的政治形式。

恩格斯的这个观点，当时在全世界的马克思主义者中占支配地位。1917年以前列宁也持这个观点。他在1915年《论欧洲联邦口号》一文中也认为，"无产阶级借以推翻资产阶级、获得胜利的社会政治形式将是民主共和国"[③]。

1905年，在俄国第一次资产阶级民主革命的高潮中，伊万诺沃-沃兹涅先斯克城的

---

① 《马克思恩格斯全集》第22卷，人民出版社1965年版，第274页。

② 《马克思恩格斯选集》第4卷，人民出版社1972年版，第508页。

③ 《列宁选集》第2卷，人民出版社1972年版，第709页。

工人选举自己的代表组成了领导政治罢工的工人代表会（亦称"工人代表苏维埃"，苏维埃是俄文COBET的译音，意思是代表会议）。这是俄国革命史上出现得最早的工人代表苏维埃。随后，在全俄总政治罢工中，许多大城市里也建立了工人代表苏维埃。当时，苏维埃不仅是罢工的领导机关，而且也发挥了临时革命政权的作用。虽然这次革命失败了，可是苏维埃的思想却留在工人群众的意识中。列宁敏锐地看出俄国工人阶级创造的这一群众政治组织的深远意义。在同年11月，他就明确地指出："在政治上必须把工人代表苏维埃看作临时革命政府的萌芽。""苏维埃应当尽快地宣布自己是全俄国的临时革命政府。"[1]不过，列宁在这时还只是认识到"个别的苏维埃是推翻沙皇制度时期的革命政权的萌芽"。"但他当时还不知道在全国范围内联合起来的苏维埃政权就是无产阶级专政的国家形式。"[2]

1917年2月，俄国爆发了第二次资产阶级民主革命。在革命的最初几天里，俄国无产阶级根据1905年革命的经验，再次建立了苏维埃。然而，这时的苏维埃已经发展成为工人和士兵代表组成的统一革命组织，并且很快遍及全国，把地方和中央联系起来。它既是俄国工人和农民反对沙皇政权的起义机关，又是他们的政权机关。但是后来，资产阶级篡夺了革命的胜利成果，建立与工农代表苏维埃相对立的资产阶级专政的临时政府。在两种政权并存的情况下，列宁为了指导从资产阶级民主革命走向社会主义革命的转变，在一系列著作中，根据巴黎公社和俄国两次革命的经验，极大地发展了先前关于苏维埃政权的思想。他认为，在当前的俄国无产阶级社会主义革命中，不可能也不需要借用资产阶级议会民主制共和国的政权形式去实现无产阶级专政。而是要把"全部政权归苏维埃"，直接采用俄国无产阶级和劳动人民在两次革命中创造出来的苏维埃式的国家治理形式，就能够实现无产阶级专政。列宁由此提出苏维埃共

[1] 《列宁全集》第10卷，人民出版社1958年版，第3页。
[2] 《斯大林全集》第9卷，人民出版社1954年版，第101页。

和国是巴黎公社的继续和发展，是适合俄国国情的无产阶级专政的最好的政治形式，是把争取民主的斗争同争取社会主义革命的斗争结合起来的最好典范。他说："工农兵等等代表苏维埃……不仅表现在……阶级意义及其在俄国革命中的作用，而且表现在……苏维埃是一种新的国家形式，确切些说，是一种新型的国家。"①因此，他在著名的《四月提纲》中正式提出："不要议会制共和国（从工人代表苏维埃回到议会制共和国，是倒退一步），而要从下到上由全国的工人、雇农和农民代表苏维埃组成的共和国。"②十月革命的胜利使苏维埃成为俄国无产阶级专政的国家形式。它的巩固和发展进一步证明了"这种共和国是比资产阶级议会制高得多和进步得多的民主形式，……适合于从资本主义到社会主义过渡时期即无产阶级专政时期的国家形式"③。

（二）苏维埃政治形式的基本特征

苏维埃政权是帝国主义时期在资本主义不发达的俄国，首先取得社会主义革命胜利所建立的无产阶级专政的治理形式。当时在俄国国内，由于资本主义不发达，工人阶级占少数，而农民和其他劳动者占大多数，在国外，帝国主义的严重包围下，在这种历史条件下建立起来的无产阶级专政的政权形式——苏维埃政权就不能不具有它自己的特点。

列宁在十月革命前夕写的《布尔什维克能保持国家政权吗？》一文中，提出苏维埃是新型的国家机构，它具有六个基本特征：①它保证有工农武装力量，并且这个武装力量不是像过去的常备军那样同人民隔离，而是同人民极密切地联系着的；②它保证同群众，同大多数人民有极其密切的、不可分离的、容易检查和更新的联系；③它的成员是依民意选出和更换的，比以前的机构民主得多；④它保证同各种各样的行业

① 《列宁选集》第3卷，人民出版社1972年版，第46页。
② 《列宁全集》第24卷，人民出版社1957年版，第3页。
③ 《列宁选集》第3卷，人民出版社1972年版，第741页。

有紧密的联系，所以它能够不要官僚而使各种各样的极深刻的改革容易实行；⑤它保证无产阶级先锋队组织能够用来发动、教育、训练和领导广大劳动群众；⑥它保证能够把议会制的长处和直接民主制的长处结合起来，即把立法的职能和执行法律的职能在选出的人民代表身上结合起来。[①]

1924年，斯大林在《论列宁主义基础》中总结了苏维埃政权建立后的实践经验，提出苏维埃政权有七个方面的特征：①它是存在着阶级的条件下可能有的一切国家组织中最群众化、最民主的国家组织；②它是阶级社会一切国家组织中最有国际性的组织，最容易使各族劳动群众在统一的国家联盟内联合起来；③它便于无产阶级领导其他阶级、阶层的劳动群众；④它在统一的国家组织内把立法权和行政权结合起来，把工人和一般劳动群众同国家管理机关直接联系起来，教导他们管理国家；⑤它把军队由资产阶级制度下压迫人民的工具变为人民自己的武装力量；⑥它彻底地破坏了资产阶级官僚机构；⑦它能吸收劳动者的群众组织无条件地经常参加国家管理，为国家消亡创造条件。[②]

列宁、斯大林对苏维埃政权特征的论述，一方面表明了苏维埃政权组织形式同资产阶级国家统治形式有着根本区别；另一方面也表明了苏维埃政权形式是巴黎公社的原则和俄国具体国情相结合的产物，它有同巴黎公社形式的共同点，也有同巴黎公社形式的不同之处。这些不同之处就构成了实现无产阶级专政的一种新形式——苏维埃治理形式的特点。

巴黎公社与苏维埃都是无产阶级专政的治理形式，二者在本质上是相同的，在治理形式的一些基本原则上也是相同的。如巴黎公社的代表和苏维埃的代表，都是由选举产生，对选民负责和实行随时撤换制；巴黎公社和苏维埃都是行政与立法统一的机

---

① 《列宁选集》第3卷，人民出版社1972年版，第308–309页。
② 《斯大林全集》第6卷，人民出版社1956年版，第107–108页。

关；等等。但是，巴黎公社所提出的原则，是以在资本主义发达条件下，社会主义革命在主要资本主义国家同时胜利的理论为前提所采取的治理形式。而苏维埃是在资本主义不发达和帝国主义包围的条件下所采取的治理形式，这就决定了它与巴黎公社有着下述不同之处。

第一，苏维埃政权是由布尔什维克党领导的。党通过苏维埃组织与动员劳动群众实现无产阶级专政的任务，因而特别强调苏维埃同人民群众的密切联系，发挥人民群众的主动性、积极性和创造精神。这个特点同俄国资本主义不发达、工人不占多数、必须实行工农联盟有密切关系。而巴黎公社由于当时没有马克思主义政党的领导，没有工农联盟，因而强调人民当家作主，许多重要决定，是由人民直接作出的。

第二，苏维埃政权的权力机关——苏维埃的代表同巴黎公社的代表一样由人民选举产生，对选民负责，可以随时撤换。但苏维埃的其他公职人员——警察、一般工作人员不是由选举产生和随时撤换的，并且公职人员的工资与普通工人工资不同。这个特点同国家机关尚未简化有密切关系。在国家机关尚未简化的条件下，国家机关的公职人员，由于担任的职务不同，由于能力水平的不同，不可能实行一律相当于工人工资的制度。因为这种职责不是一般工人所能胜任的。如果实行同工人一样的工资制就不是按劳付酬，而是平均主义。在国家机关尚未简化到所有的人都能担任公职的程度的时候，实行差额并高于普通工人的工资是必要的，是符合经济发展规律的。

第三，苏维埃政权没有实行废除常备军，代之以武装的人民，而是废除旧常备军，建立人民的武装部队。这一点同苏维埃政权所处的国际条件有密切联系。在帝国主义严重包围下，没有装备精良的武装部队是不能抵御帝国主义侵略和保卫苏维埃政权的。人民的武装力量和武装的人民是不同的。因为前者也是常备军，只不过它同脱离人民、压迫人民的旧常备军有本质的不同，它是同人民密切相连的得到人民拥护的、并用来保卫人民的新的常备军。就是在今天，社会主义国家没有一支强大的人民武装力量，也不可能实现其外部职能。

苏维埃的治理形式同巴黎公社治理形式的区别是非本质的，决定其不同的基本因素（或称根源）从国内来说是经济发展的程度不同，即社会化大生产的发展程度不同。治理形式是上层建筑，它应当与经济发展相适应，随着社会主义经济的不断发展，政权形式也必须不断地改革与完善。其发展方向是逐步地实现巴黎公社治理形式所体现的基本原则。

四、人民代表大会制度是我国人民民主专政的治理形式

（一）人民代表大会制度的概念

我国的国体是工人阶级领导的、以工农联盟为基础的人民民主专政的社会主义国家。这就决定了我们国家的一切权力属于人民。那么，人民应如何行使自己的权力，即采取什么样的政权组织形式来行使国家权力呢？根据我国宪法规定："人民行使国家权力的机关是全国人民代表大会和地方各级人民代表大会。"这就是我国的人民代表大会制度。全国人民代表大会是国家最高权力机关，统一行使国家最高权力。人民代表大会制度是我国的根本政治制度，是实现人民民主专政的政治形式，是我国的政权组织形式。

人民代表大会制度是按照民主集中制的原则组成的。具体地说，全国人民代表大会和地方各级人民代表大会都由民主选举产生，对人民负责，受人民监督。国家行政机关、审判机关、检察机关都由人民代表大会产生，对它负责，受它监督。国家的最高权力机关和地方各级权力机关都由民主选举产生，对选民负责，受选民监督，这表明了高度民主。国家行政机关、审判机关、检察机关都由国家权力机关产生，对权力机关负责，受权力机关监督，这又表明国家权力的高度集中。按照高度民主和高度集中的原则所建立的全部国家机构，就是人民代表大会制度的具体内容。因此，我们

说，人民代表大会制度是我们国家的政体，二者是一致的，其根本点都是说明它是保障真正实现人民当家作主的政权组织形式。

人民代表大会制度是适合我国国情的社会主义国家的治理形式。这是因为：

第一，我国是在半封建半殖民地社会的基础上，通过新民主主义革命转变为社会主义革命而建立的人民民主专政的社会主义国家。新中国成立前，经济落后，资本主义大生产的经济成分很少、小农经济占绝对优势，实行民主的经济条件与文化条件较差，缺乏民主的传统。这就决定了人民民主政权建立后，不可能立即实现普遍、平等、直接、秘密的选举方法，而要根据我国的实际情况，实行基层政权机关直接选举产生、其他各级权力机关间接选举产生的制度。

第二，在新民主主义革命过程中，我们形成了以工人阶级为领导、以工农联盟为基础的广泛的统一战线，这就决定了建立人民民主专政后，掌握国家权力的人民的广泛性。在人民内部包括了许多阶级、阶层、民族、社会团体以及各方面的代表人物。为了实现人民民主专政的任务，需要使民主的形式多样化，才能团结一切可以团结的力量，调动各方面的积极因素。

第三，我国人民是在党的领导下，以武装斗争的形式，先在农村夺取政权，建立革命根据地，逐步发展为夺取全国政权，然后建立代表机关，并逐步实现由代表机关转变为国家权力机关。如在解放区先建立人民政府，然后召开各界人民代表会议，逐步代行人民代表大会职权，条件成熟后，再由选举产生的代表组成人民代表大会，并由人民代表大会选举产生政府。全国也是一样，先召开全国政治协商会议代行全国人民代表大会职权，1954年条件成熟后，召开了全国人民代表大会。

第四，我国的新民主主义革命是在俄国十月革命后开始的，在建立政权的过程中，受苏维埃政权形式影响较大。我们的政权吸取了苏维埃政权的经验，并在我国革命发展的不同阶段不断地总结根据地政权建设的经验的基础上，渐渐完善和发展起来的。

根据上述这些条件，我国在人民民主专政建立后，确立了人民代表大会制度为我国的政权组织形式。

（二）人民代表大会制度的特点

人民代表大会制度是社会主义国家的治理形式之一，具有巴黎公社、苏维埃等治理形式的一些共同特点：①它们都由人民选举产生，同人民群众保持密切联系，具有广泛的群众基础；②它们都是立法与行政统一的政权组织；③它们都是对人民负责，受选民监督，保障人民当家作主的政权组织形式，等等。这些特点都是同资本主义国家的统治形式相区别的，是本质上的区别，是真正民主制度与形式上民主制度的区别。

人民代表大会制度除了具有同巴黎公社、苏维埃等形式共同的特点外，还有与其他社会主义国家治理形式的不同点。这里所要研究的主要是根据我国的国情所体现的人民代表大会制的特点，即在社会主义治理形式共同点的基础上人民代表大会制度所具有的，或者是比其他社会主义国家更加突出的特点。

1.实行民主集中制的原则

我国宪法第三条规定："中华人民共和国的国家机构实行民主集中制的原则。"这是我们国家的政体。民主集中制是一切社会主义国家治理形式的共同特点，但它在我国人民代表大会制度中，具有适合我国国情的特殊性。

列宁在讲民主集中制时主要是强调集中制。集中的实质是权威，任何统治阶级都需要权威，没有权威就没有集中，也就无法统治。建立在社会化大生产基础上的社会，尤其需要集中。问题的关键在于怎样集中。如果按照少数人或个人意志去集中，则是独裁和专制，这是剥削阶级所要求的集中制；如果按照多数人的意志去集中，就是民主集中制，这是无产阶级和广大人民所要求的集中制。

民主集中制不是任何阶级、任何社会集团都能真正实行的，只有无产阶级和广大劳动人民当家作主的国家才能够真正实行民主集中制。这不是单凭无产阶级和广大人民的主观愿望，而主要地反映了社会主义经济发展的要求，是由社会主义经济制度所决定的。社会主义公有制的生产关系要求民主，社会主义生产力的发展（社会化大生产）要求集中。这个事实是一切剥削阶级思想家不愿意或不想了解的。在一些资产阶级政治学著作中，把社会主义的民主集中制污蔑为"独裁""专制"，甚至把它同法西斯独裁相提并论，其根本原因就在于他们故意否认社会主义制度要求民主集中制。刘少奇早在1954年《关于中华人民共和国宪法草案的报告》中，针对外国一些反动分子对我国的民主集中制的污蔑，指出："我们马克思列宁主义者早就公开地宣布过，我们是主张集中制的。问题是什么样的集中：是少数大封建主或大资本家的专制的集中呢，还是以工人阶级为领导的人民大众的民主的集中呢？这两种集中制度，当然是完全不同的两回事情。正如宪法草案所规定的，我们在这里是把高度的集中和高度的民主结合在一起的。我们的政治制度有高度的集中，但是这种高度的集中是以高度的民主为基础的。"[1]

民主集中制在人民代表大会制度中，主要体现在人民的一切权力都统一地、集中地通过人民代表大会来行使。这就是前面所说的"一切权力属于人民""人民行使权力的机关是全国人民代表大会和地方各级人民代表大会"。它们包括三层含义：①全国人民代表大会集中代表全国人民的利益和意志，把人民的意志制定为法律，具有最高的效力，一切机关、团体、政党、个人都必须遵守，不得超越于法律之上；②行使国家行政权力、司法权力的机关都要置于人民代表大会之下，不允许有资产阶级国家那样分立的行政和司法权力与人民代表大会的权力相抗衡、相制约；③各级人民代表大会之间实行下级服从上级、地方服从中央的原则，全国人民代表大会统一行使最高国家权力。

---

[1]　《刘少奇选集》下卷，人民出版社1985年版，第158页。

民主方面，主要表现在人民代表大会的组成和工作程序都是民主的。①各级人民代表大会的代表都是由普遍选举产生的，代表对他的选区的选民负责，接受选民监督，选民对代表有罢免权。②代表有充分行使权力的保障。宪法第七十三、七十四条规定，非经人民代表大会主席团许可，代表不受逮捕和刑事审判；代表在人民代表大会会议上的发言和表决不受法律追究。③人民代表大会的工作程序实行少数服从多数的原则。这些方面是民主的基础，没有民主的基础，就不是民主集中制。在我国民主的实践过程中一个重要的特点是协商。协商是实现民主的一种重要方式。如代表候选人的协商；重大问题决定前的协商；人民代表大会开会时，政治协商会议的成员列席参加；过去还有最高国务会议等形式。董必武说过："中国的民主制度，采取协商的方式，是个很大的特点，这是毛主席天才的创造。"①我国民主实践所以具有协商这个特点，是因为：①中国人民在长期革命斗争中形成了统一战线；②中国是由50多个民族组成的多民族国家；③我国疆域辽阔，人口众多，各地发展不平衡；④我国的经济、文化发展比较落后，尚不具备直接选举的条件。这些因素决定了在我国的民主实践中，协商起着重要的作用。

实行民主集中制的人民代表大会制度是符合我国国情的最适宜的政治形式。我们这样幅员辽阔、人口众多的大国，政治、经济、文化、社会等各方面的任务复杂艰巨，没有高度集中指挥的国家机构是不可能完成这些任务的。过去，我国遭受帝国主义的侵略和欺凌，固然主要是由于旧中国腐朽的地主买办阶级的反动统治造成的，但我国当时内部混乱，"一盘散沙"，没有高度统一的指挥力量也是原因之一。现在，我们有庞大的国家机器，如果没有统一而强有力的中枢指挥机关，必然运转不灵。因此，需要集中制。但这种集中必须建立在高度民主的基础上，如果脱离民主，就要走

---

① 董必武：《论加强人民代表会议的工作》，参见《董必武选集》，人民出版社1984年版，第308-309页。

向反面。今后，不断发展、扩大和完善民主制度，集中人民群众的智慧，发挥人民当家作主的积极性，是我国民主集中制发展的必然趋势。

2.强调公职人员的公仆地位，破坏民主集中制的腐蚀剂——官僚主义

官僚主义同官僚制度不同。官僚主义就是旧官吏的作风，把它叫作"主义"，是形容它的普遍性和根深蒂固。它是同社会主义政治制度不相容的坏东西。过去有人说，官僚主义同人民群众的矛盾是我国政治上的主要矛盾，这是夸大和歪曲。但是官僚主义对社会主义政治制度的危害是必须重视的。可以说，官僚主义是民主集中制的腐蚀剂，任其发展下去，就有侵蚀、损坏社会主义政权的危险。

伟大的十月社会主义革命建立了世界上第一个社会主义国家。第二次世界大战结束以后，欧洲、亚洲又相继出现了一些社会主义国家。在社会主义政治制度的实践过程中，这些国家都程度不同地存在着官僚主义的问题。在无产阶级专政的国家里，国家的公职人员无论职位高低，都是人民的公仆，官僚主义同人民公仆的地位是不相容的。

在十月革命前，马克思主义着重批判剥削阶级的官僚机构，没有考虑无产阶级专政的国家还有官僚主义的问题。十月革命建立苏维埃政权后，列宁才逐渐认识到社会主义国家机关也存在官僚主义，并且还相当严重，他指出官僚主义是一个祸害。

1921年，列宁在《论粮食税》一文中，叙述了他对官僚主义的认识过程。他说："在1918年5月5日，官僚主义还不值得我们注意。十月革命半年之后，即当我们自上而下地摧毁了旧官僚机关的时候，我们还没有感觉到这个祸害。

"又过了一年。在1919年3月18日至23日举行的俄国共产党第八次代表大会上，通过了新党纲，在党纲中，我们讲得很直率，我们不怕承认祸害，而愿意暴露它、揭穿它，使人唾弃它，唤起同祸害作斗争的思想、意志、毅力和行动，我们说，'官僚主义在苏维埃制度内已部分地复活起来'。

"又过了两年。1921年春，当苏维埃第八次代表大会讨论了（1920年12月）官僚

主义问题以后，当俄国共产党第十次代表大会（1921年3月）总结了与分析官僚主义有密切关系的争论以后，我们把这个祸害看得更清楚、更明确、更严重了。"[1]

从这段话中可以看出，列宁对苏维埃国家官僚主义的认识有三个阶段：第一，十月革命初期，在打碎旧的国家机器、建立苏维埃政权的过程中，列宁认为官僚主义已随着旧的官僚机构被打碎，在苏维埃新的国家机关中不会产生官僚主义。这也是由于革命的初期，官僚主义还没有明显暴露出来。第二，在国内战争时期，列宁看到苏维埃国家机关中官僚主义部分地复活了。但这时他认为，革命的优秀人才都去前线指挥战斗，由于俄国文化落后，工人农民不能直接管理国家，在苏维埃国家机关中留用了一部分旧官吏，官僚主义只是这些留用的旧官吏身上的东西。第三，新经济政策时期，在国家的经济建设过程中，大量暴露出苏维埃国家机关中的官僚主义，这就不只是旧官吏身上的东西了，而是"一切或99%的机关部门"[2]都存在着官僚主义等不良倾向。"我们所有的人都陷在官僚主义的'官厅'的臭泥潭里。"[3]"官僚主义不仅在苏维埃机关里有，而且在党的机关里也有。"[4]因此，列宁尖锐地指出，苏维埃国家是一个"带有官僚主义毛病的工人国家"[5]。官僚主义是俄国共产党、苏维埃国家最大的危险、最可恶的敌人。如果有什么东西会把我们毁掉的话，那就是官僚主义。

列宁分析了官僚主义产生的原因。总的说来，这是沙皇俄国遗留下来的痕迹。具体地说，是由于：苏维埃机关里的旧官吏；封建主义的遗毒；小农经济的反映；文化落后。另外，列宁也发现，只有集体领导没有分工负责、党政不分和国内战争时期那种高度的集中制也滋长了官僚主义。

---

① 《列宁全集》第32卷，人民出版社1958年版，第342–343页。

② 《列宁全集》第33卷，人民出版社1957年版，第28页。

③ 《列宁全集》第36卷，人民出版社1959年版，第588页。

④ 《列宁全集》第33卷，人民出版社1957年版，第448页。

⑤ 《列宁全集》第32卷，人民出版社1958年版，第7页。

在斯大林领导时期，苏维埃政权领导与组织苏联人民进行社会主义改造和社会主义建设的事业进入了高潮。斯大林进一步察觉到官僚主义的危害性和严重性，他在苏联共产党（布）党十四次全国代表大会和第十五次全国代表大会上都着重提出了同官僚主义作斗争的问题。斯大林说，苏维埃的"国家机关就其形式来说是正确的，可是它的组成部分还是异己的、官僚的、半沙皇半资产阶级的"[①]。他特别强调指出，"我们国家机关的弱点在哪里呢？就在于它里面有破坏和歪曲国家机关工作的官僚主义分子。为了从国家机关中清除官僚主义——而官僚主义在一两年内是清除不了的——就必须有系统地改善国家机关，使它和群众接近，依靠新的忠于工人阶级事业的人材来革新它，以共产主义的精神来改造它"[②]。因此，"党的任务就是对官僚主义作斗争，改善国家机关，无情地消灭我刚才说过的我们实践中那种乱七八糟的现象。"[③]

列宁和斯大林对苏维埃政权的官僚主义的认识是很深刻的，他们也采取了一些措施来解决这个问题，但没有解决好。我国在建立人民代表大会制度的过程中，吸取了苏维埃同官僚主义作斗争的经验，从新中国成立时起就特别重视反对官僚主义，如1951年的"三反"（反贪污腐化、反铺张浪费、反官僚主义）和1957年的整风运动，都把反对官僚主义作为一项重要内容。但由于对官僚主义产生的根源没有真正认识清楚，没有从我们的制度中寻找它产生的原因，因而，虽然取得了一定的成果，但不彻底。

党的十一届三中全会以后，1980年8月邓小平在《党和国家领导制度的改革》一文中对官僚主义的分析，是新中国成立以来第一次最全面、最深刻的论述。

邓小平说："我们现在的官僚主义现象，除了同历史上的官僚主义有共同点以

---

① 《斯大林全集》第5卷，人民出版社1957年版，第169页。

② 《斯大林全集》第10卷，人民出版社1954年版，第274页。

③ 《斯大林全集》第10卷，人民出版社1954年版，第276页。

外，还有自己的特点，既不同于旧中国的官僚主义，也不同于资本主义国家中的官僚主义。"①

接着他指出了产生我国特有的官僚主义的三个主要根源：

第一，我国长期以来认为社会主义制度和计划管理制度，必须对经济、政治、文化、社会都实行中央高度集权的管理体制，正是这种体制成为我们所特有的官僚主义的总病根。

第二，在我们的党政机构以及各种企业、事业领导机构中，长期缺少严格的、从上而下的行政法规和个人负责制，国家机关工作人员的职、责、权不明确以及缺乏与之相联系的奖惩制度，这是产生官僚主义的另一个病根。

第三，权力过分地集中于个人或少数人手里，多数办事的人无权决定，少数有权的人负担过重，必然造成官僚主义。

当然官僚主义还有思想作风方面的问题，如缺乏调查研究、不走群众路线等等，但它的根源在于制度问题。制度问题不解决，思想作风问题也解决不了。所以，过去我们虽然也搞过不少反对官僚主义的运动，由于没有从这个根本问题上着手，收效甚微。邓小平提出从改革党和国家的领导制度和其他制度入手解决官僚主义问题，才抓住了根本。

反对官僚主义的实质，在于保证我国的政治制度真正实行民主集中制和防止公职人员由人民的公仆变成新官吏，这是保证我们的国家机器不改变性质的战略性措施。

在我国的经济发展程度尚未达到可以简化国家机关的条件下，我们在政治制度上，必须加强与改善党的领导，不断地反对和克服官僚主义，正确地运用民主集中制。这样才能使我国的社会主义政治制度永葆革命的活力，推动社会主义经济建设迅

---

① 《邓小平文选（一九七五——一九八二年）》，人民出版社1983年版，第287页。

速发展。

3. 党的领导是正确贯彻民主集中制的基本保证

在我国新民主主义革命时期，中国共产党领导全国各族人民进行革命斗争，同人民群众建立了血肉联系，取得了革命的胜利。人民民主专政建立后，党又领导全国人民建设社会主义，取得了巨大的成就。党的领导是我国革命和建设胜利的根本保证，这个信念早已深深地扎在广大人民群众的心中。我国的这个历史事实和革命传统决定了中国共产党在人民代表大会制度中的绝对领导地位。

中华人民共和国建立后，人民成了国家的主人。党的领导和人民当家作主，是我国人民代表大会制度的根本特点。如何处理与解决好党的领导与人民当家作主的关系，是我国政治制度的一项带有根本性的任务，也是社会主义民主的一个根本性的问题。党的领导与人民当家作主的实质，就是在社会主义革命胜利后，如何实现无产阶级领导权的问题。党在人民代表大会制度中的作用，就是体现无产阶级专政下党如何实现自己的领导权的。而党在社会主义政治制度中领导权的体现，主要在于如何保证人民当家作主和党的领导的一致性，保证民主集中制原则的实现。这方面的保证主要有三点：

第一，党是人民的利益和意志的真正代表。因而，国家的一切重大的国内、国际问题，都是由党首先提出建议，再由人民代表大会讨论决定。这就是党运用正确的路线、方针、政策来领导国家的活动。没有党的领导，任何重大的问题都解决不了，因为脱离了党的领导，就保证不了政治制度的社会主义方向。

第二，国家机构是由干部组成的。党的领导就是通过推荐重要干部到国家机关去工作，去实现的党的路线、方针、政策，这就是党的组织路线的保证作用。因此，推荐的干部好坏，决定于党对干部的选拔、培养和监督。党的领导任务就是要经常教育干部只能是人民的公仆，不能成为官吏。

　　第三，党的活动要在"宪法与法律范围内活动"。宪法与法律是工人阶级和广大人民意志的表现。党的活动遵守宪法与法律，就是尊重人民当家作主的地位，就是按人民意志进行活动。从而保证了党的领导与人民当家作主的一致性。

　　因此，党的领导是我国真正实现民主集中制的保证。研究社会主义中国的政治制度，不高度重视这个特点，就不可能认识问题的实质。

第六章 政治统治体系

　　政治学是研究政治统治的学问。在古代社会的政治统治比较简单，统治阶级主要利用国家政权机关就可以了。近代社会，社会政治关系复杂、多变，统治阶级只利用国家政权机关就不够了，还要利用代表各阶级、阶层、集团的政治组织共同实行政治统治。这样，就出现了各种政治组织之间的相互关系，各种组织的作用与功能，以及各种政治组织协调一致发挥整体功能等问题。这些问题不但是重要政治现象和政治关系，而且是一个重要的理论课题。

　　西方政治学家，根据西方社会的情况和他们的立场、观点、方法对这些问题进行了研究，他们主要是研究这些组织和行为的相互作用（斗争、协调、合作），他们把政治领域中的这种相互作用称为政治体系。但在形成政治体系的相互作用是谁与谁之间的相互作用方面，却有不同的解释和说明。美国政治学家A. 阿尔蒙德的解释："政治体系是以人身强迫威胁为后盾的，对决策有影响的角色的一定形式的相互作用。"另一位美国政治学家戴维·伊斯顿的解释："政治体系是一种从社会行为的总体抽象出来，并借以权威性地分配社会价值的相互作用。"前者的相互作用是指固定角色之间的相互作用，称为结构功能主义；后者的相互作用指抽象出来的不固定的社会行为之间的相互作用，称为政治分析方法。这两个学派的共同点，在方法上都是运用系统的方法。

　　在东方社会主义国家，对政权机关与各种社会政治组织之间的相互关系的理论，主要是列宁提出的无产阶级专政体系的理论，后来又演变为政治体系的理论。所运用的方法是以无产阶级领导权为核心的辩证唯物主义方法，即阶级分析的方法。

　　我们之所以研究政治统治体系理论，是因为西方的政治体系的观点是唯心主义的，方法有可借鉴之处；东方的无产阶级专政体系是以阶级分析方法和苏联的国情为依据，在实践过程中也有不足之处。因此，我们想以辩证唯物主义为基点吸取系统论方法，研究当代社会的各种政治组织之间的相互关系、各自的功能以及协调一致的总体功能。我们称之为政治统治体系，以区别西方的政治体系与充实东方的无产阶级专政体系理论。

当前我国正在进行政治体制改革，由于存在的问题较多又复杂，必须审慎地进行。但对政治体制进行总体理论研究是非常必要的。关于政治统治体系理论的研究，可能对此有所裨益。

第一节　政治统治体系的实质与特征

一、政治统治体系的概念与实质

在阶级社会中，阶级的统治是指掌握了国家政权的统治阶级的统治。它主要包括经济统治和政治统治两个方面。政治统治就是对被统治阶级实行专政，以保障统治阶级在经济上的统治地位和利益。

政治统治是一个非常复杂的现象和过程，它包括国家统治和阶级统治两种含义。确切地说，国家统治和阶级统治是两个不完全相同的概念。阶级统治是一个阶级运用本阶级的全部力量，采取各种手段对另一个阶级所实行的控制和压迫。其中，运用国家权力又是诸种控制手段中最主要的和最根本的手段。当统治阶级运用这一手段时，就是国家统治。统治阶级运用国家权力的过程也就是实现国家统治的过程。由此可见，阶级统治的概念大于国家统治的概念。实行阶级统治，首先要掌握国家权力实现国家统治，国家统治是阶级统治的核心。阶级统治包含了国家统治。

"国家是维护一个阶级对另一个阶级的统治的机器。"①国家机构就是组成这架机器的各个国家机关的总和。国家机构的任务是实行国家统治。对于统治阶级来说，实

---

① 《列宁选集》第4卷，人民出版社1972年版，第48页。

行政治统治除了依靠国家机构之外，还要运用其他机构和组织。这种统治阶级实行专政的各种机关、组织和团体的总和就叫统治机构。无论何种组织形式，只要其职能是组织本阶级的力量，对敌对阶级实行专政，就都包括在统治机构的范围之内。统治机构包括了国家机构，统治机构的概念大于国家机构的概念。运用统治机构就是实行政治统治。

阶级的政治统治是统治阶级生存的保障。但是，阶级的政治统治并不是由整个阶级的成员和组织来直接行使。正像列宁指出的那样："无产阶级的专政不能直接由包括整个这个阶级的组织来实现。只有吸收了阶级的革命力量的先锋队，才能实现这种专政。"①列宁的这段话对任何阶级的专政都具有普遍意义。也就是说，任何阶级的统治都不能由整个阶级来直接行使。一个阶级之所以有力量，之所以能以整个阶级的名义进行政治活动，是因为由阶级的少数代表建立了代表阶级利益的政治组织。例如，政党、国家机构。甚至像农民这样涣散的阶级，在反抗地主阶级压迫时，也总以某种组织形式去进行斗争。统治阶级在实行政治统治时，更是如此。任何一个统治阶级都是依靠由少数人组成的本阶级的各种政治组织去完成阶级统治的任务，而不可能由统治阶级的全体成员直接实行统治。这些政治组织通常包括国家机构和社会政治组织。后者在前资本主义社会主要指宗教、宗法等组织；在资本主义社会主要指资产阶级的政党和他们的各种社会集团等；在社会主义社会指的是无产阶级政党、工会、共青团、妇女组织和民主党派等。国家机构和这些社会政治组织的结合体，就是我们所说的统治机构。

实行阶级的政治统治任务的各种政治机构、组织是一个互相联系、互相作用的严密的体系。因为在实际政治生活中，一个阶级对另一个阶级的统治，不仅需要动员各

---

① 《列宁选集》第4卷，人民出版社1972年版，第404页。

方面的力量，利用各种机构和手段，而且要进行有组织的活动。阶级的政治统治的各种机构、组织并不是分散地、孤立地进行活动的，在实际上是作为一个互相联系、互相作用、有秩序、有目的的有机整体来发挥其职能的。这样的关系和结构是由政治统治的本质决定的。没有这样一个有机整体，就不能实行政治统治，离开这个整体，任何单个的机构、组织都无法正常活动，甚至无法存在下去。这个实行政治统治的有机整体就是政治统治体系。

政治统治体系和统治机构是两个范围相等的概念。政治统治体系是由全部统治机构组成的。之所以用政治统治体系这一概念来概括各种统治机构，其目的在于强调政治统治活动的整体性，强调它的内部关系的联系性和活动的复杂性，使我们能够更深入地认识政治统治的本质和形式。统治阶级为了实现对被统治阶级的专政以及对整个社会的统治，必须建立一系列的政治组织和机构，通过它们组织本阶级的力量，行使本阶级的统治权力，维护本阶级的整体利益，约束被统治阶级。这些政治组织和机构各有特点，具有不同的功能，并且相互联系、相互依存，按一定的结构组成一个有机整体，这就是政治统治体系。那么，决定政治统治体系结构的条件是什么呢？

第一，政治统治体系的结构是由它本身的阶级性质决定的。这个条件有两重含义。其一是说，阶级社会中存在着许多政治机构和组织，有统治阶级的组织，也有被统治阶级的组织。由于政治统治是统治阶级对被统治阶级的专政，所以政治统治体系只能是统治阶级组织的体系。在资本主义社会，是资产阶级政治统治体系；在社会主义社会，是社会主义政治统治体系。它的范围只包括统治阶级自己的政治组织和机构。其二是说，不同性质的政治统治体系制约着政治统治体系的不同结构形式。也就是说，同样的政治组织，在不同性质的政治统治体系中的地位和作用可以是不同的。例如，在前资本主义社会，除了国家机构外，宗教组织是统治阶级最重要的政治组织。在中世纪的西欧，神权高于俗权，教权大于王权，罗马教皇处于"万流归宗"的地位，成为上帝在人间的代理人，神圣不可侵犯。罗马教廷则成为最高的封建统治机构。它通过各地区的宗教组织——教会对西欧各国的政治、经济和精神生活实行着绝对的一元统治。随着资本主义制度的建立和发展，宗教组织在资产阶级政治统治体系结构中的地位越来越低，它作为赋予资本主义内容的宗教团体，成为资产阶级麻痹人民意志、维持本阶级政治统治的一种辅助工具和手段。在社会主义国家中，爱国宗教组织是社会主义团体之一，是党和政府争取、团结和教育宗教界人士的桥梁和纽带。同样都是宗教组织，但在不同的政治体系中，其地位和作用是不同的，这完全是由不同性质的统治阶级本身的状况决定的。

第二，是由社会历史条件和阶级斗争的特点决定的。同一类型的不同国家的社会历史条件不同，阶级斗争的特点不同，也是决定政治统治体系的不同结构的条件之一。例如，同样是资本主义国家，却有两党制和多党制的不同政治结构，如英国和法国。甚至同一个国家，不同时期的不同历史条件和阶级斗争的特点也会使政治统治体系的结构发生变化。资本主义国家，在自由资本主义时期，"三权分立"是国家机构的基本的结构形式，议会权力大于行政权力。到了帝国主义时期，这个基本的结构形式被破坏，国家权力日益集中到行政机关中，同时，压力集团的势力也急剧扩大并渗透到行政机关手中去，出现了一种新结构。

实现统治阶级专政，这是所有政治统治体系的共同特点。但如何实行统治阶级的专政，反映在各种政治统治体系的结构上又有不同特点。在阶级社会中，政治统治体系的根本区别是建立在生产资料私有制基础上的剥削阶级的各种政治统治体系与建立在生产资料公有制基础上的无产阶级和劳动人民的政治统治体系的区别。生产资料的所有制形式是决定两种根本对立的政治统治体系的经济根源。只要掌握了这个历史唯物主义的根本原理，就可以认清今天和历史上种类繁多的政治统治体系的实质，找到分析具有极其错综复杂结构关系的政治统治体系的钥匙。

政治统治体系是社会整体的一部分。社会中有各种各样的社会组织。如政治的、经济的、文化的、军事的、教育的等等。政治统治体系并不包括全部社会组织，只包括其中的一部分。看一个机构或组织是不是阶级统治的机构，是不是政治统治体系的一部分，不仅要看它在根本上属于哪种性质，而且要具体分析它的功能及其在社会中的地位。一般说来：一个机构或组织只有在功能和地位方面具有下述三个特征的，才是政治统治体系的组成部分。

一是全局性。政治统治体系的总目标是保护与巩固统治阶级的统治地位，实现对被统治阶级的专政。这对于统治阶级来说，是一个全局性问题。一个社会的组织，如果它的活动指向这个总目标，并触及了统治阶级的根本利益，影响到统治阶级的政治统治地位，那么，它的影响必然波及整个政治统治体系，它的功能和地位不是局部的，而是全局性的。这个组织或机构就因此而成为政治统治体系的一个组成部分。

二是直接性。从广义上说，统治阶级建立的所有组织、机构都是为实现阶级专政这一总目标服务的，但它们并不都是政治统治体系的组成部分。所谓直接性，就是说只有那些从功能上直接为这一总目标服务、在地位上直接与国家这一政治统治体系的中心相联系的组织，才是政治统治体系的组成部分。例如，某些经济组织，从根本上说，其活动的最终结果对维护统治阶级的政治地位是有利的、不可缺少的，但并非直接起作用。因此，不能算作是政治统治体系的组成部分。经济组织缓和经济上的困境，有利于统治阶级政治上稳定，但这对于完成政治统治体系的总目标只起了间接作用，不能包括在政治统治体系的范围之内。

三是必要性。政治统治体系是一个严密组织起来的系统，犹如一架机器，每一个零件、部件都有特定的功能，都是整个体系不可缺少的部分。换句话说，它们都在整个机器中占有特定地位，成为政治统治体系正常运转的必要条件。例如，目前在西方国家中有许多学术研究团体，从它们的名称看，并非政治团体，但实际上却起着向国家最高领导集团直接提供咨询、参与或影响决策，甚至直接提供高级领导人的作用。这些团体实际上已成为资产阶级政治统治体系中不可缺少的部分，在其中有自己特定的位置。

总之，当一个组织或机构直接为统治阶级的全局性利益，为实现政治统治体系的总目标而直接发挥作用，并且围绕国家机构这一中心而承担某项职能时，它就成为政治统治体系的组成部分。

实际上，上述三个标准可以归结为一点，即看和国家机构的关系如何。国家机构是政治统治体系的核心环节。国家的性质和形式集中体现在国家机构身上。国家机构是政治统治体系强制性的基础。没有军队、警察等暴力机关组成的国家机构，统治阶级的政治统治就是一句空话。国家机构的根本任务就是以强制力作为后盾，保障实现统治阶级的利益，确立政治上的统治地位，直接实行统治阶级的专政。破坏了国家机构就直接破坏了统治阶级的政治统治。因此，有关国家的问题就是有关统治阶级的全局性问题。所有和实现政治统治体系总目标有直接关系的活动，都与国家机构的活动有直接的密切的关系。国家机构是政治统治组织中力量最强大的组织，是实现政治统治体系总目标的主要机构。由于这些原因，没有国家机构就没有政治统治体系。例如，在无产阶级革命取得胜利并建立国家政权之前，尽管也存在着无产阶级政党和一些无产阶级的政治组织，但是没有形成政治统治体系，因为没有掌握国家政权，就没有实现政治统治，甚至连政党和一般政治组织也经常处于非法的受压制的地位。

在一个政治统治体系的内部，各个机构、组织的活动基本上也是围绕着国家机构进行的。如在今天的资本主义社会中，资产阶级政党活动的主要场所是国家机构，特别是立法机关。而压力集团活动的主要方向，也是向政府施加压力，影响政府的决策。由于国家机构在政治体系中的这种核心作用，可以把它看成是一个划分政治体系和其他社会体系的简明标准。社会的经济体系、文化体系、教育体系等等，其中不包括国家机构，因而它们都不是政治统治体系。总之，国家机构的存在是政治统治体系的一个本质特征。

二、政治统治体系的一般特征

马克思、恩格斯创立的唯物辩证法认为：一切事物、过程乃至整个世界都是由相互联系、相互依赖、相互作用的事物和过程所形成的统一整体。我们应该用这种观点来看待自然界，也应该用这种观点来看待人类社会，看待人们的政治生活。政治是一个极为复杂的社会现象，它根源于经济生活，又和社会生活的各个领域发生密切的关系。同时，这个问题又关系到统治阶级和被统治阶级的根本利益。这一实质特征更增加了政治生活的复杂性。因此，如果不运用阶级分析的观点就不能认清政治生活的本质，同时，不运用联系的、整体的观点等辩证唯物主义的原则，也不可能透过政治活动复杂的结构和形式找到它的本质。我们应该把国家政党、集团等机构组织作为一些实体来研究，也应该把这些实体当作一个互相联系的有机整体来进一步研究。这种联系的观点和整体的观点就是系统论的基本思想。运用系统理论分析政治现象是今天马克思主义政治学的重要课题。这也就是说，应当把政治统治、政治活动当作一个系统来分析。分析各种政治机构和组织的作用、它们之间的关系、它们的总体活动、它们和其他社会生活的关系等等。这是我们深刻认识国家、认识政治统治的不可缺少的方法和途径。

上面，我们已经比较详细地论述了政治统治体系的本质特征。政治统治体系这个概念的本身有两重含义，除了它的阶级实质、它的统治阶级专政的本质特征外，它还有作为体系的一般特征。这些一般特征和它的本质特征有非常密切的关系，同时，这些一般特征既是本质特征的外部表现形式，又是政治统治体系的实际存在形式。政治统治体系的一般特征可以归纳为下述四个方面：

第一，集合性。这个特征反映了一个系统的存在方式是建立在体系各组成部分的相对独立性基础上的，任何系统都是一个多样性的集合体。无论什么性质的政治统治体系都必须由若干部分集合而成，不可能仅仅由一个机构组成。每个部分本身都是一个相对独立的个体，具有特定的、无法替代的功能。正像一台性能良好的机器是由具有不同的运转方式，不同功能的发动机、传动装置、工具机组合而成一样，政治统治体系内部构成部分的多样性和相对独立性是它存在的必要的前提条件。如果没有相对独立的部分，政治统治体系就不能成立。破坏了它们之间的相对独立性，就破坏了政治统治体系的健全，也无法正常有效地发挥其功能。例如，我国的社会主义政治统治体系是由政党、国家机关和各种社会政治组织三个部分集合而成的。如果孤立地、片面地强调所谓党的一元化领导，忽视其他社会政治组织的作用，破坏了其他部分的相对独立性，不发挥其他部分的各自功能，就会出现以党代政、以党代群、党政不分、党群不分等问题，就会影响我国政治统治体系的正常运转，破坏政治统治体系的结构，结果会大大降低政治统治体系的整体功能。

第二，整体性。政治统治机构作为一个完整的体系是一个不可分割的整体。其内部各个组成部分之间并不是机械地组合而成，而是有机地联系在一起的，相互依存、相互作用。缺少哪一部分，整个体系都将遭到严重破坏甚至不复存在，离开了整体，任何部分也不能单独成立。从静态来看，每个部分都从一个侧面反映整体的本质，作为整体的一个部分发挥其特有的作用，各个部分不是平行地、互不相干地决定整体，而是在相互联系、相互作用中综合地决定整体的结构、功能和行为。一个部分受到损害，必将涉及其余，使整个政治体系受到破坏。从动态来看，政治统治体系是一个自身运转的过程，每一个组成部分都是全过程中的一个不可缺少的环节。在正常情况下，它们能协调地运转，并按一定的程序和规则实现体系的总目标。但是，如果失去了某个环节，或者使某个环节由于受到损害而发生故障，足以使整个政治体系运转失灵，甚至使整个运转过程中断，整个体系陷入紊乱状态。例如，在我国的社会主义政治统治体系中，各群众团体和民主党派不仅是贯彻、执行中国共产党的路线、方针、政策的政治组织，而且又是党联系广大人民群众的"传动装置"和"纽带"。十年内乱时期，"四人帮"打着"全面专政"的旗号，把专政的矛头对准政治统治体系的内部，破坏了这些"纽带"，结果使党失去了联系人民群众的重要桥梁，党的路线、方针、政策得不到贯彻、落实，严重损害了我国社会主义政治统治体系的整体功能。历史的教训从反面证明了中国共产党与民主党派以及某些群众团体的"荣辱与共、肝胆相照"的关系，证明了我国人民民主专政的政治统治体系的整体性。

政治统治体系所具有的整体性不仅在于它的内部各部分之间的联系性、依存性，更重要的是各个不同的特性、不同功能的组成部分之间的相互作用产生的宏观效应，即整体功能不是每个部分单独作用的线性叠加，而是整体大于部分之和。正如恩格斯所指出的："许多人协作，许多力量融合为一个总的力量，用马克思的话来说，就造成'新的力量'，这种力量和它的一个个力量的总和有本质的差别。"[①]这就是说，政治统治体系在整体水平上的功能属性不能归结为各个组成部分孤立状态的功能和属性，而是在质上和一定的量度上都"大于"其组成部分的总和。各个组成部分只是部分地有时是曲折地反映了性质，而各个相互独立的组成部分之间的协同作用所产生的整体功能，从客观上恰恰反映了政治统治体系的根本属性。因此，我们在分析各种不同性质的政治统治体系时，必须从整体上去把握，如果孤立地分析政治统治体系内部的某个部分，甚至把某个部分的功能当作整体的职能，那就会混淆整体和部分之间的差别，无法认清政治统治体系的实质。以美国的资产阶级政治统治体系为例，在它的内部有各种各样的部门和机构，发挥着各种各样的功能，如邮政、卫生、教育及福利

---

① 《马克思恩格斯选集》第3卷，人民出版社1972年版，第166页。

部门等等，尽管各部门有不同的功能，但这些不同部门活动所形成的整体功能是为资产阶级政治统治服务的，资产阶级政治统治体系的整体属性即维护垄断资产阶级的政治、经济利益的职能正是通过各个部门的具体活动表现出来的。然而，这不等于说，资产阶级政治统治体系的整体功能可以归结为某个部门的具体功能，这仅仅是说，资产阶级政治统治体系内部各个部门的活动都从不同的角度反映了政治统治体系的本质特征，都带有政治色彩。

第三，有序性。政治统治体系是由各种不同的部分组成的，然而，这些组成的部分绝不是随便凑合在一起，而是按照一定的结构的序列、一定的组合方式有机地组织起来的，是由在实现政治统治体系总目标过程中所具有的不同功能、不同作用决定的。因此，在政治统治体系内部，每个组织或机构都有自己特定的位置。如果离开了自己应有的位置，就会造成层次或序列的混乱，从而破坏政治统治体系内部结构的合理性。例如，在无产阶级的政治统治体系中，共产党处于领导核心的位置，如果削弱了共产党的领导，就破坏了整个体系的有序性，使政治统治体系陷入混乱状态。"文化大革命"的十年内乱时期，"四人帮"用造反派的组织代替党的领导造成严重混乱的深刻教训说明了这个问题的重要性。实际上，各个国家的宪法都从法律的角度规定了本国政治统治体系内部有序的结构，因而成为政治生活的一个重要依据。

政治统治体系的有序性除了要求它的内部结构的有序性外，还要求各个组织、各个机构活动机制的有序性。也就是说，各个机构、各个组织之间发生关系，包括不同部门之间为协调工作而进行的形形色色的信息交流，都必须遵循一定的程序、一定的原则、一定的方式、一定的渠道进行。这是政治统治体系和谐而有序运转的重要保障。犹如一台性能良好的机器，不同部件之间的传动都有固定的方式，当发动机带动传动轴后，传动轴依次带动各种齿轮、蜗杆，最后带动工具机运转。政治统治体系不是机器，它的各个部分是由具有主观能动性的人的活动组成的。但是，政治统治体系也同样遵循机器运转原理。对于任何政治统治体系来说，指挥系统和信息交流的紊乱都是严重的祸害。如果政治统治体系内部各个部分之间的交往没有一定的程序和原则，而是随意活动。那么，政治统治体系就不能正常有序地运转。处于杂乱无序状态下的政治统治体系势必无法存在下去。例如，在我国的社会主义政治统治体系中，中国共产党的领导主要通过制定路线、方针、政策去实现。而党的政策要上升为法律，就必须通过一定的民主程序，即通过全国人民代表大会或全国人民代表大会常务委员会讨论通过，使之以法律的形式表现出来。如果以党的政策代替法律，不仅会降低党的威信，破坏社会主义法制建设，而且会使整个政治统治体系处于一种无序的状态。

第四，变动性。政治统治体系是一个动态的体系，处于不断发展、变化的过程中。世界上不存在永恒的、一成不变的政治统治体系。从政治统治体系的全过程来讲，存在着一个产生、发展和最后走向消亡的过程。就其中的每一个历史阶段的政治统治体系来讲，都有一个量变、部分质变和完全质变的发展过程。这种发展、变化从总体上看是一个不可逆过程，尽管在发展、变化的过程中会出现曲折和反复，但是，其变化的总的方向是向前的，是由低级向高级发展的。政治统治体系发展、变化的根本原因是社会环境和政治统治体系之间相互作用的结果，是由政治统治体系对环境的依赖性决定的。政治统治体系自身是一个完整的系统，但是，它作为社会上层建筑的一部分，既要和其他部分互相作用、互相影响，又要受到经济基础的决定和制约。换句话说，政治统治体系是被经济生活决定的，同时，也受到社会历史传统、民族心理、文化教育及其他领域的影响。我们面对着的整个物质世界都是由无数层次结构所组成的庞大系统。整个物质世界存在的一切事物和现象，无论是自然的、还是社会的，都自成系统和互为系统。如果站在政治统治体系的角度来观察周围的社会现象，它们都是政治统治体系生存和变化的环境。政治统治体系只是社会这个大系统的一个分系统，它与周围环境相互作用、相互影响。在国内，它要受经济、文化、传统等因素的影响；在国际上，它与其他国家的政治统治体系也互相作用。这些特点说明，政治统治体系是一个"开放性"的体系。所谓"开放性"，就是指政治统治体系不是一个孤立的、封闭式的体系，而是一个不断与周围环境进行物质和能量交换的体系。政治统治体系与机械系统有着本质的差别，它是由有目的的人和人的活动组成的。因此，政治统治体系是一个有目的的、有能动性的系统。它一方面受制于周围环境，被环境所决定，随周围环境的变化而变化；另一方面又积极地反作用于周围环境。任何一个政治统治体系，都有一定的目的参数，即维护统治阶级的权力关系和财产关系的最佳平衡值。统治阶级利益的实现正是政治统治体系反作用于经济基础和其他社会领域达到的。

政治统治体系在与周围环境互相作用的过程中，其自身也在不断地发生变化。从政治统治体系变化的形式看，主要表现在两个方面。一是，由于政治体系内部的某一部分的发展变化引起了整个体系的变化。例如，联邦德国的"绿党"原来是民间的一个环境保护组织，只是在有关环境保护方面向政府施加压力和影响。后来，它在西欧的和平主义运动中发挥了重要作用，势力日益增大。1983年，"绿党"参加了议会选举，结果竟成为议会中的一个有一定力量的政党，在政治统治体系的结构中，从一个半政治性组织，上升为一个重要的政治组织。二是，由于政治统治体系各部分的组合方式发生变化引起政治统治体系的变化。例如，法国在第三、第四共和国时期，统治机构的权力中心在议会。1958年戴高乐颁布了新宪法，建立了法兰西第五共和国，扩大了总统的权力，总统不仅有任命总理的权力，而且有解散议会的权力。这样，权力中心由议会转移到总统。由于统治体系内部各部分的组合方式发生变化引起了统治形式的变化，从而导致了政治统治体系的变化。从政治统治体系变化的方式看一般是两种方式。一种是革命的方式，即由于早期的统治体系已经不适应经济发展的客观要求，所以要通过社会革命的方式使早期的政治统治体系的性质发生根本性的变化；另一种是改革的方式，即政治统治体系在与周围环境交换物质和能量的过程中，不断地调整自己的行为和变动体系内部的活动次序，改变各个机构和各个组织之间的关系，使政治体系的目标更加明确，结构更加合理，关系更加和谐，以适应环境变化的要求。例如，我国在党的十一届三中全会以后，实行了对外开放、对内搞活经济的方针政策。随着国民经济的发展，原有的政治体制的某些方面、某些环节已经不适应经济发展的要求。为了改变这种状态，在中国共产党的领导下，开始了从上到下的、有步骤的改革，其目的就是为了使我国的政治统治体系高效率地、和谐地运转，加快我国社会主义现代化建设的步伐。总之，政治统治体系的各种变化源于政治统治体系周围环境的变化；源于环境变化引起的政治统治体系内部人民要求的变化；源于政治统治体系局部目标的变化。政治统治体系自身的发展变化是整个社会发展变化的一部分，是不以人们的意志为转移的。体系内部结构的不断调整和改革也是体系自身固有的发展变化，是政治统治体系生存、发展和达到完善的不可缺少的动力。

综上所述，政治统治体系是由统治阶级实行阶级专政的种种机构、组织所形成的一个复杂的有机整体。在马克思主义指导下，使用政治统治体系这一概念，在政治学研究中可以避免忽视国家机构之外的其他的统治机构和它们的活动；可以避免把各处统治机构及其活动看作分散的、孤立的因素。使用政治统治体系的概念，有助于全面地、辩证地研究以国家为中心的政治现象，并指导我们的现实政治生活。这无论从理论上还是从实践上来说，都是十分必要的。

第二节　两种根本对立的政治体系理论

一、剥削阶级关于政治体系的理论

在政治学发展的历史上，由于政治本身是关系到人的根本利益的根本问题，各个历史时期的各个阶级、阶层、集团的各种人物都来研究它，提出了纷繁复杂的各种理论观点和研究方法。从系统的角度来研究国家和政治现象，把统治阶级的政治组织看作一个由不同部分组成的整体，可以说由来已久了。

早在两千多年前的古希腊，政治学的创始人亚里士多德在他的开山作《政治学》一书中，就使用了"政治体系"一词。他认为城邦是由不同部分组成的政治体系。它包括家庭、阶级、行业和领袖（"著名人物"），"这些就是城邦所由组成的各个部分。有时，所有各部分都参加政治体系，有时则或多或少由若干部分参加。"①亚里士多德还用动物的器官、肢体来比喻城邦各个部分之间的关系。实际上他的政治体系和城邦基本上是一个概念。亚里士多德的奴隶主政治思想是超阶级的，也是不科学的。他把国体和政体混为一谈。他的"政治体系"的概念反映了这一点。尽管亚里士多德的"政治体系"一词的含义与现代不同，但是，他使用的方法可以说是最早的政治体系思想的萌芽。

19世纪末，出现了斯宾塞的社会有机体学说，在斯宾塞的生物社会学的政治思想中，使用了系统概念，为生物有机体和社会做了类比性研究。

斯宾塞政治思想的核心是所谓"社会有机体"的概念。他认为，社会同自然界的生物一样，是一个由简单到复杂的不断进化的"有机体"。像生物一样，社会也具有下列三大器官系统：一是由产业组织体现的保持系统，相当于一般生物的营养系统；二是由商业、运输组织体现的分配系统，相当于一般生物的循环系统；三是由政府、军事组织体现的调节系统，相当于一般生物的神经系统。这种"社会有机体"理论是极为荒谬的。对此，列宁指出，将生物学概念生硬地"应用于社会科学的领域，就成为空洞的词句。事实上，依靠这些概念是不能对社会现象作任何研究，不能对社会科

---

① ［古希腊］亚里士多德：《政治学》，商务印书馆1965年版，第182页。

学的方法作任何说明的。再没有什么事情比在危机、革命、阶级斗争等等现象上贴上
'唯物论的'或'生物社会学的'标签更容易了，然而，也再没有什么事情比这种勾
当更无益、更烦琐和更呆板了"①。斯宾塞的理论是帝国主义初期打着"科学"旗号的
资产阶级政治思想潮流的一个代表。

20世纪中期以来，随着现代科学的发展，出现了系统论、控制论、信息论等新的
科学理论。这些理论不仅对自然科学研究具有极其重大的意义，而且对社会科学也产
生了不可忽视的影响。第二次世界大战以后，美国政治学家戴维·伊斯顿等资产阶级
政治学家继承了西方政治体系论的传统，吸取了系统论、控制论、信息论的方法和某
些概念，提出了一种新的政治体系的理论。这个理论的出现，在西方政治学界产生了
很大的影响，并逐渐在政治学研究中占据了重要地位。伊斯顿的政治系统分析理论影
响最大，可以把他看成是这个学派的主要代表。

1953年，伊斯顿发表《政治体系》一书，提出要把政治体系概念作为政治学研究
的出发点。12年后，伊斯顿于1965年又发表了《政治分析的框架》和《政治生活的系
统分析》，从而建立了他的一套完整的政治体系理论。

伊斯顿把社会看成由全社会相互作用而形成的总的体系。当人们把性质相同的相
互作用，从总体系中区分出来，就划分出各种不同的特殊体系。也可以把总体系称为
母体系，把划分出来的特殊体系称为子体系，如经济体系、政治体系、文化体系等。

政治体系作为一种性质相同的相互作用的特殊体系与其他特殊体系区分的标准是
什么？伊斯顿认为："政治上的相互作用的区别在于：它主要着眼于对社会价值的权
威性分配。"其含义是决定政治上相互作用的标准是社会价值的权威性分配。

伊斯顿认为，每个社会都存在一些有"价值"的东西，如物质、食品、权力、名

---

① 　《列宁选集》第2卷，人民出版社1972年版，第335页。

誉等等。人们需要这些东西，但这些东西又有限，需要向全社会分配这些价值，而这种分配应当是权威性的。什么是权威性分配？伊斯顿说："所谓权威性分配，它可以使某人失去已获得的珍贵物品，也可以阻止某人取得他本来可以取得的价值，或者可以使某人取得价值而不让其他一些人取得价值。"基于这一标准，他认为，凡是与社会价值权威性有关的人们活动，都是政治活动。实际上，这是伊斯顿对政治所界定的内涵。这样，伊斯顿对他的政治体系作了如下概括："在任何一个社会中的一组相互行动，通过这些相互行动，强制性的或权威性的分配得以形成和实现。"这就是说，他的政治体系是指人们形成与实现价值权威性分配的相互作用的全部过程。"权威性的价值分配"是把所有政治的相互作用联结起来的纽带。

伊斯顿政治体系一个重要特点是体系的分析性。他认为构成政治体系的基本单位，不是人群本身，不是固定单位，而是人们的相互作用。伊斯顿把人们的相互作用称为"体系的分析性"。他提出，系统方法有两种：一种是成员系统方法；另一种是分析性的系统方法。所谓成员系统方法，是以全部的具体的人（角色）作为基本的实体。分析性的系统方法是把人们政治上的相互作用抽出来作为基本的分析单位。

伊斯顿的分析性系统的观点很重要，因为他所说的政治体系是从总体中分析出来的，是人们主观上的理论概括，这个体系同其他体系不存在空间上、成员上的界限。从这个意义上说，伊斯顿的政治体系是一种系统分析的方法。

伊斯顿的政治体系的另一个特点是开放性。所谓开放性是指政治体系与环境的交流关系。他所讲的环境是个很广泛的领域，即政治体系之外的各种相互作用（体系）都属于环境，它包括社会内部环境（生态体系、生物体系、社会体系等）和社会外部环境（国际政治体系、国际生态体系、国际社会体系等）。伊斯顿的所谓政治体系与环境的交流关系，就是指环境影响政治体系，政治体系反作用于环境，然后环境再影响政治体系，政治体系再反作用于环境，如此循环不止。因此，政治体系的开放性，就是政治体系与环境的流动过程。

伊斯顿把政治体系与环境的交流过程程序化、规范化，而提出政治体系的框架。所谓框架，就是把每个程序概念化，即按程序提出若干概念（体系、环境、输入、转换过程、输出、反映、反馈等），并揭示这些概念之间的关系。因此，框架就是用若干概念反映政治体系的活动过程，也可以说，框架就是政治体系分析的基本模式，或称分析政治体系的公式。

伊斯顿的政治体系模式，并不是什么深奥莫测的高深理论，实际上，他的政治体系的流动过程也只是一种决策的制定与实施的过程。他自己也承认，他的政治系统理论的主要研究对象是政策分析。因此，伊斯顿的政治体系框架，实际上是提供了一种决策过程的分析模式。

当代资产阶级政治体系理论的出现，并在政治学研究中占据重要地位不是偶然的。帝国主义时期。特别是两次世界大战以来，资产阶级国家的政治生活发生了一些重大的变化。在这些变化中，国家机构的加强，特别是行政机构及其权力的扩大是一个突出的特点。在国家权力日益广泛地深入社会生活各个领域的时候，地位不断变化的各种国家机构之间，国家机构和资产阶级政党及其各种集团之间又产生了许多错综复杂的新关系。同时，又面临着社会基本矛盾越来越尖锐、越来越表面化的局面。在这种情况下如何组织协调垄断资产阶级的各种统治机构，如何维持资产阶级的政治统治，对资产阶级的政治学来说是一个新问题。政治体系理论，这种企图从整体上说明资产阶级的各种机构、组织的各种活动如何互相联系、互相作用和运用规律的学说，正是根据垄断资产阶级的需要产生的。此外，从伊斯顿的政治体系理论产生的直接理论渊源看，这一学说不仅是适应垄断资产阶级政治统治需要而产生的，也是资产阶级行为主义政治学发展的一个必然的、逻辑的结果。恩格斯指出："每一时代的理论思维，……都是一种历史的产物，在不同的时代具有非常不同的形式，并因而具有非常不同的内容。"①伊斯顿的学说，既继承了早期行为主义政治学以人的行为为中心，以自然科学方法为主，注重经验研究的传统，又是早期资产阶级行为主义政治学的发展和继续。以梅里安和拉斯威尔为首的芝加哥学派作为早期行为主义创始人，首先提出政治学应该抛弃国家制度和法律体系等传统观念，应该以可观察的围绕着政治权力所产生的人类行为作为基本研究对象。从那时起，行为主义政治学开始了与传统政治学研究不同的另一个新的发展方向。第二次世界大战后，行为主义政治学并没有停留在早期行为主义政治学研究的起点上，以杜鲁门、西蒙、普尔等人为主要代表，从不同侧面和角度提出了新的理论，丰富和发展了行为主义政治学。他们之中有的研究运用权力的主体，即掌权者；有的研究权力运用过程，提出了决策的理论。这些研究在战后行为主义政治学的发展过程中都占有一定的地位，也产生了一定的影响。但是，他们的理论就其研究的领域来说是狭窄的，仅限于掌权人物的行为，同时，他们都没有提出一个比较完整的理论体系。因此，这些理论遭到了来自各方面的批评和攻击。这样，推进行为主义政治学研究的任务，就摆到了资产阶级政治学家面前。戴维·伊斯顿正是适应这种需要，在继承行为主义政治学传统的基础上，将这些传统贯彻得更加彻底，提出了政治体系理论。

伊斯顿的政治体系理论究竟包括什么内容呢？这个体系可以进行权威性价值分配；可以进行从投入到产出和反馈的一整套活动；可以调节压力维持自身的生存。但是，政治体系进行价值分配为什么具有权威性呢？又为什么是面向全社会的？体系制定决策的最高机关——伊斯顿叫作"当局"的——指的是什么？在伊斯顿的理论阐述中，含含糊糊地回避了这些关键性问题。我们知道，在阶级社会中，任何面向全社会的权威性活动都是阶级统治的国家进行的，而为了维护一个社会，进行最后决策的也

---

① 《马克思恩格斯选集》第3卷，人民出版社1972年版，第465页。

只能是国家机构。尽管后来伊斯顿也不得不承认他的"当局"实际上是国家的代名词，但是，他明确宣布他的政治体系和权威性价值分配活动存在于一切社会之中，不论是人类最早的社会还是将来的社会。因此，他的政治体系是一个超阶级、超历史的政治体系。

伊斯顿理论的实质还表现在他对国家概念的态度上。他认为，国家的定义太多，十分混乱，用处不大。他提出"应彻底摈弃'国家'一词"，由政治体系代替。在马克思主义的政治理论中，国家活动历来是政治活动的主要内容。在实际政治生活中，国家不论对无产阶级还是对资产阶级来说都是绝对重要的问题。因而，国家问题"是一个极其复杂而又被资产阶级的学者和作家弄得混乱不堪的问题"[1]。伊斯顿否认国家的概念，并不是忘记了资产阶级的根本利益所在。而是由于马克思主义国家学说击中了资产阶级政治统治的要害。同时，各种资产阶级的国家学说对之既无能为力而又混乱不堪。在这种情况下，抛弃所有的国家概念就成为伊斯顿反对马克思主义国家概念的一种方法。这表明资产阶级学者从在国家概念中否认国家的阶级本质走到了通过否定国家概念本身来对抗马克思主义的地步。在伊斯顿的著作中，可以看到这样的思想："现在国家已包围了政治体系。如果在未来二三十年里，国家作为分析和研究中的重要倾向性观念取代政治体系获得成功，这就会威胁着要我们回到一个……刚刚摆脱了的概念泥潭。""想到这点，令人不寒而栗。"[2]在这里，可以清楚地看到他对国家概念，特别是对马克思主义国家学说的一种恐惧心理。另外，伊斯顿还认为，国家这个概念"妨碍理解政治体系，它把'国家前'各类社会排除在研究之外"[3]。这样，

---

① 《列宁选集》第4卷，人民出版社1972年版，第41–42页。

② ［美］戴维·伊斯顿：《处于国家包围之中的政治体系》，引自《政治学参考资料》（1983增刊之一），第39页。

③ ［美］戴维·伊斯顿：《政治体系》，引自《国外政治学参考资料》1984年第1期。

他又进一步通过混淆阶级社会和非阶级社会来取消国家概念，用政治体系的概念来掩盖资本主义社会和资产阶级国家的本质。这个政治体系不仅是超阶级、超历史的，而且是超国家的。伊斯顿正是以这个概念为出发点，来建造一个"概念的框架"。尽管他使用了一些新方法，但不可能建立一个科学的理论体系。

伊斯顿在他的理论中，对于阶级实质性问题故意弄得模糊不清，但是，他的理论目的却是非常明确的。他说："系统分析要求我们注意各种政治体系的生命过程本身，注意它们如何对付威胁它们生存的紧张局面。"[1]"对于系统分析来说，首要问题是：社会内是如何保护体系持续性所必须的基本功能的。"[2]伊斯顿理论的这种维护垄断资本统治的明确目的和他超阶级、超历史、超国家的观点是一致的，是有逻辑联系的。因为他既要掩盖资产阶级统治的实质，又要想方设法为维持这种政治统治提供理论依据和方法。这也就是伊斯顿和他的资产阶级政治体系理论的本质。

伊斯顿曾经预言，在20世纪内，甚至马克思主义也会采用他的系统的概念，并说这是一股不可抗拒的潮流。这实际上是对马克思主义的极大污蔑。马克思主义不反对使用系统科学的观点研究社会生活，包括政治生活。但是，从本质上说，伊斯顿的超阶级、超历史、超国家的政治体系理论是同马克思主义根本对立的。当然，我们在分析了这种理论的本质之后，也应该看到社会的发展和科学的进步在这个理论上的反映。伊斯顿企图把系统论的某些概念加以改造，来否定国家概念，这是不科学的，但在如何运用新方法去研究政治生活上仍然能为我们提供正反两方面的启发。例如，我们可以用系统论的观点研究我国的社会主义行政管理，以建立科学的、高效率的行政管理体系。列宁指出："判断历史的功绩，不是根据历史活动家没有提供现代所要求

---

[1]　［美］戴维·伊斯顿：《政治分析的框架》，引自《政治学参考资料》（1983年增刊之一），第13页。
[2]　［美］戴维·伊斯顿：《政治分析的框架》，引自《政治学参考资料》（1983年增刊之一），第14页。

的东西,而是根据他们比他们的前辈提供了新的东西。"①从资产阶级政治学发展阶段性来看,伊斯顿所创立的政治系统分析理论,是资产阶级政治学发展到当代的一个重要理论表现。他不仅提供了一套全新的概念和新的方法,而且还从静态和动态方面对政治生活本身,以及政治生活和周围环境的相互关系、相互作用进行了比较系统的分析和研究。因此,无论就其理论的内容来源,还是就其研究的领域来说,都超出了以前的许多资产阶级政治学家。这些研究不仅有助于扩大我们的眼界,而且在某些具体问题上对我们还有一定的借鉴意义。总而言之,马克思主义政治学同以伊斯顿为代表的政治体系理论的区别,不在于是否运用系统论来研究政治生活,而在于如何科学地运用系统方法。在这方面,马克思主义经典作家早已做过大量的工作,这是我们研究过程中的重要的科学根据。

二、马克思主义经典作家运用系统观点对社会政治生活的分析

19世纪下半叶以后,随着科学技术的发展,特别是自然科学的三大发现,揭示了客观世界的普遍联系。系统概念、系统思想以整体观念和联系观念为特征,早已包含在马克思和恩格斯创立的唯物辩证法中了。

恩格斯指出:"宇宙是一个体系,是各种物体相互联系的总体。"②斯大林在概括唯物辩证法的特征时也指出,唯物辩证法把自然界"看作有联系的统一的整体,其中各个对象或现象互相有机地联系着,互相依赖着,互相制约着。"③这种把世界看成是普遍联系的整体的思想是系统思想最主要的特征。马克思、恩格斯也曾经明确地提出系统概念和系统思想。马克思在他的著作中多次使用了"系统""有机系统""系

---

① 《列宁全集》第2卷,人民出版社1959年版,第150页。

② 《马克思恩格斯选集》第3卷,人民出版社1972年版,第492页。

③ 《斯大林选集》下卷,人民出版社1979年版,第425–426页。

统发展为整体性"等概念。恩格斯也说过："我们所面对着的整个自然界形成一个体系，即各种物体相互联系的总体。"①系统观不仅是辩证唯物主义的世界观，同时也是马克思主义方法论的一个组成部分。马克思主义的系统理论，特别是对社会生活的分析，主要表现在他们对具体问题的分析过程中。

马克思在他的《〈政治经济学批判〉导言》中揭示了社会经济形态发展的自然历史规律，以五种社会形态依次更替前进的理论，科学而清晰地描绘了社会发展的系统形式。马克思把社会经济形态这一大系统看作由三个子系统相互作用构成的模型，这三个子系统就是经济基础、政治上层建筑和社会意识形态。在马克思看来，社会是与自然界进行交换和相互联结着的系统，而且是个有反馈联系的、有目的的系统。它有个"控制中心"即统治阶级。"控制中心"活动的目的参数，即维护统治阶级的权力关系和经济利益；"控制中心"达到控制目的的主要机制，便是发挥以国家机器为核心的上层建筑和意识形态的作用。然而，整个社会的上层建筑是建立在经济基础之上的。经济基础和上层建筑的矛盾运动推动了整个社会系统的发展。这种把社会看作有机体，把社会形态的更替看作生产方式发展的必然结果的观点，就是运用了系统观点和系统分析方法观察社会运动所得出的科学结论。这种系统观是马克思主义经典作家从整体上认识人类社会，把社会历史的发展看作一个自然历史过程的一个关键性观点。几乎倾注了马克思毕生心血的《资本论》就是一部比较完整地体现系统观点和运用系统方法研究资本主义社会现象的科学巨著。马克思为我们树立了运用系统方法，科学地、定性地分析社会问题的楷模。

如果说马克思、恩格斯运用系统观点从整体上揭示了人类社会的发展规律，那么，在无产阶级的政治理论中，第一次运用马克思主义系统思想分析政治生活的则是

---

① 《马克思恩格斯选集》第3卷，人民出版社1972年版，第429页。

列宁、斯大林的无产阶级专政体系的理论。这一理论，既是列宁、斯大林运用马克思主义系统思想分析社会主义社会政治生活的产物，又是对马克思主义关于无产阶级专政学说的重大发展。因此，这个理论也自然成为马克思主义政治学的一个基础理论。

十月革命胜利后，在粉碎了外国武装干涉和国内反革命叛乱以后，苏维埃国家进入了恢复国民经济时期。当时，经济形势非常严重，阶级斗争尖锐复杂。在布尔什维克党内部，托洛茨基以"左"的面目出现，在全俄工会第五次代表会议上提出了所谓"把螺丝钉拧紧一些""把工会整刷一下"的口号，要求实现"工会国家化"，妄图用工会组织代替苏维埃国家机关，并挑拨工人群众同党的关系，瓦解无产阶级专政的基础，企图把工会凌驾于党和国家之上，取消党的领导，搞乱无产阶级专政体系，从而挑起了一场关于工会的争论。

为了批判托洛茨基的错误，列宁发表了《论工会、目前局势及托洛茨基的错误》的演说，阐明了工会的性质和任务，揭露了托洛茨基的错误。列宁指出："工会却不是国家组织，不是实行强制的组织，……它是一个学校。"[1]它是党和广大工人阶级之间的桥梁和纽带，它应该在党的领导下，团结广大工人群众，执行党的政策，积极参加社会主义革命和建设，为巩固无产阶级专政而斗争。列宁在论述工会问题的同时，提出了关于无产阶级政治统治的一系列极为重要的原则。

列宁认为："无产阶级专政也不可能直接由包括这整个阶级的组织来实现。"[2]也就是说，由无产阶级全部成员都来直接实行自己的阶级统治是不可能的。"因为不仅在我们这样一个极落后的资本主义国家，就是在所有其他资本主义国家，无产阶级都还严重地遭到分裂，受人鄙视，在某些地方还被人收买（在某些国家里被帝国主义收

---

① 《列宁选集》第4卷，人民出版社1972年版，第403页。
② 《列宁选集》第4卷，人民出版社1972年版，第404页。

买）"①。无产阶级的这种落后状态是长期受资产阶级的经济剥削、政治压迫和精神文化压制造成的。在我们中国，遭受着帝国主义、封建主义和官僚资本主义三重压迫的无产阶级更是如此。由于无产阶级不能以整个阶级直接实行统治，那么，只能由本阶级的先锋队和各种政治组织机构来完成这个任务。这个思想是列宁关于无产阶级政治统治的一个核心思想。根据列宁的科学论断，无产阶级的各种统治机构就是无产阶级的国家机构、政党、工会等组织。在这里列宁既谈到了工会组织本身的性质，又谈到了它在统治机构中的地位和作用。列宁指出，"在实现无产阶级专政的整个过程中，工会的作用是非常重要的。但这是一种什么样的作用呢？在进而讨论这个问题的时候（这个问题是最基本的理论问题之一），我得出的结论是：这是一种非常特殊的作用。一方面，工会包括了全体产业工人，把他们吸收到自己的组织中，它是一个当权的、统治的、执政的阶级的组织，是实现专政的阶级，行使国家强制的阶级的组织。但是，工会却不是国家组织，不是实行强制的组织，它是一个教育的组织，是吸引和训练的组织"②。这就是说，工会作为无产阶级的社会政治团体，它既有统治机构的性质，又有区别于统治机构中国家强制机构的性质。一般的无产阶级社会政治组织都具有这两重性质。而在一个阶级统治机构中，既要包括国家机构，又要包括其他机构和组织。统治机构就是由这些具有不同性质、不同特性的机构、组织组成的。各种不同统治机构的不同特征和不同功能决定了它们各自在政治统治体系中的地位和作用，以及它们之间的相互关系。列宁说："工会就它在无产阶级专政体系中的地位来说，是站在——如果可以这样说的话——党和国家政权之间的。"③这种地位是由"工会建立

---

① 《列宁选集》第4卷，人民出版社1972年版，第404页。

② 《列宁选集》第4卷，人民出版社1972年版，第403页。

③ 《列宁选集》第4卷，人民出版社1972年版，第403页。

起先锋队与群众之间的联系"①的功能所决定的。在无产阶级专政体系中，各种组织之间的联系是有机的联系，它们之间互相依存、互相制约、互相作用。对此，列宁特别强调指出："可以说党是把无产阶级的先锋队吸收到自己队伍中来的，而这个先锋队就实现着无产阶级专政。没有工会这样的基础，就不能实现专政，就不能执行国家职能。而要实现这些职能，就必须通过一系列的也是新型的特别机关，即通过苏维埃机关。"②显然，这是一种由不同功能的机构有机组织起来的运动过程。这里的任何一个机构、组织都有自己特定的作用，又和其他机构、组织发生特定的联系。缺少任何一个机构或任何一种联系，整个政治统治体系就无法完成专政的任务。最后，列宁总结了上述思想，明确提出了无产阶级专政体系的总概念，"即这里是一个由若干齿轮组成的复杂体系，而不可能是一个简单的体系，因为无产阶级专政不能由包括整个无产阶级的组织来实现。没有一些把先锋队和先进阶级群众、把它和劳动群众连结起来的'传动装置'，就不能实现专政。"③列宁关于工会的性质和作用的观点，实际上就是根据无产阶级专政体系的思想提出来的。而托洛茨基反对用民主方法，主张用军事命令手段来对待工人群众，并由工会来领导国家的社会主义建设。这就不仅仅是工会问题，而是关系到党对群众和群众组织的方法和态度，关系到要不要和如何实行无产阶级专政，关系到要不要坚持党的领导，要不要依靠工人群众等原则问题。在这个问题上，托洛茨基犯了一系列牵涉到无产阶级政治统治能否巩固的根本性错误。

四年之后，斯大林在捍卫列宁主义、批判托洛茨基主义的重要著作《论列宁主义的几个问题》中，在论述无产阶级专政和党的领导问题时，对列宁的无产阶级专政体系思想从新的角度进行了阐述，使之更加系统化、更加完备化了。斯大林指出："党

① 《列宁选集》第4卷，人民出版社1972年版，第404页。
② 《列宁选集》第4卷，人民出版社1972年版，第403-404页。
③ 《列宁选集》第4卷，人民出版社1972年版，第404页。

是无产阶级专政体系中的主要领导力量。……工会是无产阶级的群众组织，它首先在生产方面把党和本阶级联系起来；苏维埃是劳动者的群众组织，它首先在国家事务方面把党和劳动者联系起来；合作社主要是农民的群众组织，它首先在经济方面，在吸引农民参加社会主义建设方面，把党和农民群众联系起来；青年团是工农青年的群众组织，它的使命就是帮助无产阶级先锋队以社会主义的精神教育新的一代并培养青年后备军；最后，党是无产阶级专政体系中的主要指导力量，它的使命是领导这一切群众组织，——大体说来，专政'机构'的情况，'无产阶级专政体系'的情况就是如此。"[①]斯大林的思想，是着重从无产阶级政党在无产阶级专政体系中的地位上阐述无产阶级专政体系的。它突出了政治统治体系中政党的作用，从而明确了和资产阶级及剥削阶级统治体系相区别的社会主义政治统治体系的一个本质特征。同时，斯大林也论述了几乎所有无产阶级政治统治体系中的各个组成部分的地位、作用以及它们之间的本质关系。

列宁、斯大林在论述无产阶级专政体系理论时，并没有明确提出使用系统的思想和方法，但由于政治统治体系的存在是阶级社会中不以人的意志为转移的客观事实，是社会政治生活的一个具体表现形式，因此，列宁、斯大林站在马克思主义的基本理论的立场上，运用唯物辩证法联系和整体的观点来观察和分析无产阶级的政治统治活动，逻辑地提出了无产阶级专政的任务要由一个完整的政治统治体系来完成的理论。这个理论明确地指出了社会主义国家的政治体系是由一系列担任着"杠杆""纽带"等不同功能的政治统治机构组成的。在这个政治统治体系中，无产阶级政党是体系的灵魂，国家机构是体系的力量所在，各种群众组织是体系的基础。各种机构、组织之间互相联系、互相制约，为了实现体系的总目标而协调活动。这个体系就是无产阶级

[①]　《斯大林全集》第8卷，人民出版社1954年版，第35页。

专政体系。无产阶级专政体系的概念实际上就是阶级分析的原则和系统论的原则相结合而得到的结论。由此可见，使用系统方法分析政治现象并不是资产阶级政治学所专有的，更不是资产阶级政治学家所独创的。而在阶级分析的基础上正确地运用系统观点分析、研究社会上的政治现象则是一切资产阶级政治学者所不能做到的。它只能是以辩证唯物主义和历史唯物主义为思想武器的马克思主义政治学发展的必然结果。阶级的专政就是政治统治，专政体系就是政治统治体系。我们把列宁、斯大林关于无产阶级专政体系的基本观点推广开来，去研究一切政治现象，就会自然而然地得出马克思主义政治学的一个基本概念——政治统治体系。

列宁所提出的无产阶级专政体系理论，从苏维埃政权建立以后，一直指导着苏联的社会政治生活。但是在斯大林时期，由于对这一理论在政治实践运行过程中出现了一些弊端，如权力过分集中、党政不分以及未能充分发挥社会团体作用等，使苏联社会主义民主政治建设受到一定影响。

随着苏联社会主义经济的发展，赫鲁晓夫在政治上提出"全民国家"理论，认为无产阶级专政体系的概念已不适应苏联社会的需要。1959年，赫鲁晓夫提出"社会主义社会政治组织"以代替无产阶级专政体系。

从20世纪60年代开始，苏联学术界又感到"社会主义社会政治组织"这一概念不能全面反映整个体制的作用，需要探讨一个既能与列宁的无产阶级专政体系相继承，又能适合当代社会主义发展需要的科学概念。1963年，苏联学者布尔拉茨基在《国家与共产主义》一书中提出了社会主义国家政治体制的概念。"人民群众被日益广泛地吸取参加管理经济，这一点通过社会主义国家政治体制一切渠道进行，党、社会组织、工会的作用日益增长，劳动者苏维埃是我国政治体制的最重要的设置。"

1968年，勃列日涅夫在谈全面开展共产主义建设时，首次使用了"社会主义政治体制"的概念。1970年，勃列日涅夫又进一步指出，社会主义社会的发展是一个复杂的过程，完成领导社会的任务"关键在于正确发挥社会政治体制作用"。因此，他在苏共二十五大上要求"全面发展苏维埃社会的政治体制"。

1977年苏联宪法将政治体制列为一章，阐明了它的结构、成分、职能和发展方向。从此，政治体制这一概念具有了宪法规范的意义。接着，东欧社会主义国家也以政治体制取代了无产阶级专政体系的概念。

关于社会主义政治体制的性质、结构、发展特点，以及党在政治体制中的地位与作用等问题，苏联和东欧的学者进行过多次讨论。对社会主义政治体制的内涵表述不一。归纳起来大体分为两类：一类认为政治体制是统治阶级实行政治统治所建立的政治设施（各种政治组织）的总和，或称联合体。另一类认为政治体制是统治阶级领导与管理社会的各种手段的综合体，而这些手段是为了行使政治权力。这两类含义的区别在于，第一类把政治体制的构成成分，只是看成由各种特有的政治组织所构成。第二类是把政治体制构成的范围扩大，即除了政治组织外，还包括政治规范与法律规范、政治统治的意识形态因素、政治领域中的沟通手段，所有这四个方面构成政治体制。苏联、东欧社会主义国家对政治体制的讨论对我们应当有所启示。

党的十三大政治报告提出了政治体制改革，并明确指出改革的七项内容。但在学术界对政治体制内涵却有不同的表述。我们根据政治统治体系理论认为，政治体制，是指一个国家为了行使政治权力所设置的国家机关、政治组织及其相互关系的制度。我国的政治体制，不仅包括国家政权机关的设置及其相互关系，而且也包括党的领导与政权机关之间、党的领导与社会政治团体之间相互关系，以及政治团体与国家政权之间相互关系等制度。政治体制改革的一个重要目的，就在于理顺上述各项关系，推动社会主义现代化建设。

第七章 国家机构

第一节　国家机构的理论

一、国家机构的概念

马克思主义政治统治体系理论和资产阶级政治体系理论之间的根本区别在于，马克思主义把国家机构看成是政治统治体系的核心。因为国家是阶级统治的组织，一个国家的统治阶级在实现其阶级统治时，没有一定的政治组织是不可能的。在实现阶级统治的政治组织中，最主要的是统治阶级掌握的权力组织。这个权力组织是一个十分复杂、十分严密的组织体系。因此，马克思主义经典作家称之为"机器"。国家的本质和职能就是通过这架权力机器来实现的。没有这个权力机器，国家就等于零。在政治学和马克思主义国家学说中，把这种实现国家本质和职能的权力机器称之为国家机构。

许多政治学和法学的著作曾经对国家机构作过各种不同的表述。这些表述可以归纳为以下两类：一类观点认为，国家机构是由各种机关、组织和人员所组成的一个极其复杂的整体。这类观点不过是对国家机构作了广义的解释，其含义与政治统治体系相混同。另一类观点则认为，国家机构就是政府机构。由于人们对政府的含义有着不同的理解，因此，对什么是政府机构就作出了不同的解释。如有人把政府看作一个国家的中央机构，它包括中央的立法、行政、司法等机关；也有人认为政府是指国家的行政机构，它包含中央和地方的全部行政机关，或者仅仅把中央行政机关，即内阁，当作政府；还有人把政府解释为中央与地方的全部立法、行政和司法机关。可见，用政府机构这个概念不能准确地表述国家机构的含义。

我们认为，所谓国家机构是指国家机关体系的总和，包括全部中央和地方机关。实际上是实现国家权力、执行国家职能、进行国家日常活动的组织体系。国家机构是由各种不同的国家机关组成的。其中每一个机关都有自己特定的功能和结构，并和其他机关有一定的联系，共同组成一个实行国家统治的统一的有机整体。因此，国家机构的概念通常是指中央和地方的全部国家机关体系的总称。国家机构主要包括：国家权力机关，或称立法机关；国家管理机关，或称国家行政机关；法院和检察机关，或称司法机关；武装力量，主要指军队和警察。

历史上和现实中存在的国家，由于阶级本质、历史任务、阶级力量对比和阶级斗争条件不同，国家机构设置的繁简以及国家机关之间的关系也可能有所不同。但是，上面提到的四种机关在一切国家中都存在。因为缺少这些机关中的任何一个机关，统治阶级就不能实现其政治统治，国家就不能发挥它阶级专政的职能。这些机关对于国家机构来说虽然都是不可缺少的，但每个国家的国家机构，它们的各个组成部分的地位和互相关系又有各种各样的情况。

是什么因素决定了国家机构的差别和国家机构的形式呢？我们知道，国家的本质决定了国家机构。但是，同一本质的国家，国家机构的形式并不一定相同。决定国家机构形式的直接因素实际上是国家的职能和国家的统治形式。因为，有什么样的国家职能就需要设置什么样的国家机关，有什么样的国家统治形式就需要有什么样的国家机关在国家机关体系中占据相应的地位。所以，国家的职能决定统治阶级设置什么样的国家机关，而国家的统治形式则决定各种机关之间的关系，即决定每个机关在整个国家机构中的地位。例如，在自由资本主义阶段，资产阶级国家为了适应"共同事务管理委员会"的需要，它所设置的国家机关并不庞大。但是到了帝国主义阶段，资产阶级国家为了加强其对内职能特别是对外职能，以适应垄断资产阶级的需要，便扩大了国家行政机关，尤其是强化了军事、警察、安全、监狱等暴力机关。对于无产阶级专政的社会主义国家来说，在成立初期，由于国家的内部职能主要是对内镇压剥削阶级的反抗，因此，着重设置和健全镇压机关。到了剥削阶级被消灭以后，当国家工作的重点转移到经济建设上来时，就着重设置经济管理机关。以上是国家职能变化决定国家机构变化的例子。另外，国家统治形式决定各种国家机关的地位表现在：君主制国家把国家元首放在国家机构中的最高地位；采用共和制统治形式的国家把民选的议会放在最高地位。

关于国家机构的直接决定因素的观点表明，在研究任何国家机构时，都要看到它不是一成不变的，而是随着国家职能和统治形式的变化而变化的。所以，我们在研究资产阶级国家机构的时候，就不能单纯从宪法和法律条文上研究，而要重视它在现实政治生活中的变化。否则，就不可能了解国家机构的真正面貌。

除了直接决定国家机构的因素以外，还有其他一些非主要的因素。诸如国家疆域的大小，人口多少及其分布状况，民族关系，历史传统，还有物质文化发展水平，等等。这些因素虽然都影响着一个国家的统治阶级如何来设置国家机构，但它们都不是决定性的因素。决定性的因素是国家的职能和国家的统治形式，归根结底是国家的本质。这是我们研究国家机构和国家政治制度的基本依据。

二、国家机关的划分原则

国家机构是由国家机关组成的。划分国家机关是研究国家机构的重要问题。我们所说的国家机关是指国家机构的各个组成部分。也可以说，国家机构的组成部分通称为国家机关。任何一个国家机关都有一定的任务和作用，或者说都有自己特定的功能。同时，任何一个国家机关也都有和其他国家机关的相互关系问题。因此，划分各种国家机关是研究国家机构的一个前提。关于如何划分国家机关有两种不同的观点：一种是马克思主义的分工原则，另一种是资产阶级思想家的分权原则。这两种划分原则的不同，关键在于它们的基本出发点不同和划分后各机关之间的相互关系不同。

马克思主义关于国家机关分类原则的基本出发点是从国家机构的整体着眼的，是把国家机构看作实现国家统治权的统一工具。而国家机构的各个组成部分——各种国家机关都是为了实现这个统一目的而承担一定任务的组织。每一种国家机关为执行它的任务，都具有一定的职责或职权。由于职权的不同而决定了国家机关的不同性质。马克思主义这种划分国家机关的原则就是把各种国家机关的性质的不同看作各种国家机关为了实现共同的阶级统治任务而进行的不同分工。所以，马克思主义认为，国家机关的划分就是产业分工在国家机构中的反映。由于各种国家机关在整个国家机器运动中所起的作用不同和它们在整个国家机关体系中所占的地位不同，故将其划分为不同性质的国家机关。这是马克思主义划分国家机关的原则，即分工原则。

资产阶级思想家的分权原则的出发点是把国家机构看作保障整个社会利益、调节各阶级关系的权力组织。按此原则，他们认为，为了满足各个阶级的要求，应该把体现在国家机构中的国家权力划分开，分别由不同的人来掌握。他们还认为，各个权力机关的相互关系是互相牵制、互相制衡的，目的在于防止某一机关的专横。这就是所谓分权原则。

关于分权的思想是17世纪英国的洛克提出来的。当时，他提出这个思想的目的是要把封建君主专制的君主权力分出来一部分给资产阶级。因此，洛克主张把国家权力一分为二。第一种权力是立法权，实现这个权力的机关是议会，而这个权力主要应给予新兴的资产阶级。第二种权力是行政权，也叫执行权，把这个权力给君主，由君主掌握。所以，西方规范法学派的代表凯尔森说过，洛克的分权思想是"立宪君主制思想的核心"。

到了18世纪，法国的启蒙思想家孟德斯鸠在洛克分权思想的基础上又创立了立法、行政、司法三权分立的学说。这个学说实际上是把君主的权力又分出来一部分，称为司法权，并设置了执行司法权的审判机关。这个权力在封建社会与执行权是统一的、不分的。孟德斯鸠提出把司法权单独分立出来。美国在独立战争后采纳了三权分立的原则，建立了自己的政权组织体制，成为典型的三权分立制度的国家。美国国家机关体系的结构对以后的资本主义国家产生了很大影响。后来，又有人主张把监督权从执行权中分出来，成为四权；还有人主张把官吏的选拔权再从执行权中分出来，叫作五权，孙中山的"五权宪法"就是基于这个思想。他按照立法、行政、司法、监督、考试五权成立了五院。所有这些分权思想的出发点都是把国家权力看作调节和保护整个社会利益的超阶级力量。它掩盖了国家机构的本质，掩盖了国家机构是实现阶级统治权的工具的实质。因为，在阶级社会中，无论是立法、行政、司法还是监督、选拔等权力都是为统治阶级服务的。这些权力在奴隶制社会、封建制社会都存在，只是没有明显分工而已，或者说，这些权力都统一在一个国家机关手里，是资产阶级的分权原则把组成国家机构的各个机关的职权划分得更具体、更明确了。资产阶级思想家的分权思想，除了反映新兴资产阶级企图从封建君主手中夺取权力的要求外，还反映了国家机器发展到资本主义阶段更庞大、更复杂而需要分工的要求。所以，恩格斯指出："事实上这种分权只不过是为了简化和监督国家机构而实行的日常事务的分工罢了。"[①]因此，在我们评价资产阶级分权原则的时候，主要是揭露其超阶级的实质，而不应完全抹杀它对国家机构各组成部分明确分工的历史价值。实际上，社会主义国家机构中各机关的设置也吸取了它们的一定经验，使各种国家机关更好地分工配合，实现无产阶级的统治权力。

第二节　国家机关

国家机关是许多部门学科的研究对象。政治学原理只对国家机关的一般问题、对各种机关的设置、任务和在国家机关体系中的地位作原则性研究。对各种国家机关作

---

① 《马克思恩格斯全集》第5卷，人民出版社1958年版，第224-225页。

详细、具体的研究，是政治制度、行政管理、司法制度等部门学科的任务。

一、国家元首

国家元首是一个国家在实际上或形式上对内、对外的最高代表，他在国家机关体系中实质上或象征性地居于首脑部位。国家元首不是个人权力的体现，而是一个重要的国家机关。在国家发展的历史上和当代的国家中，无论何种性质的国家，通常都要设置国家元首。在君主制国家中，国家元首称为国王或皇帝。在共和制国家中，国家元首称为总统或主席。从国家产生后，国家元首就出现了。在奴隶制和封建制国家，国家权力实现的形式通常是由君主来体现的。君主是至高无上的，是整个国家权力的体现者，是最高权威的象征，是国家的总代表。君主的这种地位和形象构成了国家元首的内容和制度。现代国家，无论是资本主义国家，还是社会主义国家，都需要设置国家元首。因为国家机器已发展到今天的复杂阶段，各个部分的分工非常明确，这样，用立法、行政或司法机关来代表整个国家都不太合适，必须有一个单独的首脑部门在实质上或形式上代表整个国家。特别是在频繁的国际交往中，国家之间解决一些重大问题，如宣战、媾和、缔约等，如果没有一个对外代表国家的元首，在政治制度上是个缺陷。因此，各个国家无论在形式上或实质上都设立了国家元首。

现代国家元首制由于各国的国情不同，历史传统不同和政治制度性质不同，大体上可分为三种元首制。

第一，君主元首制。这种制度存在于君主制国家中。它的特点是国家元首是世袭的和终身的。君主元首制可划分为实质上的和礼仪上的两种。凡是君主在实际上掌握行政权力的，就叫实质上的元首；相反，君主不掌握行政权力的，则是虚位元首或叫礼仪上的元首。

第二，总统元首制。即国家元首是总统或主席的元首制度。这种制度的特点是，国家元首是选举产生和有一定任期的。少数亚、非国家存在终身总统，但也要选举产生。总统元首制也有实质上的和形式上的两种。凡是总统兼任行政首脑的，就是实质上的国家元首。例如，美国的总统。凡是总统不兼任行政首脑的，就是形式上的国家元首。例如，印度的总统。

第三，集体元首制。即指国家元首职权由集体行使的制度。这种制度不在于元首的名称，而在于行使职权的不是个人。集体元首制下的国家元首权力，有的是由一个集体机构来行使，如苏联，是由最高苏维埃主席团行使；有的是由几个机构共同行使，如我国，是由人民代表大会常务委员会和国家主席共同行使。集体元首制通常是社会主义国家采用，个别资本主义国家，如瑞士，也采用集体元首制。

从上面的三种制度来看，国家元首的职权在各国是不同的。在研究国家元首的职权时，首先应分为实职的元首和虚职的元首。在资本主义国家区别这两种元首，关键在于国家元首是否本身兼任行政首脑。兼任行政首脑的是实职元首；不兼任行政首脑的是虚职元首。在社会主义国家，由于实行议行合一制的原则，因此无论国家元首采取什么样的形式，其实际职权都由最高权力机关来行使。

根据各国宪法的规定，无论是实职元首，还是虚职元首，通常都有下列职权：①公布法律的权力，即立法机关通过的法律要由国家元首公布才能生效。②任免主要官吏的权力，如任免政府首脑、政府机关中各职能部门的主要负责人（部长等）、司法机关首脑。③统帅国家的全部武装力量的权力。④召集最高国务会议或解散议会的权力。⑤以国家最高代表的身份进行外交活动的权力。如宣战、媾和、缔约、接受外国使节。⑥宣布戒严、紧急状态、大赦、特赦的权力。

二、立法机关

立法机关是指有权制定、修改或废止法律的机关。在奴隶制和封建制的君主制国家中，君主的意志就是法律。立法、行政、司法等最高权力都集中在君主身上，没有独立的立法机关。即或有修订、编纂法律的机关也是从属于君主的，它不同于现代的立法机关。在资产阶级国家，立法机关指议会或国会。在社会主义国家，立法机关指最高权力机关。

"议会"一词来源于拉丁文，原意是谈话和辩论。这种议会萌芽于欧洲中世纪的英国、法国和德国由贵族、僧侣和平民代表组成的等级会议。从17世纪、18世纪以来，随着资产阶级革命的胜利，议会由原来的等级会议发展为资产阶级的立法机关。资产阶级国家的议会组织一般分为一院制和两院制。

一院制议会是由民选议员组成的单一团体行使议会职权的制度。两院制议会是由两个团体共同行使职权的制度。目前，英、美、法、德、意、日等主要资本主义国家都采取两院制议会。在第一次世界大战和第二次世界大战后独立的国家多数采取一院制议会。根据材料统计，当今126个国家中，采取一院制的国家有84个，两院制的国家有42个。一院制占了总数的2/3。其中社会主义国家，除了联邦制国家外都是一院制。

一院制和两院制谁优谁劣及其形成原因是资产阶级学者经常争论的问题。主张采取一院制的理由有：其一，他们认为，议会是体现主权原则的机关，主权是不可分割的，所以只有一院制才能表达人民的主权；其二，两院制常使法律不容易通过，阻碍社会进步；其三，两院制下，两院容易有分歧，这种分歧容易让行政机关钻空子，操纵议会。

主张两院制的理由是：其一，两院制具有广泛的代表性，能使议会代表地域、民族和行业的各方面利益；其二，两院制可以防止立法机关专横，能起到互相牵制的作用；其三，两院制能缓和立法机关和行政机关的冲突；其四，两院制能分别代表不同阶层和不同利益的人，如上院能代表特殊阶层、集团的知识和经验，下院代表民意；或上院代表职业团体，下院代表普通人民。

实质上，资产阶级学者对于议会的争论是表面的和片面的。两院制的形成是有一定条件的。例如，在资产阶级革命不彻底的国家，贵族势力大，除了下院外，还需要有上院代表贵族的利益。另外，在联邦制国家，除了下院还设有联邦院，以代表地方利益。因此，联邦制国家都是两院制。在多民族的国家中，有的还设有民族院专门代表各民族的利益。所以说，无论是一院制还是两院制都是由一定的社会历史条件决定的。

在实行一院制的国家中，议员通常是由选举产生的。采取两院制的国家，下议院的议员通常也是选举产生的。但是上议院议员的产生就有以下几种情况：议员是世袭的，如英国议会的上院议员；议员是由国王或总统任命，即由国家元首任命的，如意大利议会的上院，议员是由总统任命的；由选民直接选举产生，如美国国会参议院的议员；间接选举的，如荷兰议会的上议院议员是由地方议会选举的；最后一种情况，是上院议员由下院议员互相选举产生的，如挪威议会的上院议员，是由下院议员互选1/4担任上院议员。资产阶级国家议会两院制的组成情况，主要表现在上议院议员的不同产生过程上。

资产阶级国家议会的职权通常有下列三种：

一是立法权。立法权就是制定、修改和废止法律的权力。它是议会的主要权力。议会之所以被称为立法机关，就是由于它享有立法权。资产阶级议会的立法权主要包括提案权和审议权。提案权是提出法律议案的权力。在总统制国家中，法律的提案权是议会独有的，总统和政府没有提案权。在内阁制国家，议会和内阁都有提案权。但是，一些重大问题的议案通常是由政府提出的。提案权实际上操纵在政府手中。审议权是指审议法案的权力，或称通过权。资产阶级议会的审议权主要表现在审议的程序问题上，即所谓法律的"三读通过"。"一读"是宣布议案的标题，如果通过，表明议会同意审议这个法案。"二读"是对法案的内容进行辩论。"三读"是对法案的通过。这种通过，在有的国家是法案全文一起通过，有的国家是法案一个条款、一个条款地通过。在内阁制国家，议会的立法权主要指审议权。

二是财政权，或称财政同意权。它是指议会对政府提出的预算案、赋税案、公债案以及其他有关公民负担的财政法案的审议权。政府提出的上述法案必须经过议会审议通过。议会对政府的财政法案的审议只能通过或作出削减财政支出的决定，没有权力作出增加财政支出的决议。所以，财政权又叫财政同意权。政府的活动是表现在财政支出上的，议会的财政权实际上是议会控制政府的一种手段。

三是监督政府权。它是指议会对政府的政策和政府成员的行为进行监督的权力。议会监督政府主要有三种形式：①质询，即议员对政府首脑、政府成员所主管的事务和政策提出口头或书面的询问，要求对方给予答复。②弹劾，即议员对政府及其成员的违法行为提起控诉。要求加以审判或裁判。弹劾案一经成立，被弹劾者必须经过审判。弹劾案的审判权在各个国家具有不同的归属。在英美两国属于上议院或参议院；在丹麦、挪威、荷兰、比利时等国属于最高法院；也有些国家属于国事法院或宪法法院。③不信任投票，是指议会制国家中，内阁要对议会负"连带责任"如果内阁决定的政策得不到议会的信任，或议会通过了对内阁的"谴责决议案"，内阁一般必须总辞职。

社会主义国家的立法机关是国家的最高权力机关，是人民行使统治权的全权机关。同资产阶级国家的立法机关不同的是，社会主义国家的立法机关不受任何其他的国家机关牵制，更不允许其他的国家机关与之抗衡，它在社会主义国家机关体系中处于最高的地位，拥有最高权力，其职权范围是相当广泛的。根据各个社会主义国家宪法的规定，它的职权归纳起来有下列几种：

其一，立法权。社会主义国家立法机关不仅有制定、解释、修改、废止和补充普通法律的权力，而且还有制定和修改宪法以及监督宪法实施的权力。

其二，组织中央其他最高国家机关的权力。主要包括选举、决定和任命国家总理、政府组成人员、最高人民法院组成人员和最高人民检察院组成人员，以及其他中央机关的组成人员。同时，它还有权罢免上述人员。

其三，决定一切国家重大事务的权力。社会主义国家的立法机关有审查和批准国民经济计划，审查和批准国家预算、决算，批准省、自治区、直辖市的建制，决定大赦、特赦，决定战争与和平，以及它认为应当由它行使的权力。

其四，对其他中央机关活动的监督权。这种监督权具体地说，就是通过听取最高行政机关、最高审判机关和最高检察机关的工作报告，进行审议，提出质询，实行监督。

社会主义国家的立法机关和资产阶级国家立法机关相比还有一个重大区别，即社会主义国家的最高权力机关设置了常设机构，如我国人民代表大会设立了常务委员会。它在最高权力机关闭会期间行使最高权力机关所赋予的广泛职权，以充分发挥社会主义国家最高权力机关的作用。

三、行政机关

"行政"一词，一般具有指挥与执行两层含义。在政治学中，关于行政的解释分为广义和狭义两种。广义的行政包括指挥与执行的全部系统，即从中央到地方的整个行政机关体系。狭义的行政仅指中央的行政指挥机关。亦称中央政府。

马克思主义认为，国家机器所以具有强制性，主要依靠军队、警察等武装力量。但这只是在国内、国际发生重大事件时，才能动用。在国家的日常政治生活中，统治阶级实现其统治，主要是靠行政机关（包括警察）。我们所说的剥削阶级的国家官僚机构，也主要是指行政机关。从这个意义上讲，行政机关应当是指整个行政机关体系。但是，由于各国行政机关的执行部分，即各部常务次官以下的各种行政组织，大体上都是一致的，而行政机关所不同的主要是中央指挥机关的组织形式。因此，政治学原理所应研究的行政机关主要是中央指挥机关。

　　资产阶级国家的行政机关是奴隶制和封建制国家的官僚机构最完善、最严密、最集中化的历史演变的结果。特别是到了帝国主义阶段，垄断组织和行政机关的结合不但使官僚机构日益庞大和堵塞着资本主义社会的每一个毛孔，而且使它成为垄断资本对内统治、对外扩张的主要工具。此时，行政机关实际上成了资产阶级国家机构中最重要的、最有权力的机关。资产阶级国家行政机关在帝国主义时期发展成为"万能政府"。然而，对于资产阶级政党政治来说，这个高度中央集权的万能政府不过是各个资产阶级政党轮流操纵的工具罢了。因此，到了帝国主义阶段各资本主义国家的中央政府之间的差别就不大了。但是，我们为了研究的方便，还应区别资产阶级中央政府的几种形式。资产阶级中央政府采取什么形式是由该国的政体所决定的。有什么样的政体，就会采取什么形式的中央政府。中央政府形式的不同，主要包括两点：一是中央政府与立法机关的关系不同；二是中央政府本身的体制不同。

　　现代资产阶级国家的中央政府机关主要有三种不同的形式：

　　一是总统制的行政机关。这是指国家的行政权力集中于总统一身，总统既是国家元首，又是国家行政机关首脑。如美国宪法第二条第一款规定："行政权属于美利坚合众国总统。"根据这一规定，美国总统可以任免政府部长，各部部长只对总统负责而部长间无连带责任。实行总统制行政机关体制的国家，较彻底地采用了三权分立原则。立法、行政、司法三机关权力分立，互相制衡。其中，总统是国家机构中的主要部分，他由选举产生，拥有实权。美国就是这样的典型代表。截至1982年的统计，在全世界131个资本主义国家和战后新独立的国家中，实行总统制行政机关体制的国家就占了84个。

　　二是内阁制的行政机关。指形式上由国家元首、实际上由政府总理负责的一种行政机关体制。也就是说，在内阁制国家中，形式上的国家元首不负实际责任，没有行政实权；总理负实际责任，并握有行政实权。如日本国宪法第五十六条规定："行政权属于内阁。"政府总理又可称为政府首脑，他在形式上由国家元首任命。其他的国务大臣由总理选择、推荐，由总理组阁。各个国务大臣由总理统帅，互相之间负有连带责任。在这种体制的国家中，内阁对议会负责，不对国家元首负责。但内阁有通过国家元首解散议会的权力。英国是内阁制的典型。根据1982年的统计，在当代资本主义国家和战后新独立的131个国家当中，内阁制国家有40个。

三是委员会制的行政机关。也可以称为"合议制"的行政机关。这种体制是指政府的行政权力不是集中在国家元首或政府首脑一人手中，而是由议会产生的委员会集体行使。议会产生的这个委员会称行政委员会，它的组成成员的地位相等。每个委员主持某一个部的工作，遇到重大问题，由委员会集体讨论决定。在委员会中，选举一人为主席。委员会主席是委员会的主持人，对外代表国家，但不同于总统和总理。委员会主席没有其他任何特殊权力，而且任期一年，由委员们轮流担任。委员会制的行政机关不但是由议会选举产生的，而且要对议会负责；只有执行议会的决议义务，没有同议会抗衡的权力。这种体制的行政机关在资本主义国家中不多，只有瑞士和南美的乌拉圭采用过这种体制。

资产阶级国家的行政机关不论采取什么形式，其职权大体有以下几种：

第一，执行法律权。即行政机关公布法律、制定具体法规和执行法律的权力。资产阶级学者们认为，立法机关在通过法律议案后，该项法律的公布是行政机关的权力。公布法律就是号令人们共同遵守法律。这通常是由国家元首执行的，而国家元首属于行政机关的范畴，因此，法律公布权也就属于行政机关。另外，行政机关为了执行法律，还要制定命令、指示、决定等具体法规。这个权力也属于行政机关，而且是任何国家的行政机关都必须具有的。到了帝国主义阶段，资产阶级国家行政机关这方面的权力不断扩大，不断侵犯立法机关的立法权。这在英美法系的资本主义国家中主要表现为"委任立法"。委任立法就是立法机关制定一些法律原则，具体法律条文委托给行政机关制定。实际上，这是行政机关代行了立法权。行政机关侵犯立法权在大陆法系国家中表现为补充立法。即行政机关制定一些与法律效力相等的法规以补充法律的不足。实际上，这也是行政机关代行立法权的一种手段。因此，各个国家行政机关的执行法律权是有限度的。即行政机关所制定的指示、命令、决定等具体法规不能和立法机关制定的法律具有同等效力，更不能同立法机关制定的法律相抵触。如果超过了这个限度，就是侵犯立法权，就是破坏法制，就是行政机关专横的表现。

第二，外交权。这是行政机关处理对外关系事务的权力。它包括：派遣使节、缔结条约、宣战媾和以及参加国际会议等。由于行政机关在这方面的事务关系到一个国家的重大的和全局性的利益，因此，行政机关在行使外交权时，通常要由议会来监督。当外交事务涉及立法权、公民权利、国家预算等问题时，在与外国缔结条约后，都要由议会批准。

第三，军队统帅权。行政机关有统帅陆海空三军的权力。有关军队的编制、训练、调遣、指挥等权力是行政机关的权力。在总统制国家，总统有统帅三军的权力；在内阁制国家，三军统帅权属于内阁。但是，无论何种形式的政府体制，军队编制和军事预算都是由议会通过的。另外，有一些资产阶级学者把军事权划分为宣战权和戒严权。宣战权是为了防卫祖国或侵犯别国而宣布进行战争的权力。在资本主义各国宪法中都规定，宣战要由议会批准。但是，实际上由于政府已经造成了战争的形势，议会的批准不过是个形式而已。戒严权是指国家在战争状态时，或遇到异常的特大事件时，在全国或特定地区宣布戒严的权力。实行戒严是一种非常措施，往往要限制公民的某些权利，因此，宣布戒严时必须依据宪法或戒严法。

第四，立法参与权。这是指行政机关参与立法过程某些环节的权力。它一般是指两种情况：一是法律公布权。在执行权中所讲的公布权，是一切国家的国家元首所共有的权力。这里说的公布权，主要指总统制国家的总统对公布法律的拒绝权，也就是否决权。但这种否决权不是绝对的，仅仅是中止公布，实际上只起到延缓公布的作用。二是法案创议权，即提出法律草案的权力。这种权力只有内阁制国家才有。在内阁制国家中，法律草案通常由内阁向议会提出，然后经过议会讨论通过，方能成立。还有的把国家元首解散议会的权力也作为一种立法参与权。

第五，司法行政权。这是指行政首脑任命法官的权力和大赦、特赦的赦免权。在资本主义国家，任命法官的权力大都属于行政机关。如美国，联邦法官由总统任命，参议院批准。赦免权是指赦免罪犯的权力，主要有大赦、特赦两种。大赦是赦免某一类的全体罪犯；特赦是赦免特定的个人。大赦通常需要议会同意。资产阶级学者认为，赦免权是古代国王赐恩权的延续或行政机关对司法机关失误的一种补救。

从上述五种权力来看，资产阶级国家行政机关的权力是相当大的。它是资产阶级国家机构的核心，资产阶级的统治主要是依靠了这些行政机关。无产阶级革命要打碎资产阶级国家机器，实际上主要是要打碎资产阶级国家的行政机关。

社会主义国家的行政机关也叫管理机关，是国家权力机关的执行机关。一个国家的最高行政机关，是由最高权力机关产生并对其负责的。在社会主义国家，不存在也决不允许存在行政机关同最高权力机关的制约和抗衡的关系。

社会主义的管理机关是直接实现和执行社会主义国家职能的工具。特别是社会主义国家还具有组织经济和文化教育的职能，所以，执行和实现国家职能的行政管理机关在社会主义国家机构体系中占有重要地位。社会主义国家的最高行政机关也可以叫政府。它是由总理、副总理、部长、主任和秘书长等组成的。有的国家采取部长会议的集体领导制度；有的国家采取总理负责制。

社会主义国家行政机关的职权包括下面七种：

（1）根据宪法和法律规定行政措施，制定行政法规，发布命令、指示和决定。同时，它也有向最高国家权力机关提出法律议案的权力。

（2）编制和执行国家经济和社会发展计划，以及国家预算的权力。

（3）领导各部、各委员会的工作，领导和管理全国的经济、民政、公安、司法行政、监察和文化教育等工作，保卫国家利益，维护公共秩序，保障公民的权利。

（4）领导地方各级行政机关。它有权改变和撤销地方各级行政机关的不适当的命令和决议。

（5）审定国家行政机构的编制，任命、培训、考核和奖惩国家行政人员。

（6）执行外交政策，管理外交事务，保卫国家安全，领导和管理国防事业。

（7）最高国家权力机关授予的其他职权。

四、司法机关

司法机关是行使司法权的国家机关，通常指法院，有的也包括检察院。在奴隶制和封建制时代，虽然在国家机构中也设立过司法机关，但由于那时立法、司法、行政并没有明确划分，司法机关是从属于王权的，或者是与行政机关混同的。我们所讲的现代司法机关是指资产阶级分权原则确立以来，司法机关逐渐脱离立法机关和行政机关而形成独立行使司法权的国家机关。司法机关为什么要独立？孟德斯鸠说："如果司法权不同立法权和行政权分立，自由也就不存在了。如果司法权同立法权合而为一，则将对公民的生命和自由施行专断的权力，因为法官就是立法者。如果司法权同行政权合而为一，法官便将握有压迫者的力量。"[①]总之，司法机关独立是为了保障公民的自由。当然，这种自由是资产阶级的自由，孟德斯鸠所期望的正是保障资产阶级的自由。但是，司法机关从立法机关或行政机关中分立出来，有了明确分工，这在历史上是个进步。

---

① ［法］孟德斯鸠：《论法的精神》上册，商务印书馆1982年版，第156页。

司法机关在资产阶级国家机构中占有重要地位，是维护资产阶级统治的主要工具之一。它的作用主要是通过行使司法权来完成的。资产阶级司法机关行使司法权的范围主要有三个方面：

第一，现代各国司法机关行使的司法权主要是审理各种诉讼案件的审判权。司法权可以说主要指审判权。法院的功能就是适用法律。也就是说，根据法律来审理各种诉讼案件。法院把法律适用于民事和刑事案件的活动就叫行使审判权。而这种审判权是任何国家机关都不得侵犯的，是立法机关和行政机关所不具备的。司法权只有司法机关才能行使。美国宪法第三条规定："合众国的司法权属于最高法院及国会随时规定设置之下级法院。"日本国宪法第七十六条规定："一切司法权属于最高法院及由法律规定设置的下级法院。"

第二，非诉讼事件的处理权。即某些民事法律关系要由法院执行、保证、监督和公证。如遗产的处分、监护人和保护人的指定、结婚的公证、不动产的登记、失踪和死亡的公布。

第三，违宪审查权。即司法机关通过司法程序审查和裁决立法机关、行政机关是否违反宪法的一种权力。具体来说，是对立法机关和行政机关所颁布的违反宪法的法律、法令和各种法规，法院有否认和撤销的权力。这种权力在资本主义国家中的规定不完全相同。有的国家宪法明文规定司法机关有这项权力。如意大利宪法就规定："当法庭宣布法律或具有法律效力的法令之某项规定为违宪时，则该项规定在判决公布之次日起即失去效力。"日本国宪法规定："最高法院有权决定一切法律、法令、规则或处分是否符合宪法的终审法院。"有的国家宪法没有明文规定司法机关有此项权力，而是根据在实际中所形成的惯例行使这个权力的。如美国联邦宪法就没有关于违宪审查权的明文规定，但是，1803年美国最高法院通过审理"马伯里诉麦迪逊"案件作出国会1789年颁布的《司法条例》违宪的裁决后，在实际上就形成了法院具有违宪审查权的惯例。目前，在西方国家行使违宪审查权有两种制度：一种是普通法院行使这项权力，如美国、日本、加拿大、澳大利亚以及墨西哥、阿根廷等国家；另一种是单设宪法法院行使这项权力，如意大利、法国、西德、奥地利等20余个国家。

司法机关行使司法权同立法机关行使立法权、行政机关行使行政权具有不同的特点。这些特点也可称为行使司法权的原则。

一是"不告不理"原则。即法院不受当事人的请求，不得自行审判。无论是民事还是刑事案件，未经正式起诉，法院都不得自行审理。按资产阶级学者的说法，法院的活动同立法机关和行政机关不同。立法机关与行政机关的活动是主动的，是积极促进社会发展的。法院的活动是被动的，是消极地保护人民正当权利、维护社会秩序的。这不过是表面上的、形式主义的说法。实际上，正像列宁所说："资产阶级法庭把自己装扮成一个维持秩序的场所，实际上却是一种无情镇压被剥削者以保护钱包利益的混人耳目的精巧的工具。"[1]

二是司法独立原则。即指法院和法官只服从法律，独立行使司法权，主要是行使司法审判权。如意大利宪法第一〇一条规定："司法权以人民名义行使之。法官只服从法律。"日本国宪法第七十六条规定："所有法官依良心独立行使职权，只受本宪法及法律的约束。"

所谓司法独立，根据资产阶级宪法和法律的规定以及资产阶级学者的解释，大致包括以下几层含义：①司法权由法院（法官）独立行使，不受行政机关和立法机关干涉，法院（法官）的审判活动，只服从宪法和法律。②一个法院的审判活动，不受另一个法院干涉。上级法院对下级法院也不能在其进行具体审判时进行干涉，而只能在其判决作出后，依上诉程序或上告程序变更其判决。③法官在审理过程中坚持独立，

---

[1] 《列宁全集》第26卷，人民出版社1959年版，第435页。

不受各方面意见包括检察官起诉的影响，法官按"自由心证"和"无罪推定"原则办事。这就是说，法官凭自己的"良心"行使职权；在没有证据的情况下，从无罪方面考虑，只有在掌握充分证据足以证明有罪后，才能判决有罪。资产阶级的司法独立原则是从资产阶级分权原则中引申出来的。它主张，非司法机关，非按司法的特定程序，不得对任何人加以逮捕和审讯。这个原则有利于反对国王控制司法机关和干涉司法活动，有利于反对封建王朝的专横统治，有利于保障资本主义社会的人身和私有财产的安全，在历史上具有一定的进步作用。在资产阶级取得统治权以后，法院变成了保护资产阶级利益、反对和镇压劳动人民的惩罚机关。但资产阶级仍然在大肆标榜其司法独立原则，因为这个原则有利于调整资产阶级的内部矛盾，有助于掩盖法院及法官的阶级本质，有利于欺骗人民。

三是法官保障制度。为了确保司法独立，西方国家都规定了法官不可更换制、专职制、退休制和高薪制等法官保障制度。在他们看来，只要实行了这些制度就能保证法官"公正"和"无私"地进行审判了。

所谓法官的不可更换制，是指法官任期届满之前，非经弹劾不得被免职、撤职或令其提前退休。西方许多国家还实行法官终身制，例如，英国、法国、荷兰、爱尔兰、卢森堡、加拿大等国。在规定法官有一定任期的国家，法官的任期一般都比较长，并且可以连任。如瑞士联邦法官的任期为6年，日本法官任期一般为10年，巴拿马最高法院法官任期为18年。实行法官不可更换制或终身制，其目的是从实际上和精神上保障"法官独立""法官公正"。但是资产阶级国家的法官同其他官吏一样，也是为资产阶级服务的。这种对法官的保障完全取决于统治阶级的利益和需要，以及法官对统治阶级是否忠诚，一旦某位法官违背了统治阶级的根本利益，就是在终身制下，也可以用这样那样的借口来弹劾法官。截至1974年，美国总共有9个联邦法官受到弹劾，其中有4个人被撤职定罪。

　　法官专职制是指法官不得兼任其他职务。西方国家普遍规定法官不得兼任行政职务，不得兼任议员，不得兼任其他营利机构的职务（教学除外），也不得以政党的身份从事政治活动。在他们看来，只要实行了这个制度，似乎就可以保障法官不受任何机关、团体、企业、党派以及任何个人的控制、干涉和影响了。实际上，资产阶级政党、垄断财团干涉和控制法官的形式是多种多样的，法官不受干涉和控制是根本不可能的。资产阶级的法官是资本的奴仆，他们根据法律办事也就是依据资产阶级的意志办事。这就从本质上揭露了法官"中立"的虚伪本质。

　　法官退休制。西方各国通常都规定法官到达了一定年龄可以退休，退休后可以拿到优厚的退休金。美国联邦法院的法官，凡年满70岁任期满10年或年满65岁在职满15年者，可以领取全薪退休金。在日本，最高法院和简易法院的法官，年满70岁才能退休，其他下级法院的法官，退休年龄是65岁。

　　法官高薪制。许多资本主义国家都规定给法官高薪待遇。英国大法官的年薪与首相一样，为两万英镑。日本最高法院院长的薪俸同总理大臣相同，其他14名最高法院的法官与国务大臣的薪俸相同。加拿大联邦最高法院首席法官年薪6.5万美元，法官6万美元。美国联邦最高法院首席法官的年薪与副总统相同，为6.25万美元，最高法官为6万美元。西方国家认为，给予法官高薪，目的在于使法官生活富裕安定，这样就不会发生贿赂、营私和舞弊现象，就可以保障法官公正无私。其实，这不过是资产阶级以金钱收买、笼络法官，使他们跟军阀和行政官吏一样，成为统治阶级的支柱。

　　西方的资产阶级学者们认为，实行了以上的法官保障制度，就可以保障司法独立，法官不受党派和利益集团的影响，保持公正无私成为公民权利的保护者。实际上，这些是根本不可能的。因为，在资本主义社会中，资产阶级法院是根据资产阶级的需要建立起来的，"法院主要是压迫机关，是资产阶级的剥削机关。"[①]绝不是什么

---

① 《列宁全集》第27卷，人民出版社1958年版，第199页。

"公正"的机关。法院所执行的法律是反映资产阶级意志和维护资产阶级利益的。在这种立法偏私的情况下，也就不可能有什么"公正"的法官。正如马克思所指出的那样："如果认为在立法者偏私的情况下可以有公正的法官，那简直是愚蠢而不切实际的幻想！既然法律是自私自利的，那末大公无私的判决还能有什么意义呢？法官只能够丝毫不苟地表达法律的自私自利，只能够无条件地执行它。在这种情形下，公正是判决的形式，但不是它的内容。内容早被法律所规定。"①

法院组织。由于资产阶级标榜他们的法院是当事人之间的"公断人"，如果当事人不服从法院的决定可以逐级上诉，因而各国的司法机关都设有多层次的法院系统，或称之为法院的组织体系。可是各国的情况不同，法院的组织也不同，特别是不同的国家结构使它们之间的区别更为明显。

在单一制国家里，法院的组织只有一个分级次的系统。有的分为三级，即初级法院、中级法院（有的称地方法院）和最高法院。有的分为四级，即在中级法院和最高法院之间，设立高等法院。初级法院是基层法院，受理一般民事案件及轻微的刑事案件。这一审级法院通常由一名法官开庭审判，称独任制；有的由几名法官开庭审判，称合议制。如英国的地方系统的治安法官和中央法院系统的巡回法庭、法国的治安法官和简易警事法院、日本的简易裁判所等，均属初级法院。中级法院是二审法院，通常是地域性的法院，受理初审法院的上诉案件，有时还受理不属于初级法院管辖的重大民事、刑事案件的第一审。如英国的季期法院、日本的高等法院均属第二审级法院。如果对二审判决不服，还可以向更高的法院上诉。但各国法律通常规定对某些案件的第二审判决即为终审判决，不得上诉。最高法院是终审法院。各国法律通常都规定最高法院领导全国法院系统，是全国的最高审判机关，其判决是终审判决。唯有英

---

① 《马克思恩格斯全集》第1卷，人民出版社1956年版，第178页。

国是个例外，它的最高法院领导全国法院系统，但终审法院为上议院法院。此外，各国法律还通常规定某些最重大的案件，特别是涉及内阁成员及政府首脑的案件，归最高法院审理（第一审）。

在联邦制国家，法院组织更为复杂。大致可分为两类。第一类是有两个法院系统。如美国有联邦法院系统和各州法院系统。联邦法院分为三级（地方法院、上诉法院、最高法院），州法院大体上也分为三级（由于各州情况不一致，因此法院名称各异）。联邦法院审理不属于同一州的公民或各州间的民事案件，以及由全联邦立法所规定的刑事案件。州法院审理本州范围内的案件。联邦法院和各州法院之间并无从属关系。联邦法院适用宪法和联邦法律，各州法院除了适用联邦宪法和法律外，还适用州宪法和州法律。第二类是只有一个单一的法院系统。如德意志联邦共和国实行单一的法院体制。各州设有区法院、地方法院、高级法院三级，联邦设最高法院作为各州的最高审级法院，各州的三级法院从属于联邦最高法院。并且，联邦最高法院和各州法院都适用统一的法典。州法院的法官由各州政府任命，联邦最高法院法官由中央行政元首任命。瑞士联邦的法院组织系统也属于德国这一类。这类法院组织同单一制国家的法院组织区别不大。

社会主义国家的司法机关是指依照法律规定代表国家行使审判权与法律监督权的机关。有些学者对司法机关作了广义和狭义的划分。狭义的司法机关是指法院和检察院，广义的司法机关除法院和检察院外，还包括公安机关和司法行政机关。我们认为，社会主义国家的司法机关就是人民法院和人民检察院。人民法院是社会主义国家的审判机关，代表国家行使国家审判权。人民检察院是社会主义国家的法律监督机关，代表国家行使国家检察权。

社会主义国家司法机关的活动原则主要有以下几项：

第一，以事实为根据，以法律为准绳。这是我国《刑事诉讼法》明确规定的。

所谓"以事实为根据"，是指司法机关适用法律时，必须从案件的实际情况出发，把案件的审理与判决建立在尊重客观事实的基础上。这里所说的事实是指引起法律关系发生、变化、消灭的事件与行为，即法律事实。以事实为根据，也就是强调证据，反对主观臆断判案。所谓"以法律为准绳"，是指处理各种案件都必须严格按照法律办事，即有法必依，执法必严，违法必究。

第二，公民在适用法律上一律平等。我国《人民法院组织法》《人民检察院组织法》和《刑事诉讼法》明确规定："对于一切公民在适用法律上一律平等，在法律面前不允许有任何特权。"公民在适用法律上一律平等主要包括以下含义：人人都有依法规定的权利和应尽法律规定的义务；任何人都没有凌驾于法律之上、超越法律之外的权利；不管任何人犯法，都要依法受到制裁，这不分被告人的成分、职业、社会地位有任何不同。

第三，司法独立，只服从法律。我国《人民法院组织法》规定："人民法院独立进行审判，只服从法律。"我国《人民检察院组织法》规定："人民检察院依照法律规定独立行使检察权，不受其它行政机关、团体和个人的干涉。"司法独立是指审判机关、检察机关在适用法律的活动中，独立行使国家赋予的检察权和审判权，在审理案件时，不受其他任何机关、团体和个人的干涉。只服从法律，就是严格地依法办事，除法律之外，不服从任何机关、团体和个人的旨意。司法独立是只服从法律的保证，只服从法律是独立行使司法权的前提，忽视任何一个方面，都会使这一原则成为一句空话。

这三项原则，归结起来，就是正确地、彻底地适用法律规范，具体就是依法办事，有法可依，有法必依，执法必严，违法必究。这就是社会主义法制的要求。换句话说，这三项原则就是贯彻社会主义法制的原则。

社会主义国家人民法院的组织体制并不完全一样。有的实行四级两审终审制，如中国，设有基层法院、中级法院、高级法院和最高法院。有的实行三级两审终审制，如朝鲜，设有中央法院、道（直辖市）法院、人民法院三级。另外，社会主义国家都设有特别法院，如军事法院、海事法院、铁路法院等。

社会主义国家人民检察院的设置与法院组织系统和审级相适应。除普通检察院外，还有专门检察院，如朝鲜宪法第一百四十三条规定："检察工作由中央检察院、道（直辖市）、市（区）、郡检察院和特别检察院进行。"社会主义国家人民检察院一般都实行垂直领导，即在检察院上下级组织之间实行严格的集中制的统一领导，不受任何地方机关的干涉。我国人民检察院是个例外，实行双重领导原则。这样既能保障法制的统一和检察院独立行使检察权，同时又调动了中央和地方两个方面的积极性，这是检察机关的中国特色。

第八章 政党

第一节　政党的理论

政党作为一阶级、阶层、集团的政治组织，在政治统治体系中占有重要地位。现代世界各国，无论是资本主义国家、社会主义国家，还是民族独立国家几乎都有政党的存在。政党是当今世界各种类型国家中最普遍、最重要的政治现象。在西方国家，政党同议会制、选举制密不可分，是体现资产阶级民主制度的三大支柱之一，是所谓政府与公民之间的重要"桥梁"，是资产阶级标榜的"民主政治"的表现，是资产阶级实现其阶级统治的重要工具。在社会主义国家，政党尤其重要，因为无产阶级的领导主要通过它的先锋队——共产党来实现。党的领导是社会主义国家一切政治生活的核心力量，是社会主义政治制度的根本原则。因此，对政党和政党政治的研究，是政治学的一个重要课题。

一、政党的概念

关于什么是政党的问题，人们对它有过各种各样的解释。西方政治学者在他们的著作中，从各种不同的角度为政党下过许多定义。归纳起来，大致可分为下列几类。

有的认为政党是为适应选举（竞选）而建立的政治组织。如《新时代百科全书》中指出，"政党，是为争取选民投票支持它所提名的候选人而高度组织起来的集中统一的团体。"英、美等国的许多政治学者持这种观点。这种解释使人们感到政党只是与竞选有关的政治组织。

有的认为政党是为了谋求官职而建立的政治组织。如《国际社会科学百科全书》中指出，"我们选定党是为谋求官职而建立的这样一个定义，就把党与其他政治组织区分开来。大量的证据表明：谋求官职这个目标，在一切热衷于官职的政党中都占有主导地位。……美国北部联邦党和辉格党都主要是谋求官职的组织，这个情况已为他们自己一旦失去官职便立即消失所证实了。"

还有的认为政党是为取得权力和控制政府而建立的政治组织。如《大英百科全书》中指出，"政党是政治体制内为取得和行使权力的目的而组织的集团。"《日本大百科辞典》指出，"政党是以取得国家权力为目标而基于共同的政策组织和动员国民、开展一切政治活动的持久性的政治团体。"《新时代百科全书》中指出，"政党通常用来指人们为了取得对政府的控制以制订政策，从而在观点上和行动上或多或少统一起来的团体。"

上面都是从不同的侧重点对政党所作的解释，而《哥伦比亚百科全书》综合了各种解释对政党作了如下的描述："政党是这样一种组织，它通常是通过选举它所指出的候选人担当公职，以达到控制政府机构之目的。政党有很多形式，但它们的主要职能都是相同的，这便是：提供担任政府职务的人员；组织这些人员制定和执行国家政策；以及在个人与政府之间起桥梁作用。"这个解释，可以说几乎把前面的几种定义都概括进来了。但是，所有这些定义都是从形式上对政党的活动和形象进行了描述，没有揭示政党的实质。

只有马克思主义才对政党作了科学的解释。马克思主义经典作家从政党的阶级实质着眼，结合无产阶级政党的实践，对政党作了全面的、深刻的阐述。

列宁指出："在多数情况下，至少在现代的文明国家内，阶级通常是由政党来领导的；政党通常是由最有威信、最有影响的、最有经验、被选出来担任最重要职务而被称为领袖的人们所组成的比较稳定的集团来主持的。这都是起码的常识。"[1]

"党是阶级的觉悟的、先进的阶层，是阶级的先锋队。"[2]

① 《列宁选集》第4卷，人民出版社1972年版，第197–198页。

② 《列宁全集》第19卷，人民出版社1959年版，第407页。

列宁又指出："在以阶级划分为基础的社会中，敌对阶级之间的斗争（发展到一定的阶段）势必变成政治斗争。各阶级政治斗争的最严整、最完全和最明显的表现就是各政党的斗争。"[1]

毛泽东说强调，政治社会的第一类就是党派。党是阶级的组织。

马克思主义经典作家的以上论述，从根本上揭示了政党的阶级属性、组成和作用。然而，为了使政党真正发挥领导阶级斗争的作用，还必须具有理论、纲领作为指导和目标。

列宁说："在我们看来，没有理论，革命派别就会失去生存的权利，而且迟早注定要在政治上遭到破产。"[2]

"只有以先进理论为指南的党，才能实现先进战士的作用。"[3]

"没有革命理论，就不会有坚强的社会主义政党，因为革命理论能使一切社会主义者团结起来，他们从革命理论中能取得一切信念，他们能运用革命理论来确定斗争方法和活动方式。"[4]

毛泽东根据中国革命的经验也提出："没有一个按照马克思列宁主义的革命理论和革命风格建立起来的革命党，就不可能领导工人阶级和广大人民群众战胜帝国主义及其走狗。"[5]

根据马克思主义经典作家对政党的阐述，结合各种类型政党的情况，我们可以对政党的概念作如下表述：

政党是阶级组织，它代表一定阶级、阶层的根本利益，由其中一部分最积极的分

---

[1]　《列宁全集》第10卷，人民出版社1958年版，第58页。

[2]　《列宁全集》第6卷，人民出版社1959年版，第163页。

[3]　《列宁选集》第1卷，人民出版社1972年版，第242页。

[4]　《列宁选集》第1卷，人民出版社1972年版，第203页。

[5]　《毛泽东选集》合订本，人民出版社1968年版，第1249页。

子组成，有共同的政治主张（理论和纲领），采取共同的行动是为夺取和巩固政权而联合起来的有组织有纪律的政治组织。

二、政党的特征

政党是阶级的组织，各阶级之间的斗争必然要发展为政治斗争，而各阶级、阶层之间的政治斗争最完全、最集中的表现就是政党的斗争。因此，政党在现代国家政治生活中具有极其重要的作用。为了更清楚地了解政党在政治生活中的地位和作用，需要进一步研究政党的特征。所谓政党的特征，就是政党的基本特点，这些特征构成政党之所以是政党的要素，缺一不可。也正是政党的这些特征，使其同其他社会政治组织区别开来。

（一）政党是特殊的政治历史现象

政党这个特殊的政治团体不是从来就有的，也不是永远存在的。它在一定的历史条件下产生，也将在一定的历史条件下消亡，它是一种特殊的政治历史现象。

关于政党的产生，资产阶级学者众说纷纭。社会心理学者认为，人类是社会动物，人的好群与合群的天性是产生政党的原因；还有人认为，人类的天性与气质各有不同，性格与感情也各异，有的重保守，有的喜激进，于是性格相投、感情相合者便互相结合而成为政党。有历史学家认为，政党是由战斗团体演变来的。在野蛮时代，所有重大争执问题几乎全由战争方法解决，胜者为多数，败者为少数。后来，为避免流血，演变为以计算双方的人数多寡为确定胜败的标准。计算方法也有变化，先以喝彩声大小为准，后以举手多少来计算，最后演变出了"以选票替代枪弹的政党"。资产阶级的民主主义者认为，政党是代议制政治的产物，人们为争取选举胜利而分别组织了政党。

以上这些说法，一个共同之处那就是超阶级的观点，即把政党说成是与阶级无关的团体。

马克思主义认为，政党是阶级组织，是阶级斗争的产物。但这并不是说所有的阶级社会的阶级斗争都产生政党。在奴隶制、封建制社会出现的"朋党"（封建朝臣和士大夫内部的少数人为了个人进退而党同伐异的秘密宗派组织）和"会党"（一般是下层社会中的，为了某种利益和目的，往往伴以宗教迷信而结成的民间秘密组织）之类的组织完全不同于现代意义的政党。政党是近代资本主义社会的产物。资本主义的社会化大生产为社会提供了先进的交通、通信、宣传等手段，也把整个资产阶级联系起来了，使资产阶级的整体阶级意识得到了加强，这便为政党的产生提供了物质条件和社会阶级基础；资产阶级在反封建专制斗争中所建立的民主共和制和君主立宪制为政党的产生和发展创造了政治条件。政党政治（亦称政党制度）与议会民主制、选举制共同构成了资产阶级民主政治的三大支柱。政党在其中既是选举的组织者，又是议会的组成者。因此，资产阶级政党不仅是资产阶级民主政治的产物，也是资产阶级民主制的体现。有些资产阶级学者把政党政治说成是资产阶级民主制的标志，也是基于政党在议会民主制中的地位和作用而言的。英国的蒲莱斯说："有国家（指资产阶级国家）就有政党，政党乃是政治社会中不可避免的必然产物。"用我们的话来说，有资产阶级国家就有政党，政党是资本主义社会的必然产物。

政党是和阶级分不开的，它必将随着阶级的消灭、国家的消亡而消亡。毛泽东说："消灭阶级，消灭国家权力，消灭党，全人类都要走这一条路的，问题只是时间和条件。"[①]

（二）政党是阶级中一部分人组成的政治组织

政党一词，英文是"party"，含义是"一部分"。政党是由一个阶级中最积极、

[①]　《毛泽东选集》合订本，人民出版社1968年版，第1357页。

最活跃的一部分人组成的。阶级是按人们在生产中的地位划分的，是经济地位相同的人们的集团，但阶级成员的政治觉悟却有高低之分，阶级意识也有强弱之别。即便是最先进的无产阶级也并非每一个成员都具有同等高度的阶级觉悟。因此，无论是处于统治地位的阶级，还是处于被统治地位的阶级，在实现其阶级使命时，都是由其成员中一部分最有觉悟、最积极的分子带领本阶级进行斗争的。到了近代，资产阶级与无产阶级中的这一部分人就组成为政党。当处于被统治地位时，政党就带领本阶级群众同统治阶级进行斗争；在处于统治地位时，又通过政党掌握国家权力，维护本阶级的统治地位和阶级利益。所以，政党是由阶级中一部分最积极、最活跃的分子组成的，是本阶级的组织者和领导者。但是，一个阶级的阶级组织不只是政党，还有其他社会团体。如资产阶级还有企业者联合会、商业协会等，无产阶级还有工会、青年团等。这些组织也是由阶级中的一部分人组成的，为什么只有政党才是本阶级的组织者和领导者呢？因为政党通常是代表一个阶级的根本利益、长远利益和全局利益，是本阶级利益的最高代表。其他阶级组织往往只代表阶级中局部的、一定时期的，甚至是地域性的利益，它们不代表阶级的整体利益，不能成为阶级的组织者和领导者。这也是政党和其他社会组织的基本区别之一。

（三）政党是有组织、有纪律的组织

政党要发挥阶级的组织者、领导者的作用，就必须有从中央到地方的组织系统，通过各级组织把党员聚集起来，共同行动、实现党的奋斗目标。很难想象"一盘散沙"式的组织能把阶级成员联系起来、动员起来发挥领导与组织作用。

建立政党是为了进行有成效的政治活动，要使政党的活动有力量，发生影响，就必须通过组织纪律来约束政党的成员，把全党的力量统一起来，共同战斗。政党的纪律严格与否是检验政党有无战斗力的重要标志。

资产阶级政党组织涣散，纪律松弛，只有选举时全党才能统一行动起来，在平时松松垮垮。这与资产阶级的个人自由主义是分不开的。无产阶级的政党则有严密的组织和铁的纪律，这种组织和纪律是建立在自愿、自觉的基础上的。无产阶级之所以能取得革命和建设的胜利，就在于有一个以马克思主义武装起来的，有严格的组织和铁的纪律的政党的领导。

（四）政党要有一定的政治纲领

在资产阶级学者的著作中，政治纲领被称为政见。政治纲领规定政党的政治目标。政党的不同主要表现为政治纲领的不同。不同阶级的政党有不同的政治纲领，这是由政党所代表的阶级的不同特点和历史使命所决定的。英国的两个最早的资产阶级政党——辉格党和托利党的分歧表现在对待王权问题上的观点不同。辉格党代表新兴的资产阶级反对王权，主张国家最高权力属于议会；托利党则站在地主贵族阶级的立场上拥护王权，主张最高权力属于国王。美国独立战争后的两党——联邦党和民主共和党的分歧表现为对集权和分权问题上的不同政见。联邦党主张建立强有力的中央政府；共和党则反对中央集权，主张保护各州的独立主权。在资产阶级政治、经济统治地位确立以后，资产阶级内部政党的不同就表现为各政党的政治纲领有保守与激进之分。保守党派与激进党派的分歧不但表现为政见的差别，而且也表现为形式上的不同。议会开会时，保守党派的议员坐在议会长的右侧，激进党派的议员坐在议长的左侧，由此，便有了右翼政党和左翼政党之称。

政党有政治纲领，这是政党区别于其他社会团体的重要标志之一。政党的政治纲领中的政治目标是政党成员结合的基础，没有这个基础的任何团体都不是政党。所以，政党的政治纲领一方面用以号召群众，争取群众的信任和拥护；另一方面也表现了政党与恐怖组织、帮派组织等的区别。另外，看一个政党的政治纲领，不能只看其党章上的条文，更主要的是看它所执行的政策。两方面结合起来，才能认清一个政党的实际政治纲领。

（五）政党与政权密不可分

政党只有掌握了政权才能实现其政纲。掌握政权是党的主要目标。如果一个政治团体，不是为了掌握政权，它的组织无论多么严密也不能成为政党。资产阶级政党掌握政权也叫控制政府，因而，一些资产阶级政治学者把是否掌握政权作为政党分类的标准。掌握政权的政党称为执政党，未掌握政权的政党称为在野党。

无产阶级政党也要掌握政权实现其政治纲领，但是它同资产阶级政党轮流执政不同。它要推翻资本主义制度，掌握政权，建立无产阶级专政，无产阶级政党只有通过无产阶级专政才能实现其伟大的政治目标——共产主义。

政党的这五个特征是相互联系、不可分割的。正是由于具备了这五个方面的特征，政党才能和其他社会政治组织相区别。

三、政党的作用

政党是当代世界各国最普遍、最重要的政治现象。其之所以如此，是因为政党的活动在政治生活中起着极其重要的作用。西方政治学者把政党的活动与作用称为功能，并且把政党的组织选举、控制政府、担任公职、制定政策以及监督政府等活动看作政党的主要功能。政党的这些活动确实反映了资产阶级政党在形式上的作用。但是，政党是阶级组织，同阶级关系密不可分。在资本主义社会，有统治阶级政党，也有被统治阶级政党。如果不把这个根本点区分开，笼统地讲政党的功能，就必然导致把政党说成是超阶级的政治团体。

马克思主义在研究政党的作用时强调，必须同阶级关系联系起来，必须用阶级观点分析政党的作用。在剥削阶级占统治地位的国家里，统治阶级政党的一切活动，都是为了维护和巩固统治阶级的政治统治。被统治阶级政党的一切活动都是为了反对和推翻统治阶级的政治统治。因此，统治阶级政党的总功能是代表统治阶级进行阶级统治。被统治阶级政党的总功能是组织与领导被统治阶级反对和推翻统治阶级的统治。这是我们研究政党作用的出发点。

无论是统治阶级的政党还是被统治阶级的政党，它们都是代表本阶级的利益进行活动的。因此，我们研究政党的作用时，应当着重研究政党同本阶级群众的关系和代表本阶级利益所进行的主要活动。

（一）争取群众和教育群众

政党具有强烈的阶级性，任何政党都是一定阶级、阶层的代表。资产阶级的政党是代表资产阶级利益的。由于资产阶级内部又有不同的阶层，在资产阶级政党中，又有代表资产阶级上层利益的大资产阶级政党，代表资产阶级中层利益的中等资产阶级政党和代表资产阶级下层利益的小资产阶级政党。以马克思主义武装起来的共产党是代表无产阶级利益的政党。政党是脱离不开阶级的，资产阶级学者们所宣扬的"代表全社会"利益的政党是不存在的。

既然政党是阶级、阶层的一部分，那么政党的首要作用就是在于争取本阶级的群众和同盟者的支持和拥护。列宁指出："任何负有远大使命的政党的第一个任务，都是说服大多数人民，使他们相信这个党的纲领和策略正确。"[①]群众是政党生存的基础，如果政党没有群众的拥护，脱离群众，或者只有少数追随者就必定会陷入孤军作战，最终导致溃散。一个政党拥有群众的多少也是这个政党大小、强弱的重要标志。

资产阶级政党争取群众的目的在于争取选票和对它的纲领与政策的支持。因此，为了选举获胜，为了执掌政权，千方百计地争取群众，甚至不惜用欺骗、收买等手段拉拢群众。这在资产阶级选举过程中表现得最充分不过了。

争取群众，对于无产阶级政党来说尤其重要。无产阶级政党是为工人阶级和广大

---

① 《列宁选集》第3卷，人民出版社1972年版，第495页。

劳动人民服务的，它的阶级属性决定它可以得到广大劳动群众的支持和拥护。但是，由于工人阶级队伍和广大人民群众的觉悟程度不同，作为无产阶级的先锋队，还要积极争取群众。如果不重视争取群众，对于无产阶级政党来说也是很危险的。列宁曾经说过："对于一个人数不多的共产党来说，对于领导一个大国（现在还没有得到更先进的国家的直接援助）向社会主义过渡的工人阶级先锋队来说，最大最严重的危险之一，就是脱离群众，就是先锋队往前跑得太远，没有'保持排面整齐'，没有同全体运动大军，即同极大多数工农群众保持牢固的联系。"① 因此，列宁非常强调无产阶级政党争取本阶级和广大劳动群众的重要性。他说："政治家的艺术（以及共产党人对自己任务的正确了解）就在于正确判断在什么条件下，在什么时机无产阶级先锋队可以成功地夺取政权，可以在夺取政权过程中和夺取政权以后得到工人阶级和非无产阶级劳动群众十分广大阶层的充分支持，以及在夺取政权以后，能通过教育和训练吸引愈益众多的劳动群众来支持，巩固和扩大自己的统治。"② "要想善于帮助'群众'，博得'群众'的同情、爱戴和支持，就必须不怕困难……哪里有群众，就一定到哪里去工作。"③

马克思主义不但强调无产阶级政党要争取本阶级与广大劳动群众的支持，而且还要尽一切可能争取同盟者，哪怕是暂时的，不可靠的同盟者。列宁指出："要战胜更强大的敌人，只有尽最大的力量，同时必须极仔细、极留心、极谨慎、极巧妙地一方面利用敌人之间的一切'裂痕'，哪怕是最小的'裂痕'，利用各国资产阶级之间以及各个国家内资产阶级各集团或各派别之间的一切利益对立，另一方面利用一切机会，哪怕是极小的机会，来获得大量的同盟者，尽管这些同盟者是暂时的、动摇的、

---

① 《列宁选集》第4卷，人民出版社1972年版，第589页。

② 《列宁选集》第4卷，人民出版社1972年版，第207页。

③ 《列宁选集》第4卷，人民出版社1972年版，第208–209页。

不稳定的、靠不住的、有条件的。谁不懂得这一点，谁就是丝毫不懂得马克思主义，丝毫不懂得一般的现代科学社会主义。"①

列宁在1920年所写的《共产主义运动中的"左派"幼稚病》这部光辉著作，是运用马克思主义战略策略原理，深刻阐述无产阶级政党如何争取群众和得到群众的支持与信任的典范。在这部著作里不但指出了无产阶级政党要在进步的政治团体里做争取群众的工作，而且还指出了无产阶级政党要到资本主义制度下的议会，甚至到黄色工会等反动组织中去做争取群众的工作，以提高人民群众的觉悟，使他们摆脱资产阶级及其代理人（资本家的帮办）的影响，转到无产阶级先锋队这方面来。因为对于无产阶级政党来说，争取群众、壮大自己、团结同盟者、孤立与瓦解敌人，无论是取得政权以前还是取得政权之后，都是至关重要的，都是政治的首要任务。因此，列宁特别强调无产阶级政党必须坚持争取群众、教育群众、依靠群众的群众路线。

为了争取群众的信任和支持，政党还要教育群众，提高群众的政治觉悟。资产阶级政党也懂得这个道理，他们通过报刊、电台、电视等宣传工具，对群众进行所谓"民主政治"的认识和参与政治的教育。为此，他们不惜以重金作宣传费用，尤其在总统或议员竞选时更不惜一切代价。如1984年美国总统的竞选，据里根的一个竞选助手巴克利说，这次竞选，民主党的几个候选人，仅在预选阶段每个候选人都可以花费2000万美元，当然共和党的里根更不能示弱了。资产阶级政党对劳动人民的宣传教育，当然不是为了提高劳动人民的阶级觉悟，他们的目的在于欺骗与麻痹人民群众，骗取选票。

对人民群众进行宣传教育，提高劳动人民的政治觉悟，是无产阶级政党的重要使命。列宁说："无产阶级先锋队的作用，即训练、启发、教育工人阶级和农民中最落

---

① 《列宁选集》第4卷，人民出版社1972年版，第225页。

后的阶层和群众并吸引他们来参加新生活。"①在无产阶级掌握政权以前，党教育群众的目的是为了蓄积革命力量，准备进行社会主义革命。在掌握政权以后，党对人民群众的宣传教育，是为了使广大人民了解、信任和拥护党的路线、方针、政策，焕发人民群众的积极性、主动性和创造性，积极参加国家管理，行使人民当家作主的权利。

（二）集中阶级意志

政治统治是按照统治阶级意志所进行的统治。政党是实现政治统治的工具，它的重要作用之一就是在集中统治阶级意志的过程中发挥重大作用。任何一个阶级社会，统治阶级的成员在维护其阶级利益和对被统治阶级进行统治这个根本点上都是一致的，但在如何实现其统治的问题上，却又往往存在着分歧。这是由统治阶级内部的阶层、集团以及个人的不同利益所决定的。但是，政治统治必须是统一的，这就需要把统治阶级内部存在分歧的意志统一集中起来，形成集团中的阶级意志。

在资本主义社会，资产阶级政党的作用就是反映本阶级的利益和意愿，制定自己的纲领和政策。一个政党能在多大程度上集中整个资产阶级的意志，要靠竞选活动来验证。政党通过竞选活动对其纲领、政策进行宣传，争取本阶级群众对其政纲的支持和采纳。资产阶级政党的竞选活动实际上就是统一阶级意志的活动。哪个政党在竞选中获胜，就是它的纲领、政策被多数人采纳、支持和拥护。这样，获胜的政党就可以通过执掌政权、制定强制性政策把统治阶级的意志集中起来，上升为国家意志。

在社会主义社会，工人阶级和广大人民当家作主，但是，人民内部在根本利益一致的基础上也存在着各种矛盾。为了发展生产力，为了社会主义建设，为了实现工人阶级对社会主义国家的领导，就需要把人民的意志集中起来，形成统一的意志。无产阶级政党代表工人阶级和广大人民的根本利益，全心全意为人民服务。无产阶级政党

---

① 《列宁选集》第4卷，人民出版社1972年版，第206页。

在集中人民意志过程中起着决定性作用。因为共产党不谋私利，一切都从人民利益出发。党制定路线、方针、政策的过程，就是集中人民意志的过程。党所制定的路线、方针、政策都是从实际出发，实事求是，从群众中来，到群众中去，充分反映广大人民群众的意志，既符合人民群众的长远利益又符合现实的需要，具有广泛的、真正的群众基础，因而受到广大人民群众的衷心拥护和信赖。

（三）掌握政权，行使国家权力

政党不仅要把阶级意志集中起来，还需要把集中起来的阶级意志上升为国家意志。阶级意志上升为国家意志必须通过国家政权机关制定政策的形式才能实现，所以，政党的目的就是要掌握政权，行使国家权力。在近代国家中，政治权力的行使，在正常的情况下都是通过政党政治实现的。政党在组织政府、制定政策、执行政策方面都起着重要作用。统治阶级政党的最重要作用就是行使国家权力。

在资产阶级国家中，无论是实行共和制还是君主立宪制，政权机构的组成通常都是由政党组织的。政党掌握政权的方式有二：一是操纵议会，通过选举取得议会多数席位，把本党的政纲通过议会制定为法律交由政府执行；二是以本党的官员充任官吏，组织政府。1829年，美国民主党领袖杰克逊就任总统后提出"分肥者属于选举的胜利者"和"官职轮换说"，主张所有政府官吏应随所属政党选举胜败为进退，以确定政党责任，从而开创了政党"分赃制度"。此后，资产阶级国家的政府皆由执政党党员担任重要官职。在资本主义国家的实际政治生活中，政党还在调节议会和政府间的权力制衡、联邦制国家中央集权与地方分权之间的矛盾，以及对政府进行监督等过程中发挥着作用和影响。这些作用的发挥是通过其各级组织和党员实现的。

无产阶级政党是社会主义国家政权的领导核心。党对社会实行领导通常是通过国家机构来实现的。党对各类国家机关的领导是国家机关正确执行其职能的根本保证，是国家机关和公职人员必须为人民服务，甘当人民公仆的保证。因此，同资产阶级政党政治不同，无产阶级政党对社会主义国家机关起着领导、监督和保证作用。

综上可见，政党是近代政治生活中一种极其重要的政治现象。研究它的产生、发展和本质特征，以及它在政治生活中的作用，是当代政治学的重要课题。

第二节 资产阶级国家的政党政治

一、资产阶级政党制度

政党制度亦称政党政治，是指一个国家通过政党行使国家权力的一种政治制度。它是统治阶级实现其政治统治的一种方法。资产阶级的政党制度，就是通过议会选举和总统竞选，由资产阶级政党轮流执政、联合执政或单独执政，以实现资产阶级政治统治的一种方法。

资产阶级的政党制度与其他政治制度不同，它不是由宪法明文规定的，而是在政党干预政治过程中逐渐形成的一种制度。由于各国的民族历史习惯、文化传统、政治体制、阶级斗争状况和其他社会条件不同，特别是选举制度的不同，资产阶级各国实行政党制度的形式也各不相同。人们通常把资产阶级国家的政党制度分为三大类，即两党制、多党制和一党制。这种划分不仅是根据某个国家政党的数目，同时也是以这三种制度表现出来的明显特征为根据的。

（一）两党制

所谓两党制，是指一个资本主义国家有两个势均力敌的政党通过竞选而轮流执政的一种政党制度。具体说，实行两党制的国家中，在议会选举中获得多数席位，或在总统竞选中获胜的那个政党上台组织政府，作为资产阶级利益的最高代表行使国家权力；在议会选举中获得少数席位，或在总统竞选中失败的那个政党不参加政府，但可以监督政府，或牵制政府的活动。在台上的政党，称执政党或在朝党；在台下的政党，称反对党或在野党。

两党制是指两大政党轮流执政的制度，但并不是说这个国家只有两个政党。除两个大党外，两党制国家也存在一些小党，只不过这些小党在选举中、在国家政权中无足轻重，不起决定性作用。如英国，目前除保守党和工党两个大党外，还存在自由党、共产党、社会民主党以及民族阵线（由几个右翼小党组成）等小党。

资产阶级的两党制最早开始于英国，以后推行于英国的殖民地和受英国影响较深的国家。如美国、加拿大、新西兰、澳大利亚等国家。作为两党制典型的英国和美国，其两党制又各有不同特点。

1. 英国的两党制

在19世纪70年代，英国国会中虽然已经存在托利党和辉格党两个党派，但还不能认为是两党制。在英王威廉三世（1689—1702年在位）以前，通常是选出若干人共同组阁。在实际执行中，他们感到这种方法有许多不便。到英王乔治一世（1714—1727年在位）时便专门指定辉格党领袖罗伯特·华尔波为首相并由他组阁，由此开创了一党组阁的先河，并且形成了英国政治制度史上的一个惯例，即哪个政党在议会下院选举中占据多数席位，就由该党领袖组阁。到18世纪末，两党制正式形成。19世纪中叶以来，英国一直是由两大政党——保守党和自由党轮流执政。到了20世纪20年代以后，因自由党内部分裂，工党取代了自由党的地位。从此，便形成了由保守党和工党轮流执政的局面。

英国的两党制具有以下特点：

第一，英国是议会制，上议院议员非选举产生，与政党制度无关。下议院由选举产生，两大党靠竞选争夺下议院议员席位，由获得多数席位的政党组织内阁、掌握政府权力。这样，政府提出的议案，就能在议会中顺利通过。实际上，在立法部门和行政部门之间不存在彻底的分权。这比总统制国家的立法与行政之间的关系要简单，也比多党制国家更稳定。

第二，英国的两大政党采取集中制，表现为在党内对议会投票格局具有有效的纪律。在每次重要投票中，所有党员都要求作为一个集团参加投票，并不折不扣地按他们共同的指示或政党的领导人为他们作出的决定投票。有时也容许相对灵活，但这种灵活（如某些党员在投票中弃权）以不使政府的作用受到损害为限。因而多数党领袖（同时也是首相）在整个议会任期内有把握连续执政，他的立法建议能得到采纳。这样，多数党便组成了一个协调一致的稳固的集团。反对党除发表公开的批评外，没有别的权力。

第三，英国两大党的情况，在发展中有所变化。1914年以前是保守党和自由党，1935年以来是保守党和工党。现在的保守党实际上是保守主义与自由主义结合的政党，是19世纪两大政党的基本成分联合的产物。除了保守党这个名称以外，在思想意识上，它同政治上和经济上的自由主义是一致的。工党在1900年成立时，称为"劳工代表委员会"，1906年改为工党。它的成员以集体党员为主，如职工会、合作社联盟和各种"社会主义"团体。基层党员大多数是工人，领导层则为英国的工人贵族所控制。它以费边社会主义为理论基础，反对阶级斗争，鼓吹阶级合作。在第一次世界大战后，它长期与保守党轮流执政，仅在1942年至1979年间就五次上台执政。

2. 美国的两党制

美国的两党制也有一个形成过程。在1787年的制宪会议上，各州代表由于对宪法草案产生了意见分歧而分成两派：一派是以汉密尔顿为首的联邦党，主张中央集权，扩大中央联邦政府的权力，它反映的是新英格兰各州金融和商业资产阶级的利益；另一派由以杰弗逊为首的反联邦党人组成，主张地方分权，它代表南部种植园奴隶主及北部中等资产阶级的利益。那时虽然存在两个不同的政治派别，但是还没有形成两党制。后来，上述党派又经过分化、瓦解、重新组合，正式建立了民主党和共和党。19

世纪30年代末，民主党逐渐被南方种植园奴隶主所控制；共和党代表北方工商业资本家的利益。两党在废除奴隶制问题上发生了尖锐对立，导致了南北战争（1861—1865）。以林肯为首的共和党政府战胜了南方13州奴隶主的分裂势力，维护了美国的统一。从此美国两党制正式形成。1829年至1976年的37次选举中，民主党获胜17次，任期68年；共和党获胜19次，任期76年。

美国的两党制有以下几个特点：

第一，美国是总统制国家，两党制主要表现在总统选举上。竞选获胜的政党为执政党，失败者为反对党。美国国会议员虽然也是选举产生，但两党在议会中席位的多少与执政党和非执政党的地位无关。在美国的政党制度下，一党在总统选举中获胜，即使它在国会选举中失利也并不影响它的执政党的地位。

第二，美国的政党组织松散，没有严格的纪律。这是由于联邦主义和地方自治的关系，使政党内部缺乏纪律以及权威方针的软弱无力。在地方一级组织，纪律还比较严格一些，州一级就软弱得多，在全国实际上不存在统一纪律，只是在总统选举时才表现出某种程度的全党团结。在国会投票中，两党也缺乏严格的纪律约束。经常有两党中的自由主义联盟反对两党中的保守主义联盟。结盟在一次次投票中不断变化，因此，尽管存在两党制，国会的两党中谁也不可能有稳定的多数。难怪《大英百科全书》说："美国的两党制是假两党制，每个党只是提供了一个松散的结构，在其中形成变化无常的联合。"

第三，美国的两党制萌芽于联邦派和反联邦派的对立，后来是共和党和民主党的竞争。在美国历史上，也常出现第三党运动，但从未取得成功，两大党轮流执政的格局是比较稳定的。因此，和欧洲各国经常变化的政党相比，美国的两党好像是一个自由主义政党内的两派，每个政党内都包含范围广泛的、从左到右的不同观点。也就是说，美国的两大党中的任一政党都没有统一的理论和社会基础。

英、美两国的两党制虽有不同的特点，但它们都是由垄断资产阶级操纵的政党，表面上扮演相互对立的角色，其实质都是为了使垄断资产阶级牢固地掌握政权，排斥劳动人民的政党上台。用互相竞争、轮流执政的方法来标榜"民主"，欺骗人民，转移人民的不满情绪。英、美两国之所以能够长期采用两党制的形式，一方面在于英、美两国资产阶级的统治力量比较强，积累了长期的统治经验，是老奸巨猾的统治者；另一方面也和它们的选举制度有密切联系。英、美两国都采取多数代表制①，这种选举制度对两党制极为有利。

（二）多党制

多党制，是指在一个资本主义国家中通常由几个政党联合组织政府（内阁）的政党制度。具体说，有些资产阶级国家多党并立，其中一些主要政党势均力敌，谁也不能单独执政，只好由几个政党联合执政。在议会中联合执政的几个党凑成多数席位，成为执政党，不参加政府的各政党为反对党。在多党制国家中也出现过一个政党获得议会多数席位单独组织政府的情况。如1945年以后，西德、意大利和比利时的几届政府。但这是特殊现象。

西欧国家大多数实行多党制，其中以法国、意大利为典型。

法国从第三共和国时代就开始实行多党制度。早在18世纪末叶，法国大革命中便涌现出了从极右的保皇党到最左翼的忿激派等形形色色的党派，从而形成了法国政治生活中的多党政治的传统。1870年，法兰西第三共和国时期一开始，就形成了保皇党和共和党两个主要党派，后来共和党又分为两个派别：温和党和激进派。1905年以后，这两个党派又分化成四派，温和派分化为国民党与进步党；激进派分化为激进社会党和社会党。第一次世界大战后，法国虽然是战胜国，但战争所造成的损坏是很严

---

① "多数代表制"是一个选区的代表由该区得票最多的或较多的政党获得的选举方法。

重的。为了尽快医治战争创伤，各种政治势力提出不同的主张，各党派也随之有了新的分化组合。同时，又有一些新的党派出现，其中主要有法兰西行动派、爱国同盟会、共和联盟、社会共和民主党等。它们为了赢得议会多数和上台执政，常常互相利用，结成联盟；一旦受到挫折，又改头换面，另组新党。所以，政党之繁多，变化之无常，是法国资产阶级政党制度的一大特点。

长期以来，法国由于实行多党制，在议会中不能形成一个多数党，内阁只能联合组成，阁员之间没有连带关系，政策很难统一，政局不稳定。在1946年至1958年的法兰西第四共和国时期，内阁在12年中就更换了20次，平均寿命只有半年多。1958年，戴高乐上台后，修改了宪法，扩大了总统的实权，实际上变议会制为总统制，政局才相对稳定下来。目前，能左右法国政局的政党主要有三个。①保卫共和国联盟（戴高乐派）。它形成于1947年，以维护戴高乐的政治主张为宗旨。该党代表同美国垄断资本有较大矛盾的汽车、航空、石油、化学等工业垄断集团的利益，多年来一直是法国的执政党。②民主联盟（德斯坦派）。它成立于1966年，代表法国一部分银行、原子、钢铁、农业以及与美国关系密切的电子、机械等金融工业财团的利益。它在选举中和议会中基本上依附于戴高乐派，是以戴高乐派为主体的多数派，1974年成为执政党。③社会党。前身是1905年成立的"工人国际法国支部"。它主要代表中小资产阶级、富裕农民和自由职业者等中间阶层的利益，1956年至1957年曾经是执政党。1981年，在总统选举与国民议会选举中，它同共产党联合取得胜利，组成有共产党参加的社会党政府。

在第二次世界大战后实行多党制的国家中，意大利的多党制也比较典型。意大利全国性的政党有十几个，其中有势力强大的执政党——天主教民主党。另外，还有势力也很强大无产阶级反对党——共产党。其他政党只能扮演同盟者的角色。天主教民主党同梵蒂冈关系密切，代表大垄断资本家的利益。它同欧洲其他基督教民主主义政党一样，企图把社会民主党人、保守主义者和某些自由主义者团结在一起共同对抗无产阶级政党。它在第二次世界大战后一直是意大利的主要执政党。1945年至1976年的33届内阁中，天主教民主党单独执政12届，其他21届大部分是同社会党、共和党、自由党联合执政的。由于存在着强大的反对党，天主教民主党政府的寿命往往很短。在它单独执政的12届内阁中，最短的只有一个月（两次），最长的不过一年零四个月（一次），一般平均半年左右。这种政局极不稳定的情况，反映了意大利阶级力量对比关系中无产阶级力量的强大。

资产阶级多党制的第一个特征就是联合执政。多党联合执政的因素可能是很多的，但其中有两个主要因素：一个因素是阶级关系复杂，各阶级、阶层、政治势力的矛盾尖锐。19世纪以后，在资本主义世界除了资产阶级的保守主义与自由主义两大势力外，又出现了日益强大的无产阶级的社会主义政治势力。资产阶级的保守主义与自由主义政党为了反对社会主义而需要联合；同时，无产阶级的社会主义政治势力也要同小资产阶级甚至中产阶级的政治力量联合来共同反对资产阶级的最反动的势力。特别是垄断资本出现以后，各垄断集团的政治代表组成不同政党，这些政党之间有时为共同利益联合起来，有时又为各自的特殊利益互相斗争。这样，就必然会出现各种政治势力联合、分化、重新组合等不断变化的政治形势。多党制就是这种政治现象的反映。另一个因素则与资产阶级国家的比例代表选举制有密切关系。因为，比例代表制能使各政党按选举中所得票数形成的比例得到议会的席位，这有利于小党获得在立法机构的代表权，有利于多党制的发展。

多党制的第二个特征是政局不稳定，政府更迭频繁。第二次世界大战后，法、意两国走马灯式的内阁变换的情况就是明证。政局不稳影响一个国家执行比较有连续性的重大政策，给内政外交带来极为不利的影响。

多党制产生政局不稳的主要原因是参加联合执政的各党的政见不容易统一，一旦发生矛盾就要影响政局的稳定。此外，它还和两个制度有关。一是内阁的阁员不负连带责任，阁员的进退以个人意志决定。如遇重要阁员辞职就会影响整个内阁。二是与参加执政各党的投票纪律有关。如果纪律松散，各党议员以个人意愿来投票就容易造成执政党失去多数优势的情况；如果纪律严格，议员按党的决定投票情况就会好些。

有些资产阶级政治学者认为多党制比两党制更民主一些，人们可以对各种政党有更多自由的选择机会。这是一种表面现象。其实，在资本主义社会里，多党主要是资产阶级的种类繁多的政党，人们所能选择的也只能是代表资产阶级的某个阶层、集团利益的政党。虽然有的国家也允许无产阶级政党的存在，但是，一旦人们要真正选择无产阶级的政党，那么，资产阶级国家机器就会动员一切力量进行阻挠和压制，不允许这种选择存在。政党是一定社会经济基础的上层建筑，资产阶级国家的多党制是资本主义经济的自由竞争和无政府状态在政党制度上的反映，是由资产阶级互相倾轧的竞争状态所决定的。正如邓小平所提出的那样："资本主义国家的多党制有什么好处？那种多党制是资产阶级互相倾轧的竞争状态所决定的，它们谁也不代表广大劳动人民的利益。在资本主义国家，人们没有也不可能有共同的理想，许多人就没有理想。这种状态是它们的弱点而不是强点。这使它们每个国家的力量不可能完全集中起来，很大一部分力量互相牵制和抵消。"[①]

（三）一党制

一党制，是指某些资产阶级国家只有一个政党掌握政权，即使有其他政党存在，也不允许它们争夺政权。这就是说，作为资产阶级政党政治的一党制，是指资产阶级国家里一个政党独占政权的一种政治制度。在这种政治制度下，有的不允许其他政党的存在，有的虽然允许其他政党存在，但是不允许其他政党与执政党争夺政权，其他

---

① 《邓小平文选（一九七五——一九八二年）》，人民出版社1983年版，第231页。

政党只能作为陪衬。

在资本主义国家中，实行一党制有两类情况：一是法西斯一党专制；二是民族独立国家中的一党制。

法西斯一党专制，是第二次世界大战前，由于某些资产阶级国家中阶级斗争非常尖锐，垄断资本不能再用多党制和竞选的办法维持其统治时所采取的一种极端方法。企图用这种一党独裁的方式来挽救其统治危机。德国、意大利的法西斯独裁统治就是垄断资产阶级利用一党专制的独裁统治的典型。

德国在实行法西斯独裁统治之前是实行多党制的国家。1932年7月，纳粹党在议会选举中攫取到230个席位，成为第一大党。1933年，纳粹党领袖希特勒出面组阁。他立即解散了议会、重新选举，纳粹党议席增至288个。议会通过授权法案，国家法律由内阁制定，公布于公报上即产生效力。这样，议会形同虚设，实际上希特勒掌握了全部立法权与行政权。希特勒借此大权解散和禁止其他政党活动。1933年7月，由政府公布法律，规定纳粹党为唯一合法政党，凡维持其他政党或另组新党者一律加以严厉惩罚。同年12月，又公布了维护党、国家统一法律，规定："内阁总理为纳粹党魁，兼挺进队司令官，得发布一切施行命令。"于是纳粹党和国家合为一体，一国只能有一个政党。1934年8月，总统兴登堡逝世，希特勒公布法律，规定总理兼任总统，并改称为国家领袖。这样，党和国家的一切权力都集中于希特勒一人，实行法西斯独裁统治。

意大利在实行法西斯统治之前，也是多党制国家。1922年10月，法西斯党领袖墨索里尼进军罗马，受命组阁。第二年就强迫国会通过新选举法，以全国为一大选区，一个政党得票能占1/4，便可在下议院占2/3的席位。选举结果，法西斯党在下议院占了绝对多数，取得政权。进而镇压其他政党，使之一一消灭，法西斯党成为全国的唯一合法政党。1928年12月，墨索里尼公布法律，使法西斯党的全国大会成为国家的最高权力机关，实行党国合一的法西斯独裁统治。

德国、意大利法西斯独裁统治的一党制的特点是不具有意识形态的职能。它没有成形的理论与纲领，法西斯党徒只是依靠军队与警察的暴力作用。因此，法西斯的一党制实际上就是一种暴力的恐怖统治。

在亚洲、非洲、拉丁美洲的一些民族独立国家中，在摆脱了殖民统治之后也往往实行一党制。目前，在50个非洲独立国家中，已经有37个国家先后实行了一党制。这些国家实行一党制的过程不尽相同：有的由于争取国家独立的斗争过程是由单一政党领导的，独立后就实行一党制，如莫桑比克、安哥拉、几内亚（1984年，塞古·杜尔死后，一党制政权被军人政变推翻）；有的独立后经过政党的合并与改组，形成一党制，如赤道几内亚在独立之初实行多党制，1979年宣布解散一些政党，成立了"全国统一劳动党"，作为唯一合法政党；有的通过军管，先取消一切政党，然后再建立一个唯一合法政党，如扎伊尔、索马里等。在亚洲、拉丁美洲民族独立国家中一些实行一党制的国家，有的存在许多政党，但只有一个唯一的执政党长期执政，如新加坡的人民行动党和墨西哥的革命制度党等。

民族独立国家，由于过去长期殖民统治造成的经济文化落后，政治上分裂和缺乏民主传统等历史条件，独立后实行一党制有助于集中统一领导，防止国家再度分裂，抵制新老殖民主义和霸权主义的威胁和干涉。这对维护民族独立，发展民族经济，保持政局稳定等都有好处。但是，这些民族独立国家一党制的性质以及前途还有待于确定，它将同每个国家的发展前途密切相关。

二、垄断资本主义时期的政党政治

（一）垄断资本主义时期政党政治的变化

政党政治是整个资本主义社会的政治现象，它同资本主义经济制度和政治制度有密不可分的联系。在自由资本主义时期，资产阶级政党在资产阶级统治体系中居于特别重要的地位，在资本主义国家政治生活中起着非常重要的作用，但是，随着资本主义经济发展到垄断阶段，资本主义社会的经济结构、阶级结构，以及同政党政治特别有关的资产阶级内部的阶层、集团都发生了变化，随着政治、经济等社会条件的变化，资产阶级政党政治也必然发生变化。

这种变化的一种突出表现，就是在资产阶级政治生活中出现了一种新力量——压力集团，它的活动冲淡了政党政治的色彩，削弱了政党政治的地位与作用。这种现象在主要资本主义国家中广泛存在，其中美国最为典型。

英国的政治学者维尔在《美国政治》一书中，对当代美国政治决策的情况作了如下描述：

"作出各项政治决定，……我们可以区分三个互相交错的主要方面即政府本身的体制机构，政党制度和有利害关系的集团，这三者产生对各种问题的最终解决办法。""就制定政策而言，处于国会和总统制之外的政党机构力量较弱，这就造成了一个真空，需要由利益集团的复杂结构来填补。"①

这就是说，到了垄断资本主义时期，在资产阶级国家中决定国家政策的有三种结构或力量，即资产阶级政府、政党和压力集团。压力集团的出现，是由于政党机构力量的薄弱。这就表明，政党政治的作用到了垄断资本主义阶段已经减弱了，它被更直接代表垄断资本利益的压力集团政治所冲击、所削弱。有些资产阶级政治学者，把政党政治的这种变化，称为由政党政治变为"多元政治"或"集团政治"。

（二）什么是压力集团

压力集团，是指各行各业的人员，对某些问题有共同利益者，或一般人中对某些

① ［美］维尔：《美国政治》，世界知识出版社1981年版，第170页。

问题有共同主张者，为要使政府维护其利益或实现其主张而组织起来对政府施加政治压力的集团。

有的人把压力集团也称为利益集团。但也有的人把压力集团与利益集团加以区别。美国政治学者厄尔·莱瑟姆的看法有一定的参考意义。他认为，并非所有的团体都有直接的政治意义。如在统计学上，所有八尺高的人是一个"团体"。对于社会学家，家庭是一个基本团体；对于经济学家，投资者是一个团体。那么巨人、父亲及股票持有者，在他们自己的范畴里，都有一些共同点，这一点相同的东西可以称之为"兴趣"，因此他们也可以被视为利益集团。

但是利益集团成为政治角色的时候，在它们积极企图影响公共决策方向的时候，在它们致力于将有利的法案变成法律的时候；或是企图游说政府机关官员，运用权力使他们的团体获得好处的时候，它们就取得了直接的政治意义。为进行这类活动而组织的利益集团，被人认为是压力集团。美国具有成千上万的利益集团，有的促进物质利益，有的提倡象征性目标。一旦这些团体影响到公共权力的运用，它们就成了压力集团。

这种把利益集团与压力集团加以区别的标准，就是看利益集团是否对政府决策施加影响来满足他们的要求。对政策决策施加影响，对政府形成政治压力的利益集团就是压力集团。仅仅为了某种共同的"兴趣"而组织起来，对政府不施加影响的团体就是利益集团。

这种划分标准是动态的标准而不是静态的标准。如劳工组织与制造业联合会为工资和工时进行谈判或交涉时，它们便都是利益集团。如果它们想影响国家立法时，它们就成为压力集团。

压力集团和政党相比也有明显的区别，政党把选举作为自己的主要活动，许多压力集团也积极参与选举活动。但是，压力集团在选举时不提出自己的候选人，如果它提出候选人就不是压力集团而是政党了。这就意味着，压力集团没有政治纲领和直接掌握政权的要求，这是它同政党的主要区别。

在资产阶级国家里，压力集团的活动方式是以谈判、协调、平衡、影响、施加压力等手段来实现他们的要求，如果需要采取暴力手段来满足和实现要求时，按西方政治学者的说法，这种团体就不是压力集团，而是革命组织或"阴谋集团"了。从这里也可以看出，压力集团是在资产阶级统治制度的允许下，为了维护资本主义制度而为垄断资本所使用的一种政治工具。

在美国，利益集团的数目庞大，估计要有10万个以上，它们分别属于各种不同行业，有属于产业界的、劳工界的、农业界的、各种专门职业的（如医师、律师、教师、工程师）、宗教的、妇女的、军人与退伍军人的；它们有各种各样的团体、俱乐部、协会，如美国饲狗食物协会、美国山羊社、国际鸡雏协会、美国业余室内溜冰者协会、美国室内溜冰教师协会等，五花八门。参加这一类团体的人约占全国人口总数的40%。参加者多属教育程度较高的中上层阶级和比较注意政治者。穷人和一般消费者很少参加这类集团。

在垄断资本主义时期，为什么压力集团登上政治舞台，成为一种与政党相类似，甚至在某种程度上要超过政党作用的政治势力？

一些资产阶级学者把美国的压力集团的产生归之于美国采取联邦制，认为是分权的结果，即政治权力分散的结果。例如，厄尔·莱瑟姆在《美国政治制度和利益集团》一书中说道："压力集团之所以能够存在是因为美国的政治权力分散在联邦政府和各州政府之间，同时在各自的管辖范围内，权力更进一步分散在政府的三大部门之间，把这些分开的和分散的权力集中起来，美国并没有任何制度上的安排。所有的国会议员都是从或大或小的地理区域里选举出来的。没有一个国会议员代表全国，然而却有重大的全国性利益，流水般越过州界和国会选区。"

"通常这些代表有形资源的利益和意识形态，应该能够在政党中找到代言人，政党在全国范围内活动。但是，美国政党不像欧洲政党那样纪律严明，美国总统有时并不能在国会里得到同党议员的支持。这种情况给压力集团提供了活动的机会，我们甚至可以说这种情况使压力集团有了存在的必要。"

这是资产阶级学者的比较普遍的观点。很显然这是一种表面的说法，未能触及问题的本质，因为美国采取联邦制和松散的政党结构体制不是到垄断资本主义时期才开始的，从美国建国以来这种情况就一直存在。那么为什么在自由资本主义时期压力集团没有这么多，在政治上没有起如此重要的作用？为什么压力集团不但在美国，而且在垄断时期的西德、日本等资本主义国家也如此重要呢？我们认为，真正的原因、实质性的因素是垄断资本的出现。在自由资本主义时期，资本家是以各自的企业为主体进行竞争的，它们没有行业性的或跨行业的垄断利益，因而不需由不同的集团而是由资产阶级的政党统一表达他们的政治要求。到了帝国主义时期，垄断资本表现为某种行业的或跨行业的大托拉斯和大财团，出现了集团利益；这时的竞争不仅表现为资本家个人和各自企业之间的竞争，更主要的表现为各种不同垄断集团之间的竞争。许多势力强大的集团之间在经济上的不同利益和矛盾斗争（竞争）必然要反映到政治上，因而，统一的和比较统一的资产阶级政党就不能完全适应垄断时期资产阶级不同集团利益的需要，这就需要一种新的政治工具——压力集团来表达各种垄断资本家集团的政治要求。在千万个利益集团中，在国家政治生活中最为活跃、最有势力的利益集团都是由产业界、金融界、商业界、农业界的垄断巨头所把持的。在首都能设立办事处的利益集团也都是由那些大垄断资本家所操纵、控制的利益集团。由此可见，压力集团进入政治舞台进行活动，是垄断资本主义经济的需要，是垄断资本出现带来的资产阶级内部以及各阶级、阶层和各种势力集团矛盾尖锐化在政治上的反映。

（三）压力集团的活动及其对政党政治的影响

在资本主义国家里，选举议员或总统是政治活动最重要的领域。选举活动通常是由政党组织和领导的，这是政党政治的主要表现。在垄断资本主义时期，选举活动有了新的变化，压力集团开始发挥着日益重要的作用。

第一，竞选时各政党都要提出自己的政治纲领，作为执政后的基本政策方向并号召选民。哪个政党的政纲得到多数选民拥护，就会获得胜利。压力集团往往通过提供或撤销支持等手段对政党的政纲施加影响。如不动产协会可能通过施加压力让政纲里列入有利于建筑私人住宅的条文；农会联盟可能要求准许他们在国家的农业计划中发表意见；某些种族团体可能要求在政纲里采纳反映他们意愿的外交政策等。

第二，大力支持它们所拥护的候选人。在选举中，候选人是由政党提出的，压力集团不提出自己的候选人，但是他们可以支持他们所拥护的候选人。在选举期间，拥有大量成员的压力集团的发言人或代表人物会积极参加竞选活动，组织民众大会、发表演说，在报纸、电台和电视上为他们所拥护的候选人进行宣传，特别是为候选人募集捐款，提供选举经费。

第三，在自由资本主义时期，竞选方式是：由政党的领袖负责，经政党的各级组织协商、确定候选人，然后由政党的组织和工作人员一致行动，支持和宣传候选人及其政纲。进入垄断资本主义时期以后，特别是第二次世界大战以来，在压力集团的影响下竞选方式发生了重大变化。新的竞选方式往往是依靠雇佣的竞选经理人、公共关系公司、政治分析专家、专业募金人员等组成竞选班子。这个班子在很大程度上与政党没有关系。如罗纳德·里根在1966年竞选加州州长时，雇用了两家竞选经理公司和一家全国性广告代办商行，以及各种顾问。1972年，尼克松在竞选总统连任时，抛开对总统竞选负责的共和党全国委员会，专门成立了"支持总统竞选连任委员会"的竞选班子。竞选方式的变化，关键在于压力集团为候选人提供了大笔金钱，使候选人能够抛开政党的正式竞选组织，另组自己的竞选班子。实际上，压力集团在选举中施加影响的手段，主要是提供作为竞选前提和后盾的大量资金。一般来说，竞选费用水平越高，当选的可能性就越大。从表8-1可以看出，竞选费用水平越高，其经费来源于巨额捐助者和压力集团的部分的比例也越高。

表8-1　1972年美国众议院选举经费来源[①]

竞选费用水平	来自小额捐助者和政党委员会的经费份额	来自巨额捐助者和势力集团的经费份额
0～3万美元	57.9%	27.1%
3万～7万美元	50.6%	34.6%
7万～12万美元	46.7%	36.5%
12万美元以上	候选人39.1%	40.4%

在金钱上对压力集团的依赖，必然造成候选人与当选者倾向于支持他们的压力集团。在他们行使权力或制定政策时也必然成为压力集团的代言人。

议会是政党传统的活动场所，今天，它也成了压力集团进行活动的最活跃的场所。压力集团在议会活动中的影响非常大。

压力集团在议会活动中的作用是使议会通过对他们有利的立法，阻挠对他们不利的立法。其方法主要是通过第三院或称院外集团来施加影响。所谓"第三院"，一部分指一些专门从事"游说议员活动"的政治掮客。他们被各种压力集团雇佣，通过社交活动、提供活动方便、提供钱财等种种手段来收买和影响议员，推动对压力集团有利的立法。"第三院"的另一部分是压力集团本身或自己设立的专门办事处。它们准备详细的意见书在议会专门委员会上作证，说服议员们相信它们的理由是正确的。压力集团的作用很大，在"今天美国法令全书中的很多重要法规来源于利益集团的办事

---

① 　［美］哈罗德·F. 戈斯纳尔、理查德·G. 斯莫尔卡：《美国政党和选举》，上海译文出版社1980年版，第272页。

处"[1]。压力集团为了自己的利益在议会中的肆无忌惮活动损害了资产阶级民主的外衣，以至于1964年美国国会通过了管制院外活动法案，对其进行了某些限制。但是，这根本不能妨碍美国两个最重要压力集团——美国全国制造商协会和美国商会的活动，它们内部草定，通过院外活动，花了一亿美元在国会通过了反劳工的塔夫托-哈莱特法。在西德也是如此。在首都波恩，有948个压力集团建立了400多处代表机构，并派驻了5000名代表。

安德烈·西格弗里德形容压力集团在议会中的活动时说："在每一个角落里都能找到他们。他们制定新的法律、监督法案的措辞，还要管制国会投票。"厄尔·莱瑟姆虽然反对上述看法，但也不得不承认，有许多社团的确想影响立法，或者用别的方法影响政府政策的方向。有许多社团在华盛顿设有常驻办事处。它们为了会员的利益，工作十分积极，无疑地想使大家相信，是它们在制定法律，控制国会投票。

垄断资本主义时期，资产阶级国家的行政机构的权力越来越大，因此，不但国会是压力集团集中精力拼命活动的一个重要对象，而且行政机关即政府也是它们注意的一个焦点。政府在社会福利、宇航计划、飞机生产、执行援外计划或从事军事行动的方式等方面的决定，可能意味着与某些财团、公司签订金额达几百亿美元的合同。获得这些合同是一些作为压力集团的大财团在经济上获取利益的一个重要途径。因此，与此有关的政府机构，是压力集团为谋取实际利益而集中活动的中心。例如，美国的某些压力集团，通过把退休的军界人物和官员安插在本企业任要职等手段，获取大量的军火生产合同。美国侵朝战争期间，40%的军火合同分配给10家最大的军火商。因此，美国的压力集团对五角大楼等政府机关的活动有重要影响。

---

① ［英］维尔：《美国政治》，世界知识出版社1981年版，第122页。

第三节　社会主义国家的政党政治

一、社会主义国家的政党制度

（一）共产党的领导是社会主义政治制度的核心

当代世界各国，政党在政治统治体系中居于核心地位，无论是资本主义国家还是社会主义国家都是如此。在社会主义国家中，共产党的领导是社会主义政治制度的核心，是社会主义政治制度的根本原则。共产党是无产阶级的教育者、组织者和领导者。社会主义政治制度实质上就是无产阶级专政制度（在我国是人民民主专政制度），而"共产党是无产阶级专政的基本工具；一个党的领导（这个党不与其他政党而且不能与其他政党分掌这种领导权）是无产阶级专政的基本条件，没有这个条件就不可能有任何巩固的和发展的无产阶级专政"[①]。因此，在我国的四项基本政治原则中，坚持共产党的领导是最重要的原则。社会主义国家政党政治的主要内容，就是代表无产阶级和广大劳动人民利益的共产党通过政治、思想、组织三种途径对国家和社会进行领导。

所谓政治领导，就是要按照马克思列宁主义原理，结合各国具体国情，根据各个不同历史时期的特点和需要，制定党的纲领、路线、方针、政策、战略和策略，规定长远目标和现阶段的任务，给人民群众指出奋斗目标和前进方向。从根本上说，政治领导，就是由共产党在无产阶级政治体系中担负着进行最高决策和各种关键性决策的任务。这种决策活动是政治统治活动的核心。

所谓思想领导，就是用马克思主义和党的路线、方针、政策教育党员和人民群

---

① 《斯大林全集》第9卷，人民出版社1954年版，第43页。

众，不断提高全党和广大人民群众的思想觉悟水平，树立和坚持一切从实际出发，理论联系实际，实事求是的观点，统一思想，统一认识，保持全党在思想上、政治上的高度一致，保证党的路线、方针、政策的贯彻执行。思想领导是无产阶级政治体系存在和发展的重要保证。

所谓组织领导，就是要充分发挥各级党组织的战斗堡垒作用，依靠和发挥广大党员的先锋模范作用来带领和影响广大群众；要坚持干部队伍的革命化、年轻化、知识化和专业化的正确方针，搞好干部的选拔、分配、考核和监督，造就一支宏大的建设社会主义现代化的干部队伍，从组织上保证党的政治纲领的胜利实现。

党在社会主义政治制度中的政治领导、思想领导和组织领导，是一个密切联系的统一整体。政治领导是核心，思想领导是灵魂，组织领导是保证，由这三个方面构成的共产党的领导，就是社会主义国家政党政治的本质。

近年来，社会主义国家都在进行政治体制改革，改革的主要点都注重于在新的形势下，如何加强和改善党的领导问题。社会主义各国的实践证明，加强和改善党的领导的关键是党政分开。

党政分开的实质是党和政权的关系问题。党政关系在当代各国都称为政党政治，其主要形式，是执政党把他们的纲领、政策通过政权来实施。当然社会主义国家的党的领导与西方国家的政党政治有本质的不同，其主要不同，就是在社会主义国家里不能实行两党轮流执政，因为党的领导是无产阶级领导权的体现，不能同其他政党瓜分领导权，这是一条根本原则。但共产党作为执政党的执政方法，也要通过政权来实现党的纲领和政策。这一点同任何性质的国家实行政党政治是一致的。因为政党是阶级组织，无产阶级政党是无产阶级先锋队。它之所以能得到广大人民群众的拥护和信任，是因为它的纲领、政策的正确，能反映广大人民的利益，为人民服务。人民群众接受党的领导，不是因为党有权力，而是因为党正确。如果党不靠纲领、政策的正确领导，而靠权力领导，那就不是政党而是权力组织了。国家政权组织是靠强制力实行政治统治的，没有强制力，没有政治权力作依靠就不能成为国家政权组织。这是国家政权组织同政党组织的主要区别。如果党政不分，就是把党的方针、政策直接用国家强制力来实现，党的组织就变成了国家政权组织，这是同我们党的性质不相容的。所以，党政不分，不只是因为它产生了许多弊端，而且从理论上也是讲不通的。

党的组织也有权力和纪律，这对党员有约束力，但对党外没有约束力。所以，党的方针、政策要在全社会实施，必须上升为国家意志，这不是形式问题，上升就是要通过国家权力机关，在我国就要通过人民代表大会，经过国家权力机关的讨论通过，其实质就是群众接受的过程。如果接受，就成为国家意志；如果不接受（未通过）还要协商，做细致的工作或检验党的方针、政策是否正确。这个过程就是民主。如果党的方针、政策不通过国家权力机关直接下达到全社会，就是越过民主程序，这同社会主义民主政治不相容。因此，《中国共产党章程》明确规定："党必须在宪法和法律的范围内活动。"

党政分开与党政分工不同，党政分工是指党组织与政权组织在领导范围方面的划分问题。党政分开是指党政职能分开。所谓职能分开，就是党按照党的性质任务进行工作，政权机关按政权机关的性质任务进行工作。因为任何组织的职能都是由该组织的性质任务决定的。

无产阶级政党的性质任务决定党是社会主义国家的领导者，党对政权的领导是绝对不能改变的。但是党的领导制度、领导方式、领导作风，随着形势的发展是可以改变的。中国共产党第十三次全国代表大会政治报告提出："党的领导是政治领导，即政治原则、政治方向、重大决策的领导和向国家政权机关推荐重要干部。"[①]这是在新

---

① 《中国共产党第十三次全国代表大会文件汇编》，人民出版社1987年版，第43—44页。

的形势下，理顺党政关系在党的领导制度上一项重大改革。这不仅对加强我们党的领导作用和社会主义民主政治建设具有重要意义，而且也反映了社会主义各国政治体制改革的共同发展趋势。

（二）无产阶级政党与资产阶级政党的根本区别

无产阶级政党与资产阶级政党的根本区别，就在于无产阶级政党代表无产阶级和广大劳动人民的根本利益，资产阶级政党代表整个资产阶级的根本利益。无产阶级政党的阶级性、先进性和革命性，决定了无产阶级政党必然要在思想上、工作上产生根本不同于资产阶级政党的作风。这就是"理论和实际相结合的作风，和人民群众紧密地联系在一起的作风，以及自我批评的作风"[①]。

理论联系实际是无产阶级政党区别于资产阶级政党的显著标志之一。无产阶级政党之所以非常重视理论联系实际，是因为马克思主义普遍真理没有也不可能给所有的具体实践提供一切现成答案，只有把马克思主义理论同各国革命的具体实践结合起来，它才能真正成为各国人民百战百胜的武器。

理论联系实际，必须一切从实际出发，实事求是地观察问题和处理问题，反对经验主义和教条主义，不唯书、不唯上、只唯实；必须在马克思主义指导下，解放思想，根据不断变化发展的客观实际，创造性地工作，大胆负责地解决问题，必须坚持实践是检验真理的唯一标准，勇于坚持真理，勇于修正错误，在原则问题上决不含糊，并在实践中不断发展马克思主义。

密切联系群众是无产阶级政党区别于资产阶级政党的又一个显著的标志。无产阶级政党一切为了群众，一切依靠群众，在一切工作中坚持群众路线。资产阶级政党代表着资产阶级的利益，根本做不到密切联系群众。

---

① 《毛泽东选集》合订本，人民出版社1968年版，第995页。

密切联系群众是无产阶级政党取得革命胜利的最深厚的源泉。如果离开了群众，无产阶级政党就会遭到孤立，就会失去力量，同时也就失去了存在的意义。而要做到密切联系群众，首先，必须一切以人民的利益为重，全心全意地为人民谋利益，绝对不能"以权谋私"。"以权谋私"同无产阶级政党的性质是不相容的。其次，必须以群众为依靠，不脱离群众的大多数，不搞命令主义，也不做群众的尾巴，去掉官僚主义的作风。最后，坚持"从群众中来，到群众中去"的工作方法和工作作风。

批评和自我批评也是无产阶级政党和资产阶级政党互相区别的显著标志之一。斯大林说："自我批评是我们党坚强的标志，而不是我们党软弱的标志。只有深入生活的和走向胜利的强有力的政党才敢当着全体人民的面对自身的缺点进行无情的批评，过去这样，将来也永远是这样。"[1]

批评和自我批评是无产阶级政党不能须臾离开的有力的思想武器。这是因为无产阶级政党肩负着改造旧社会、建设新社会的伟大历史使命。要使党永远保持无产阶级的先进性、纯洁性、战斗性和坚韧性，没有批评与自我批评这个武器，是不可能做到的。无产阶级政党是一个有组织的坚强的整体，要使党的各级组织和党员无一例外地遵守党的原则，统一意志、协调行动，如果没有批评与自我批评的作风，显然也是不可能做到的。无产阶级政党是代表人民利益的政党，这使得它敢于承认和纠正自己的错误，能够掌握批评与自我批评这个武器。

二、社会主义国家政党政治的主要形式

共产党的领导是社会主义国家政党政治的主要内容。但是，体现这种内容的形式——政党制度，在不同的社会主义国家却不是整齐划一的。社会主义国家是实行共

---

[1] 《斯大林全集》第7卷，人民出版社1958年版，第103页。

产党领导的多党制，还是实行一党制，没有固定的模式，它是由各个国家不同的阶级关系状况、不同的历史条件、不同的革命进程决定的，而不是人们主观臆造的。列宁指出："要善于把共产主义共同的和基本的原则应用到各阶级和各政党相互关系的特点上去，应用到向共产主义客观发展的特点上去，这种特点每个国家各不相同，我们应该善于研究、探求和揣测这种特点。"①

（一）社会主义国家共产党领导的多党制与一党制

社会主义国家共产党领导的多党制，在第二次世界大战之后，有中国、朝鲜、波兰、东德、保加利亚等国。这些国家都是由民主革命过渡到社会主义革命的。具体说来，在第二次世界大战中，这些国家的各种民主力量在反对德国和日本法西斯侵略者的斗争中联合起来，它们包括共产党、社会民主党、资产阶级共和党、天主教党以及工人、农民、小资产阶级、知识分子和其他阶层，结成广泛的统一战线和阶级联盟。在大多数国家，它的领导力量是共产党。反法西斯战争胜利后，东欧和亚洲许多国家的人民开始走上摆脱资本主义剥削和压迫的道路。其中一些国家的民主政党认识到，共产党所确立的目标也代表它们的利益，它们在实现民主、进而向社会主义转变过程中与共产党合作，从而形成了新兴社会主义国家中的共产党领导的多党制度。如中国的各民主党派在抗日战争与解放战争中与中国共产党结成统一战线，共同为新民主主义革命的胜利和筹建新中国作出了贡献。新中国成立后的三十年多年中，它们在中国共产党的领导下为社会主义革命和建设事业做了大量有益的工作。从而形成了以中国共产党为核心力量的中国社会主义多党合作制度。

一些社会主义国家形成共产党领导的多党制，除了特定的历史条件外，还存在着某些必要的基础：第一，社会主义国家，特别是某些落后国家，除了工人阶级以外，

---

① 《列宁选集》第4卷，人民出版社1972年版，第243页。

还存在着小资产阶级、农民以及人民内部的各种阶层。共产党代表着全体劳动人民的最大的和根本的利益，但社会中其他不同的阶层，不同的人们也需要有代表他们特殊利益的政党。第二，社会主义发展的方向是消灭剥削，消灭阶级。对于那些顺应历史潮流的民主党派来说，并无损害，反而会带来利益。第三，在社会主义国家的共产党领导的多党制中，非无产阶级政党的政治纲领，随着社会主义革命和建设事业的发展而发展变化，不断地适应社会主义发展的需要。这不仅对它们本身有利，而且对整个社会主义事业的发展也十分有利。总之，战后几十年中，一些社会主义国家的历史实践表明，共产党领导的社会主义多党制是体现社会主义政党政治的一种成熟的形式。

社会主义国家的一党制，除了十月社会主义革命后的苏联外，还有蒙古、古巴、南斯拉夫、匈牙利等国。匈牙利、南斯拉夫等国，虽然也经历了反法西斯战争以及从民主革命到社会主义革命的转变，但是由于在反法西斯战争中，只有共产党是唯一参加并领导人民进行斗争的政党，战后，其他政党有的在人民当中失去了影响，有的由于执政的共产党或工人党当时"左"的思想影响下而被取缔。因此，社会主义国家一建立，就实行了一党制。俄国十月革命之后，国内也存在着布尔什维克党和社会革命党。1918年4月，社会革命党人发动叛乱，被苏维埃政权镇压了下去，从此，苏联也实行了一党制。第二次世界大战后，罗马尼亚和匈牙利都分别存在着两个工人阶级的政党和其他政党。1948年2月，罗马尼亚共产党和社会民主党召开两党联合代表会议，宣布成立统一工人党。1948年6月，匈牙利共产党和社会民主党宣布合并，成立匈牙利工人党。这两个国家的一些小资产阶级政党与农民政党随着民主革命的彻底胜利和向社会主义革命转变，由于种种原因退出了历史舞台，一党制在这两个国家逐渐形成。最近，匈牙利社会主义工人党对在匈牙利实行多党制问题进行探讨。

（二）社会主义国家政党制度与资本主义国家政党制度的根本区别

社会主义国家政党政治和资本主义国家政党政治在内容上根本不同，但是在形式上都分为一党制和多党制。但社会主义国家的一党制和多党制与资本主义国家的一党制和多党制在建立的基础、相互关系、活动范围，以及发展前途上都是根本不同的。

1. 政党制度建立的基础不同

资产阶级国家的多党制是资产阶级政治的一部分，它建立在生产资料资本家占有制的基础上，建立在无产阶级和资产阶级根本矛盾对立的基础上。资产阶级的多党制反映的是各阶级、阶层之间以及资产阶级内部的矛盾斗争。而社会主义国家的多党制建立在生产资料社会主义公有制基础上，建立在社会主义社会中人民根本利益一致的基础上，它反映了在社会主义条件下，各友好阶级、阶层的团结和合作。如我国的各民主党派，就它们产生的社会基础来说，都有别于西方资产阶级国家那种和共产党相对抗的纯粹的资产阶级政党，在现时期，它们都明确宣布接受共产党领导，坚持社会主义方向，拥护宪法。它们是以社会主义和爱国主义为政治基础的爱国统一战线的重要组成部分。同建立基础有关的是多党制中的各党相互关系。资产阶级多党的联合，对资产阶级内部来说，是互相利用、互相勾结，其联合是暂时的，不可靠的。一旦它们各自所代表的利益之间发生冲突，这种联合就会破裂，资产阶级多党联合形成的政府就会倒台，由联合关系变为反对党关系，形成了执政党和在野党的关系。社会主义的多党制，各党之间是以共产党为领导的"长期共存、互相监督、肝胆相照、荣辱与共"的关系，其联合是长期的、巩固的。因此，在社会主义多党制下，既不存在反对党，也不存在所谓执政党和反对党的关系。

资产阶级国家的一党制也是资产阶级政治的一部分，但是，它是在帝国主义时期才出现的，是建立在垄断组织与其他阶级、阶层之间矛盾尖锐化的基础上的，是运用强制的办法，压制代表其他阶级和资产阶级内部其他阶层利益的政党的存在，而形成的一党独裁。社会主义的一党制是社会主义条件下，无产阶级领导的一种体现。它是建立在工人阶级与非工人阶级劳动群众利益一致的基础上，建立在领导者与同盟者之间团结、合作关系的基础上的。共产党不仅代表了无产阶级的利益，而且代表了其他非无产阶级劳动者的利益。在社会主义国家一党制下，所以没有其他政党存在，或者存在一段时期又消失了，是因为历史条件决定了它们缺乏产生或存在的基础。

2. 政党活动的范围不同

资产阶级多党制下各政党的活动，主要是选举活动、议会活动和由竞选获胜者组织政府。资产阶级一党制，则是由代表垄断资本利益的一个政党来控制议会，组织政府，行使国家权力，维护垄断资产阶级的利益。后者的一个突出特征是党和国家结合为一体。

社会主义政党制度，不论是多党制还是一党制，都是由共产党通过国家对社会实行领导。共产党在国家机关中起领导作用。社会主义制度下政党活动的范围极其广泛，无产阶级政党是社会主义建设的直接组织者和参加者，它可以在政治、经济、文化、社会各个领域发挥作用。它不仅确定政治原则、政治方向和重大决策，还要负责监督实施。但是，不论是多党制还是一党制，都强调和实行党政分开的原则。

3. 政党制度发展的前途不同

资产阶级政党制度，作为资产阶级政治制度的一部分终究是要被消灭的。但是，在没有被消灭以前，它的各种形式还有发生变化的可能性。资产阶级的多党制可以发展为两党制，在某种情况下也可能发展成为一党制，如德国的法西斯纳粹党独裁，而在资产阶级的一党制中的法西斯的一党制，其结局只能走向毁灭的死胡同。因为它不仅疯狂反对无产阶级和广大劳动人民，甚至也同资产阶级所标榜的"民主政治"相违背，只要在资本主义制度还能够维持的情况下，它就不容许法西斯一党专政长期存在。民族独立国家的一党制，只是一种过渡形式，它要随着各个国家不同发展方向的变化而变化，随着各国整个政治制度的演进而演进。

　　社会主义国家政党政治的核心是共产党的领导，无论是一党制还是共产党领导的多党制，都是共产党统一领导着无产阶级和广大人民为实现共产主义而奋斗。其结局是，到了阶级消灭，国家消亡的时候，政党也就消亡了。

第九章 政治家

第一节　对政治家研究的历史回顾

一、前资本主义社会对政治家的研究

对政治家的研究由来已久，远的可以追溯到古希腊和中国的春秋时代。奴隶主阶级和封建主阶级对政治生活中举足轻重的人物一向是比较敏感的，他们迷信"英雄造时势"的说法，把政治家看成救世主，把人民看成无知的群氓，把政治生活中伟大人物的出现和天命、上帝的意志联系在一起。"五百年必有王者兴"等假说被认为是政治家产生的规律。当时的统治阶级为了愚弄人民群众，给自己阶级的代表——政治家披上了各种神秘的外衣，使得当时的研究工作受到极大的限制。在政教合一的国家里，对最高统治者的公开研究就是对神的不敬。尽管也出现了像《资治通鉴》这样一批研究政治家统治艺术的著作，但总的来说，研究的观点是片面的，研究方法是不科学的，这和当时科学技术不发达，阶级关系、阶级构成复杂化是分不开的。不科学的研究方法必然得出不科学的结论。当时的研究不仅没有产生准确的政治家概念和定义，而且还把政治家与帝王、宰相等握有权力的人物看成一回事，把政治家与思想家、伦理学家混为一谈。这种状况一直延续到资产阶级革命前夕。

二、资产阶级对政治家的研究

进入资本主义社会，由于科学技术的进步和阶级关系的简单化，特别是资产阶级提倡学术自由，打破了各种神话，使系统研究政治家成为可能。但在自由资本主义时期和垄断资本主义初期，一般来说，对政治家的研究并没引起足够的重视。这是因为当时的资产阶级把主要力量放在巩固政治制度上。他们把政治家看成是制度化的人，解决制度是最根本的。这一时期除少数学者从撰写政治传记的角度去研究政治家外，

西方大多数学者都把研究的方向集中在如何加强公民的政治意识，如何改革政治制度，如何提供管理咨询和政策方案，以及如何在竞选运动中获得成功等等。无论是政治学教科书还是专著，都很少提到政治家这个概念。在西方政治学中心的美国，政治家的研究包括在政治领导人的研究当中，例如G. H. 沙宾的名著《政治理论史》一书中，只有4页在字里行间出现过"领导"这一提法，而《美国政治学评论》杂志，从1906年到1963年共57年所发表的2614篇文章中，在标题上出现"领导人"或"领导"这样字眼的文章只有17篇，还不到总数的1%。这一方面说明资产阶级在这个时期还有能力对付各种国内、国际的危机，因此，美国垄断资本家倾向于使他们的代言人——政治家处于软弱的、缺乏训练的地位，处于对主要垄断资本家集团紧密依赖的地位；另一方面说明，美国的政治学家把杰出的政治家仅仅看作民族美德的表现，而不看作"经过不断改善的整个国家的社会功能体现者"。他们认为，危机到来时，英雄自会应运而生，没有必要去追求理想的政治家。这种实用主义和偶然论的世界观是资产阶级阶级本性的突出表现。

进入20世纪70年代，西方社会危机四伏，越来越多的政治、军事、经济、种族、环境、能源等方面的危机使得政治家们难以应付，从而出现了"领导危机"，作为对付这种危机的一种反映，"政治领导学"（政治学的分支）首先在美国出现了。这表明，在垄断资本主义后期，政治家在社会生活中的作用和影响增大，垄断资产阶级开始把解决社会危机的希望寄托在有作为的政治家身上。资产阶级政治学者认为，政治领导人（含政治家）行为本身的特殊性决定了对他们的研究不能只依赖政治学本学科的知识，而必须依靠多学科，其中包括社会学、经济学、心理学、生理学、历史学、决策科学、行为科学等学科的配合与协作，需要有多学科的定量或定性的描述、解释、预测和评价的方法。美国政治学家甚至建立了著名的领导行为模式：$PLBi-k=f(P, R, O, T, V, S)+e$。这一方面说明资产阶级开始自觉地利用科学技术发展的成果，把比较分析、统计分析、人种学、因果模型、矩阵代数、因素分析、相关分析、多元回归等新方法导入政治领导学，使得对政治家行为的研究和解释进一步科学化；另一方面说明，资产阶级想用科学方法研究政治家的某些行为来代替对他们作出阶级本质的分析，从而把研究方向纳入他们需要的轨道。

三、无产阶级对政治家的研究

无产阶级对政治家的研究是以历史唯物主义为基础的，认为政治家是一定阶级的代表，他们在领导整个阶级夺取政权、推翻敌对阶级统治的斗争和巩固政权的建设中起着巨大的历史作用。马克思、列宁都充分肯定政治家的这种作用，并主张大量地培养无产阶级的政治家，但无产阶级承认政治家的历史作用是在充分肯定人民群众是历史创造者的前提下作出的判断。没有广大群众的支持，政治家将一事无成；而没有政治家的组织和领导，人民群众也不会形成坚强的力量。二者相辅相成，人民群众是最后的决定性力量。由于社会主义社会历史较短，无产阶级政治学者在研究政治家的过程中曾走过一些弯路。其表现有二：一是过分夸大了个别无产阶级政治家的历史作用，把无产阶级夺取政权和巩固政权的历史说成是几个政治家，甚至某一个政治家活动的历史；二是满足于或停留在对古代、近代的政治家的评价上，而没有面向当代和未来。这与社会主义国家曾经存在不同程度的教条主义和个人崇拜有很大关系。不研究现实的政治家，对无产阶级事业就没有太大的用处。因此，建立无产阶级自己的"政治领导学"是社会主义国家政治学者一项艰巨而紧迫的任务。这门学科的重要目的之一就是：解释政治家的过去和现在，找出政治家的活动规律，预测政治家的未来，对政治家作出评价和施加影响，对将成为政治家的人进行教育。在吸收先进的科学研究方法的同时仍要把历史唯物主义作为根本的世界观。这样才能对政治家进行真正的科学的系统的研究。

第二节　政治家的概念与标准

一、政治家概念的含义

严格地说，政治家的称号是近代出现的。随着产业革命的深入、科学技术的进步，社会的各个部门，部门内各种学科、职业的划分越来越细。人们开始把那些专门从事管理国家事务或从事革命和改革等政治活动的、通过个人努力促进社会发展和历史前进的人物称为政治家。在社会领域里，政治家称号首先是一种职业标志。它是相对于其他专门家而言的，即相对于专门从事军事指挥的军事家，相对于专门从事经济发展工作的经济家，相对于专门从事文学和艺术工作的文学家、艺术家等。从这个意义上看，政治家的称号仅仅是一种职业标志。其次，政治家的称号是相对于一般政治活动家、政治工作者而言的。它不是指一般的政治活动家，而是指那些对社会发展有过重大贡献的政治活动家，是对他们的褒奖和尊重。这时政治家的称号就不仅是职业的标志，而且是一种荣誉的体现。最后，政治家称号还相对于人民群众而言，这时它是一种权力和阶级意志的体现，它是阶级、国家、政党、政治集团的代表。

当代资产阶级学者一般回避使用政治家的概念，而用"政治领导人"和"政治杰出人物"的概念来代替它。他们使用这些概念是有其用意的。

"政治领导人"包括一切担任最高领导职务的统治者和领袖人物，这就混淆了有作为的决策者与无能的决策者之间的区别，降低了政治家的作用，同时也使资产阶级国家的人民群众对他们的统治者抱有幻想。而"政治杰出人物"的概念是指所有参加决策的人。持这种观点的人又分为两派。一派认为：权力就是积极参与决策，身居高位而不参与决策的人只有潜在的权力，没有实际的权力，只有经常参与决策的人才属于杰出人物。另一派认为：只有个人能力较高的人才能占有较高的地位，因此个人能力的高指数和身居高位是衡量政治杰出人物的标志。这两派观点的共同之处，是鼓吹资产阶级国家统治集团内部的民主化，用杰出人物论和杰出人物流动论来证明政治家不是来自特定阶级，而是来自社会的任何阶层；政治杰出人物的出现是社会竞争的结果，是"个别才华出众的人和其他居民集团之间流动的产物"。很明显，"政治杰出人物"的提法既抹杀了政治家的阶级代表性，也把政治家概念的含义庸俗化了，使它成为没有明显界线、可以任意解释的概念。

不难看出，资产阶级政治学者越来越害怕面对当代的社会矛盾，越来越迫不及待地用新的"科学"概念来扰乱人们的思想，以挽救资产阶级民主制所遇到的危机。

二、政治家的标准

政治家是一个内涵比较丰富、外延比较广泛的政治学范畴。给政治家定标准是一件困难的事情。它既要揭示出政治家与非政治家之间的差异，又要揭示不同时代、不同阶级政治家之间的共性与区别。因此，对标准问题存在很大分歧。第一种观点认为，政治家的标准是高度智慧、丰富学识、崇高理想、伟大人格这四条。[①]第二种观点认为，政治家的标准是看其在处理国家事务和公共问题上能否显示出高度的智慧和技巧以及在政府事务上是否有丰富的经验。[②]第三种观点认为，衡量一个政治家不仅要看他是否具有娴熟的统治艺术、竭尽全力去处理政府事务和制定各项政策，而且要看他是否具有足够的领导经验，以及不带有狭隘的政党利益和个人利益。[③]第四种观点是把标准归结为五个，政治标准：是阶级利益的代表；学术标准：对政治科学有所贡献；才能标准：能处理复杂的政治问题；社会标准：联系群众；道德标准：是阶级的

[①]　参见《云五社会科学大辞典》，台北商务印书馆1971年版，"政治家"条目。

[②]　参见*Collins Concise English Dictionary*中"statesman"条目。

[③]　参见*Webster Dictionary*中"statesman"条目。

楷模。①

以上这些观点都从不同的角度对政治家的标准进行了有益的探讨，但在本质上和内容整体性方面又都说得不够准确和科学。马克思、列宁本人虽然没有具体地规定政治家的标准，但在使用政治家概念时，总是把政治家及其所代表的阶级联系在一起。

政治家的第一个标准应该是一定阶级的杰出的代表。列宁曾说过："历史上，取得政治地位的每一个阶级，都推举出了自己善于组织运动和领导运动的政治领袖和先进代表。俄国工人阶级已经表明它能够推举出这样的人物，最近五六年来我国工人阶级所广泛开展的斗争，表明工人阶级中蕴藏着无穷的革命潜力。"②这里说明政治家不是一般的阶级成员，而是"善于组织运动和领导运动的政治领袖和先进代表"，政治家处于运动的前列，能适应阶级的需要，为阶级的根本利益、长远利益服务。

政治家的第二个标准是以政治为主要职业。各行各业都有很多杰出的代表，例如，经济家、军事家、文学家等等。而政治家是以政治为职业的杰出的代表人物。这里所说的政治是指阶级斗争，全局性问题指国家事务的管理，前两者比较关键，后者更为经常。与这些内容相联系的军事、经济、文化问题都可能是政治问题。因此，政治家比经济、军事领域的专门家更加宏观、更加全面。所以说以政治为主要职业，不是说政治家要永远处于权力中心，而是说政治家的大部分时间是忙于处理、应付、研究各种各样的政治问题。政治家主要是政治活动的实践家。我们说马克思是一个政治家，"因为马克思首先是一个革命家。以某种方式参加推翻资本主义社会及其所建立的国家制度的事业，参加赖有他才第一次意识到本身地位和要求，意识到本身解放条件的现代无产阶级的解放事业，——这实际上就是他毕生的使命。斗争是他得心应手

---

① 孔阶平：《政治家》，载《东岳论丛》1981年第5期。

② 《列宁全集》第4卷，人民出版社1958年版，第331–332页。

的事情。而他进行斗争的热烈、顽强和卓有成效，是很少见的。"①亲身参加政治斗争是马克思成为政治家的最基本条件。政治家可以一身二任，一身数任，可以同时是其他学科的专家，但他的主要时间和精力是倾注在政治问题上的，如果不是这样，就不可能获得大量的丰富的政治实践经验，也就不可能成为政治家了。

政治家的第三个标准是（或曾经是）实际上的最高决策人之一。政治家是以实现自己的政治理想即他所代表的那个阶级的长远利益为目标的。为此，政治家需要拥有对国家重大政策、方针作出决定的权力和施加影响的力量。政治家本人可能是国家元首、政府首脑、议院的议长，也可能是党派、工会的领袖，还可能是高级智囊团的核心人物。但他们所具备的共同特点就是在某一段时间内成为影响国内外社会变化的一项或若干项政策的主要制定人，正是这些决定性政策带来的影响使他们获得了政治家的称号。政治家不可能永远处于权力中心，但必须有一段时间能对最高领导的决策施以重大影响。这段时间长短不一，并且政治家本人影响力的大小也不同，但这段时间是对他的远见、胆略、才能的综合检验。他作为阶级的杰出代表的作用在这段时间里表现得最充分、最完备。

政治家的第四条标准是有切实可行的政治理想，并为之顽强奋斗。这一条说的是政治家的远见。政治家需要有伟大的想象力，既能激励政治家本人，又能激励本阶级的成员，甚至能激励全民族。政治理想决定着政治家的目标和事业。政治家的理想就其本质来说，是和他所代表的那个阶级的整体利益、长远利益一致的，是经过对局部的、眼前的利益透视后概括而成的。政治家本人可能出自阶级内部的某个阶层或某个集团，但他的理想以及为贯彻理想而制定的政策、路线必定是代表阶级的整体利益的，有时甚至自觉不自觉地代表其他阶级、阶层的某些利益，在形式上被赋予了全民

① 《马克思恩格斯选集》第3卷，人民出版社1972年版，第575页。

族代表的色彩。从这个角度来说，政治家确实是天才，他先于阶级的其他成员看到历史发展的某种趋势及这种趋势对社会各个阶级的影响，并且找到或试图找到应付各种变化的方法，确立一种理想和信念来鼓舞、团结本阶级的成员。恩格斯曾说："我们之中没有一个人象马克思那样高瞻远瞩，在应当迅速行动的时刻，他总是作出正确的决定，并立即打中要害。"[①]政治家的这种远见是一种科学预见，是基于对大量的现象进行分析、判断后得出的，是与客观事物发展规律相一致的，否则就是空想主义者。政治家不仅要有远大的理想，而且还要为实现自己的理想顽强奋斗，要能经受暂时的挫折，要能从黑暗中看到光明。能否为实现自己的理想、目标不屈不挠地奋斗是人们衡量政治家的一个重要依据。

政治家的第五个标准是政治艺术的大师。政治家既是制定战略的专家，又是利用策略的能手。为了实现政治理想，政治家必须精通政治艺术，熟练地运用各种统治方法，具有高超的领导和组织才能；既要有宽阔的胸怀，虚心听取不同意见，吸收他人的长处和经验，又要有坚毅果断解决问题的能力，在复杂多变的环境中保持清醒的头脑。不同阶级的政治较量，在特定场合下往往表现为这些阶级最出色的政治家之间的意志、智慧、胆量、决心的较量，这一点在夺取政权的关键时刻表现尤为突出。列宁说："政治家的艺术（以及共产党人对自己任务的正确了解）就在于正确判断在什么条件下、在什么时机无产阶级先锋队可以成功地夺取政权，可以在夺取政权过程中和夺取政权以后得到工人阶级和非无产阶级劳动群众十分广大阶层的充分支持，以及在夺取政权以后，能通过教育和训练吸引愈益众多的劳动群众来支持、巩固和扩大自己的统治。"[②]可见，政治艺术水平的高低可以直接决定起义的胜败和能否成功地夺取政权；直接影响到能否巩固和扩大自己的统治；直接影响到政治家能否实现自己的政治

---

① 《马克思恩格斯选集》第4卷，人民出版社1972年版，第449-450页。

② 《列宁选集》第4卷，人民出版社1972年版，第207页。

理想。政治家的高超的政治艺术来自对各种知识的刻苦钻研，来自丰富的实践经验和对大量实践经验的细心总结。为了政治斗争的需要，政治家所具有的政治艺术水平不仅要高于本阶级的其他成员，还要力图高于其他阶级的政治家。

政治家的第六个标准是以自己的实践活动给社会发展以影响，直接或间接地推动历史前进。政治家推动社会发展的形式是多种多样的。首先，是通过制定重要的经济发展战略使本国经济有飞速的发展，大幅度地改善人民生活状况，特别是改善他所代表的那个阶级的经济地位，加速物质文明建设。其次，是通过实行激进的或缓慢的社会改革，改变那些不符合社会发展的旧习惯、旧风俗，以及不适应生产力发展的经济体制和政治制度，从而加快社会的发展。再次，通过领导本阶级成员实行推翻代表腐朽生产关系的阶级的革命，确立本阶级在政治上的统治地位和对生产资料的占有。最后，通过领导反侵略战争，保卫本民族的生存权利，为世界和平作出重要贡献，等等。这些政治活动都是与历史前进的方向一致的，成功者就是直接地推动了社会的发展和历史的前进；而那些在短时期内没有成功但对今后的事业发展产生积极影响的人则是间接地推动历史的发展。这两种情形都可以肯定他们为政治家。

以上六条标准是有机的统一，只有同时具备这些标准的人才可以称为政治家。这六条标准不仅区别于其他领域中的专门家，而且还区别于政治领域中的其他专门家。政治家与领袖不同，政治家是以他的业绩而不是以他的职位来评价的。领袖是泛指那些处于最高领导地位的人，如国家元首、政府首脑、党魁等，这些人可能是政治家，也可能不是政治家。在现代社会里，各个阶级为了自己的利益总是愿意把最有才能的政治家推到前台，委以重任，但由于各种原因，特别是在资本主义社会里，领袖往往是由那些才能平庸却十分听话的人充任的，这样的领袖就不是政治家，因此两个概念不能等同。政治家与政客不同，政客以争夺权力为目的，不要原则，为了个人和小集团利益可以翻云覆雨，不择手段，大搞政治投机，政治家一般是为自己的理想奋斗而不是为个人私利奋斗。二者有本质区别。政治家与政治活动家不同，政治活动家不如政治家那样全才，他只是在某个政治领域里作出了贡献，但通过不断努力，政治活动家可以转化成政治家。政治家与政治学家也不同，后者是政治思想家和理论家的总称。他们知识丰富，见解深刻，他们以研究政治活动发展规律为目的，有时也给政治家提供咨询意见，但更多的是立足于政治科学本身的学术研究，提出新的思想理论，评价政治上的是非、利害，指出政治学的发展方向。政治家也需要丰富的理论知识，但更重要的是实践，是决定政策。现代社会的发展，使得政治家越来越依赖于政治学家的支持，而政治学家的研究成果也有赖于政治家的保护和肯定。

判断一个政治家不仅要依照一定的标准，而且还要经过历史的检验。社会的发展是曲折的，人们对社会规律的认识也是不断加深的，因此识别、评价政治家要有一个过程。这个过程的长短是不一样的。有些政治家在短期内建立了辉煌的业绩，很快被人们所肯定。例如，美国的富兰克林·德兰诺·罗斯福在总统任内，实行著名的"罗斯福新政"，用国家政权干涉经济的强有力手段把美国从经济崩溃的边缘挽救回来，改善了劳动人民的生活状况，避免了美国可能变为法西斯军国主义国家。他同时用高超的手腕把美国从孤立主义的境地拉出来，通过"租借法案"使美国参战，为反法西斯战争作出了贡献，他还提议建立集体安全的组织——联合国以保卫世界和平。这些成就使得他在生前就被人们誉为20世纪最伟大的政治家之一。而实际上罗斯福实行的许多措施都是威尔逊提出来的。美国第28届总统威尔逊在其任内提出内政改革，建立国家资本主义企业，对外提出"十四点建议"，以便使美国冲出美洲，走向世界，他倡导建立新的国际组织——国际联盟，并为之鞠躬尽瘁。然而他却受到"没有觉悟"的国内资本家的冷遇和反对，被说成是政治上的白痴和骗子。而40年后的历史证明了他的做法是正确的，是有利于社会发展的，并且间接地推动了历史前进，因此，他也应该算是有远见的政治家。评价资产阶级政治家是这样，评价无产阶级政治家也是如此。如马克思、恩格斯、列宁、毛泽东都是经过历史检验的无产阶级杰出的政治家。有不少人经过了长期的奋斗，有的甚至到了晚年才被公认为杰出的政治家；而有些人则是在逝世以后才被确认的。经受历史的检验不仅是评价现代政治家的原则，也是评价古代政治家的原则。商鞅变法、王安石变法最终都失败了，但他们通过改革推动了当时的社会发展，给病入膏肓的社会机体注入了新的活力，给以后的成功奠定了一定的基础，因此，人们把他们看成古代的杰出政治家。

评价政治家要把他们置于具体的历史条件下，不能指望秦始皇会像林肯那样对待奴隶，也不能指责罗斯福为什么不实行计划经济、按劳分配。剥削阶级政治家在大体和小节上经常是矛盾的，这也是符合他们的阶级道德的。因此，要以他们的大体为主，以是否直接、间接地推动历史前进为最后根据。彼得大帝是十分残暴的，但他通过改革使国富民强，使农奴制加速瓦解。克伦威尔在征服苏格兰、爱尔兰过程中给当地人民带来极深的灾难，但他同时带来了资本主义的经营方式，给封建王朝以致命打击。因此，我们把彼得大帝、克伦威尔看成是近代有影响的政治家。

第三节　政治家的产生及活动方式

一、政治家的产生

政治家是阶级的杰出代表，只有在他所代表的那个阶级登上政治舞台、成为影响社会的一支力量时，他才可能成为政治家。因为政治家产生的标志，不是从他从事政治活动时算起，而是从他作为他所代表的那个阶级的最高决策人时算起，从他有能力决定和影响国家政策方向时算起。换句话说，政治家在政治舞台上不是以演员身份出现的，而是以导演的身份出现的。政治家只有取得一定地位，才有可能发挥自己的智慧、才干，实现自己的理想，如果没有这一表演机会，他就不能成为政治家，即使有经天纬地之才也不会被人们赏识、了解。从历史上看，近代、现代政治家的产生有以下几种途径：

（一）通过革命产生

在一种社会形态的末期，旧的生产关系严重地阻碍了生产力的发展，代表新的生产关系的阶级推举出自己阶级中的最有经验、最有才干的人来领导和组织人民群众夺取政权，建立新的阶级专政。在这种社会急剧变革的时代大批政治家适应历史的需要产生了。他们原来大多数是职业革命家，革命把他们推到了历史舞台的中心，为他们的表演和导演提供了必要的条件。他们的目标、事业、名望与革命息息相关，而革命的成功，使他们作为杰出的政治家名垂青史。

（二）通过选举产生

这是近现代政治家产生的最大量、最一般的方式。选举可以使政治家合法地获得权力，上升到最高决策人的地位。选举，对于社会主义国家来说，意味着由人民来挑选代表自己利益的一批政治家；对于资本主义国家来说，意味着把垄断资产阶级挑选的代理人罩上一层"民意"的外衣。因此，无论是资产阶级政治家还是无产阶级政治家都重视选举，把选举看成对自己能力和信任程度的检验。选举的方式是多样的，有直接的，有间接的，有全国范围的选举，也有政党、集团内部的选举，这些选举产生了一大批影响国家政策方向的最高决策者，他们不都是政治家，但政治家就在这些人当中。

（三）通过世袭产生

这是古代政治家产生的重要途径。进入现代社会，这种现象已为数不多。在君主立宪制国家里，君主已成为虚位元首，是形式上的最高决策者，没有实际权力，不可能在政治上有较大的作为，因而不能成为政治家。从发展趋势看，世袭作为产生政治家的方式将会逐渐取消，因为世袭（包括非君主立宪制国家出现的变相的世袭）所产生的领袖人物在才能和经验方面带有较大的偶然性，不利于阶级的长久统治。

（四）通过政变产生

政变是以突然的方式夺取政权，这在一些独裁者统治的小国经常出现。政变与革命不同，它不是对社会进行激烈的变革，改变旧的生产关系，而是在承袭旧的政治、经济体制上使领导权易手，最高决策者易人。政变是一种阴谋的产物，但政变的决策者不都是阴谋家。政变后的统治者为了证明自己政变的目的不仅仅是权力之争，一定要作出某些社会改革。如果这种改革能使社会政局稳定、经济繁荣，人民生活水平提高，能有助于这个国家的独立，提高其国际地位，那他就是一个政治家。

（五）通过推荐与任命产生

有些政治家不是通过选举产生的，他们是由某一团体、组织推荐上来或由国家元首亲自任命的。他们作为元首（不一定是政治家）的高级助手或私人顾问直接制定政策，或作为政策规划组织的负责人直接影响国家政策。他们不是一般的方案提供者，而是最高决策者之一。他们经常地改变着决策的方向，甚至改变着国家元首本人的意志。这种现象是现代政治生活中出现的"决策负担过重"的产物，是各个阶级适应迅速发展变化的社会生活的必然结果。

（六）以实力地位产生

在资本主义国家还有少数政治家是完全在幕后活动的，他们没有任何重要的政治职务，但以自己的经济实力、对国家命脉的控制而处于实际最高决策者的地位。他们参与国家政策的制定，在对内、对外关系上有重大的发言权，他们可以否决政策、操纵选举、制造总统、首相等。他们的主要精力不是用于企业管理，而是放在政治活动上。他们是阶级利益最直接的代表，是不公开活动的职业政治家。当然不是说所有的垄断资本家都是政治家，他们中的大多数为私利所局限，不能制定出促进社会发展、推动历史前进的政策，只有少数人是例外，对这些少数政治家是不能忽视的。

二、政治家的活动方式和条件

政治家的活动方式是指政治家如何去制定政策，如何去引导社会舆论，如何去实行社会变革。由于每一位具体的政治家都深深地带有时代的色彩、阶级的烙印和个人的风格，因此他们具体的活动方式没有也不可能有统一的模式。但是找出哪些因素对其活动方式产生影响，对深入研究政治家还是十分必要的。

首先，历史环境是决定活动方式的重要因素。政治家作为政治生活的导演需要有表演的舞台，并且凭借这个舞台导演出有声有色的场面。这个舞台的大小决定着政治家能力的发挥程度。而每一时期的舞台就是该时期人们赖以生存的生产方式。奴隶社会、封建社会的生产力水平低下和生产方式落后限制了当时政治家的活动能力。商品经济不发达和缺乏统一市场决定了人们之间横向联系少，纵向联系多。经济上占统治地位的剥削阶级为适应这一状况，赋予他们的代表人物以集权。政治家不是"普天之下莫非王土"的君主，就是一人之下、万人之上的卿相。这些政治家可以直接利用手中的强制工具贯彻自己的意图，违反者不论是被压迫阶级，还是本阶级的成员都将受到残酷的处罚。他们有时需要对被压迫阶级进行政治欺骗，有时需要制造或应付宫廷阴谋，但总的来说，他们的活动方式，特别是对待被压迫阶级的方式是直接的、简单的和专制的。这些特点是由相对落后的生产方式决定的。历史舞台的狭小决定了政治家眼界的狭小。当时的杰出政治家也不过是群雄割据的胜利者，如秦始皇；对外扩张的称霸者，如恺撒；满足群众生活最低需要的改革家，如汉武帝。这种历史环境决定着他们的活动方式，从而也决定着他们的业绩。

资本主义生产方式代替封建的生产方式是一个飞跃，它以先进动力为基础使生产力日新月异地发展。家庭不再成为基本经济单位，大规模的工厂和公司把人们吸收进去，生产和消费者之间的传统联系被打破。这一裂变的后果使市场成为人们生活的中心，商业价值、经济增长成了各国政府的主要目标。市场的存在鼓励了进一步分工，打破了一切闭关自守国家的大门。资产阶级不仅建立了统一的国内市场，而且开辟了国际市场，从而给政治家提供了前所未有的广阔的活动舞台。这对政治家的影响是极为深远的。他们的活动形式变得越来越多样，活动的内容也变得越来越复杂。表面看来，这时的阶级关系简单化了，但阶级斗争形式开始增多，阶级内部的矛盾开始增多。资产阶级政治家不仅要对付被剥削阶级的反抗，还要解决本阶级内部的矛盾，既要考虑经济发展的需要，又要处理国家间的关系，他们活跃在政治、外交、经济各个领域。因此，多样性、公开性和形式民主便成为资产阶级政治家活动方式的突出特点。无产阶级政治家为了适应与资产阶级斗争的需要，适应建设共产主义事业的需要，在活动方式上也具有多样性、公开性的特点。他们与资产阶级政治家活动方式的区别在于他们是用真正民主的方式进行活动的。这是由无产阶级的历史使命决定的，是由无产阶级所处的历史环境决定的。

其次，政治家的活动方式要受到政治制度的限制。政治家不仅需要表演的舞台，还需要各种各样的道具，其中最重要的道具就是权力。戴高乐在《剑锋》一书里，提出了一个领袖人物必须具备的三种关键性品质："为了指出正确的道路，他需要有智慧和天赋；而为了引导人民遵循这条路，他需要有权威。"①基辛格也说过："权力本身，作为一种工具，对我没有什么吸引力。我感兴趣的是有了权以后可能做到的事，可以建立很多辉煌的业绩。"②可见，资产阶级政治家在重视权力和权威上是有共性的。无产阶级政治家也必须如此。恩格斯说："活动的首要条件也是要有一个能处理一切所属问题的起支配作用的意志，……不论在哪一种场合，都要碰到一个表现得很

①　［美］尼克松：《领导者》，世界知识出版社1983年版，第53页。

②　［意］奥丽亚娜·法拉奇：《风云人物采访记》，新华出版社1988年版，第6页。

明显的权威。"①像鱼儿离不开水那样，政治家离不开权力，他们的活动方式同时也是行使权力的方式，但政治家行使权力要受政治制度的限制，权力具体体现了制度，因此行使权力的方式、方向都是确定的。前资本主义社会的政治家通常以个人意志、专制方法行使权力；资产阶级的政治家是在尊重法制的前提下，在形式民主的掩盖下行使权力；而无产阶级政治家则是在真正民主的前提下行使权力。政治制度是统治阶级意志的体现，是统治阶级经济利益的直接反映。它反映着一定时期阶级力量的对比，是胜利的阶级对胜利成果的肯定与巩固。政治家的活动理所当然地要服从它。一定阶级的政治家可以对他们的政治制度进行局部调整，但不能根本改造它。

最后，政治家的活动方式受个人能力的限制。政治家在政治活动中要体现出个人风格。正是由于这些风格的不同，使人们产生一种误解，认为政治家的活动方式是没有共性的。实际上，这种风格体现了具体活动的特点。政治家的每一个具体活动都会带有个人的独特的色彩。这只是活动方式的外表差别。政治家表现出不同的风格是为争取民心服务的，是实现自己政治理想的需要。政治家往往有意识地创造风格，利用风格、特点进行活动。而政治家风格所体现的是个人能力，要受到个人能力大小的限制。政治家才能的高低对活动方式有直接的影响。能力强的政治家，其活动可能更加符合他所代表的阶级的需要，取得最佳效果。但个人能力比起生产方式和政治制度对政治家活动方式的影响要小得多，是相对次要因素。

三、资产阶级政治家的产生及活动方式

资产阶级的政治家最初产生在封建社会的末期，是为了适应资产阶级革命的需要。正如恩格斯所说："主要人物是一定的阶级和倾向的代表，因而也是他们时代的

---

① 《马克思恩格斯选集》第2卷，人民出版社1972年版，第553页。

一定思想的代表，他们的动机不是从琐碎的个人欲望中，而正是从他们所处的历史潮流中得来的。"①当资产阶级成熟到足以夺取政权时，他们的政治家就应运而生了，他们领导本阶级成员通过暴力摧毁封建政权的顽抗，建立了资产阶级政治制度，确立了资产阶级长久统治，涌现出一大批华盛顿式的"开国元勋"，杰弗逊式的"民主之父"，基马尔式的"民族英雄"。这些政治家是资产阶级制度忠实的拥护者，也是这种制度的直接受益者。由于他们长期受封建主义的压制，能够体察、了解第三等级即资产阶级和一般群众的状况。因此，他们能够更容易地用自己的理想、热情和献身精神来鼓舞、团结广大群众来参加这场革命。而革命的胜利使得他们以封建制度的掘墓人和资本主义社会奠基人的资格跻身于政治家的行列。

当资本主义政权稳固后，资产阶级政治家主要通过竞选的方式产生。如同垄断资产阶级要寻找自己的代理人一样，资产阶级政治家也必须找到强有力的后台支持。没有金钱力量的支持，他们就不可能进入权力中心，也就没有机会施展政治才能。然而仅有垄断资本家的支持还不够，因为他们要在形式上得到选民的认可，要在竞选中战胜同样受到垄断资本家支持的对手。这样，竞选本身就成了对政治家才干的第一个考验。资产阶级政治家在此时也要像每个政客一样，"逢人拍肩示热情，火车旅行站站停，电视广告频露脸，天花乱坠献殷勤。"②从这种意义上说，资产阶级政治家的活动是从竞选最高职务开始的。美国的肯尼迪和尼克松就是这种竞选的得胜者，竞选本身不能使他们成为政治家，但竞选为他们成为政治家提供了重要条件，是他们政治活动不可分割的一部分。

在资本主义制度下，由政变产生的政治家是不多的。政变只是发生在资本主义经济发展缓慢、停滞、政治民主不稳固的国家里。由于政变成功后，掌握国家领导权的

① 《马克思恩格斯选集》第4卷，人民出版社1972年版，第343-344页。
② ［美］托夫勒：《第三次浪潮》，三联出版社1983年版，第118页。

往往是受教育较多、接受西方民主思想较敏感的军官，结果政局变化迅速，往往实行大量的激进的社会改革，只有少数政变者获得成功。例如，埃及的纳塞尔是率领"青年军官组织"进行政变，推翻法鲁克王朝的。他在夺取权力后，为发展本国的民族经济，为反对英法的军事干涉、维护国家的独立作出了重要贡献，成为埃及和阿拉伯国家公认的领袖。当他逝世后，贝鲁特报纸曾写道："一亿阿拉伯人——现在成了孤儿。"这样的人当然是政治家而不是野心家。但从总体看，政变的国家基础薄弱，改革受到反动势力的顽固抵制，成功的并不多，大量的政变领导人往往来不及显示自己的才能就被新的政变者所取代。

以顾问和助手的身份成为政治家的，在现代资本主义社会里越来越多，以美国为例，当代垄断资本主义国家决策的新模式是：各垄断资本家、各公司、各大学、各基金会分别出钱出人组成不同的政策规划组织。它们制定的政策方案可以直接地通过政府各委员会和白宫顾问班子给总统，也可以间接地通过全国新闻机构影响总统（如图1所示）。

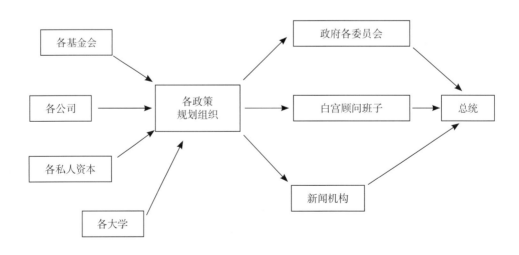

图9-1　当代垄断资本主义国家决策的新模式

图9-1明显说明，政策是由总统和白宫顾问班子中的某些人以及政府各部中的某些

人共同作出的。参与决策、提供方案不等于作出决策，但是有少数人经常与总统共同决策，则属于最高决策者，如美国的霍普金斯是罗斯福的主要顾问，他所担任的最高职位不过是联邦救济署的负责人，但他在幕后对"罗斯福新政"的实施，对美国的参战给予决定性的影响。他理所当然地被人们看成政治家。

以实力地位作为政治家是资本主义特有的现象，是垄断高度化的产物。他们需要得到其他垄断资本家的认可，他们一般是各种政策规划组织的负责人，是各种不同利益的幕后协调者，操纵着整个决策过程，随时改变决策的方向。如戴维·洛克菲勒名义上是十几家董事会的董事长、理事，实际上他把主要精力放在注视美国政策方向上，他支持两党的总统候选人，负责组织美国对外关系委员会。他与议会两党领袖和总统本人保持经常协商的关系，总是把垄断资本家的决定准确地传达给白宫和国会山，加工后成为国家的政策。因而他也就成为实际上的最高决策者。

资产阶级政治家的活动方式是多种多样的，也是千变万化的，特别是在垄断资本主义阶段，他们更重视依靠个人手段、依靠个人的魄力来推行政策。尼克松在总结自己的活动经验时说过，"要当政治家，首先就得是一个成功的政客。在一般情况下，诡计多端、爱慕虚荣和装聋作哑是令人讨厌的习性。然而对领袖人物来说，却可能是至关紧要的。"为了目的，不择手段，正是资产阶级政治家活动的一个显著特点。

靠制造政治家风度和形象推行政策是资产阶级政治家活动的另一个特点。资产阶级政治家对"民意"是很敏感的，但他们不是跟着盖洛普转，而是让民意测验跟着自己转。为此，他们要把自己打扮成虚心听取群众意见、同群众来往密切的人。作家戴维·哈尔斯在描述约翰·F. 肯尼迪时说："他漂亮，有钱，动人，坦率。动人之处在于坦率，他可以欺骗一位来访者，承认来访者所提出的都是对的、合理的、适宜的，但是他不能这样做，这星期不行，这个月、本届任期内都不行"。吉米·卡特十分注意制造平易近人的形象，在当选总统后，带领全家人离开防弹玻璃的小汽车，"大胆地"步行了几公里,以便赢得群众的好感和支持。

玩弄权术是资产阶级政治家活动的第三个特点。日本的吉田茂是操纵表决机器的专家,能精确地掌握在何时表决对自己最为有利。西德总理康拉德·阿登纳熟知议会斗争的奥妙。他说最好的政治家是能把别人坐垮的人。在必要的时候,他有意让议会拖延到深夜。他耐心地坐在那里,困倦不堪的反对者只好一个又一个地接受他的观点。法国的戴高乐主张神秘,他认为对于一个人太熟悉了就会产生轻蔑之感,一个政治家在他的举止中必须含有某些别人揣摩不到的东西,使他们感到迷惑、激动并吸引他们的注意力。资产阶级政治家在玩弄权术上所表现出来的差别是非本质的,但在这方面的本领高低可以影响他们推行的政策,因此资产阶级政治家一向重视活动方式,根据不同情况采取不同的方式。

四、无产阶级政治家的产生及活动方式

无产阶级的政治家是在无产阶级与资产阶级的阶级搏斗中产生的。为了推翻本国的资产阶级统治,为了争取民族的独立和解放,产生了一大批革命的政治家。他们是以自己的才能、以自己对无产阶级事业的忠诚被推选为政党和国家的最高决策者。

无产阶级取得政权后,政治家一般是通过选举产生的,人民通过选举给予政治家权力,政治家通过行使决定政策的权力来为人民服务,为阶级的长远目标服务。大多数政治家来自无产阶级政党。因为这个党代表着绝大多数人民的利益,也有少数政治家来自其他民主党派,他们实行着无产阶级的政策,与广大群众共命运。因此,也可以称他们为无产阶级政治家。由于各国选举形式不同,政治家产生的形式也各有不同。在南斯拉夫,实行一种反映民族平等的领导人轮换制。党和国家最高领导人每年轮换一次,这就不易看出在若干领导人中谁是有作为的政治家,谁在制定政策中起决定性作用。也可以说这是产生政治家的隐蔽形式。

　　无产阶级不需要用世袭、政变的方式来产生政治家，那是与无产阶级的利益不相符合的。在生产资料公有制的条件下，也不可能有凭借经济实力成为政治家的现象。这点与资本主义有着本质区别。

　　从活动方式上看，无产阶级政治家不是功利主义者，也不是实用主义者，但他们不讳言功利，不讳言实用。他们立足于巩固无产阶级专政，立足于实现社会主义现代化建设。他们不是为寻求支持而树立个人形象，不是为赢得选票而空口许愿。无产阶级政治家是靠襟怀坦白，与人民建立血肉联系，而不是靠故意制造神秘感来提高个人威信。他们的活动方式是民主的，是从群众中来，到群众中去。他们不仅目的高尚，实现目的的手段也是高尚的，不需要利用阴谋和权术去实现自己的理想。他们之所以不需要这些手段，是因为他们有力量，他们得到广大人民群众真心的拥护和支持。

第四节　政治家在政治生活中的作用与影响

一、政治家的分类

　　对政治家分类是为了分析的方便。根据不同标准有不同的分类，最基本的和最重要的是阶级分类，即看他们是哪个阶级的政治家。此外，还可以根据政治家所起的作用进行分类。列宁说过："判断历史的功绩，不是根据历史活动家没有提供现代所要求的东西，而是根据他们比他们的前辈提供了新的东西。"[①]这就是我们判断、评价政治家的标准和依据。政治家处于政治活动过程的核心地位，他的活动对政治生活起到各式各样的作用。这些作用可能是积极的，也可能是消极的；可能是重大的，也可能是微不足道的；可能是长远的，也可能是暂时的。只有放到当时的历史条件下去衡量

---

① 《列宁全集》第2卷，人民出版社1959年版，第150页。

这些作用，才能正确地评价政治家。

根据政治家对社会发展影响程度的不同，可以把他们分成两类。一类是杰出的政治家。他们通过自己的政治实践在维护国家独立、发展国民经济方面，在改革不适合生产力发展的生产关系和社会关系方面，在维护世界和平、制止侵略战争方面作出了较大贡献。他们的消极影响与此相比是微不足道的。另一类是一般政治家。他们对社会发展所起的作用和在各个方面所作的贡献相对小一些，但积极作用仍然大于消极作用。这种划分对于无产阶级政治家和资产阶级政治家都适用，但由于无产阶级政治家代表着先进的阶级和先进的生产关系，并以科学的马克思主义为指导，使得他们之中的一般政治家往往要比资产阶级杰出政治家对历史发展的影响还要大得多，深远得多。另外，人们通常对战争时期的政治家的评价要高于和平时期的政治家。这是因为在战争时期政治家的能力受到最大限度的挑战，他们的所作所为在短期内将导致阶级的兴衰、民族的存亡。而和平时期的政治家面临的考验可能同样严峻，面临的问题可能更为复杂，对阶级产生的影响可能更加深远，但由于这是一个长期的过程，因而就不那么引人注目。这是我们在评价政治家的作用时所应注意的问题。

在资产阶级政治学者当中，盛行着"杰出政治家出自大国、强国"的观点。尼克松就把杰出政治家的条件归结为三要素，即"伟大的人物、伟大的国家和伟大的事件"[①]。这固然有一定道理，因为大国、强国在国际舞台上处于中心地位，它们的政治家处理重大事件和作出重大决策的机会要多一些。但小国同样可以产生杰出的政治家，因为政治家业绩的决定因素不是国家的大小、强弱。强调杰出的政治家出自大国、强国的说法容易混淆评价政治家的客观标准，看不到不同阶级政治家在政治生活中所起的作用有质的不同。

---

① [美]尼克松：《领导者》，世界知识出版社1983年版，第2页。

二、资产阶级政治家的作用

资产阶级政治家是剥削阶级政治家的最高和最后类型。一般说来，他们对社会发展所起的作用和影响要远远大于奴隶主阶级、地主阶级的政治家。"由于古代阶级斗争同现代阶级斗争在物质经济条件方面有这样的根本区别，在由这种斗争所产生的政治人物之间，也就不能比坎特伯雷大主教与祭司长撒母耳之间有更多的共同点了。"[①]资产阶级政治家是近代大工业所形成的生产关系的产物，他们在不同的社会历史条件下所起的作用不同。

（一）资产阶级政治家领导推翻封建主义的资产阶级革命

这是他们最光辉灿烂的时刻。他们高举自由、平等、博爱的大旗，率领着整个第三等级以暴力的手段推翻腐朽的封建政权，确立了自己阶级的专政。这场革命不仅代表本阶级的利益，也代表农民、小资产阶级乃至无产阶级的利益。正如列宁所说："如果对伟大的资产阶级革命者不抱至深的敬意，就不能成为马克思主义者，因为这些革命家具有世界历史所承认的权利，来代表曾经在反对封建制度的斗争中把千百万新兴民族提高到过文明生活的资产阶级'祖国'讲话。"[②]资产阶级政治家在这场革命中不仅为本阶级指明了前进方向，而且直接投入斗争第一线，发动群众，激励群众，教会群众使用各种斗争武器。英国的克伦威尔是以清教徒的身份出现的。"克伦威尔和英国人民为了他们的资产阶级革命，就借用过旧约全书的语言、热情和幻想。当真正的目的已经达到，当英国社会的资产阶级改造已经实现时，洛克就排挤了哈巴谷。"[③]斗争的胜利使克伦威尔成为杰出的政治家。法国的罗伯斯庇尔为了把资产阶级

---

① 《马克思恩格斯选集》第1卷，人民出版社1972年版，第600页。

② 《列宁选集》第2卷，人民出版社1972年版，第628页。

③ 《马克思恩格斯选集》第1卷，人民出版社1972年版，第604–605页。

民主革命进行到底，果断地实行雅各宾专政，从而教育了一代法国人民，使后来的封建王朝复辟都不能长久。资产阶级革命是以多种形式进行的，有些是彻底的，有些是不彻底的，有些是立即成功的，有些是暂时失败的。但它对社会影响比以往任何时候都深刻，革命大大地解放了生产力，政治家在革命中所起作用的形式也是多样的，有些是武装起义的点火人，有些则是对外战争的征服者，"对德国来说，拿破仑并不像他的敌人所说的那样是一个专横跋扈的暴君。他在德国是革命的代表人，是革命原理的传播者，是旧的封建社会的摧毁人。诚然，他的行动表现出来是暴虐的，但是他的暴虐甚至不及公会的代表们可能表现出来并且实际上已经到处表现出来的一半，不及被他打倒的王公贵族们所惯于表现出来的一半。在法国已完成其任务的恐怖统治，拿破仑以战争的形式把它搬到了其他国家，这种'恐怖统治'德国是十分需要的。"①说拿破仑主要不是征服者，而是政治家，是因为他代表社会发展的方向，代表着历史的潮流。希特勒也是征服者，而他在征服欧洲的过程中很像拿破仑。然而，"希特勒像拿破仑不过是小猫像狮子一样，因为拿破仑是依靠进步力量来反对反动力量，而希特勒则相反，是依靠反动力量来反对进步力量。"②这是区别政治家的主要标志。

（二）资产阶级政治家在保护和完善资产阶级民主制度中的作用

在资本主义上升时期，资产阶级民主制度是进步的、充满活力的，它是最终击败封建专政的法宝，是吸引本阶级成员参加管理国家的有效工具。维护和完善这种制度对资本主义经济发展有着极大的促进作用。英国的首相小庇特通过改革建立了责任内阁制，从而完善了议会制度并给世界各国的政治制度以不同程度的影响。美国第三届总统杰弗逊作为《独立宣言》和《人权法案》的主要执笔人为建立美国政治制度作出了贡献。因此，他们两人都被看作资产阶级政治家。而林肯是以解放奴隶、维护美

国统一的实际行动被看成是杰出政治家的。蓄奴是美国资本主义发展初期的需要，但在本质上是与资产阶级民主制格格不入的，这种制度要求在法律面前人人平等，要求劳动力应该是有人身自由，但又不得不出卖劳动力的雇佣工人。林肯看到了蓄奴对资本主义经济发展的威胁，他勇敢地担负起废除奴隶制这项伟大的历史任务，粉碎了南部种植园主的分裂战争。马克思称赞林肯说："这是一个不会被困难所吓倒，不会为成功所迷惑的人；他不屈不挠地迈向自己的伟大目标，而从不轻举妄动，他稳步向前，而从不倒退；他既不因人民的热烈拥护而冲昏头脑，也不因人民的情绪低落而灰心丧气；他用仁慈心灵的光辉缓和严峻的行动，用幽默的微笑照亮为热情所蒙蔽的事态；……这位出类拔萃和道德高尚的人竟是那样谦虚，以致只有在他成为殉难者倒下去之后，全世界才发现他是一位英雄。"[1]资产阶级政治家在维护资产阶级民主制过程中所起的作用和意义并不亚于在建立这种制度时所起的作用和意义。正如马克思所说："在美国历史和人类历史上，林肯必将与华盛顿齐名！"[2]

（三）资产阶级政治家在民族独立和解放斗争中的作用

民族独立和解放是指殖民地、半殖民地被压迫人民起来推翻帝国主义、封建主义和本国官僚资本的统治。这种斗争在1917年以前仍属于资产阶级革命，即使在1917年以后，也有不少资产阶级政治家直接地领导这种革命建立了资产阶级政权。孙中山先生在我国领导了一场有重要影响的民主革命，其目的是使中国在政治上和经济上彻底获得独立。列宁高度评价孙中山的纲领和活动。他说："孙中山纲领的每一行都渗透了战斗的、真实的民主主义。它充分认识到'种族'革命的不足，丝毫没有对政治表示冷淡，甚至丝毫没有忽视政治自由或容许中国专制制度与中国'社会改革'、中国立宪改革等等并存的思想。……它直接提出群众生活状况及群众斗争问题，热烈地同

① 《马克思恩格斯全集》第16卷，人民出版社1964年版，第108–109页。
② 《马克思恩格斯全集》第15卷，人民出版社1963年版，第586页。

情劳动者和被剥削者，相信他们是正义的和有力量的。"①如果说孙中山先生是半殖民地国家的一盏明灯，那么，加纳的克瓦米·恩克鲁玛则是殖民地国家中领导独立运动的著名领袖。他使得加纳成为撒哈拉沙漠以南的非洲殖民地第一个赢得独立的国家，并且按英国的方式建立了资产阶级政体。他一生尽全力支持其他非洲国家独立，被誉为"非洲独立之父"。由于民族资产阶级的软弱，孙中山领导的民主革命没有成功，恩克鲁玛的经济复兴运动也陷于失败。但他们作为资产阶级杰出的政治家，为唤醒人民觉悟，为争取彻底的民主制度作出了重要贡献。

（四）资产阶级政治家在调整生产关系，加速发展本国经济中的作用

通过发展生产，榨取更多的剩余价值是资产阶级的根本利益所在，使经济保持繁荣是资产阶级政治家面临的最经常、最重要的问题。他们不仅要制定适宜的政策，重视科学技术的研究、推广和应用，而且要重视应对资本主义社会出现的周期性经济危机。日本的吉田茂就是在战争的废墟上，利用正确的经济政策，利用国内外一切有利因素，特别是大力开发科技人才，科学立国，使日本在短时期内恢复了经济，并为日本发展成世界第二大经济强国奠定了基础。美国的罗斯福，面对1933年世界性经济危机，大胆地实行了国家资本主义政策，一方面用"反托拉斯法"限制垄断企业的发展，另一方面把一部分企业收归国有并开发"田纳西"等工程，解决劳动力失业问题，使美国经济很快从萧条转向复苏。随着垄断资本主义的进一步发展，资产阶级政治家对经济发展的指导作用越来越迫切、越来越必要。

（五）资产阶级政治家在维护世界和平中的作用

帝国主义存在是战争的根源。资产阶级政治家一般来说不是和平的维护者，但在特定的历史条件下，当帝国主义战争威胁到他们的阶级生存时，他们就有可能站出来动员一切力量反对和制止战争，这是历史矛盾性的表现。第二次世界大战时，罗斯

---

① 《列宁全集》第18卷，人民出版社1959年版，第152页。

福、丘吉尔、戴高乐就是一批这样的政治家。当法西斯国家要毁灭整个世界时，他们领导资本主义反对侵略，成为世界和平的保卫者。当英国陷入孤立时，是丘吉尔受命于危难之中，向全世界宣告：英国绝不投降，将抵抗到最后一个人。同样，夏尔·戴高乐在法国政府投降时，在伦敦宣布：法国将继续战斗，法国人可以在英国的制海权和美国军火生产的巨大潜力支持下继续作战而最终取得胜利。这一预见使戴高乐在法国人民的心目中成为不朽的英雄，使他能够在黑暗的时期成为法兰西灵魂永恒火焰的看护人。

（六）政治家在协调本阶级内部矛盾中的作用

进入垄断资本主义时期，资本主义内部固有的矛盾开始激化，原有的地区间、行业间的矛盾发展成各种不同利益集团的矛盾。资产阶级政治家协调本阶级内部矛盾的任务显得越来越重要。他们的做法可能是公开的，也可能是暗地里进行的，更经常是通过实行代表大多数垄断资本家利益的政策来缓和阶级内部的矛盾，以牺牲较小的资本家利益来满足大垄断资本家的要求。资产阶级政治家往往通过一定的组织来协调不同集团的利益和要求，很多重要决策是在各种政策研究会、各种基金会中决定的，而这些组织的绝大多数成员是不同垄断集团的代表。尽管表面上是多元化政治，表面上政治家是某一集团的代表，但实际上他仍然是资产阶级整体利益的代表。他们协调阶级内部矛盾的过程就是各利益集团按实力瓜分的过程。日本首相中曾根康弘在1983年组阁时，首先把重要职位分配给田中派、铃木派、福田派，使各派实力得到正确反映，也就是说各派所代表的垄断集团的利益得到了正确反映。这样，资产阶级政治家的"协调"就取得了成效。

以上提到的是资产阶级政治家所起的积极作用。由于历史的、阶级的局限性使他们本人的才能、远见不可能完全发挥出来。他们对历史发展往往起到暂时性的作用。他们在某一个时期维持和平，但最终还要破坏这种和平；他们在某一段时间，能够减少经济危机的影响，但不能对此根本克服。这是由资本主义本身的运动规律所决定的。斯大林曾说过："我丝毫不想以此贬低罗斯福的卓越的个人品质——他的主动、勇敢和坚决。毫无疑问，在现代资本主义世界的一切首领中间，罗斯福是一个最有才能的人物。"①然而，"如果罗斯福企图牺牲资本家的利益来真正满足无产者阶级的利益，那末资本家阶级就会拿别的总统来代替他。资本家们会说，总统可以上台下台，我们资本家还是资本家；如果某一总统不能保卫我们的利益，我们就另找一个。总统能拿什么来反抗资本家阶级的意志呢？"②这是对资产阶级政治家作用的最深刻、最本质的认识。资产阶级政治家的阶级局限性决定他们对历史发展必然产生某些消极作用，最典型的例子就是对工人阶级的镇压。这种消极作用抵消了他们一部分积极作用。

三、无产阶级政治家的作用

无产阶级是历史上最先进的生产关系的代表，他们的政治家能够充分发挥个人的智慧、才能和作用。这些作用表现在：

（一）组织教育本阶级群众

无产阶级政治家是卓越的马克思主义者，他们要为本阶级成员指出斗争的方向和事物发展规律。这是因为无产阶级中大多数人不能自发地认识到本阶级的历史使命，不能自发地产生社会主义意识。列宁对此曾说："工人本来也不可能有社会民主主义的意识。这种意识只能从外面灌输进去。各国的历史都证明：工人阶级单靠自己本身的力量，只能形成工联主义的意识，即必须结成工会，必须同厂主斗争，必须向政府争取颁布工人所必要的某些法案等等的信念。"③马克思作为无产阶级的政治家首先创

---

① 《斯大林文选（1934—1952）》（上），人民出版社1962年版，第3页。
② 《斯大林文选（1934—1952）》（上），人民出版社1962年版，第5—6页。
③ 《列宁选集》第1卷，人民出版社1972年版，第247页。

立了马克思主义，指出资本主义发生、发展、衰亡的必然过程，指出无产阶级专政必然要代替资产阶级专政的历史规律。这一理论被各国工人阶级所接受，成为他们自觉行动的指南，变成了巨大的物质力量。无产阶级政治家教育群众的作用是巨大的，恩格斯对马克思这样评价道："我们之所以有今天，都应归功于他；现代运动当前所取得的一切成就，都应归功于他的理论和实践的活动；没有他，我们至少还会在黑暗中徘徊。"[①]教育群众和组织群众是分不开的，无产阶级政治家组织群众的过程同时也是集中群众智慧的过程。毛泽东指出，"革命的政治家们，懂得革命的政治科学或政治艺术的政治专门家们，他们只是千千万万的群众政治家的领袖，他们的任务在于把群众政治家的意见集中起来，加以提炼，再使之回到群众中去，为群众所接受，所实践"[②]。毛泽东把群众也提高到政治家的高度，说明无产阶级政治家对群众作用的充分肯定。只有集中群众的智慧，无产阶级才有力量。无产阶级"革命政治家"的事业归根到底就是无产阶级"群众政治家"的事业。这种组织工作不仅在革命前是必要的，而且在革命后也是不可缺少的，这是由无产阶级专政的必要性和必然性所决定的。

（二）团结同盟者

无产阶级政治家不仅是无产阶级利益的代表，而且是其他劳动群众利益的代表。因为无产阶级的事业无论是在推翻资产阶级的过程中，还是在进行社会主义建设中，同其他劳动群众的利益在根本上是一致的。在当代社会中，其他劳动阶级虽然不能作为领导阶级，但他们是革命的基本力量。无产阶级必须和他们结成巩固的联盟，为此，无产阶级政治家在制定政策的过程中，在不损害自己的根本利益的基础上要尽可能考虑其他劳动阶级的利益。无产阶级政治家必须是策略的能手，统战的专家。在吸引其他阶级过程中，不仅要团结可靠的同盟者，而且要团结那些暂时的、不可靠的同

---

① 《马克思恩格斯选集》第4卷，人民出版社1972年版，第437–438页。

② 《毛泽东选集》合订本，人民出版社1968年版，第823页。

盟者，在团结他们时还要加以改造。中国共产党在领导中国革命和社会主义建设的过程中就创造性地团结了一大批民族资本家，并把他们最终改造成为自食其力的劳动者，使得无产阶级用较小的代价完成了一项艰巨的历史任务。这是中国的无产阶级政治家们运用马克思主义的策略原则，争取和团结同盟者的光辉范例。

（三）领导夺取政权、巩固政权

无产阶级为了争得民主上升为统治阶级，就要在革命时机成熟时，武装夺取政权，战胜强大的资产阶级。这是历史上最激烈、最残酷的较量。领导这场斗争的无产阶级政治家在革命的远见、胆略和英雄气概方面都要高于资产阶级政治家，并且还要抓住时机，果断地作出决策。列宁就是这方面的典范。"天才的远见，迅速抓住并看透即将发生的事变的内在意义的才能，——这就是列宁的一个特点，这个特点使他能够制定正确的战略和革命运动转折关头的明确的行动路线。"[1]十月革命正是由于采取正确方针，抓住关键时机而取得胜利的，从而向全世界被压迫群众证明了："劳动王国是可以靠劳动者自身的努力来建立的；劳动王国是应该建立在地上，而不应该建立在天上的。"[2]无产阶级革命与资产阶级革命不同，取得政权只是完成革命的第一步，无产阶级政治家的使命是巩固无产阶级专政，在加强无产阶级民主的同时，对少数反动派实行专政。

（四）发展经济和实现社会主义现代化

掌握政权的无产阶级的根本任务是创造比资产阶级更高的生产率。为此，无产阶级政治家在生产资料社会主义改造完成后，总是把实现工业、农业现代化，把赶上和超过发达资本主义国家当作目标，把它看成是和平时期的最大政治，看成无产阶级能否最终战胜资产阶级的关键所在。搞现代化是一项十分复杂和艰巨的任务。在某种意

---

① 《斯大林全集》第6卷，人民出版社1956年版，第57页。

② 《斯大林全集》第6卷，人民出版社1956年版，第43–44页。

义上说，它比无产阶级夺取政权的斗争还要艰巨，一方面没有经验，另一方面对前进路上困难不好预测。因此，无产阶级政治家的领导作用比以往更加突出和重要。他们不仅要随时调整、改革与生产力发展不相适应的那部分经济、政治制度，而且还要重视发展现代科学技术，注意人民教育水平的普遍提高，注意引进先进资本主义国家的成功经验。

（五）反对帝国主义、霸权主义，维护世界和平

社会主义建设需要有一个安定的国际环境，各国的无产阶级政治家们为创造这样的环境进行了坚持不懈的努力。无产阶级政治家既是爱国主义者，又是国际主义者。他们反对局部战争，更反对毁灭人类的世界大战。在第二次世界大战中，斯大林领导苏联人民浴血奋战，赢得了反侵略战争的胜利，战胜了当时世界上最凶恶的法西斯国家。而当代世界仍然面临着战争危险，两个超级大国加速扩军备战，霸权主义对整个人类构成了新的威胁。保卫和平，动员一切力量团结起来，制止战争已成为各国无产阶级政治家的共同使命，他们将面临新的考验。

无产阶级政治家在对社会发展作出巨大贡献的同时，有的也会产生某些消极作用。特别是在社会主义建设中，容易受到"左"、右倾观点的干扰。例如，斯大林犯了肃反扩大化错误，毛泽东晚年发动"文化大革命"，但这些错误无损于他们的巨大历史功绩。

四、政治家的威信与个人崇拜

威信是指政治家在人民群众心目中的地位与影响，个人崇拜是指对政治家的神化，是对政治家作用的过分夸大和吹捧。二者有本质区别。个人崇拜是封建社会的残余，是科学不发达和人民文化水平不高时代的产物。个人崇拜也是统治者实行独裁统治的需要。日本军国主义者为了长期统治人民思想，就把天皇说成是神，大搞个人崇

拜。但一般来说，资产阶级民主制与个人崇拜是不相容的，它要求本阶级成员有平等地管理国家的权利，绝不容许某个人或某些人公开地搞独裁。但是，他们在反对个人崇拜时，也降低了政治家的威信。他们通过舆论宣传工具对政治家大肆责难，诸如说田中角荣是受贿犯，尼克松是最大阴谋家，卡特是美国历史最无能的总统等。这种做法使个别政治家很难制造个人崇拜，便于垄断资本家进行监督和换马。

无产阶级政治家是最大公无私的。他们是人民群众的公仆，除了人民利益外不存在个人特殊的利益，无产阶级政治家的这一特质是和个人崇拜格格不入的。因为人民群众没有必要对自己的公仆去搞个人崇拜。但是，由于现有的社会主义国家都是在较落后的资本主义国家或半殖民地半封建社会基础上产生的，旧的传统观念和落后意识影响很大，个人崇拜有一定基础，个别政治家有时会接受某种形式的个人崇拜。个人崇拜不仅给无产阶级的事业带来极其重大的损失，而且也降低了无产阶级政治家的威信。因此，反对个人崇拜是无产阶级政治家一项长期的艰巨的任务，也是无产阶级政党的任务。中国共产党人就吃过搞个人崇拜的苦头，因而坚持反对个人崇拜。中共中央曾明确规定，除非中央有专门决定，一律不得新建关于老一辈革命家个人的纪念堂、纪念馆、纪念亭、纪念碑等建筑。正在建设的和虽已建成但尚可改造的，应尽可能改建为其他社会经济文化福利设施。并指出，报纸上要多宣传马列主义、毛泽东思想，多宣传社会主义优越性和工、农、兵、知识分子为"四个现代化"奋斗的成就，多宣传党的政策、方针、决议，少宣传领导个人的没有重要意义的活动和讲话。这些措施将对反对个人崇拜起重要作用。反对个人崇拜和树立政治家的威信是两回事。无产阶级政治家要和群众打成一片，自觉地接受群众的监督，在人民群众心目中建立威信，而人民群众要给予无产阶级政治家充分的信任、关心、爱戴，这是无产阶级革命事业胜利的基本保证。

第五节　政治家的培养

一、政治家培养的必要性和可能性

随着政治家在政治生活中的作用日益增大，按一定方式造就政治家的问题越来越受到各种阶级的重视。但政治家能不能培养，在理论上仍然是一个有争论的问题。由于政治家在智慧、胆略、魄力等方面超过普通人，资产阶级多数学者坚持"自然生成论"。他们的理由有两点：其一，在紧要关头，总是有政治家应运而生，来解决面临的困难和危机，因此无须特别培养；其二，平时有意识培养某个人，由于受机会限制，他可能永远不会登上政治舞台，发挥作用。因此，政治家的产生只能靠个人天赋和竞争能力。无产阶级学者的观点与此相反。他们认为培养政治家不仅是必要的，而且是可能的。正如列宁所说："在现代生活中，假如没有'十来个'富有天才（而天才人物不是成千成百地产生出来的）、经过考验、受过专门训陈和长期教育并且彼此配合得很好的领袖，无论哪个阶级都无法进行坚持不懈的斗争。"[1]这里所说的"经过考验、受过专门训练和长期教育"就是指培养政治家的可能性。政治家的才能来自政治实践，是在特定条件下磨炼出来的，政治家的知识也是长期教育的结果。只要把"富有天才"的人物置于特殊条件下，反复训练，经受考验，就一定会取得成效的。无产阶级认为现有的一切政治家都是由阶级培养的，有些是有意识培养的，有些是无意识培养的；有些培养得较早，有些培养得较晚；有些培养的效果好一些，有些培养的效果差一些。"自然生成论"是站不住脚的。说政治家是由阶级培养的，并不是指阶级中的个别成员可以培养政治家，恰好相反，阶级内部成分复杂，觉悟程度差距很

---

① 《列宁选集》第1卷，人民出版社1972年版，第332页。

大，因而不能直接培养。阶级只有通过集中了它的精华的政党和特定集团，才能完成培养政治家的任务。政党或集团培养政治家不同于培养其他专门家，它们培养的是阶级的最高决策者，这比起培养其他专门家困难百倍，但这是一项十分必要的任务，不培养一批政治家，"无论哪个阶级都无法进行坚持不懈的斗争"。

二、资产阶级政治家的培养

资产阶级根据本阶级的需要，一贯地重视培养政治家。尽管他们在理论上认为政治家不可能人为地培养，但在现实生活中，他们已经培养出一大批政治家。特别是进入垄断资本主义阶段，资产阶级国家普遍地面临领导危机，垄断资本家更加把拯救危机的希望寄托在培养一批有作为的政治家上。由于资产阶级内部矛盾进一步激化，政党变得十分软弱，培养政治家的工作开始过渡到集团手中。代表垄断资产阶级利益的各种基金会、大公司、学校、学术团体、咨询机构、新闻机构成为培养政治家的新的中心。日本的丰田公司创立了一所"21世纪领导人"学校，一方面培养企业领导人，另一方面培养国家最高决策者。该公司的资本家认为，未来社会中国家间、阶级间的较量表现为不同的政治家之间的较量。他们素质的好坏、能力的强弱将决定着国家的命运，为此要面向未来，要模拟各种复杂的事情来考验、训练"新的政治家"。他们并不认为从这个学校培养出来的每个人都能成为政治家，但相信这些人中必定有一部分人能担负未来国家的重任。美国的对外关系委员会和三边委员会是美国制定对外政策的灵魂，是不同的垄断资本家利益的协调组织。在这里培养了基辛格、卡特、布热津斯基等一大批人。其中亨利·基辛格被称为尼克松"思维的保姆"，他通过制定与中国解冻、与苏联缓和以及结束越南战争等政策深深地影响和改变了国际政治的格局。由集团来培养政治家是政党内部矛盾加剧的必然结果，但集团所培养的政治家必须被政党所肯定，即被其他不同利益集团肯定后才能成为阶级的最高决策者，因而资产阶级政治家仍然是整个资产阶级的代言人，而不是个别集团的代言人。

资产阶级对自己的政治家的培养主要集中在立场、学识、才干三方面。

首先，在立场培养方面，资产阶级要求政治家对自己的阶级绝对忠诚，这是最重要的条件。资产阶级宁可不要那些才华出众、立场动摇的人，而选择那些能力虽不如前者，但阶级立场比较坚定的人。阶级意识的培养需要一个长期的过程。资产阶级把自己的政治制度、经济制度和阶级道德传播到学校、家庭和社会每个角落，对将要成为政治家的人长期熏陶，这属于普遍的培养。另外，某些天赋较高的人，在各种竞争中显露才华时，垄断资本家就给予他们相当高的地位和优越的物质生活条件，使他们感受到资本主义制度的优越性，成为这种制度的代言人，并进而对这些少数人进行专门理论教育，使他们对制度的认识从感性上升到理性，这属于特殊的培养。政治立场的培养往往表现为隐蔽的形式，不易被人们所察觉，特别是在那些资产阶级革命初期的政治家身上更是如此。当时占统治地位的并不是资产阶级的意识，而且有些政治家出身于封建贵族世家。他们能够效忠于新兴资产阶级的原因，是从书本上了解到新兴资产阶级的理论，从实践中感受到这个阶级的强大生命力，这个过程就是他们自觉地接受阶级培养的过程。因此，阶级意识的培养并不一定通过特定组织去完成，但通过特定组织培养可以加速政治家的阶级意识的形成和政治立场的坚定。

其次，是知识的培养。政治家要有渊博的知识，他们应该通晓古今政治家活动的方式，熟悉各种不同国家的政治制度，了解本国政治活动的特点，要具有较高的政治理论素养，具有解决各种社会问题的综合知识。在现代社会里，政治家在某个领域里"无知"都可能带来灾难性的影响。资产阶级培养政治家各种知识的最主要、最经常的地方是学校，垄断资本家甚至把某些专门学校的院、系办成政治家和政治活动家的摇篮。据统计，近几十年来的英国的首相、大臣多出身于牛津大学和剑桥大学。现任（到1984年初）撒切尔夫人内阁的22名大臣中有17人出身于牛津或剑桥，26名负责常务工作的副大臣中，有20人出身于牛津或剑桥。这些人中当然不都是政治家，但这种倾向说明，资产阶级培养自己的政治家已做到专门化和专业化，利用最好的条件，用最现代化的知识来武装他们的头脑。

最后，是才能的培养。光有丰富的知识还不能成为政治家。政治家是政治活动实践家，必须具备多种能力，他们不是政客，但他们是运用权力的大师，精通在各种复杂情况下如何利用权力来实现自己的主张和政策。资产阶级非常注意培养政治家的宣传鼓动能力，使他们成为讲演专家，以便对人民群众进行欺骗和扩大自己的影响。同时使他们的政治家具有卓越的领导能力，能够知人善任，驾驭其他的领导人和专家，还要培养政治家果断分析和决策的能力，在短时间内能够选择最佳方案。资产阶级是把政治家置于一定环境，在实践中逐步取得经验，增长这些方面的能力。尼克松担任美国总统前，就历任过众议员、参议员、州长等多种职务，具有丰富的政治经验。基辛格更是在实践中培养、在培养中实践的典型。他是"四朝元老"：尼克松的国家安全助理，福特的国务卿，卡特的中东特使，里根的中美洲委员会主席。基辛格的广博的知识在外交实践中得到发挥，而外交实践又使他增长了大量的经验和才干。政治家的能力是多方面的，但最根本的能力是能否长期获得群众的支持和拥护。资产阶级政治家的局限性就在于，他们不能"通过无形的纽带同人民的机体联系在一起"[1]。斯大林说过："有些政党的理论家和领袖虽然知道各族人民的历史，钻研过革命历史的始末，可是他们有时患着一种很不体面的病症。这种病症就叫做害怕群众，不相信群众的创造能力。"[2]资产阶级和人民群众之间的不可调和的矛盾决定着资产阶级政治家或多或少地患有这种病症，他们不可能从根本上获得群众的支持和拥护。

---

① 《马克思恩格斯全集》第33卷，人民出版社1973年版，第178页。
② 《斯大林全集》第6卷，人民出版社1956年版，第54页。

三、无产阶级政治家的培养

无产阶级比资产阶级更加注意对自己的政治家的培养。这是由无产阶级事业的艰巨性所决定的。列宁指出："政治是一种科学，是一种艺术，它不是天上掉下来的，不是白白可以得到的；无产阶级要想战胜资产阶级，就必须造就自己的，无产阶级的'阶级政治家'，而且要使这种政治家同资产阶级的政治家比起来毫无逊色。"[①]这段话有两层含义。列宁说的第一层含义是，无产阶级要培养自己的政治家。无产阶级要把政治家的立场，即政治标准放在第一位。政治家不是抽象的，而是具体的阶级的政治代表，无产阶级政治家是为了适应与资产阶级进行阶级斗争的需要而产生的，他们的所作所为都是围绕这种斗争展开的。无产阶级在培养自己政治家的阶级立场时，主要是让他们掌握无产阶级认识事物的观点与方法。具体地说，要求政治家必须是一个出色的马克思主义者，是一个对马克思主义精髓——无产阶级专政的实质有深刻了解的人。列宁说的第二层含义是，无产阶级政治家不仅要具有坚定的政治立场，还必须具有卓越的才能，广博的学识，并且和资产阶级政治家比起来毫不逊色。这是由无产阶级的历史使命所决定的。因为无产阶级面临着比以往任何剥削阶级都强大的资产阶级，面临着比以往任何阶级政治家都要高明得多，并掌握现代化知识的资产阶级政治家。要想战胜资产阶级，就必须使无产阶级政治家在各个方面高于资产阶级政治家，这不仅是必要的，也是可能的。因为无产阶级培养政治家主要是由无产阶级政党来完成的，这与资产阶级由集团来培养政治家形成了对比，无产阶级政治家是阶级统一意志的产物。资产阶级政治家则是阶级内部不同利益妥协的产物。无产阶级政治家的才能可以充分地发挥，资产阶级政治家的才能要受到阶级内部矛盾的限制。但无产阶级

---

① 《列宁选集》第4卷，人民出版社1972年版，第234页。

要实现这种"可能"则需要顽强的努力。列宁在《给德国共产党员的一封信》中写道："培养一批有经验、有极高威信的党的领袖，这是一件长期的艰苦的事情。但不这样做，无产阶级专政，无产阶级的'意志统一'，就会成为一句空话。"①这里所说的党的领袖就是指政治家，因为无产阶级总是把自己的政治家推举到领袖的地位上。列宁强调这种培养是长期的、艰苦的，是因为政治家获得"必要的知识，必要的经验，必要的政治敏感"要有一个长期的过程，而这种"长期的、艰苦的事情"是关系到能否统一阶级意志的问题，也就是关系到无产阶级能否生存的问题。要充分认识培养无产阶级政治家的重要性和艰巨性。

无产阶级对政治家的培养是严格的，要求是很高的。在知识方面，不仅要具有系统的历史知识，而且要具有现代化科学知识；不仅要具有丰富的革命斗争经验，而且要具有经济建设的经验；不仅要了解本国国情，还要了解世界发展现状。在当代社会主义国家里，工人阶级的首要任务是进行社会主义现代化建设，这实际上是与资本主义国家在竞赛，是一场比时间、比速度、比生产率、比科技水平、比物质文明和精神文明的竞赛。由于社会主义国家起点较低，给这场竞赛带来极大的困难，但这场竞赛的结局将决定是否埋葬资本主义制度。这就要求政治家要有大量的现代化知识结构，要懂得制定自己的石油战略、粮食战略、科技战略……懂得经济发展规律，能够灵活运用而不是机械照搬先进经验。为此，要求政治家不但在学校接受系统教育，而且要在政治实践中不断地学习。

在能力培养方面，无产阶级是把政治家置于实践斗争中锻炼，着重培养政治家的领导组织能力，使他们"能把千百万劳动者团结得像一个人一样"；还要培养他们的鼓动能力，用马克思主义思想去教育群众，激励群众斗争；要使他们具有政治敏锐性

---

① 《列宁全集》第32卷，人民出版社1958年版，第505页。

和预见性，对所发生的每件事的后果能较早地认识和估价；要使他们有顽强的意志，不怕挫折和失败。

无产阶级还要对政治家进行品德、作风的培养。要求他们大公无私，全心全意为人民谋利益；要求他们吃苦耐劳，谦虚谨慎，能倾听不同意见，有自知之明，能以公仆的身份与群众打成一片；要求他们有组织、纪律观念，接受党的监督，不允许像资产阶级政治家那样凌驾于党之上；要求他们具有共产主义道德，并成为阶级道德的楷模。培养无产阶级政治家的过程也是他们不断地进行自我改造的过程，正如刘少奇所说："由一个幼稚的革命者，变成一个成熟的、老练的、能够'运用自如'地掌握革命规律的革命家，要经过一个很长革命的锻炼和修养的过程，一个长期改造的过程。"[1]

第六节　政治家面临着挑战

政治家不仅要回顾过去，正视现实，更重要的是面向未来，面向那些将对现存社会产生重大影响的事件，先于其他人预测这些事件的意义和后果，并采取积极的对策。政治家面向未来，首先就要面对着即将到来的新技术革命时代，面临着这种时代的考验和挑战。

一、新技术革命的概念和内容

新技术革命又称科技革命、信息革命、第三次浪潮、第四次产业革命、第四次工业革命等。这些概念最先是由资产阶级的社会学家、未来学家提出的，他们试图对新

---

[1]　《刘少奇选集》上卷，人民出版社1981年版，第99页。

技术革命的特征进行高度的概括。尽管他们对以往的技术革命的认识并不一致，但都一致认为即将出现的以超大规模集成电路技术（微电子技术）为基础的技术革命与以纺织机、蒸汽机、电力和电子技术为标志的前几次技术革命有本质的不同。新技术革命不是指一种生产技术，而是指多种生产技术。它表现为技术群、技术系列、技术网络。微电子科学、信息科学、生命科学、材料科学、能源科学、海洋工程、宇航工业等领域技术的重大突破和普遍应用将带来生产力新的飞跃。这场科技革命需要经历全面的、综合的、分阶段的过程，它不仅是指科学技术领域本身的变革，不仅是指科学认识和科学创造水平的提高，更重要的是意味着人的行动与社会发展水平的提高。马克思认为，生产力是生产方式中最活跃的因素。生产力的发展，必然会促进生产关系的变革，从而引起庞大的上层建筑或迟或早的变革。纺织机、蒸汽机的应用加速了进入自由资本主义阶段，20世纪初电力的应用使垄断在客观上成为可能，而这次新技术革命要比200年前的产业革命影响大得多。以往的技术革命、产业革命不过是使人从繁重的体力劳动中解放出来，而这次技术革命是把人从繁重的脑力劳动中解放出来。它不仅改变着人们的生活方式，而且深刻地改变着人们的思维方式。从时间上看，新技术革命并不是十分遥远的事情，各国专家们预测，有20～30年时间新技术就可以普及应用。而在某些领域，如电子计算机、信息处理、宇航技术、遗传工程已取得重要突破，在应用中达到了预想的效果。从这个意义上说，新技术革命不是"即将到来"，而是"正在到来"。例如美国是被公认的第一个信息国家，从事信息工作的白领工人与蓝领工人是5：4，"拥有电脑超过1000万台，电子工业产值1982年大约500亿美元，预计1986年将达1000亿美元"[①]。实质上，这场革命是目前各国现代化建设的继续和深入。现代化是一个相对概念，它是指人类技术知识的空前增长和对内、对外环境的有

----

① 参阅《正在兴起的世界技术革命浪潮》，载《世界知识》1984年第4期。

效控制。新技术革命正是朝着这个方向发展，"信息技术已成为现代工业国家决定性的基础结构，不积极研究和发展新技术，实际上等于放弃成为一个现代化国家"[①]。面对这场革命，资产阶级政治家产生了美好的幻想，幻想出现一个"奇妙的时代"，以便摆脱目前的困境和危机。面对这场革命，无产阶级政治家更加坚定了必胜的信心，认为历史赋予了一个消灭资本主义制，向共产主义迈进的大好时机。

二、新技术革命对政治家的影响

第一，对政治家的知识结构要求比以往任何时候都要高。今后的政治家，仅有一般阶级斗争知识和管理国家的知识，已经远远不够了，需要具有丰富的现代化的科技知识。政治家的责任比以往任何时候都要大，因为经济发展中的问题日益政治化，变为非常重要和紧迫的政治问题。政治家不仅要对战争、外交等问题作出决策，而且要对科技政策、产业结构，甚至重要的产品作出决策。例如，把有限的人力、物力投入哪些关键性产业、产品中将直接关系到新技术革命实现的早晚，用什么途径去开发人民的智力将关系到现代化事业的成败。政治家依靠科学顾问、科技办公室、科学委员会制定科技政策已远远不能适应决策变化的需要。任何科学盲的政治家都会给自己的事业带来巨大的损失。目前，发达资本主义国家的政治家正试图把那些劳动密集、污染严重的工业转让给第三世界国家，而把那些知识密集、无污染的赚钱的新工业留给自己，以便保持领先地位。无产阶级政治家对此必须有清醒的认识。只有高瞻远瞩，把引进、创新与国情相结合，把现有的生产条件与先进技术相结合，才可能不经过典型的工业化发展道路而直接进入新技术时代，缩短赶超发达资本主义国家的时间。要实现这个目标，无产阶级政治家必须具有全面的知识。

---

① ［美］约翰·奈斯比特：《当今重要演说》，载《外国哲学社会科学文摘》1981年第1期。

第二，新技术革命改变着政治家的思维方式。思维方式是指思考问题的方法和途径。决定人们思维方式的主要因素是一定历史条件下的生产力水平和以物质形式存在的科学技术水平。古代人的思维方式是直觉的、模糊的，具有思辨、猜测的特点；近代人的思维方式是分割的、分析的和机械的。19世纪，当科学技术进一步发展，能量守恒和转换定律、细胞学说和进化论这三大发现，奠定了马克思主义唯物辩证法的自然科学基础，人们才开始用科学的辩证的方法思考问题。[①]因为标准化、同步化、专业化这些社会特征仍然束缚着人们的头脑，反映在思维上是孤立地看待问题，而新技术革命进一步压缩了时间和空间，使过去毫不相干的事在今天变得关系十分密切。例如：法国在海牙角兴建了一个核回收装置，那里的放射性气体如果逸散，就会随风飘至英国；而美国实行任何形式的汽车禁运，就会给日本带来大量的失业和经济危机；同样，沙特阿拉伯等石油输出国家提高或压低石油生产指标，就会对许多国家的生产情况产生中期或长期的影响。这种使彼此孤立的事物相互联系是新技术革命的主要特征之一。它要求政治家在思维方式中必须树立系统的观念、整体的观念，不仅要看到部分与部分之间的关系，而且要看到部分与整体之间的关系。在作出某一个技术决策时（如普及微电脑），要看到它与经济发展速度的关系，对社会、家庭的影响，对阶级构成、权力构成的影响等。

政治家思维方式的另一种改变是树立效率观念，也就是时间观念。微电脑的利用，加快了政治家的思维、判断、反映的速度，建立了人—机观念。人和计算机的关系实际是人脑与人脑的关系，计算机靠程序工作，而程序是人脑的产物，它的功能取代了人脑中部分记忆、判断、思维的功能。人—机观念的形成意味着时间和价值开始等同，时间即价值，时间即财富，政治家必须适应这一客观要求。此外，政治家的思

---

① ［美］托夫勒：《第三次浪潮》，三联出版社1983年版，第479页。

维方式还变得灵活多样，不断创新；变得尊重知识，树立知识即财富观念。

新技术革命反映在思维方式上的系统、高效、创新、多样性等特点，从根本上说是与辩证法普遍的、联系的、发展的等特点相一致的。它给辩证唯物主义提供了更加科学的依据，使无产阶级政治家能够在认识事物过程中避免机械唯物主义和形而上学。它是和无产阶级的阶级性、阶级利益相一致的。它又一次验证了马克思主义的正确性。从历史上看，技术革命对人民群众思维方式的影响往往带有滞后性。这就使无产阶级政治家能够用新的思维方式去促进技术革命的发展，带动一般群众思维方式的现代化。这也是无产阶级能在经济、科技领域里战胜资产阶级的重要途径之一。

新技术革命在客观上也要求资产阶级政治家用系统、整体、多样等新思维方式去思考现实和未来，但这又与资产阶级的阶级性相矛盾。资产阶级是落后的生产关系的代表，它的保守性在思维方式上的反映是唯心主义和形而上学，用孤立、分割、机械的观点认识事物，这种客观性与阶级性不可调和的矛盾必然要反映在资产阶级政治家的决策中，从而大大限制了政治家的才能和预见性，这是无产阶级政治家与资产阶级政治家在新技术革命条件下的重要区别之一。

新技术革命对政治家的另一个影响是出现权力分散、决策民主化的局面。未来的社会是一个信息社会。这里的信息是消息、情报、指令、信号、数据等的总称。信息是政治家决策的依据。产业信息化的结果使信息量剧增，相对地要求决策选择信息的时间大大缩短，从而使决策速度加快。当信息的增长速度超过人们可以预见的速度时，就会出现"决策负担过重""决策内爆"等现象。美国约翰·霍普金斯大学高级国际研究学院的罗伯特·斯基德尔斯针对这种现象写道："即使获得多数议员的拥护，财政政策实质上并无用处，因为通过国会采取适当的措施要费太长的时间。"托夫勒在《第三次浪潮》一书中描述了1968年"普布罗"号事件的处理过程，此事涉及朝鲜民主主义人民共和国扣留了一艘美国间谍船和两国间的危险摊牌。而美国五角大楼对此作出"风险估量"的官员只有几个小时的时间去评估已提出的76个不同的军事任务的风险，平均不到两分半钟就估量一个。①这是决策者在能力和体力上所承受不了的。同样，政治家也越来越不能适应对大量新奇的、不熟悉的然而又是重要的问题迅速决策的需要。为改善这一状况，只能实行分权。一方面，最高决策将由越来越多的政治家和顾问共同制定，从而使个别政治家的作用在下降；另一方面，地方权力增大，权力等级结构减少。无产阶级政治家能够适应信息社会的变化，因为，实行集体领导、决策民主化，以及扩大工人阶级与广大群众自治和参加管理的范围是同无产阶级根本利益一致的。资产阶级政治家可能被迫让少数顾问参与制定政策，被迫在企业中给工人以某种权力（如法国、日本目前在企业中出现的"劳资合作"），但决策民主化是和垄断资本家的根本利益相对立的，垄断决定着权力的高度集中，资产阶级政治家将要顽固地把持权力，用旧的机构去对待新的条件。

三、新技术革命没有改变政治家的实质

在新技术革命条件下，政治家的实质是否有所改变？他还是不是阶级意志的代表？回答这个问题之前，首先要搞清楚阶级到底存不存在、政党到底存不存在了。资产阶级政治学家、社会学家、未来学家一致认为，特定的阶级将不存在，宣扬一种"趋同论"，认为阶级，甚至国家、民族的界线都在新技术革命中消失。托夫勒说："最重要的政治冲突，不再是穷富之间，在占支配地位的种族集团与处于劣势的种族集团之间，或者在资本主义和共产主义之间。今天决定性的斗争，是在试图支持与保存工业社会的那些人，与打算超越它而前进的那些人之间的斗争。这是一个为了未来的超级斗争。换句话说，时代最重要的政治发展是在我们中间出现两个基本阵营：一

---

① ［美］托夫勒：《第三次浪潮》，三联出版社1983年版，第505页。

个拥护第二次浪潮的文明，另一个拥护第三次浪潮的文明。"奈斯比特在《大趋势》中谈到了代议民主制向共享民主制转变、等级制度向网络组织变化两种趋势，并认为，在网络组织中，权力由垂直变成水平，每一个人都是中心。这两种代表性的观点一致认为原有的阶级将不复存在，政治家的实质当然也就随之改变了。这种美好的幻想无疑是资产阶级挽救政治危机的新药方，但毕竟是不可能实现的幻想。

新技术革命使产业结构发生变化，就业结构发生了变化，从而使阶级结构发生了变化，但并没有消灭阶级本身。劳动创造财富并没有被知识创造财富取代，因为知识也是人脑的劳动，只不过是更高级的劳动。资本家不仅占有大量的信息、知识作为资本的新形式，而且控制着信息的加工者。无论办公室怎样自动化，无论人们怎样在家分散劳动，无论大公司怎样分化成小公司，劳动的性质都没有改变，还是为资本家工作。校对员、报务员、邮递员、图书管理员、规划人员、秘书等信息加工者还是雇佣劳动者，还是属于工人阶级队伍中的一部分。在资本主义条件下，科技进步只能成为资本家榨取工人劳动剩余价值的新工具。这种阶级对立决定着政治家的本质不能改变，他们仍然是阶级利益的杰出代表。资产阶级政治家作为垄断资产阶级的代表要千方百计地阻碍生产关系的变革，无产阶级政治家代表着用新知识武装起来的无产阶级，必将为生产关系的变革、为推翻资本主义制度作出历史性的贡献。

第十章 领导与决策

第一节　领导与决策活动的产生与发展

一、领导与决策活动的性质

领导与决策活动是具有普遍历史意义的社会活动，是人类社会分工和集体生活的必然产物。在原始社会，氏族和部落的酋长和首长是当然的领导者，他们对氏族或部落成员的领导被认为是人类历史上最早出现的领导活动。同时，氏族和部落的所有成员都是该氏族或部落"重大"决策的直接参与人。正如恩格斯所说："一切争端和纠纷，都由当事人的全体即氏族或部落来解决，或者由各个氏族相互解决"[①]。在这种单纯质朴的制度中，领导者（或决策者）作为社会成员的一分子，和所有其他社会成员一样，有着共同的利益、共同的要求和目标。

社会分化为阶级以后，统治阶级攫取了在全社会进行领导与决策活动的独占权和"专利"权，从而使作为一般社会管理活动的领导与决策发生了质的变化，成为统治阶级的领导与统治阶级的决策，领导者或决策者成为阶级统治者的同义语。这样，政治领导与政治决策作为社会阶级分化的必然产物，就"合理地"产生与发展起来了。

在阶级社会发展的每一历史阶段上，总有一定的统治阶级或统治集团以全社会的名义从事领导与决策活动，并且以国家强制力为后盾，冠之以国家领导与国家决策的威名，以保证统治阶级的意志在全社会得到实现。统治阶级的领导与决策是阶级社会的最高领导和最高决策。

领导与决策属于社会上层建筑领域，就一般意义来说，是一种社会管理活动，就政治意义来说，是形成和实现统治阶级意志的活动，任何阶级的领导与决策活动的性

---

① 《马克思恩格斯选集》第4卷，人民出版社1972年版，第92页。

质，归根结底是由生产资料所有制的性质和社会政治制度决定的。剥削阶级领导与决策活动的性质，是由生产资料私有制以及在此基础上建立起来的政治制度和社会制度的性质决定的。其发展的规模和范围最终取决于生产力发展的一定程度。

在资本主义社会以前，领导与决策活动通常表现为实现专制者或独裁者个人意志的活动，是君主意志社会化的结果，它在客观上实现着整个统治阶级的意志。这是分散的小生产经济基础的必然产物。社会化大生产的发展，使资产阶级能够以整个阶级的名义在全社会进行领导与决策活动，即形成和实现资产阶级整体意志的活动。这时，政治领导直接体现为资产阶级领导集团对本阶级和全社会的控制；而政治决策则是资产阶级内部各种利益集团和社会势力相互斗争、相互影响和相互妥协的结果。资产阶级领导与决策活动的根本目标和要求，是由资产阶级一个阶级实行对全社会的全面统治。

社会主义是从阶级社会到无阶级社会的过渡时期的政治形态。因此，社会主义政治领导与决策也就必然具有过渡性质，是由阶级领导与决策向社会领导与决策过渡的必然形式。在社会主义条件下，领导和决策活动的主体是无产阶级和广大人民群众。政治领导活动是无产阶级政党和国家，组织和协调广大人民群众实现政治、经济和社会目标的活动，是无产阶级对其他社会阶级、阶层、团体和组织的领导。列宁指出："无产阶级需要国家政权，集中的强力组织，暴力组织，既为的是镇压剥削者的反抗，也为的是领导广大民众即农民、小资产阶级和半无产阶级来'调整'社会主义经济。"[1]无产阶级之所以是当然领导者，是"由于它在大生产中的经济作用，才能成为一切被剥削劳动群众的领袖"[2]。随着社会主义制度的建立和发展，剥削阶级不再作为一个阶级而存在，因此，不仅仅是无产阶级，而且在无产阶级领导下的各阶级、阶

---

① 《列宁选集》第3卷，人民出版社1972年版，第192页。

② 《列宁选集》第3卷，人民出版社1972年版，第191页。

层、社会团体和组织的成员，都是社会主义政治决策的直接或间接的参与者。列宁把无产阶级领导广大人民群众，吸收他们参加独立的政治生活，即参与社会主义国家的管理和决策活动，作为苏维埃民主制的根本之所在。[①]因此，社会主义政治决策总是由集体作出的，它集中地代表和忠实地实现着无产阶级和广大劳动人民群众的意志。所以，社会主义制度为广大劳动人民管理国家和社会事务，参与各领域、各层次的领导与决策活动开辟了广阔的道路。

二、领导科学与决策活动的历史与现状

政治领导与决策活动的历史和政治的历史一样久远，但把政治领导与决策作为政治学的专门领域进行系统的科学研究，还只是最近几十年的事情。

在西方，政治领导与决策概念的提出和理论的形式，是同科学（即心理学、社会学和人类学）的发展和行为科学方法在政治学领域的广泛运用分不开的。

20世纪上半叶，以拉斯维尔（H. D. Lasswell）为代表的行为主义政治学家们，把"权力"作为政治学研究的基本概念，运用定量科学方法分析了动态政治中权力的获得和权力的运用，为研究动态政治奠定了理论和方法的基础。第二次世界大战以后，从社会系统学派[②]发展而来的行政决策论者代表了行为主义政治学发展的主要倾向，其代表人物是美国卡内基-梅隆大学的西蒙（H. A. Simon）。西蒙在1947年发表的《行政行为——行政组织中决策程序的研究》一书，是行政决策论的奠基作。书中吸取了行为科学、系统科学、博弈论和计算机程序理论等方面的内容，把"决策"作为行政学的核心概念进行研究。西蒙等人认为，决策贯穿于行政管理的全过程，"管理就是决

---

① 《列宁选集》第3卷，人民出版社1972年版，第524页。

② 社会系统学派认为，社会的各级组织都是一个相互协作的系统，即由相互协作的个人组成的有机整体。其代表人物是巴纳德（C. I. Barnard）等人。

策"；行政组织是由掌握和运用行政权力的决策者组成的系统。权力只能通过进行或参与决策来体现，有效的权力实际上意味着进行积极的决策活动。并且，他们对行政决策过程、决策原则和决策程序等作了系统的分析，提出了行政决策模式。

20世纪50年代初期，美国普林斯顿大学研究院的学生理查德·斯奈德（R. C. Snyder）在他的硕士论文中第一次把决策理论和方法运用到国际政治学中，提出了对外政治决策的理论和模式，即"斯奈德模式"。①斯奈德认为，政治行为发生于具体的人和人之间，政治决策是各种政治行为的核心。他认为，任何决策者或决策参与者对某种事态的认知、判断和决定，不仅受其个人的人格和信仰体系的影响，而且还受各种集团、组织和各种政治势力的影响。因此，决策者的行为方式取决于他所生活的环境，包括国内和国际的政治、经济、文化、社会结构及其相互作用的客观过程。所以，他认为一个国家的对外政治决策过程是一国和他国的各种相关因素以及国家外的各种国际组织、跨国集团相互作用的结果。斯奈德的对外政治决策理论为国际政治学的发展开辟了广阔的视野，同时促进了作为边缘学科的政治决策科学的诞生。

随着决策理论和方法在政治学各分支学科的运用，到了20世纪60年代，政治决策理论已经成为政治学的一个专门领域。这个时期，经过阿尔蒙德（G. A. Almond）对集团政治、政治文化、政治体系的结构与功能的研究；多伊奇（K. W. Deutsch）对政治信息理论的探讨；到伊斯顿（D. Easton）的一般体系论的产生，西方政治决策理论得到了进一步完善。此时西方政治决策理论的研究，不仅重视决策者和决策行为的微观分析，而且更重视对宏观决策过程和决策体系的研究。以伊斯顿为代表的一般体系学派，把决策过程看作一个完整的体系，并且认为决策——即对社会价值进行权威性分配——是该体系的主要功能。按照伊斯顿的观点，决策就是对社会有用价值进行权威

① 参阅［日］细谷千博、臼井久和：《国际政治的世界》，有信堂高文社1981年版，第245–247页。

性分配的过程。把这一过程模式化如图10-1所示。

图10-1　决策过程模式图

如图10-1中所示，输入是指政治决策体系接受环境中的要求、支持等有用信息的过程；政治决策体系是由决策者组成的组织和机构体系，它根据输入信息作出社会价值权威性分配的决定；然后通过输出过程把权威性决定和行为输出到环境中去；反馈过程是指政治决策体系通过输出信息进一步影响环境，并在这一过程中根据环境的要求进一步修正决策，以求决策的彻底实现。伊斯顿把政治决策理论提高到政治学一般原理的高度，使政治决策研究进入理论化、系统化阶段。

20世纪70年代以后，和比较政治决策论同时发展起来的政治领导学在美国发展成为政治学的分支学科。政治领导学是一门应用性很强的综合性边缘学科，其特点是利用多学科的理论和方法研究政治领导行为。其主要代表人物是C. E. 默爱安、J. B. 香农等人。G. 佩格认为，政治领导学是描述领导行为，解释领导行为的过去和现在，预测领导行为的未来，……以及对那些将成为领导者的人进行教育的一门学科。[①]

政治领导学是行为主义政治学的一个重要分支，它从人的本性和需要出发，运用社会学、人类学、心理学方法，尤其是弗洛伊德的精神分析方法，研究个人领导者（例如国家元首、总理及其他有影响的政治家）的行为动机、行为过程、行为结果和

① 参阅［美］G. 佩格：《对政治领导的科学研究》，转引自《国外社会科学著作提要》第10辑，中国社会科学出版社1982年版。

可能性行为的预测，包括领导者的意志行为、社会政治行为。总之，20世纪70年代以后，在发达资本主义国家中，无论是在学界还是在政界，政治领导行为都受到了广泛的重视。

上述政治领导与决策理论形成和发展的基本线索表明，政治领导与决策已经成为当代西方政治学研究的核心内容之一。

西方政治领导与决策理论，属于资产阶级政治上层建筑。它是随着发达资本主义国家科学技术的进步和社会矛盾的加剧而诞生的。它反映了发达资本主义各国行政权力的扩大和强化社会控制的政治发展趋势。因此我们必须加以分析，认清其阶级实质和政治目的。但是，我们不能忽视它从另一个侧面反映了现代化大生产对国家管理科学化、高效化的客观要求，其中包含的许多科学因素是可以借鉴的。同时，又必须指出，他们虽然吸取了现代科学技术的一些成果，采用了一些科学方法，但他们的历史观和方法论是唯心主义的。这正是他们不可能揭示或有意掩盖领导与决策活动的阶级实质和政治目的的根本原因所在。

现代资产阶级政治家和政治学者，总是试图把政治领导与决策解释为超阶级的、为全体社会成员服务的社会管理活动。马克思主义认为，在剥削阶级占统治地位的社会，决不存在超阶级的"社会领导"与"社会决策"，只有统治阶级对全社会实行统治。当然，我们并不否认在阶级社会里依然存在着一般社会管理的领导与决策活动，但它并不是领导与决策活动的本质方面或主要方面，它是作为阶级统治的附属物而存在的。正如马克思所揭示的那样，在资本主义社会，管理成为"剥削社会劳动的职能"。因此，领导与决策在资本主义社会各个领域里都毫无例外地履行着形成和实现资产阶级意志的职能。

三、学习与研究政治领导与决策的意义

社会主义公有制以及在此基础上建立起来的政治制度和社会制度是社会化大生产发展的必然产物。因此，社会主义政治领导与决策活动的性质、规模和范围是由社会主义社会化大生产所决定的。从这个意义上说，它对领导与决策活动科学化、高效化和民主化的要求应当居于比资本主义更高的层次上。领导与决策活动是社会主义政治生活的核心问题，在党和国家政治活动中占有重要地位。随着社会主义现代化建设事业的发展，领导与决策活动的现代化、科学化、高效化已经作为社会主义经济体制和政治制度改革与发展的重要课题被提上日程。广泛而深入地开展政治领导与决策的研究，对于加速社会主义现代化建设的进程，完善和发展社会主义政治制度，促进社会主义政治生活、经济生活和社会生活民主化都有重大意义。

首先，要认真学习与研究马克思主义政治领导与决策科学。无产阶级政党及其领袖在无产阶级革命和社会主义建设实践中创立了许多行之有效的领导与决策的理论原则，积累了丰富的经验。特别是我们党创造性地把马克思主义理论与中国革命的具体实践结合起来，在长期的革命斗争和社会主义建设中作出了许多重大决策。例如，在新民主主义革命时期，关于农村包围城市、武装的革命反对武装的反革命、抗日民族统一战线等决策；中华人民共和国建立后，对农业、手工业和资本主义工商业的社会主义改造；党的十一届三中全会以后在政治、经济、科技、文化等方面所作的一系列重大决策；等等。运用现代科学方法对无产阶级政党及其领导者的领导与决策活动进行系统研究和科学总结，对于建立马克思主义政治领导与决策科学，指导社会主义实践，有着重大的理论意义和现实意义。

其次，认清西方政治领导与决策理论的实质，把握资本主义各国政治领导与决策活动的基本规律。列宁指出："社会主义实现得如何，取决于我们苏维埃政权和苏维

埃管理机构同资本主义最新的进步的东西结合的好坏。"①通过对西方政治领导与决策理论的系统研究，一方面，有助于我们把握资本主义各国政治领导与决策活动的基本规律，制定有效的对策，掌握国际政治斗争的主动权，知彼知己，克敌制胜；另一方面，运用马克思主义观点和方法，认识、分析和评价当代西方政治领导与决策的理论和方法，汲取发达资本主义国家领导与决策方面的科学因素。去其糟粕，取其精华，为我所用。

最后，研究领导与决策的理论，在实践中促进我国领导与决策活动的科学化。科学化、高效化、民主化是目前我国领导与决策活动发展的总趋势，其发展的规模与程度取决于社会主义现代化建设的发展程度。社会主义现代化程度越高，对领导与决策活动科学化的要求也就越高。随着我国社会主义现代化建设的迅速发展，领导与决策科学对实际工作的需要将愈加迫切。

第二节　领导科学与领导艺术

一、领导与政治领导的含义

"领导"一词，一般说来有两种含义：一是指领导者或领袖，英文是"leader"，包括集团领导者和个人领导者；二是把领导理解为一个动态过程，即领导行为或领导活动，英文是"lead"，意思是率领并引导人们朝一定方向前进。

领导活动一般可以分为政治领导活动和非政治领导活动两大类，非政治领导活动是指一般社会性领导活动而言的，例如技术领导、学术领导等等。在阶级社会，非政治领导活动从属于政治领导活动。

---

① 《列宁全集》第27卷，人民出版社1958年版，第237页。

所谓政治领导，泛指统治阶级的政治统治行为，即隶属于一定阶级的领导者通过政治统治体系的强制力和影响力引导社会各阶级、阶层、集团和个人，达成政治和社会目标的活动。主要包括政党领导活动（例如目标领导、思想领导、组织领导等），国家领导活动（例如行政领导、计划领导等）和集团领导活动（即影响较大的社会集团和组织的领导活动，如工会等）。

领导活动是领导者、被领导者和社会环境相互影响、相互作用的过程。其相互作用的性质和方式是受生产关系的性质制约的，归根结底是由社会生产力发展水平和规模决定的。因此，不同阶级社会对领导者和领导活动的认识和解释是不同的。在小生产经济基础上形成的剥削阶级意识中和习惯上的领导者是由上帝赋予绝对权力的专制统治者，其领导活动则表现为君主代替神明在人间进行全面统治的过程。社会化大生产的发展使资产阶级和无产阶级的对立公开化了，人和神的对立为人和人的对立所代替，现实社会的财产所有者即"资产者"成为"合理""合法"的领导者，其领导活动则体现为财产所有者对雇佣劳动者的直接统治。总之，在剥削阶级占统治地位的社会里，领导者和被领导者是对立的，是统治和被统治的关系。所不同的是，建立在小生产基础上的领导活动一般是个人领导者握有绝对权力，而社会化大生产条件下的领导活动通常是由集团领导者掌握领导权。

在社会主义条件下，领导者和被领导者之间不存在对抗性矛盾关系。人民成了国家的主人，各级领导者首先是人民群众中的普通一员，和人民有着共同的利益和目标，只是由于分工不同，他们受人民的委托而走上领导岗位。他们是人民利益的忠实代表者，其活动的最高宗旨是全心全意为人民服务。

社会主义政治领导活动是权力、责任和服务三方面的有机统一。政治领导活动首先是一个运用和行使权力的过程。这种权力是领导者实施领导、履行义务的法定职权，是其领导职位和职务授予领导者实施决策、控制、指挥的一种支配力量。领导者

的权力是无产阶级和广大人民群众通过一定的组织程序和法律程序赋予的；领导者有
行使权力的责任，但没有对"权力"的所有权，更没有滥用权力的权利。党和人民可
以根据事业的需要提升他们，给予其更高的权力；也可以因为失职或违背人民的愿望
而收回授予其的权力。其次，社会主义政治领导活动是一个履行责任的过程。领导者
行使人民赋予的法定权力，就必须承担相应的责任，向人民负责。领导者责任的大小
是和权力的大小相适应的，而权力又通过一定的职位、职务体现出来。因此，领导职
层越高，权力越大，责任也就越大，权力和责任的脱节是与无产阶级和广大人民群众
的根本利益背道而驰的。最后，领导活动就是为人民服务的过程。领导者行使权力、
履行职责，目的是为人民服务。在社会主义条件下，无论是集团领导者还是个人领导
者，都是社会的公仆和人民的勤务员，全心全意为人民服务是领导者的最高准则。

总之，社会主义政治领导活动，就是领导者行使权力、履行职责、全心全意为人
民服务的活动。

二、领导与领导科学化

领导活动是随着人类社会实践的发展和科学的进步而逐步走向科学化的。

在社会化大生产和小生产之间，存在着两种对立的思想方式和领导方式。直到
近代以前，所有的领导活动都是建立在小生产经济基础之上的，因此，其领导只能是
经验领导方式。这种领导方式的基本特征是以领导者或统治者的个人经验、智慧、才
能和吸取历史经验作为领导活动的基本准则，并且是强调个人判断和决策的家长式领
导方式。经验领导方式的盲目性很大，往往由偶然性因素决定领导的成功与失败。但
是，由于建立在小生产经济基础上的社会结构的稳定性和事物变化、发展的缓慢性，
又或多或少地弥补了这方面的不足。

传统的经验领导方式已经成为历史的陈迹。但是，现代经验领导方式在各级领导

者那里仍然或多或少地存在着。其主要表现是：领导者没有相应的科学知识和科学方法；注重自己的经验和智慧，不重视专家和专家集团的作用；不懂科学的决策程序，主观臆断，武断专横；没有科学的时间观念、效率观念和价值观念。这种领导方式远远不能适应社会化大生产发展的需要，不利于社会主义现代化建设的发展。

现代领导方式是建立在社会化大生产基础之上的，科学化、高效化、民主化是其最突出的特征。首先，科学领导方式强调集体领导和专业分工，重视专家集团——智囊系统的作用和决策的科学论证、科学程序，用现代科学方法改进传统的领导方法。其次，现代领导者不再像过去那样包揽一切，囿于事务，而是着眼于战略开发、战略决策，进行有效的战略指导。立足于当前，着眼于未来，运用系统方法、预测方法、控制方法等现代科学方法，筹划当前的任务，解决当前的课题。最后，在现代社会，领导者和被领导者、上级和下级之间不再像过去那样自上而下单线作用；被领导者不再是消极地响应或死板地执行上级的决策，而是在可能的范围内积极主动地发挥自己的作用，创造性地贯彻执行上级的决策。领导者和被领导者之间，上级和下级之间，正在形成一种新的相互作用关系，既自上而下、又自下而上的复线相互作用关系。同一层次之间的横向联系也在不断加强。

社会主义现代化建设包括经济、政治、国防、科技、卫生、教育等一系列大系统。并且，各系统、各要素纵横交织，形成一个巨大的社会工程。因此，过去不能涉足政治领域的信息技术、控制技术、系统工程技术和高速计算机系统等现代科学技术、科学知识和科学方法，也开始成为政府工作人员的知识构成要素和国家机器上的"软件"部分。而且，现代化建设越发展，对领导科学化的要求也就越高。现实告诉人们，经验领导方式必须上升为科学，领导活动必须科学化。

三、领导艺术

领导艺术在现代领导活动中具有十分重要的作用。一个成功的领导者，不仅要掌握现代领导科学知识和方法，而且还必须具有高超的领导艺术。

何谓领导艺术？国内外学者还没有统一的看法。有的认为，领导艺术是一种技巧，它是和小生产方式相适应的，有待于上升为科学。有的认为，领导艺术是建立在一定科学知识基础上的领导技能，领导科学是领导艺术中规范化的知识结晶。有的认为，领导艺术是各种领导技巧、领导手段和领导方法的灵活运用。还有的对领导艺术作广义的和狭义的解释，广义的领导艺术包括整个领导活动，所有的领导活动既是科学又是艺术；狭义的领导艺术是指领导技巧。这几种看法都有一定的正确因素，但都不全面。我们认为，领导艺术是指领导者的智慧、学识、胆略、经验和各种能力（如创造力、应变力、决策能力、组织情理能力等）的创造性的发挥，其表现形式是灵活、巧妙地运用各种领导手段、领导技巧和领导方法。

领导艺术自古有之，它和领导活动共始终，在不同的历史时期有不同的内容和形式。在中外历史上，领导艺术问题是最富于神秘色彩的一个领域，历代统治阶级都把它视为家私，讳莫如深。即使在统治阶级内部，也往往处于"只能意会，不可言传"的神秘氛围之中。它在统治阶级上层小圈子里被精心炮制，是统治者私囊里的"秘密武器"，是他们统治和压迫人民的"法宝"。

在阶级社会里，不同的阶级有着不同的领导艺术观。一切剥削阶级的代表人物为维护本阶级的统治和利益，都费尽心机地玩弄权术，施展伎俩，欺骗和愚弄劳动人民。对他们来说，领导艺术是阴谋和权术的同义语。相反，无产阶级领导艺术是建立在领导者和被领导者利益一致的基础上的，是科学性和艺术性的高度统一。无产阶级需要领导艺术，是为了更有效地发挥集体领导和个人领导的效能，更有力地壮大自己，团结朋友，打击敌人，更好地为人民服务。

领导艺术没有永恒不变的形式，而是因人、因事、因时、因地而异，具有多样性、多变性和灵活性的特点。因此，领导者必须从实际出发，根据具体情况，随机应变，及时决断，及时行动。墨守成规，拘泥旧法，领导者的创造性也就被扼杀了。

现代领导艺术是和现代科学领导方式相适应的，是社会化大生产的产物，它不仅适用于个人领导者，而且适用于集团领导者。高超的领导艺术不仅在于掌握各种科学领导和科学决策方法，更重要的在于"运用之妙"。

在现代领导活动中，根据领导级层的不同，领导艺术的应用范围也有所不同，一般说来，越是高层领导，领导艺术的应用范围越大。因为高层领导常常面临的是宏观决策和战略性问题，而且握有巨大的信息量，处在十分复杂的环境中，因此需要有更高的创造力和应变力等各种能力，就基层领导来说，由于程序性和事务性较强，更重视按具体的科学程序办事，以求提高工作效率。但这并不是说高层领导不需要科学程序，基层领导不需要创造性和领导艺术；基层领导的水平恰恰在于创造性地执行上级的决策上。因此，领导艺术适用范围的大小只能相对而言，每一级层都是须有各自的领导艺术。

领导艺术贯穿于整个领导过程和领导活动的各个方面。例如，决策的艺术，用人的艺术（授权的艺术，沟通的艺术，谈话的艺术等），指挥的艺术，监督的艺术，处理事务的艺术，思想工作的艺术，掌握时间的艺术，等等。只要领导者在掌握科学领导、科学决策的基础上，善于发掘，善于创造，就一定能够提高自己的领导艺术水平。

第三节　决策与决策活动科学化

一、决策与政治决策的含义

"决策"一词，英文是"decision making"，意思是作决定或形成决定。决策作为政治学的一个概念，目前尚无统一认识。有的从静态角度把决策解释为一种结果，其含义近于"政策"，多数人是把决策理解为一个动态过程。即使是从动态角度来理解决策，也有广义和狭义之分。广义的理解是把决策看作一个过程，一般包括信息、设计、抉择、执行、反馈等几个基本环节。即从一个决策的形成、实施到达成预定目标的全过程。狭义的理解又有两种：一是指决策形成过程，包括信息、设计、抉择等三个环节，不包括决策的实施；二是把决策理解为决策过程中的"抉择"，即只包括"抉择"一个环节，在它之前，是决策准备阶段，在它之后，是决策实施阶段。决策的这几种含义在不同场合、不同条件下都有其合理的依据。无论把决策作广义的理解还是作狭义的理解，二者都并不矛盾。因为决策过程的每一环节都不是绝对的，而是互相交织的，"抉择"贯穿于决策过程的每一环节。在决策过程中，一般说来，信息活动先于设计活动，而设计活动又先于抉择活动，然而阶段的循环较之上述各环节要复杂得多。某一特定决策过程的每个环节本身也是一个复杂的决策过程，例如决策的执行环节本身仍然是一系列具体决策的过程。任何环节中的问题又会产生若干次要的更具体的问题，这些次要的具体的问题又有各自的信息、设计、抉择等各个小环节。这好似大圆圈套小圆圈，小圆圈之中还有更小的圆圈。但是，随着决策过程的展开，一般决策过程的几个基本环节又是不难确定的。所以，把决策广义地理解为一个过程，能够比较准确地把握决策的含义。

决策一般可以分为政治决策和非政治决策，但是，要在二者之间划出一个明确的界线是十分困难的，所以对于政治决策的含义，目前在国内外尚无统一的看法。

决策是动态过程研究中的一个范畴，一定条件下或一定范围内的非政治决策在另一条件下或另一范围内可以是政治决策，反之亦然。但是，在特定条件下或特定范围内，政治决策和非政治决策的区别又是确定的。

何谓政治决策？美国行为主义政治学家们认为，国家制定和实施的一定政策，是各种利益集团（经济的、意识形态的和社会的集团）相互施加影响的结果。例如，美国政治学家本特利认为，决策是"利益集团"斗争的结果。[1]

苏联学者马姆特认为，政治决策是调解各种利益间的矛盾和抵触，解决政治任务的手段和方法。[2]在他看来，阶级社会的政治生活是由大量的个人、集团、阶级以及整个社会的相互抵触的利益客观地编织而成的。解决这种利益间的矛盾和抵触，优先保证整个社会的需要和利益，就是政治的任务。政治决策正是对紧迫的政治任务取得"答案"的必要手段，是克服利益抵触和矛盾的方法。

南斯拉夫学者拉夫扎依米认为，政治决策的特点是：①有关国家政权的决策或者涉及由国家宣布为社会的、政治的和国家的利益的决策；②其目的是为了保卫和加强国家政权；③它是根据统治阶级和政治关系主体的目的性原则；④通过国家、政治设置或整个政治环境的中介而制定出来的。[3]

上述学者对政治决策的解释，虽然列举了政治决策的一些特征，但并没有揭示政治决策的全部含义。

政治决策有如下基本特征：

其一，政治决策是一个动态的政治过程，即有关国家和社会整体利益的重大决定

---

[1] 参阅《国外政治学参考资料》1984年第1期，第33–34页。

[2] 参阅《国外政治学参考资料》1984年第1期，第33–34页。

[3] 参阅《国外政治学参考资料》1984年第1期，第35页。

以及一般决定的形成和实施过程。

其二，政治决策是由国家机关和政权组织，以及与此相联系的个人决策者或决策参与者作出的。

其三，政治决策是根据统治阶级的指导思想和政治理论原则制定的，具有鲜明的阶级性。

其四，政治决策是为了解决国内社会和国际社会的重大政治和社会问题，其最高目标是为了形成和实现国家意志。

其五，政治决策以国家强制力作为后盾，因而带有普遍的、强制的、不容争议的性质。

政治决策是阶级社会的产物，它总是服务于一定的统治阶级，反映着统治阶级的意志。资产阶级政治决策体现了资产阶级的利益和意志，社会主义的政治决策则体现了无产阶级和广大劳动人民的共同利益和意志。

在当代资本主义社会，政策是掌权人物选定的还是各个集团间相互作用的产物？这个问题在资产阶级政治学者中曾经引起过广泛的争论。根据掌权人物论的观点，政策是占统治地位的掌权阶层的选择和价值观念。公共政策并不反映"人民"的要求，而是反映了参与制定政策过程的极少数人的利益、情感和价值观念。当掌权人物重新确定其自身利益或修改其价值观念时，公共政策就发生变化或更新。由此得出结论：制定政策的是掌权人物，而不是群众，政策本身反映了掌权人物的利益和要求。根据决策过程的多元论模式，决策过程被解释为各种利益集团相互协调意见的过程。利益集团被认为是决策过程中的主角——个人与政府之间的主要桥梁。资产阶级内部形形色色的利益集团，通过各种途径（正式的和非正式的）向决策机关施加压力，以表达他们自己的意志和愿望，影响政府决策过程。根据"寡头论模式"的观点，政策不仅是掌权阶层和压力集团参与制定的，而且是在掌权阶层的资助和指导下，由许多政策规划组织（例如美国的对外关系委员会、经济发展委员会、布鲁金斯学会）、大学、基金会的研究组织和介于二者之间的智囊机构（例如兰德公司、斯坦福研究所、赫德逊研究所等）构成的一个庞大体系所拟定的。这些组织和机构把社会各部门最上层的人聚集在一起，对重大决策提出建议。直接决策者只是在制定政策的日程业已确定、政策变动的方向也已决定的情况下，通过法律程序或其他决策程序最后决定的。总之，无论哪一种理论模式，都表明在现代资本主义国家，任何一项重大决策都是政府、企业界、金融界、知识界、大学和民间团体的少数领导人彼此意见协调的结果。正如托马斯·戴伊所作的调查表明，"21500万美国人当中，决定战争与和平、工资和物价、消费和投资、就业和生产、法律和司法、税收和利润、教育和学术、卫生和福利、广告和通信、生活和休息的，不过是几千人。"[①]

在美国，拟定国家计划和政策的责任往往落在白宫高级参谋人员和行政部门首脑的肩上。总统和他的主要顾问以及行政人员负有作出决定的责任。而国会却很少提出计划，只是对总统、行政部门、有影响的利益集团以及新闻机构的提议作出反应。尽管宪法规定美国的最高法院有权宣布民选出来的总统和国会颁布的法律无效，但是，法官们的形象都是与上层资产阶级的要求相吻合的。

总之，在实行三权分立的美国社会，"不到250人便把联邦政府的行政、立法、司法部门的有势力的职位全部占据了"[②]。他们代表美国大资产阶级来进行决策。

尽管传统的资产阶级民主观念曾经强调一切公民都有以个人身份参与决定他们自己生活的决策权利，但这只能是观念中的权利，现实中的美国社会是把无产阶级和广大人民群众排斥在决策过程之外的。只有少数寡头们，充其量只有占统治地位的大资产阶级才能在决定国家政策方面有直接的、现实的权利。

---

① 　［美］托马斯·戴伊：《谁掌管美国》，世界知识出版社1980年版，第5页。

② 　［美］托马斯·戴伊：《谁掌管美国》，世界知识出版社1980年版，第116页。

在当代社会主义国家，由于不存在阶级对立关系，决策是由代表广大人民群众利益的机构和组织，通过人民群众广泛参与作出的。

社会主义政治决策首先是决定和执行党和国家的大政方针，这些大政方针通常以纲领和政策、宪法和法律、政令和指示、计划和决议等形式表现。它们分别由无产阶级政党决策体系（由党的各级组织所组成的系统）、国家权力决策体系（由国家各级权力机关所组成的系统）和国家行政决策体系（由政府各级决策机构、国家管理干部等组成的系统）作出和执行。社会主义条件下的所有决策体系都是无产阶级和广大人民群众的共同意志的集中代表者和忠实执行者。

社会主义各个政治决策体系都是多层次的。在国家和社会政治决策活动中，各决策体系在每一决策层次上都有各自的具有不同职能、不同形式的决策中心；同一层次上各个决策体系的决策中心是统一指导下的分工与协调的关系；低层次的决策中心服从高层次的决策中心，各个决策中心都服从于它所隶属的那个体系的最高决策中心。各个决策体系决策活动的最高原则是民主集中制。

就各个决策体系的最高决策中心——党中央委员会、全国人民代表大会、中央人民政府——的决策活动来说，党的决策的特点是：①综合指导性。党的决策涉及国家的政治、经济、文化和社会生活的各个方面，因此，像列宁所说的那样，具有"总体性"的特点。党的决策的主要形式是纲领、路线、方针和政策。所有这些决策，对其他决策体系、对全社会都具有普遍的指导意义。②适应性和及时性。党的决策所要解决的问题，一般都是党和国家乃至整个社会生活所面临的新的重大问题，其中很多问题通常是没有先例的，而且往往又是不会重复出现的。因此，党的决策总是需要经常适应客观情况的变化，密切注视现实生活中出现的新问题、新情况、新事物，迅速地掌握各种必要的政治信息和社会信息，及时地作出决策。③党的决策是根本性的决策。党是无产阶级的先锋队，它通过纲领、路线、方针、政策指引和掌握国家和社会生活发展的总方向，并且监督其他决策系统，切实保证工人阶级的领导地位和全体劳动人民行使当家作主、管理国家和社会的权利，保证国家的社会主义性质和社会主义的发展方向。

权力决策是在党的决策的指导下，由国家的最高权力机关作出的。其特点是：①权威性。权力决策是由全体公民通过直接或间接的方式参与作出的。一项重大权力决策，一经全国人民通过权力决策程序加以承认，就获得了对全社会的普遍约束力。任何决策体系乃至所有的社会成员，都必须在权力决策所规定的范围内进行活动。从这个意义上说，权力决策是国家的最高决策，具有最高的权威性。②强制性。权力决策是以国家的强制力为后盾的，由国家的强制力保证其实现。③权力决策是国家政治生活中最重要的决策。权力决策的主要内容是制定宪法和法律，决定国家预算和国家发展计划，决定战争与和平等重大问题。它关系到国家的前途和命运。④广泛的民主性。权力决策集中体现了社会主义民主的特征，它有健全的民主程序，全体公民都有参与决策的权利，其民主化程度是社会主义民主发展的标志。

相对于党的决策和权力决策来说，行政决策的最大特点是执行性。行政决策是由中央人民政府作出的。政府通过政策、计划、决议、指示、规则、条例等一系列具体决策活动，执行党和国家的重大决策，从事直接管理国家事务的活动。在执行重大决策、直接管理国家和社会事务方面，中央人民政府是最高的决策机关。行政决策体系在决策活动中，遵循集权与分权相结合的原则。中央人民政府通过集中行使由宪法和法律赋予的决策权，以保证政府在执行决策活动中保持强大而有效率，负责而又灵活。并且通过合理地分配和划分各个决策层次的权力和责任范围，调动和发挥地方政府决策活动的积极性和创造性，以实现整个行政决策体系的高效化。行政决策涉及的对象和内容极其广泛，包括社会生活的各个领域、各个方面。一切社会公共事务，都需要经过行政决策加以具体筹划和安排，各种现代管理技术和管理方法在这一过程中都能得到广泛的运用。因此，政府工作人员和决策者应当具有专门化知识，行政决策具有较强的专门化和技术化的特点。此外，行政决策在宪法和法律所规定的范围内具有强制性的特点。

二、决策活动的科学化

决策贯穿于领导活动的始终，领导活动是一系列决策活动的总汇，因此，科学领导的关键在于科学决策。

决策可以分为经验决策和科学决策，单凭决策者个人的经验、知识和智慧作出的决策叫经验决策。经验决策在资本主义社会以前一直占统治地位，它是和生产规模狭小的小生产方式相适应的。随着社会化大生产的发展和科学的进步，现代科学对政府重大决策和日常决策的影响越来越大，科学已经渗入政治的领域。政治和科学的结合最集中地体现在科学家们（包括社会科学家、自然科学家以及现代科学技术专家）通过"智囊团""思想库"或"头脑公司"等形式积极地投入行政和立法方面的决策活动。专家集团参与政治和社会方面的决策，是第二次世界大战以来发达资本主义国家的普遍现象。尤其是20世纪60年代以来，资本主义各国把经济开发作为最优先的目标，专家集团便成了各国政府的核心主导力量。他们的"技术统治"（technocracy）一度发挥了巨大的作用，在不到20年的时间里，使生产能力翻了几番。作为这一过程的后果，在美国、日本等国家，技术官僚们几乎囊括了政府内阁一级的所有要职，建立了所谓合理主义的、效率至上的技术统治。然而，正是这种经济发展战略的迅速成功，同时孕育着凭技术集团的能力所难以解决的社会政治课题，即资产阶级民主的全面危机。例如，70年代后半期发达资本主义国家的人民群众要求人权、福利、平等，就是这一危机的具体表现。这是资本主义制度本身所无法解决的问题。因此，悲观主义者认为，专家集团参与政府和立法方面的决策，可能有助于减少决策的失误，但却丝毫无助于现代民主的发展。对于这种观点，要作具体分析。首先，现代科学技术为资产阶级进行统治、控制人民群众提供了新手段，使现代资产阶级统治更为精致化了，所以，资产阶级民主也就更富于欺骗性。但是，资产阶级民主危机的原因并不在于专家集团参与决策活动，而在于生产资料私有制和资本主义制度本身。其次，专家集团参与决策活动是社会化大生产发展的需要。随着现代社会化大生产的发展和科学技术的进步，现代社会政治体制和经济体制日益复杂，以往那些不懂专业知识的政治家面对现代社会错综复杂的结构体制，不要说进行决断，就是理解有时也很困难。因此，现代政治家必须掌握科学领导和科学决策知识，同时需要有组织的、掌握拟定和评价决策方案所需的各种科学手段的专家集团，在社会体制内传递、集中和处理信息，在决策过程中拟定和筛选方案。这是现代科学决策体制的基本特征之一。最后，在社会主义条件下，人民是国家的主人，领导者是人民的公仆，社会主义制度本身为避免出现"技术官僚"和"技术统治"提供了现实的基础。因此，在社会主义条件下，科学家们参与决策活动是劳动者参与决策的新形式，它不仅能把决策失误减少到最低限度，造福于社会，而且可以使决策体系更准确、有效地表达人民的利益的要求，忠实地实现人民的共同意志。从这个意义上说，决策科学化和社会主义民主化是同一过程的两个方面。

决策科学化是社会主义现代化发展的需要。其一，社会主义现代化建设是一个巨大的、复杂的社会工程，在有关社会主义建设的每一项重大决策过程中，都要求决策系统从战略到策略，从宏观到微观，从全局到局部，从目前到长远，从经济价值到社会效果等各种角度进行周密的科学论证，这一切都不是任何个人的经验和智慧所能胜任的。靠少数人的"眉头一皱计上心来""想当然"，其后果将是不堪设想的。其二，现代化大生产在人、财、物等方面的投资规模都是空前的，一个决策上的失误，往往造成巨大的经济损失和严重的社会后果，其危害之大，影响之深远，都是小生产无法比拟的。因此，科学决策势在必行。科学决策包括以下几个方面的内容：建立健全科学的决策体制，即建立和健全信息系统、智囊系统、决策系统和反馈系统，这是决策科学化的前提条件，也是我国目前政治体制改革所面临的重要任务之一；充分发挥专家集团的作用，广泛采用科学决策的方法和技术；按照科学的决策程序进行决策；建立适合各个决策体系的干部制度和人事制度，造就具有现代科学素养的领导者或决策者。

领导者（或决策者）要掌握科学决策，必须具备科学结构和科学素养，例如集体领导者的智力结构、专业结构、年龄结构等；个人领导者的素质、知识结构、能力结构等。但是，科学决策并不否定领导者个人的经验、智慧和胆略等在决策中的作用，只是强调把经验为主的决策方式上升为科学为主的决策方式，以求把决策失误减少到最低限度。

三、科学决策的基本过程

决策活动是围绕一定目标展开的，是诸环节复杂交织的动态过程。政治决策过程往往因决策体系的不同而有所不同，例如政党决策程序和过程，权力决策程序和过程，行政决策程序和过程等，都有各自不同的特点。但是，各个决策体系又有它们共同的一般的决策程序和过程，即科学决策的基本过程。

一般说来，科学决策过程是由以下几个基本环节或阶段构成的，如：信息过程；设计过程；议决过程；执行过程；反馈过程等。具体说来，又可以分为问题、目标、信息、方案、评价、议决、试验（试点）、执行、控制、监督、反馈、审查等几个环节。在决策过程中，每个环节和阶段的划分并不是绝对的，而是互相交织的。

（一）信息过程

决策过程，一般是从问题开始的。所谓问题，就是现实社会实践和社会生活中出现的矛盾。决策就是解决矛盾的方法和途径。在现代社会中，问题或矛盾是以信息的方式传递的，信息是反映客观事物和客观现实中各种问题或矛盾的物质形式。所谓政治信息，是指反映现实社会政治状况的事实材料，包括对社会政治状况和政治生活的报道、描述、解释、评价、综合等等。发现问题，解决问题，首先要进行调查研究，集中信息，处理信息。这是信息阶段的主要任务。信息集中，就是收集有关决策的一切能收集到的信息，包括政治信息和其他相关社会信息；信息处理就是对收集到的各种信息进行加工整理、分析研究，去粗取精、去伪存真，最后以资料、数表、研究报告等形式输送到智囊系统和决策系统。

现代领导者将比以往任何时候都需要更加迅速而有选择的信息，领导者之所以能作出比较成功的决策，从而使整个决策过程获得好的结果，原因就在于这个领导者所利用的信息质量高、及时而有选择。因此，信息优化是信息过程科学化的标志。

信息过程是由科学化的信息系统来进行的。信息系统是由一系列专门收集、整理、加工、存储、交流、传递各种信息的机构组成的。例如，有的省市设立的信息中心、情报中心就是信息系统的组成部分。信息系统是决策体系的重要组成部分，其效能直接影响到决策的效果。因此，建立有效的信息系统，是决策科学化的重要前提。

（二）设计过程

设计解决问题的方案和计划，是科学决策的基础。设计阶段的主要任务是对信息系统所提供的必要信息——资料、数表、研究报告等进行系统的分析和研究，并在此基础上拟定决策的预选方案或计划，然后运用现代科学方法对各个决策方案进行全面的科学论证和科学评价。例如，进行可行性分析、定量和定性分析、比较分析、各方案相关因素分析、实施条件分析等。为决策和决策实施提供充足的科学依据和精确预测，以供决策系统进行抉择。这个任务是由智囊系统来完成的。智囊系统是由各学科、各领域的高级专家和学者组成的专门为决策服务的咨询性机构，或称专家集团组织。智囊系统的产生，使决策过程中的"谋"与"断"分开，这是社会化大生产的发展和科学技术进步的产物，其作用在于通过对决策方案的科学论证，有效地防止决策的失误或减少决策的失误。建立有效的智囊系统，是决策科学化的保证。

在设计过程中，首先，所拟定的方案应该是复数的。因为一个问题的解决，往往有几种方法和途径。因此，要从不同角度、不同途径出发，拟定各种不同的方案。这样，不但增强了方案的适应性，而且可以为决策者提供尽可能广阔的思维领域和回旋余地，保证决策的最优化。单一方案决策，失误的可能性更大。其次，对每一决策方案都要进行预测分析，即对方案实施可能遇到的困难，可能来自各阶级、阶层、各领域、各部门的反应，可能带来的经济效益和社会影响等诸多问题有一个科学的预测，以便使领导者或决策者更全面地把握方案，更准确地了解方案的价值。再次，对决策方案要有系统分析。拟定决策方案必须充分考虑整个决策体系自身的特点和要求，相关决策体系之间的协调和适应，从整体、从大局、从相互联系中把握决策方案。最后，智囊系统要对各个决策方案按优先顺序排队，并提出取舍意见，交送决策系统，以凭抉择。

（三）议决过程

主要包括讨论和决定两个环节，由决策系统来完成。决策系统由若干决策者组成，是科学决策体制的核心。决策阶段的基本要求是在高度民主的基础上，从总体角度来寻求目标和各种条件、系统、各个要素之间以及决策者之间各种意见的协调一致。就是说，要在决策者和决策参与者之间进行充分的民主讨论、全面的权衡和评价。它要求决策者从整体目标、整体利益、战略角度、全局观点出发，从局部到整体，从可能到现实，从现在到将来，反复权衡和对比各种方案的利弊得失，寻求最优化方案。其结果一般会导致两种情况：其一，从各种预选方案中选出一个最佳方案；其二，从各种方案中综合出一个新的决策来。然后根据有关法律规定和民主程序、民主方法进行决定。在决定时要注意以下几个问题。一是发扬高度民主精神。整个决策过程贯穿着民主集中制原则，议决阶段相对于整个决策过程来说是集中的过程，而相对于决策系统自身来说，又是充分发扬民主的过程。在这个过程中，如果再强调集中，就容易导致个人决策者的独裁行为，容易作出错误决策。因此，议决阶段的基本原则是寻求协调，勿求集中。二是要注意决策中的时效观念。议决本身，既是方案的选择，又是各种意见的协调。对各种方案长期议而不决、追求根本不存在的"十全十美"的"理想方案"，不仅不会收到预期的效果，反而会因为各种动态因素的变化而失去决策的良机。

议决过程的科学化，有赖于决策者的素质，有赖于其知识结构、能力结构、年龄结构的科学化。同时，观念的现代化也是十分重要的因素。

（四）执行过程

决策方案一经正式决定，就应及时输送到相关组织和相关机构付诸实施。执行机构首先要进行目标认知和制定执行性决策，即拟定并决定行动计划或行动方案。然后责成或授权具体部门和领导者负责决策的执行和控制。在执行决策过程中，要抓好以下几个方面的工作：其一，要把决策宣传于群众，把决策变成群众的行动口号，调动、鼓励和激发群众的积极性和创造性，促使群众行动起来，为实现决策目标而奋斗。其二，要积极地领导群众。组织和集中力量投入决策的实施，并且要在实施中进行有效的战略指导和策略指导，及时纠偏，防止脱离总目标。其三，要注意试点工作。在决策执行之初，往往先搞试验，试点是试验的主要形式之一。通过试点，先在局部地方实施决策，取得有关实施决策的科学依据，以便推广或重新决策。其四，下级执行部门要在总的原则指导下，把决策和当时当地的具体情况结合起来，创造性地执行上级的决策。

（五）反馈过程

反馈是指把执行决策中出现的问题，通过信息系统及时而迅速地输送到决策系统的一种机制。执行决策中可能出现的问题一般有两种，一是由于决策方案的某些缺陷或由于执行系统的失误而出现的偏差。这些缺陷和失误都在不危及决策目标的范围以内。对此，可以通过正常的信息反馈，由决策系统和执行系统进行相应的调整或修正，加以避免或克服。二是决策实施过程中通过信息反馈表明原来的决策方案将危及决策目标或者是决策目标本身有问题。这是比较严重的问题，对此，要进行追踪决策，即对决策目标或决策方案进行根本性的修正。追踪决策的条件是：实施中发现原有决策目标有误，无法达成；由于当初赖以决策的客观情况发生重大变化，或者由于主观情况的重大变化将危及决策目标的实现。

反馈是一个综合性环节，但主要由信息系统、反馈系统等来完成。反馈是顺利达成决策目标的保证。

在一项决策通过实施达成预期目标之后，要对其社会效果、取得的成果和带来的问题进行全面审查。总结成功的经验，吸取失误的教训，以求改进今后的工作。任何决策都是连续性的，在审查前一项决策时，同一领域中新的决策已经进行。因此，除了总结经验、吸取教训之外，更主要的是认识和把握前一项决策的局限性，这样才有利于打开新局面。

以上是科学决策过程的几个基本环节，从而勾画出了决策的一般程序。然而，事物是复杂的，情况是多变的，在实际决策活动中，很少是按照固定不变的程序进行的。因此，我们切不可拘泥于固定的程序，而是要在尊重科学的基础上灵活地把握决策程序。但是，以此为借口，否定决策的科学程序，也是万万不可取的。在现代政治活动中，无论是高层决策中心还是基础决策中心，掌握科学决策过程的一般程序，都具有重大的现实指导意义。